Was ist der Mensch?

HUMANPROJEKT

Interdisziplinäre Anthropologie

Im Auftrag der
Berlin-Brandenburgischen Akademie
der Wissenschaften

herausgegeben von
Detlev Ganten, Volker Gerhardt
und Julian Nida-Rümelin

unter Mitarbeit von
Jan-Christoph Heilinger

Walter de Gruyter · Berlin · New York

Was ist der Mensch?

Herausgegeben von
Detlev Ganten, Volker Gerhardt,
Jan-Christoph Heilinger und Julian Nida-Rümelin

Walter de Gruyter · Berlin · New York

Diese Publikation erscheint mit Unterstützung der Senatsverwaltung für Bildung, Wissenschaft und Forschung des Landes Berlin und des Ministeriums für Wissenschaft, Forschung und Kultur des Landes Brandenburg.

♾ Gedruckt auf säurefreiem Papier,
das die US-ANSI-Norm über Haltbarkeit erfüllt.

ISBN 978-3-11-020262-5

Bibliografische Information der Deutschen Nationalbibliothek

Die Deutsche Nationalbibliothek verzeichnet diese Publikation in der Deutschen Nationalbibliografie; detaillierte bibliografische Daten sind im Internet über http://dnb.d-nb.de abrufbar.

Printed in Germany

Umschlagentwurf: Martin Zech, Bremen
Titelbild: Lonny Kalfus/Riser/getty
Druck und buchbinderische Verarbeitung: AZ Druck und Datentechnik GmbH, Kempten

Vorwort der Herausgeber

Gegenwärtig lässt sich ein wachsendes Interesse an anthropologischen Fragen erkennen. Im vorliegenden Band ist ausgehend von der Frage „Was ist der Mensch?" Material gesammelt, das exemplarisch anzeigt, wie sich das Selbstverständnis von Menschen zu Beginn des 21. Jahrhunderts äußert. Dabei kommen – natürlich ohne Anspruch auf Vollständigkeit – möglichst viele verschiedene Traditionen, Hintergründe und Ansichten zu Wort. Bestimmte Schwerpunktsetzungen, wie etwa ein Fokus auf europäische Denktraditionen und den Einfluss (natur-) wissenschaftlicher Erklärungen, sind dabei den Entstehungsbedingungen des Bandes an einer alten europäischen Forschungseinrichtung geschuldet.

Verantwortet wird diese Publikation von der interdisziplinären Arbeitsgruppe *Humanprojekt – Zur Stellung des Menschen in der Natur* der Berlin-Brandenburgischen Akademie der Wissenschaften (BBAW). Diese fragt angesichts aktueller wissenschaftlicher Entwicklungen nach der Einbindung des Menschen in den Naturzusammenhang. Neben den wissenschaftlichen Publikationen der Forschergruppe – bislang zur „Naturgeschichte der Freiheit" und den „Funktionen des Bewusstseins" – ist nun diese Anthologie entstanden, die in ihrer Vielstimmigkeit als Anregung wirken und die Auseinandersetzungen mit der Frage „Was ist der Mensch?" provozieren soll. Diskutiert wurden einige der Beiträge im Mai 2008 auf einem Symposion in der Akademie.

Unsere Erwartung war, dass die lebenswissenschaftliche Wende der letzten Jahre in den Antworten auf die Frage nach dem Menschen erkennbare Spuren hinterlässt. Wir wollen es den Lesern überlassen, die Spuren zu suchen und zu deuten. Wem sie nicht deutlich genug erscheinen, der sollte es für möglich halten, dass die Kontinuität im menschlichen Selbstverständnis größer ist als der Wandel der Lebensverhältnisse vermuten lässt.

Der Band hätte ohne die Unterstützung vieler Personen nicht erscheinen können. Unser herzlicher Dank gilt neben den Autorinnen und Autoren und den Mitgliedern der Arbeitsgruppe *Humanprojekt* Nicole Fiebig, Regina Reimann, Renate Neumann sowie besonders

Elke Witt, die die editorischen Arbeiten kompetent und engagiert unterstützt hat. Vor allem sind wir jedoch Nicole Wloka zu Dank verpflichtet, die sich mit beeindruckendem persönlichen Engagement für das Buch eingesetzt hat.

Berlin, im Juni 2008   Die Herausgeber

Inhalt

Selbstbestimmung

Zur Bedingung einer Frage, die zugleich deren erste Antwort ist

VOLKER GERHARDT

1. Die Frage „Was ist der Mensch?" dient der Verständigung des Menschen über sich selbst. Sie ist von ihm selbst an sich selbst gerichtet. In ihr dürfte, wie in allen ernsthaft gestellten Fragen, die Neugierde leitend sein. Man möchte mehr über sich wissen, vor allem aber möchte man klären, welche Stellung der Mensch im Dasein hat, welche Bedeutung ihm im Vergleich mit anderen Lebewesen zukommt und was er von sich selbst zu halten hat.

Der Horizont der Frage hängt vom Fragesteller ab, von seinem Wissen, seinem kulturellen Hintergrund und von den Erwartungen, die ihn leiten. Die einen sprechen von der Stellung des Menschen im Kosmos, andere beziehen die Position gegenüber dem Göttlichen mit ein und denken an die Schöpfung; heute erscheint es vielen ausreichend, sich auf den Kontext der Evolution zu beschränken, der manchen wiederum viel zu weit gesteckt erscheint.

Unbescheiden sind diese Erwartungen alle, denn sie gehen über die Fassungskraft des Menschen hinaus. Er müsste schon außerhalb seiner selber stehen, wenn er eine verbindliche Antwort erhalten wollte. Was immer er sich selber sagt, ist tendenziös, obgleich es auch hier keine einheitliche Richtung gibt: Während die einen sich darin gefallen, viel von sich zu verlangen und damit den Menschen im Gegenlicht hoher Ansprüche schildern, setzen die anderen auf Ernüchterung, um dem Menschen nicht mehr zuzugestehen, als er durchschnittlich leistet. Auffällig sind natürlich jene, denen an einer Kränkung ihrer Zeitgenossen liegt und die sich bewusst abschätzig über ihresgleichen äußern. Sie fürchten den Widerspruch zwischen ihrer persönlichen Selbstwertschätzung und der Herabsetzung der Menge nicht.

2. Die Vielstimmigkeit der Antworten gleicht die Einseitigkeit einzelner Positionen aus. Dennoch gibt es keine Gewähr für eine zutreffende Einschätzung der Lage. Daraus kann man den Schluss ziehen, sich selbst die Frage nach dem Menschen zu verbieten und sich Antworten An-

derer zu verbitten. Dass diese Konsequenz ausgerechnet von Philosophen empfohlen wird, die nicht durch Bescheidenheit von sich reden
machen, sollte allerdings zu denken geben. Schelling und Heidegger
haben sich die anthropologische Selbstbeschreibung nicht deshalb un-
tersagt, weil sie ihnen vermessen vorkam, sondern weil sie ihnen zu
eingeschränkt erschien. Sie sind ihr dennoch nicht entkommen, auch
wenn sie keine Anthropologie und keine Ethik geschrieben haben. In
ihrem Denken kommt uns der Mensch, reichlich verfremdet, als Gott,
bloße Potenz oder als Sinn des Seins entgegen.

Auch darin liegt ein beachtlicher Aufschluss über den Menschen,
der sich nur im Spiegel seiner Welt erkennt und sich in deren Ver-
größerung selber groß erscheint. Im substanziellen Geist, in der
höchsten Potenz oder in der Lichtung des Seins – scheint er sogar mit
der Welt zu verschmelzen. Soll aber der Mensch unabhängig vom
System, von der Mythologie oder von der Sprache der Autoren verstanden werden, ist eine Übersetzung nötig. Und spätestens in ihr stellt
sich die begriffliche Trennung zwischen Mensch und Welt wieder ein,
die unter dem Totalitätsanspruch einer alles verbindenden Reflexion
verschwindet. Außerdem braucht man die separierende Frage nach dem
Menschen spätestens dann, wenn man sich über einzelwissenschaftliche
Erkenntnisse verständigen will. Wie soll man mit Mikro-, Verhaltens-
oder Palaeobiologen, mit Human- oder Tiermedizinern, mit Soziolo-
gen, Ökonomen oder Kulturanthropologen sprechen, wenn man sich
als Philosoph einer begrifflichen Beschreibung des Menschen entzieht?

Wem dabei angesichts seiner historischen Befangenheit, vielleicht
auch wegen seiner metaphysischen Ansprüche unbehaglich ist, der kann
sich am Beispiel der genannten Philosophen vor Augen führen, dass die
empirische Forschung niemanden daran hindert, an philosophischen
Systemen zu bauen (oder deren Surrogat zu brauen). Das gilt in hö-
herem Maße für die anthropologische Selbstbeschreibung, die weder
dazu nötigt, auf geschichtliche Referenzen noch auf Metaphysik zu
verzichten. Die Einzelwissenschaften sind davon ohnehin nicht berührt.
Es ist immer nur zum Schaden der Philosophie, wenn sie glaubt, sich
über deren Erkenntnisse hinweg setzen zu können.

3. Dennoch gibt es eine Besonderheit, die nicht unerwähnt bleiben
darf. Sie besteht darin, dass man die Frage gar nicht ausdrücklich stellen
muss, um ihr dennoch nachzugehen. Das prominenteste Beispiel dafür
liefert Immanuel Kant. Er hat das weite Feld philosophischen Denkens
in drei Fragen zusammengefasst: „Was kann ich wissen?", „Was soll ich

tun?" und „Was darf ich hoffen?" So steht es in der *Methodenlehre* der *Kritik der reinen Vernunft* (B 833). Von einer weiteren Frage ist dort nicht die Rede. In Vorlesungen scheint Kant jedoch des Öfteren eine Ergänzung vorgenommen zu haben. Man könne, so hat er nach dem Zeugnis von Vorlesungsnachschriften gesagt, die drei Fragen auch in einer einzigen zusammenfassen, nämlich: „Was ist der Mensch?" (Logik, AA 9, 25).

Ein wegen seiner Genauigkeit gerühmter Kantianer hat nun kürzlich aus der von ihm recherchierten Tatsache, dass diese Frage sich nur in studentischen Nachschriften (und lediglich in zwei Briefen), nicht aber in einem von Kants eigener Hand verfertigten Text befindet, den Schluss gezogen, Kant habe die ihm zugeschriebene Frage gar nicht gestellt.

Gesetzt, es wäre wirklich so, dann könnte man daraus dennoch nicht schließen, Kant habe diese Frage zwar gesprächsweise erwähnt, sie aber nicht selbst verfolgt. Die Schlussfolgerung muss vielmehr lauten, dass Kant sie sich stellt, wann immer er mit philosophischen Problemen beschäftigt ist. Sie ist so in sein Denken eingewirkt, dass er sie gar nicht erst formulieren muss.

Das wird nicht nur durch die resümierende Stellung der vierten Frage nahe gelegt, sondern es wird auch durch die Gesamtanlage des Kantischen Werkes bestätigt: Von seiner ersten Schrift über die Schätzung der lebendigen Kräfte, über seinen genialen kosmologischen Entwurf, die kritischen Hauptwerke bis hin zum Opus postumum – also in allen seinen Bemühungen sucht Kant nach einem Weltverständnis, in dem der Mensch sich selbst begreift. Denn da der Mensch nur das versteht, was er selber gemacht hat, muss er in allem, was er versteht, auch etwas von sich selbst erkennen. Die Reflexion über die Welt ist von der Selbstreflexion nicht zu trennen. Folglich ist der Frage nach dem Menschen, so wie Kant sie verfolgt, gar nicht zu entkommen. Wer es dennoch versucht, verleugnet sich selbst, es sei denn er gesteht zu, dass er sich als Gott, absoluter Geist, bloße Potenz oder als Sinn des Seins entgegen kommt.

4. Um zu vermeiden, dass die metaphysische Überblendung seines eigenen Wesens, das einzige ist, was die Philosophie zum Selbstverständnis des Menschen beizutragen hat, empfiehlt es sich, die Frage „Was ist der Mensch?" ausdrücklich zu stellen. Das geschieht bei so gut wie allen bedeutenden Philosophen – angefangen bei Platon und Aristoteles bis hin zu Kant, selbst wenn es wahr sein sollte, dass er sich die

Frage als Autor nicht so gestellt hat, wie er sie als Lehrer und Verfasser von Briefen vorgetragen hat. Nach Kant, der auch die zugehörige Disziplin, die Anthropologie, in die Wissenschaft einführt, wird die Frage von vielen aufgenommen, so etwa von Herder, Schiller, Fichte, Schopenhauer, Feuerbach und Nietzsche, von Bergson, James, Dewey, Cassirer, Jaspers, Sartre oder Blumenberg – von den philosophischen „Anthropologen" Alsberg, Scheler, Plessner, Gehlen oder Lewis Mumford ganz zu schweigen. Die vielen Namen illustrieren, wie unterschiedlich die Zugänge zur Frage nach dem Menschen sind.

Ich beschränke mich einleitend auf den, dem wir die Fragestellung zu diesem Band verdanken. Denn er hat nicht nur die Formulierung beigesteuert, sondern auch eine Antwort von nicht zu überbietender Prägnanz gegeben. Sie enthält alles, was Antike, Mittelalter und frühe Neuzeit an Definitionskraft aufgeboten haben, und die heute, wann immer es in praktischen Diskursen auf eine Begriffsbestimmung ankommt, selbstverständlich geworden ist. Ja, man kann hinzufügen, dass sie inzwischen weltweit wirksam ist. Gemeint ist die Antwort Kants.

Der tiefere Sinn seines Beitrags tritt anschaulich hervor, wenn wir uns daran erinnern, dass Definitionen „Begriffsbestimmungen" sind. In der Botanik verwendet man bis heute das „Bestimmungsbuch", welches erlaubt, die „Bestimmung" von Pflanzen vorzunehmen. Mit seiner Hilfe lässt sich sagen, wo sich ein Gewächs im System einer gebietsüblichen Flora befindet und wie es heißt. Das demonstriert den logischen Gebrauch von „Bestimmung": Durch ihn kommt zum Ausdruck, was etwas ist und wie es genannt wird.

In diesem Sinn wurde zu Kants Zeiten von der „Bestimmung des Menschen" gesprochen. Das verweist auf das Interesse an der naturwissenschaftlichen Bestimmung der Spezies Mensch im System der lebendigen Wesen. Darum geht es bereits dem jungen Kant, wenn er 1755 die Stellung des Menschen im naturgeschichtlichen Kontext der Erdgeschichte zu beschreiben sucht. Allerdings hatte die schon 1748 von dem Berliner Theologen Johann Joachim Spalding populär gemachte Rede von der „Bestimmung des Menschen" einen weiteren Sinn, der sich bis auf den Renaissancedenker Pico della Mirandola zurückführen lässt: Bei Spalding und Pico schließt „Bestimmung des Menschen" die Frage ein, wozu der Mensch eigentlich da ist und worin seine vorrangige Aufgabe in der von Gott geschaffenen Ordnung besteht. Und gesetzt, es kann eine überzeugende Antwort gegeben werden, nimmt jeder wohlmeinende Autor und Leser an, dass dies nicht ohne Folgen für das individuelle Verständnis des einzelnen Menschen ist. Also wirkt die Hoffnung mit, dass die Aufklärung über die „Bestimmung des Menschen" Konsequenzen für die Lebensführung des Individuums hat.

5. Von dieser Verbindung zwischen logisch-theoretischer Auskunft und praktischer Bedeutung geht Kant aus, wenn er seine Antwort auf die Frage nach der „Bestimmung des Menschen" in einen einzigen Begriff zusammenfasst: Für ihn liegt die Bestimmung des Menschen in der *Selbstbestimmung*.

Zunächst ist das rein theoretisch, also im Sinne eines Erkenntnisurteils gemeint: Der Mensch, für Kant ein „Thier" mit Eigenschaften, durch die es sich von anderen Tieren unterscheidet − ohne dadurch aufzuhören, Tier zu sein − hat das besonders auffällige Merkmal, sich selbst zu bestimmen. Das geschieht schon dadurch, dass es sich auf sich selbst bezieht, um zu fragen, wer oder was es eigentlich ist. Und sofern es eine Antwort gibt, hat es sich im logischen Sinn des Wortes selbst bestimmt − ganz gleich, ob es sich als Wirbel- oder Säugetier, als *zoon politikon*, als *animal rationale*, oder später als Ensemble gesellschaftlicher Verhältnisse, als nicht-festgestelltes Tier, *animal symbolicum* oder *animal visibile* bezeichnet.

In theoretischer Bedeutung liegt die Selbstbestimmung bereits darin, dass der Mensch sich Namen gibt, sich in seinen eigenen Begriffen beschreibt und Antworten auf die Frage „Was ist der Mensch?" zu entwerfen sucht. Wer die Frage versteht und in der Lage ist, sie auf sich selber anzuwenden, der erfüllt das Kriterium, das Kants Antwort auf unüberbietbare Weise einfach richtig macht.

Allerdings erschöpft sich die Antwort nicht darin, dass der Mensch, im Unterschied zu allen anderen ihm bekannten Wesen, ein Tier ist, das sich selbst auf einen Begriff bringen kann. Denn indem er dies tut, nimmt er Einfluss auf sich selbst. Dies allein in dem einfachen Sinn, dass die gegebene Antwort ausgesprochen und weitergegeben werden. Aber es gibt auch eine generelle Konsequenz mit unabsehbaren Folgen für das individuelle und gesellschaftliche Handeln: Wenn es stimmt, dass der Mensch sich selbst auf den Begriff zu bringen hat, kann er nicht verlangen, dass andere dies für ihn tun. Er muss sich selbst die Mühe geben, zu sagen, wer er ist und was er darunter versteht.

Aber kaum haben wir die praktische Konsequenz der theoretischen Selbstbeschreibung des Menschen ausbuchstabiert, wird ein viel weiter reichender Sinn von Selbstbestimmung offenbar: Wenn es richtig ist, dass der Mensch sich selber zu begreifen hat, dann steht er unter der Erwartung, dies auch wirklich zu tun!

6. Damit sind wir am zentralen Punkt der von Kant gegebenen Antwort: Der Mensch ist das Tier, das einen Herrn über sich braucht; dieser Herr aber kann niemand anderes als er selber sein. Selbstbestimmung ist, wie schon die antiken Denker sagten, Selbstherrschaft. Diese Selbstherrschaft bedeutet, dass der Mensch sich selbst das Gesetz seines Handelns zu geben hat und aus eigenem Willen tun muss, was er aus eigener Einsicht erkennt. Darin liegt die *Autonomie* des Menschen, die besagt, dass er sein Leben selbst zu führen hat. Er kann nicht einfach nachmachen, was andere Tiere tun. Er kann sich auch nicht bloß der Motorik seines Körpers, den gerade herrschenden äußeren Bedingungen oder einem als unmittelbar geltend behaupteten Gesetz überlassen: In allem untersteht er dem in der Selbstbestimmung liegenden Anspruch, zu prüfen, ob er zustimmen und das Gebotene und das Nötige aus eigenem Willen vollziehen kann. Der Mensch steht unter der Selbstanforderung seiner *eigenen Vernunft*. Alles, was ihr widerstreitet und dennoch von ihm getan werden muss, empfindet er als *Fremdbestimmung*.

Mehr braucht zu dem erstmals von Kant gebrauchten und auf die menschliche Vernunft bezogenen Begriff der Selbstbestimmung nicht gesagt zu werden. Zu ergänzen wäre lediglich, dass bewusstes menschliches Handeln sich in der Form von *Regeln*, die durch Gewohnheit, Erziehung oder durch eigene Erkenntnis vorgegeben sind, auf vorliegende Situationen bezieht. Diese Regeln, die Kant „Maximen" nennt, lassen sich mit Hilfe vernünftiger Einsicht prüfen und zu Prinzipien oder Gesetzen des eigenen Handelns machen. Folgt man ihnen, so handelt man „autonom". Damit ist nicht gesagt, dass der Mensch alles aus sich erzeugt; es ist auch nicht gemeint, dass jeder Einzelne ein Genie in der Erfindung seiner eigenen Gesetze ist. „Autonomie" und „Selbstbestimmung" besagen nur, dass die Regeln, denen man folgt, folgen will oder folgen soll, der *eigenen Einsicht* entsprechen.

7. Selbsterkenntnis, Vernunft und eigene Einsicht sind entscheidend für die theoretische und praktische Dimension der Selbstbestimmung. Insofern nimmt Kant die alte Formel für die Selbstbeschreibung des Menschen als *animal rationale*, als mit Vernunft begabtes lebendiges Wesen wieder auf. Durch den Akzent, den er auf die Vernunft des Individuums setzt, das, wie er sagt, seine „subjektive Maxime" zu prüfen hat, um danach den eigenen Willen auszurichten, kann man *animal rationale* prägnanter übersetzen: Gemeint ist ein Tier, das *seine eigenen Gründe* hat. Das menschliche Individuum wird nicht nur durch die jeweils eigenen Triebe und Motive bewegt, sondern es vermag sich aus *eigenen Gründen* zu entscheiden.

Diese Selbstbeschreibung des Menschen ist heute weitgehend anerkannt, zumindest dort, wo das Menschenrecht und die personalen Grundrechte gelten. Wenn es in Artikel 3 der Charta der Menschenrechte heißt, jeder Mensch habe das „Recht auf Leben, Freiheit und Sicherheit der Person", wenn Artikel 12 verlangt, niemand dürfe „willkürlichen Eingriffen in sein Privatleben, seine Familie, sein Heim oder seinen Briefwechsel" ausgesetzt werden, oder wenn Artikel 13 jedem Menschen das „Recht auf Freizügigkeit und freie Wahl seines Wohnsitzes" zugesteht, dann wird das anthropologische Merkmal der Selbstbestimmung zur Grundlage allen Rechts erklärt.

8. Was *rechtlich* allgemein anerkannt wird, ist auch *ethisch* nicht ohne Bedeutung. Nehmen wir die Formel Kants, in der die Selbstbestimmung des Einzelnen in eine alle Menschen einbeziehende Fassung gebracht wird: „Handle so, dass du die Menschheit sowohl in deiner Person, als in der Person eines jeden andern jederzeit zugleich als Zweck, niemals bloß als Mittel brauchst." (4, 429) Hier wird deutlich, dass die Autonomie, in der sich der Mensch als Mensch begreift, eine Gesetzlichkeit in Anspruch nimmt, die zwar für das *Individuum* gilt, aber nur sofern es sich *als Mensch* und damit als *Teil der Menschheit* begreift.

Damit ist eine Besonderheit angesprochen, die es nur beim Menschen gibt: Bei Pflanzen und Tieren hört die Bestimmung beim Namen der Spezies auf; nur bei dem sich selbst bestimmenden Menschen setzt sie sich bis zur *singulären Person des Individuums* fort. Das führt immer wieder zu dem Verdacht, die Selbstbestimmung sei auf das Individuum fixiert, das sich nur auf sich selbst beziehe und nichts anderes wolle als sich selbst. Damit befreie es sich von der genetischen Bindung der Gemeinschaft und entledige sich der konventionellen Erwartungen seines Kollektivs.

Das aber ist ein Missverständnis. Denn die logische wie die praktische Herkunft der Selbstbestimmung lassen gar nichts anderes zu, als dass sich das menschliche Individuum *als Mensch* begreift. Es rechnet sich die Eigenschaften zu, die für die Spezies Mensch in seinen kulturellen Formen charakteristisch sind. Wenn sich ein Individuum als Frau oder als Mann, als schwarz oder als weiß, als europäisch, protestantisch und überdies als deutsch bezeichnet, dann hat es in jedem Fall die Eigenarten der genetischen und der kulturellen Formationen so in sich aufzunehmen, dass es sagen kann, wie es sich dazu verhält. Es bestimmt sich *als Individuum* selbst, kann dies jedoch nur tun, sofern es sich *als Mensch* begreift; der Mensch *als Gattungswesen* weiß von der Selbstbestimmung nur, sofern er sich *als Individuum* verhält. Das gilt auch für den Fall, dass sich ein Individuum als Vater, Mutter oder Kind begreift.

9. Das Ineinander von Individualität und Universalität im Akt der Selbstbestimmung bereitet der Philosophie bis heute die größten Schwierigkeiten. Ein Anzeichen dafür ist, dass es vielen ihrer Vertreter nicht gelingt, Tierheit und Menschheit, Naturalismus und Humanismus, natürlichen Antrieb und Vernunft, also Motiv und Grund in der Kontinuität zu denken, in der sie nicht nur entstanden sind, sondern auch weiterhin stehen. Dabei könnte die ernsthafte Beantwortung der Frage „Was ist er Mensch?" eine gar nicht so schwierige Lösung mit sich bringen. Sie sei in wenigen Worten skizziert:

Das sich selbst bestimmende Individuum gehört zum logisch-semantischen Raum seiner Gattung, deren empirische Merkmale zwar nicht ausnahmslos, aber doch im Großen und Ganzen auch für das Individuum gelten. Es kann sich als dieses Individuum nur erkennen, wenn es sich als logisch-semantischer Teil seiner Gattung begreift. Wenn es sich nun im Licht dieser Selbsterkenntnis selbst auch praktisch zu bestimmen sucht, hat es die von ihm begriffenen allgemeinen Merkmale seiner Gattung an sich selbst zu akzeptieren. Es nimmt somit die Begrifflichkeit seiner Selbstbeschreibung als Gattungswesen in die Absicht und in den Vollzug seiner Selbstbewegung auf.

Indem der Mensch sich nach ihnen richtet, werden Begriffe Teil der empirischen Welt. Wenn der Mensch sich als Wissenschaftler versteht, wenn er im Bewusstsein dieses Selbstbegriffs Universitäten und Akademien baut und zudem glaubt, dass Konferenzen sinnvoll sind, dann ist es ihm im wirklichen Leben möglich, in eine Akademie zu gehen und an einer Konferenz teilzunehmen. In der praktischen Ausführung idealisiert man die Eigenschaft, in der man sich begreift, und lässt die Nebensächlichkeiten, die es ebenfalls gibt, beiseite.

So ist es auch bei der an sich selbst begriffenen Eigenschaft *als Mensch*: Wenn man sich *als Mensch* bestimmt, etwas zu tun, geht man, Ernsthaftigkeit vorausgesetzt (!), nicht nur von seinen *besten Kräften* aus, sondern versteht sich auch in seiner *besten Verfassung*. In ihr kann man zwar die ganze Abgründigkeit und singuläre Bosheit des menschlichen

Geschlechts vor Augen haben, aber man versteht es gleichwohl (oder gerade deshalb) in seiner idealisierten Form und begreift die Gattung als *Menschheit*. Das ist das Ideal der Humanität, welches dem Ideal des Individuums entspricht. Jeder Einzelne hat es zu unterstellen, wenn er annimmt, er als Individuum könne überhaupt in der Lage sein, eine Tat zu tun, die als Einheit nicht nur *wirksam* werden, sondern ihm auch noch *zugerechnet* werden könne.

Schon der Selbstbegriff eines praktisch tätigen Individuums geht von einem *Optimum möglicher Effekte* aus. Ihm fügen sich die empirischen Momente seiner natürlichen Verfassung. Er vermag dieses und jenes *einzusehen*, also spricht er sich als *vernünftig* an; er ist *zweibeinig*, kann *aufrecht gehen* und *stammt von Menschen* ab, also ist er nicht nur *Mensch*, sondern will auch *menschlich* handeln. So transformiert der Mensch im Akt seiner Selbstbestimmung seine *Natur* in einen *Begriff* von sich selbst, aus dem er sein *Ideal* zu machen hat, wenn er in seiner Handlung konsequent sein will.

Erst dieses Ineinander von aktivierter Natur und mobilisierter Begrifflichkeit führt zu dem, was wir die *Vernunft* des Menschen nennen und was uns seine *Menschlichkeit* begreifen lehrt. Aber wir begreifen nichts von ihr, wenn wir nicht erkennen, dass die Selbstbestimmung, durch die der Mensch allererst wird, was er ist, ihren Ort nirgendwo anders hat als in der *Natur*.

Niemand wusste dies besser als Kant, der vom Menschen sagt, er sei ein tierisches, aber doch vernünftiges Wesen; aber als vernünftiges Wesen sei es nicht bloß vernünftig, sondern eben tierisch (Kritik der Urteilskraft § 5). Kurz: Der Mensch ist ein Tier, das sich als Mensch begreift. Und schon darin bestimmt er sich selbst. Doch dieser Akt ist erst dann vollendet, wenn das Individuum in Kenntnis seiner Herkunft und seiner Lage aus eigener Einsicht handelt.

10. Damit ist die Bedingung der Frage nach der Natur des Menschen aufgezeigt, und es ist umrissen, welche Antwort gegeben werden kann.

Wenn damit schon alles gesagt wäre, stände es schlecht um den Menschen und um die Philosophie. Die Vielfalt des menschlichen Daseins erlaubt und verlangt eine Vielzahl von Antworten, um die sich die Philosophie im Verein mit den anderen Wissenschaften zu bemühen hat. Sie muss beschreiben, *wie* sich der Mensch in unterschiedlichen Lagen versteht, unter welchen Bedingungen, mit welchen Absichten und mit welchen Leistungen dies geschieht, damit die *Pluralität* der menschlichen Lebensweisen auch philosophisch erkennbar wird.

Zugleich sollte die Philosophie sich nicht daran hindern lassen, die *Einheit* in der Verschiedenheit der Selbstbegriffe kenntlich zu machen. In meiner eigenen Antwort, in der ich den Menschen als *homo publicus* bezeichne, setze ich voraus, dass er darin auch als *zoon poietikon, animal artificialis*, *homo creator* oder *homo pictor* verstanden werden kann. In jedem Fall ist er ein Wesen, das produktiv tätig ist und sich eine Welt erschafft, die ihm in der Sache etwas bedeutet. Diese Welt wird ihm zur Bühne, auf der er sich selbst ein Beispiel gibt. Dabei setzt er im Prinzip alle Menschen als Zuschauer voraus und denkt sich, wenn er das ganze Schauspiel ernst nimmt, auch einen Regisseur hinzu, der alles kritisch prüft.

Damit ist die *erste*, die elementare Aufgabe der philosophischen Anthropologie benannt. Die *zweite* besteht in der *Öffnung zu den Lebenswissenschaften*, um in Verbindung mit ihnen, den naturgeschichtlichen Konditionen des menschlichen Selbstverständnisses nachzugehen. Es kann gar nicht in Zweifel stehen, dass Biologie, Physiologie, Psychologie und Soziologie, um nur die Stammdisziplinen zu nennen, wesentliche Beiträge zur Selbsterschließung des Menschen leisten. Die offenkundige Parallele von biotischer, psychischer und sozialer *Selbstorganisation* mit der intelligiblen *Selbstbestimmung* verspricht Aufschlüsse, die den Horizont der Frage nach dem Selbstbegriff des Menschen überschreiten. Sie könnte uns lehren, die Dynamik der lebendigen Antriebskräfte besser zu verstehen, die Homogenität zwischen individueller und kollektiver Organisationsformen nachzuvollziehen oder wenigstens ahnen lassen, was ein System in Relation zu seinen Teilen eigentlich leistet. Sollten wir erkennen, wie Systeme entstehen, wie sie sich erhalten und wodurch sie ihre Wirkung in Organismus und in sozialer Organisation erzielen, sind wir bereits auf den Spuren der philosophischen Fragen nach dem Verhältnis von Realität und Idealität.

Das hätte Folgen für das Verständnis von Naturalismus und Humanismus und könnte uns besser begreifen lassen, warum wir als Menschen um nichts besser als die anderen Tiere sind, und dennoch ein Recht haben, sie grundsätzlich anders zu behandeln als uns selbst. In der Leistung des menschlichen *Wissens*, in dem der Mensch sich und seine Welt als *Sachverhalt* in einer *öffentlich* zugänglichen Sphäre begreift, liegt ein *objektiver Vorrang*, ohne den er jederzeit verzweifeln müsste. Dem Wissen aber wird der Mensch als *homo publicus* gerecht, der in einer Öffentlichkeit handelt, in der er seinem Handlungssinn zwangsläufig eine allgemeine Bedeutung unterstellt. In ihr ist er notwendig über die bloß tierische Sinnlichkeit hinaus.

Humanismus

Julian Nida-Rümelin

Unter *theoretischem Humanismus* verstehe ich die Auffassung, dass menschliches Handeln und Urteilen von Gründen geleitet sei, dass Menschen die besondere Fähigkeit eigen ist, sich von Gründen affizieren zu lassen. Der ethische Humanismus zieht aus dieser anthropologischen Annahme konkrete Folgerungen für die Kriterien richtiger moralischer Praxis.

Ein so verstandener Humanismus ist kein Speziesismus, er stellt die Interessen der menschlichen Spezies nicht über die Interessen aller andern Lebewesen. Der theoretische (oder anthropologische) Humanismus setzt sich ab von naturalistischen Menschenbildern, z. B. solchen, die den Menschen als Maschine interpretieren, als Mechanismus, der nach deterministischen oder probabilistischen Regeln funktioniert wie eine technische Apparatur und der durch technische Apparaturen modelliert werden kann.

Der anthropologische und ethische Humanismus behauptet, dass die Rolle von Gründen für menschliches Urteilen und Handeln irreduzibel ist, dass eine vollständige Theorie des Menschen auf Gründe nicht verzichten kann, dass Gründe in einer vollständigen Beschreibung vorkommen, anders formuliert, dass die begrifflichen Möglichkeiten in den Naturwissenschaften nicht ausreichen, um Urteilen und Handeln von Menschen vollständig zu erfassen.

Wenn man allerdings unter *Naturalismus* eine Auffassung versteht, wonach auch der Mensch in allen seinen Teilen – einschließlich seines neurophysiologischen Systems, seiner mentalen Zustände und der Praxis der Verständigung – Teil der Natur ist, dass es keine Dichotomie zweier Sphären gibt, die voneinander unabhängig sind, dann wären Humanismus und Naturalismus in diesem Sinne miteinander vereinbar. Ich verwende den Terminus Naturalismus im engeren Sinne, wonach grundsätzlich die begrifflichen Möglichkeiten der Naturwissenschaft, d. h. der Physik und der Chemie, der Biologie, der Neurophysiologie etc. ausreichend sind, um menschliches Handeln und Urteilen ohne unerklärten Rest zu beschreiben. So formuliert sind Humanismus und Naturalismus kontradiktorische Positionen. Der Humanismus ist mit materialistischen Positionen in der Philosophie des Geistes unvereinbar. Er ist dagegen vereinbar mit Kontinuitäts- und Emergenztheorien des Mentalen. Er ist nicht auf eine dualistische Metaphysik festgelegt.

Die humanistische Denkbewegung hat in Europa ihren Ursprung in der griechischen Klassik. Aber auch in anderen Kulturkreisen, etwa dem konfuzianischen und dem buddhistischen, gibt es verwandte anthropologische und ethische Traditionen. Die Tatsache, dass heute ein sehr weitgehender globaler Konsens – zumindest auf der Ebene politischer Klärungen – hinsichtlich eines umfassenden Korpus von Menschenrechten besteht, hat auch damit zu tun, dass es in den meisten normativen und kulturellen Traditionen inhaltliche Anknüpfungspunkte gibt, so dass man von einem humanistischen Ethos sprechen kann, das zwar im europäischen Humanismus der Renaissance und der Aufklärung einen besonders prägnanten Ausdruck findet, das aber Übereinstimmungen und Schnittstellen mit außereuropäischen Anthropologien und Moralkonzeptionen aufweist. Ich muss mich aber hier – in systematischer, nicht in historischer Absicht – auf einige wenige Hinweise zur europäischen Entwicklung humanistischen Denkens beschränken.[1]

Die Sokratik generell, aber besonders Platon kann als einer der Ursprünge humanistischen Denkens in Europa gelten. Im Theaitetos-Dialog geht es um die richtige Definition von „Wissen". Wissen ist demnach nicht subjektive Gewissheit, auch nicht die Übereinstimmung der Meinungen, nicht einmal die Übereinstimmung mit den Tatsachen. Wenn Petra, die an ihre medialen Fähigkeiten glaubt, die Lotto-Zahlen des Wochenendes richtig vorhersagt, dann ist dies dennoch kein Wissen. Petra hatte keine guten Gründe für diese Überzeugung und daher kann diese Überzeugung (die Lotto-Zahlen am kommenden Wochenende werden die folgenden sein...) nicht als Wissen gelten. Eine Überzeugung kann als Wissen nur dann gelten, wenn sie erstens wahr und zweitens wohl begründet ist. Der Austausch von Gründen, die gemeinsame Suche nach der Wahrheit, ist eine besondere menschliche Fähigkeit, die bei bloßen „Wortstreitkünstlern" (wie Platon sie im Theaitetos-Dialog nennt) nicht zur Entfaltung kommt. Der Austausch von Gründen, die Fähigkeit sich von Gründen affizieren zu lassen, der Verzicht auf Überredungskünste und Gewaltmittel, um Übereinstim-

---

1   Zur Entwicklung humanistischen Denkens seit der Antike vgl. Mayer-Tasch, Peter C. (2006): *Mitte und Maß. Leitbild des Humanismus von den Ursprüngen bis zur Gegenwart.* Baden-Baden: Nomos.

mung herzustellen, dies ist ein zentrales Element allen humanistischen Denkens.

Es war der Stoa vorbehalten, eine zweite Entdeckung (sic) zu machen, die für ein humanistisches Menschenbild zentral ist: Menschen sind gleich, es ist unerheblich, welcher Ethnie, welcher Polis, welcher Sprachgemeinschaft, welcher Religion sie angehören, sie haben alle gleichermaßen einen Zugang zum Logos und sind gleichermaßen in der Lage, vernünftig – *homologumenos*, also im Einklang mit einer nach Gesetzen geordneten Natur – zu leben. Jeder Mensch kann unterscheiden zwischen dem, was er mit seinem Handeln kontrolliert und dem, dem er ohne Einflussmöglichkeiten ausgesetzt ist (den *adiaphora*). Für das, was er kontrolliert (*eph hêmin*), trägt er eine Verantwortung, die ihm niemand abnehmen kann. Dies macht die besondere menschliche Würde (*dignitas humana*, wie der Terminus schon in der römischen Stoa lautet) aus.

Nicht nur bei Platon und der griechischen und römischen Stoa steht die Eigenverantwortlichkeit genuin menschlicher Existenz im Mittelpunkt. Als Lebewesen, die Gründen zugänglich sind, die nach Gründen urteilen und nach Gründen handeln, sind wir verantwortlich gegenüber anderen und gegenüber uns selbst. Es ist die Fähigkeit, Gründe abzuwägen und nach Gründen zu handeln und zu urteilen, die uns frei macht. Die Gleichheit des Menschen besteht in der grundsätzlich gleichen Fähigkeit sich von Gründen affizieren zu lassen, ein Leben aus eigener Verantwortung zu leben. Menschliche Gleichheit als gleiche Würde, gleicher Respekt, gleiche Freiheit, gleiche Verantwortlichkeit. Es gibt keine natürliche Ordnung des Oben und Unten. Niemand ist von Natur oder Gott zum Herrschen bestimmt, es gibt keine natürliche Hierarchie, keine ständische Ordnung im Einklang mit der natürlichen oder göttlichen Ordnung.

Humanistische Postulate haben politische Implikationen. Im 17. und 18. Jahrhundert werden diese zur Grundlage politischer Theorien, die sich gegen die alte feudale Ordnung wenden, die Legitimation von Macht nicht an die Geburt, sondern an die rationale Übereinkunft, die Zustimmung aller binden. Für Thomas Hobbes geht es um die Etablierung einer Friedensordnung durch ein staatliches Gewaltmonopol, in der Verträge eingehalten werden und die Menschen vor ungesetzlicher Gewalt keine Furcht mehr haben müssen und friedlich ihren Geschäften nachgehen können. John Locke ersetzt die paternalistische Gewalt des Fürsten durch den Rechtsstaat, der die natürlichen Rechte jedes einzelnen Menschen auf Leben, körperliche Unversehrtheit und legitim erworbenes Eigentum sichert. Jean-Jacques Rousseau will die ursprüngliche Freiheit jedes Menschen in der Republik als sittliche Körperschaft wieder herstellen, Immanuel Kant die Gesetzgebung an die allgemeine rationale Zustimmungsfähigkeit binden und ein globales Friedensbündnis der Republiken etablieren.

Bei allen Verästelungen humanistischen Denkens in Europa, die ambivalente Rolle des Christentums, das einerseits die wichtigsten Inhalte sokratischer Anthropologie und stoizistischer Ethik tradiert und mit der These der Gott-Ebenbildlichkeit des Menschen die gleiche Würde der Stoa religiös transzendiert, aber andererseits die Idee gleicher menschlicher Rechte, der Gleichheit von Mann und Frau, der Demokratie, durch den katholischen und orthodoxen Klerus bis ins 20. Jahrhundert hinein bekämpft, wirken die anthropologischen Grundpostulate des Humanismus fort: Menschliches Urteilen und Handeln sollte von Gründen geleitet sein. Der Austausch von Gründen ist der Androhung von Gewalt vorzuziehen. Es gibt einen Unterschied zwischen Überreden und Überzeugen. Die Rede, die auf Überzeugung gerichtet ist, bringt gute Gründe vor, von denen der Redner selbst überzeugt ist und hofft, dass der Gesprächspartner sie sich zueigen macht. Der Mensch ist also ein Vernunftwesen. Er ist zur Vernunft befähigt, heißt: Er kann gute Gründe einsehen, er kann Gründe für sein Handeln geben und seine Überzeugungen an guten Gründen ausrichten. Als Vernunftwesen kommt dem Menschen eine spezifische Freiheit zu: Das Ergebnis seiner Deliberation (seines Abwägens von Gründen, theoretischen wie praktischen) steht nicht fest, es wird von ihm selbst verantwortet. In der wechselseitigen Anerkennung dieser Fähigkeit gründet sich ein spezifischer Respekt, den wir einander schulden. Wir schreiben einander eine spezifische – menschliche – Würde zu. Unsere Selbstachtung beruht auf der Fähigkeit nach Gründen zu handeln und der geschuldete Respekt äußert sich darin, dass wir diese Selbstachtung unter keinen Bedingungen verletzen (Art. 1 GG: Die Würde des Menschen ist unantastbar). Die spezifische menschliche Freiheit ist nicht Freiheit aus Willkür, sondern Freiheit, die von Gründen geleitet ist. Freiheit ist also nicht lediglich Autarkie, sondern Autonomie, die Fähigkeit nach selbst gewählten Regeln (das, was Kant „Maximen" nannte) zu handeln.

Auch wenn die anthropologischen und ethischen Gehalte humanistischen Denkens heute nicht nur in die Verfassungsordnungen westlicher Demokratien, sondern auch in allgemein akzeptierte völkerrechtliche Konventionen eingegangen sind, so hatte es der Huma-

nismus von der Antike bis zur Gegenwart schwer, sich gegen anti-
humanistisches Denken und anti-humanistische Praxis zu behaupten:
Platon stilisiert die Auseinandersetzung zwischen Sokratik und Sophistik
zu einer Auseinandersetzung um das erste humanistische Postulat,
nämlich die Rolle von Gründen und die Rolle von Wahrheit. Der
Sophistik und Rhetorik geht es nach Platon nicht um Wahrheit, sondern um bloßen Erfolg, so unterschiedlich die Kriterien dieses Erfolges
im Spektrum sophistischer Positionen sind. Es geht der Sophistik nicht
um die besseren Gründe, sondern um die Durchsetzung eigener Interessen, bestenfalls um Überredung. Bildung ist ihr nicht Selbstzweck,
sondern wird zu einer Erwerbstätigkeit unter anderen. Das in dem jeweiligen einzelnen menschlichen Individuum Angelegte soll nicht zur
vollen Entfaltung gebracht werden, wie es platonischer und aristoteli-
scher Anthropologie entspricht, sondern instrumentalisiert werden für
andere Zwecke, z. B. der Macht oder des Reichtums.

Das stoizistische Postulat menschlicher Würde und Vernunftteilhabe
kollidiert mit den imperialen Interessen im Hellenismus und später des
römischen Imperiums. In der Endphase des römischen Reiches ist
stoizistische Anthropologie und Ethik zur Weltanschauung römischer
Patrizier geworden, kann aber den politischen, wie moralischen Verfall
des Reiches nicht mehr aufhalten. Zudem scheint die zentrale Frage der
Vereinbarkeit der theoretischen und der praktischen Philosophie der
Stoa, die über Jahrhunderte stoizistisches und anti-stoizistisches Denken
prägt, unbeantwortet. Wie lässt sich der Universal-Determinismus
kosmischer Gesetze, wie ihn die Stoa annahm, mit der Eigenverantwortlichkeit des Einzelnen vereinbaren? Insbesondere Chrysipp hatte
intelligente Argumente, die für diese Vereinbarkeit zu sprechen schie-
nen, entwickelt, aber die Zweifel nicht behoben. Die Frage der
Kompatibilität von Universal-Determinismus und menschlicher Verantwortung und Freiheit bleibt bestehen. Das Christentum erbt sie in
Gestalt der Theodizee-Problematik. Wie kann es sein, dass Gott jedes
Ereignis vorhersagen kann und jedes Ereignis mit seiner Entscheidung
bestimmen kann und der Mensch dennoch für das, was er tut, vor Gott
verantwortlich ist?

Die klassische Physik Isaac Newtons scheint das uralte Programm
einer systematischen und streng deterministischen Naturwissenschaft,
das schon die Atomisten der Vorsokratik vertreten hatten, das Descartes
und andere Vertreter der rationalistischen Strömung der scientia nova
postulierten, endlich eingelöst zu haben. Das Gesamt des physikalischen
Geschehens ließ sich nun auf ein einziges Grundprinzip zurückführen.

Die verschiedenen beobachtbaren Bewegungen in der Natur schien sich
als ein System von Massepunkten, zwischen denen Kräfte wirkten, ohne
Rest beschreiben zu lassen. Der Laplace'sche Dämon, der jedes Ereignis
vorhersagen kann, da er den Zustand der Welt an einem beliebigen
Zeitpunkt aus dem Zustand der Welt zu einem früheren Zeitpunkt,
gegeben die physikalischen Gesetze, vorhersagen kann, hatte ein sicheres Fundament in einer erfolgreichen empirischen Naturwissenschaft, der klassischen Physik, gefunden. Diese Wissenschaft entwickelte
sich stürmisch fort und entgegen den anthropologischen und ethischen
Überzeugungen ihrer führenden Vertreter, darunter auch Newton
selbst, schien dies im 20. Jahrhundert flankiert von der Darwin'schen
Biologie zwangsläufig zu einer in sich geschlossenen materialistischen
und deterministischen Weltanschauung zu führen.

Humanistische Postulate menschlicher Selbstbestimmung, Freiheit
und Verantwortung, gar gleicher menschlicher Würde, erschienen zunehmend als Fremdkörper, der sich in eine wissenschaftliche Weltanschauung nicht integrieren lässt. Biologistische, rassistische und natio-
nalistische Ideologien verdrängen zunehmend die normativen Prägungen durch Humanismus und Aufklärung. In Gestalt des Marxismus
entsteht eine ökonomistische Variante des Materialismus mit weit reichender politischer Wirkung. Faschismus und Nationalsozialismus
stellen sich offensiv gegen das humanistische Menschenbild, gegen die
These, dass allen Menschen eine spezifische Würde zukomme, dass alle
Menschen durch Rechte und Freiheiten zur Selbstbestimmung befähigt
werden sollten, dass es eine ursprüngliche Gleichheit im Sinne gleicher
Fähigkeit zu selbstbestimmten Leben gibt, dass die Zugehörigkeit zu
Rassen oder Nationen politisch irrelevant ist. Die grausamen Erfahrungen mit anti-humanistisch gesinnter Politik in seinen beiden
Hauptvarianten des Nationalsozialismus und des Stalinismus, gaben
humanistischer Anthropologie[2] und Ethik nach dem Ende des Zweiten
Weltkrieges eine historische Chance, das Ethos, das Recht, die Politik
in demokratischen Gesellschaften zu prägen. Das deutsche Grundgesetz
mit seiner starken Betonung des humanistischen Ethos ist dafür ein
prägnantes Beispiel. Die Charta der Vereinten Nationen, die allgemeine
Erklärung der Menschenrechte, der – streckenweise mühsame – globale

---

2   Der Terminus *Theoretischer Humanismus* wird von mir näher im ersten Kapitel
     von *Über menschliche Freiheit* (Stuttgart: Reclam 2005) erläutert und im fünf-
     ten Kapitel mit den Grundlagen des ethischen Humanismus in Verbindung
     gesetzt.

Konsens über die beiden Menschenrechtskonventionen der 60er Jahre, die Fortschreibung und Konkretisierung des Völkerrechts bis in die Gegenwart, zeigen, dass die Kraft humanistischer Normativität ungebrochen ist.

Gegenwärtig sehe ich vor allem drei Bedrohungen humanistischen Denkens und durch humanistisches Ethos geprägter moralischer und politischer Praxis:

I.   Die zunehmende Ökonomisierung aller Lebensbereiche, die sich im Kleinen darin äußert, dass zwischenmenschliche Beziehungen ökonomischen Zwecken[3] unterworfen werden und zunehmend auch ein von ökonomischer Verwertung weitgehend frei gestellter Bereich, nämlich die Wissenschaft, unter Verwertungsaspekten neu strukturiert wird. Im größeren Maßstab, weil die kulturellen Bedingungen humanistischer Praxis im globalen Markt, im Prozess der Globalisierung, zumindest gefährdet werden. Kulturelle Traditionen tragen zur Identitätsbildung bei. Die rasche Nivellierung kultureller Differenzen, die Verwandlung von kulturellen Gemeinschaften in Marktteilnehmer, das Verschwinden kultureller Eigenheiten und lokaler Gemeinschaften, kann zu einer Mentalität führen, die Sinnstiftung erschwert und Solidaritätsstrukturen zerstört. Zudem sind die Rahmenbedingungen politischer Gestaltung und Verantwortung unter einem starken Veränderungsdruck, der es zumindest möglich erscheinen lässt, dass die bürgerschaftliche Erfahrung gemeinsamer Selbstbestimmung, also praktizierter politischer Partizipation und Autonomie[4] dem Ohnmachtsgefühl individueller Teilnahme am globalen Markt weicht, die Republik als sittliche Körperschaft erodiert. Das humanistische Menschenbild ist jedenfalls mit der Reduktion menschlicher Existenz zum Konsument und Produzent von Gütern auf dem globalen Markt unvereinbar.

II. Das Erstarken fundamentalistischer Strömungen, vor allem solcher die religiös und da wiederum solcher die muslimisch inspiriert sind,

---

3   Nida-Rümelin, Julian (2008, i.Ersch.): Philosophical Ground of Humanism in Economics. In: Pirson, Michael et. al. (ed.): *Humanism in Business. Perspectives on the Development of a Responsible Business World.* Cambridge: Cambridge University Press.

4   Gerhardt, Volker (2007): *Partizipation als Prinzip der Politik.* München: C.H. Beck.

prägt kollektive Identitäten aus, die mit humanistischer Anthropologie unvereinbar sind. Die Abwertung der Anderen, weil sie der
falschen Konfession oder Religion angehören, ihre Instrumentali-
sierung bei Terrorakten und „neuen Kriegen", der Verzicht auf
Begründung, die Verhöhnung der Vernunft und die Predigt von
Glaubensgewissheiten, bedroht nicht nur das humanistische Menschenbild gleicher Würde und gleichen Respekts, sondern fördert
eine politische Praxis der Intoleranz und der Menschenverachtung.

III. Ein neuer, naturwissenschaftlich inspirierter, Anti-Humanismus,
der zunächst die Fähigkeit zu freier und verantwortlicher Entscheidung und damit die anthropologischen und moralischen
Grundlagen einer humanen Rechtsordnung bestreitet.

Trotz dieser aktuellen Herausforderungen eines humanistischen Menschenbildes, spricht Vieles für eine optimistische Einschätzung. Die
Grundorientierungen einer humanistischen Anthropologie und Ethik
bilden konstitutive Elemente unserer lebensweltlichen Praxis. Es ist
keine moderne Kultur denkbar, die ohne Deliberationen in der All-
tagspraxis des Entscheidens und Urteilens, aber auch in den politischen,
juridischen und ökonomischen Institutionen auskommt. Traditionelle,
das heißt unhinterfragte, Autoritäten, überkommene Kasten- und
Ständesysteme, lokale und tribale Identitäten schwächen sich ab und
damit wächst die persönliche Verantwortung für die eigene Lebensge-
staltung, Freiheit und Autonomie prägen das Selbstbild und die Vielfalt
der Handlungsoptionen zwingt nicht nur zur Abwägung, sondern nötigt
Respekt auf gegenüber der Vielfalt der Lebensformen und Weltanschauungen und der mit ihnen korrespondierenden Werthaltungen und
Verbindungsformen. Es scheint mir nicht utopisch zu sein, zu hoffen,
dass eine Kultur der wechselseitigen Anerkennung, des gleichen Respekts, der individuellen Autonomie und Selbstverantwortung das anthropologische und ethische Fundament für eine globale Zivilgesellschaft der Zukunft bereitet, die einem humanistischen Menschenbild
verpflichtet ist.[5]

---

5   Weitere Überlegungen zum Zusammenhang von Ethik und globaler Zivilge-
    sellschaft befinden sich in „Zur Philosophie einer globalen Zivilgesellschaft",
    in: Nida-Rümelin, Julian (1999): *Demokratie als Kooperation*. Frankfurt am
    Main: Suhrkamp, 186–206.

Was ist der Mensch? Für ein Boot über den Rubikon

Christoph Antweiler

Die Frage nach dem Wesen des Menschen bzw. nach der Natur des Menschen halte ich für sinnvoll. Jede einfache Antwort auf diese Frage hat sich aber schon selbst disqualifiziert. Für eine echte Humanwissenschaft des „ganzen Menschen" müssen wir den Rubikon zwischen Natur- und Kulturwissenschaften überschreiten. Meine Antwort hat einen stark empirischen Charakter und beruft sich insbesondere auf Humanbiologie, Kulturprimatologie und kulturvergleichende Ethnologie. *Homines sapientes* zeichnen sich durch evolutiv gewordene Charakteristika aus, die sie zu besonderen Tieren machen. Die Umwelt, in der sie leben, wurde großen Teils von anderen Menschen geschaffen. Als Individuen stehen Menschen in einem genetischen und historischen Zusammenhang miteinander. Aufgrund dieser geneaologischen Verknüpfung sind auch Individuen, denen aufgrund von geistiger Krankheit, Bewusstlosigkeit oder Jugendlichkeit manche der Merkmale fehlen oder noch fehlen, uneingeschränkt Mitglieder der Menschheit. Die Menschheit als Einheit resultiert demnach nicht nur aus geteilten Merkmalen ihrer Individuen. Sie entsteht auch durch ähnliche Lebensumstände, Probleme und Lösungen der Kulturen, die zu Kulturuniversalien führen, sowie durch die Vernetzung von Individuen und Kulturen, die großen Teils durch außerkörperliche materielle Artefakte und Medien besteht und inzwischen global ist.

Reduktionismen und Dualismen

Selbst eine ausdrückliche Zurückweisung der Existenz einer menschlichen Natur, wie sie von vielen Vertretern der postmodernistischen und konstruktivistischen Philosophie oder „negativen Anthropologie" vertreten wird, beruht notwendigerweise auf Annahmen über sie. Auch die Ablehnung einer Natur des Menschen braucht Menschenbilder als Fundierung. Antworten, die der Komplexität der Frage nach dem Menschen dadurch Herr werden wollen, dass sie die Veränderlichkeit oder gar Unbestimmbarkeit als Charakteristikum des Menschen sehen,

weichen der Frage nur aus. Eine gängige Form der Bestimmung der
Natur des Menschen benutzt das Wort *Homo* und versieht es mit einem
deskriptiven Zusatz. Bei den meisten derartigen Bestimmungen handelt
es sich um recht plakative, reduktionistische, wertende und vor allem
empirisch kaum gedeckte Charakterisierungen. Von den mindestens
fünfzig Vorschlägen nach dem Modell von *genus proximum* und *differencia
specifica*, die allesamt wenig überzeugend sind, erscheint mir persönlich
animal rationale noch als die treffendste. Entgegen anders lautenden
Aussagen kann ein empirischer Zugang mehr als nur nichts sagende
Allgemeinplätze über „den Menschen" bieten. Ein solcher Ansatz kann
zum einen an Artmerkmalen ansetzen und zum anderen an deren weit
reichenden außerkörperlichen Effekten. Heute lässt sich zur Besonderheit des Menschen sehr viel mehr Konkretes sagen als etwa zu Zeiten
Arnold Gehlens. Wichtig dabei ist, biotische Eigenschaften nicht auf
anatomische zu reduzieren. Der Weg der Bestimmung der Natur des
Menschen über die Herausarbeitung der Artmerkmale ist allerdings alles
andere als einfach. Es ist allgemein schwierig, Spezies nach Merkmalen
abzugrenzen, die sowohl für alle Individuen gelten, als auch ausschließlich nur bei Mitgliedern dieser Spezies zu finden sind.

Sonderstellung, aber keine essentielle Einzigartigkeit

Physisch unterscheiden sich Menschen durch etliche Merkmale von
anderen Hominoidea. Die folgenreichen Sondermerkmale des Menschen aus biologischer Sicht sind (a) der aufrechte Gang auf zwei Bei-
nen, mit dem viele andere Besonderheiten der Anatomie und Physiologie, wie z. B. Merkmale des Beckens und der unspezialisierten Hand,
zusammenhängen, (b) das hoch entwickelte Gehirn, insbesondere im
Bereich des Großhirns mit Präfrontalkortex, was entscheidend z. B. für
Verhaltenskontrolle und Sprachfähigkeit ist, (c) bestimmte Parameter
der Fortpflanzung, der Sexualität, der Frühontogenese und des weiteren
Lebenslaufs, z. B. dessen Langsamkeit, sowie (d) eine extrem komplexe
Sozialität mit diversen Formen sozialer Organisation, d. h. keiner i. e. S.
artspezifischen Sozialform. Aus diesen Charakteristika resultieren spezifische Fähigkeiten, wie die der gezielten Werkzeugherstellung (unter
Benutzung von Werkzeugen). Damit können Menschen kulturelle
Artefakte und auch geistige Werkzeuge, wie Wörter schaffen, die nicht
nur Intelligenz erfordern, sondern den Akteuren auch Intelligenz verleihen. Werkzeuge machen intelligent, denn sie eröffnen neue Hand-

lungsmöglichkeiten und stellen neue Denkanforderungen. In ihnen liegen menschliche Ideen verkörpert vor, die von anderen Menschen erfunden, verbessert und weitergegeben wurden. Einige dieser „kulturellen Werkzeuge des Denkens" sind besonders folgenreich: Schrift, Mathematik und weitere Denkzeuge. Sie erweisen sich besonders dadurch als effizient, dass durch sie Wissen in einer Gruppe von Menschen, die gemeinsam Probleme lösen, verteilt werden kann (*distributed knowledge*), wie z.B. bei der Steuerung von Öltankern und bei Fernfahrten ohne Kompass bei Polynesiern.

Diese Handlungsmöglichkeiten werden vermehrt durch das menschliche Vermögen, sich die Zeit zu vergegenwärtigen, und die Fähigkeit zur Interpretation von Interpretationen. Menschen können sich beliebige Zeitpunkte der Vergangenheit und der Zukunft in die Gegenwart hereinholen. Dies ermöglicht das Streben nach Verbesserung oder gar Vollkommenheit, das utopische Potenzial des Menschen. Ein zweites Resultat der organischen Merkmale ist die Kompetenz zu echter Sprache. Menschliche Sprache vermittelt viel Meta-Informationen, also Wissen über Informationen, z.B. über deren Gültigkeitsbereich. Menschen besitzen die besondere Fähigkeit, den Sachbezug in sprachlichen Äußerungen isolieren zu können; nur in ihr kann die Darstellungsfunktion von der Kundgabe- und der Appellfunktion entkoppelt und also auch isoliert verwendet werden. Die kooperative Nutzung der Sprache ermöglicht als soziales Werkzeug Kooperation. Diese Sprachfähigkeit ist wohl das diagnostischste Einzelmerkmal des Menschen, auch wenn der Löwenanteil menschlicher Kommunikation nichtsprachlich ist.

Zusammengenommen sprechen die Merkmale gegen eine echte „Sonderstellung" des Menschen in der Natur. In vergleichender Betrachtung mit seinen Verwandten erscheint der Mensch vielmehr als „another unique species" (Robert Foley). Heute kann die biologische Nähe des Menschen zu anderen Organismen recht genau gezeigt werden und es lassen sich präzise Abstufungen im Maß der Ähnlichkeit zu verschiedenen Organismen angeben. Der Mensch ist einzigartig, aber die Einzigartigkeit beruht nicht auf einem einzelnen Charakteristikum, sondern einem vielfältigen Gebinde. Im Gesamtbild erscheinen die Charakteristika des Menschen in vieler Hinsicht (vielleicht mit Ausnahme der Sprache) als eine Modifikation und Kombination von Merkmalen der Primaten. Viele ehemals als einzigartig menschlich apostrophierte Eigenschaften haben einer artvergleichenden empirischen Prüfung nicht standgehalten. Wir wissen heute definitiv, dass

komplexe Sozialität, Lernen, Tradieren und Werkzeugverhalten bzw.
-gebrauch nicht auf den Menschen beschränkt sind, wenn man die
Fähigkeiten so allgemein auffasst. Es ist allerdings nicht selbstverständlich, dass ein Schimpanse, der ein Verhalten zeigt, wie wir es vom
Menschen kennen, dies aus denselben Gründen tut. Selbst zwischen
verwandten Arten kann man nicht umstandslos von ähnlichem Verhalten auf ähnliche Verhaltensursachen schließen. Heutigen Menschenaffen fehlen manche Merkmale, die für einige spezielle Formen
der Tradierung, z.B. aktive Unterweisung, wichtig sind. Nicht-
menschliche Primaten (a) verstehen (im Unterschied zu Hunden!) die
menschliche Zeigegeste nicht; (b) sie nutzen sie auch nicht, etwa, um
Artgenossen auf etwas hinzuweisen oder zu etwas hinzuführen; und (c)
sie unterrichten ihre Kinder nicht. Dies kann als ein Indiz dafür ge-
wertet werden, dass ihnen zentrale Fähigkeiten fehlen, nämlich ein
Verständnis von Kausalität, ein Konzept von Intentionalität, die Fähigkeit zu gemeinsamem Aufmerksamkeitsfokus und das Vermögen,
sich mit Artgenossen zu identifizieren. Interaktionen bei nicht-
menschlichen Primaten verbleiben in der Regel im Zweierbezug einer
unmittelbaren Kommunikation zwischen Sender und Empfänger und
sie verlangen zumeist etwas: Sie sind dyadisch und dazu imperativ.
Affen leben also, übertrieben gesagt, in einer Art solipsistischen Welt.

Emergenz

Die Tatsache, dass Menschen viele Merkmale mit anderen Tieren ab-
gestuft teilen, macht es wahrscheinlich, dass die besonderen Charakteristika des Menschen evolutionär nicht auf einmal entstanden. Eine
insgesamt kontinuierliche Entwicklung schließt aber selbstverständlich
nicht aus, dass einzelne dieser Fähigkeiten nach ihrer Etablierung
schlagartig große Effekte hatten, vielfältige Emergenzen. Die Besonderheiten des Menschen haben weit reichende und akkumulative Effekte gezeitigt. Hier fällt zunächst die enorme Diversität der Kulturen
auf, die sich beispielhaft in knapp 7000 Sprachen zeigt. Auch zwischen
verschiedenen Populationen von Schimpansen konnten kulturelle
Unterschiede aufgrund spezifischer Umwelt und lokaler Traditionen
dokumentiert werden. Dies war eine wichtige Entdeckung, weil sie
zeigt, dass es auch bei diesen kein durchgehendes artspezifisches Etho-
gramm gibt. Kulturunterschiede bei nichtmenschlichen Primaten sind
aber gegenüber denen zwischen menschlichen Gesellschaften extrem

gering. Neben der Diversität ist die schiere Größe menschlicher Gesellschaften bemerkenswert. Die Bandbreite ist zwar enorm, aber das
grundlegende Faktum ist, dass Kultureinheiten des Menschen, z.B.
Ethnien, in aller Regel viel größer sind als jede Primatengruppe. Gemeinschaften anderer Primaten gehen über den lokalen Rahmen nicht
hinaus, wohl vor allem deshalb, weil dazu die Fähigkeiten zur symbolischen Kommunikation nicht ausreichen. Menschen schaffen komplexe
Großgesellschaften. Diese ultrasozialen Gebilde implizieren funktionale
Erfordernisse, z. B. Bürokratie, Geld und Massenmedien. So bilden sich
global ähnliche Kulturmuster heraus. Ein weiteres Resultat der
menschlichen Fähigkeiten ist die geographische Verbreitung des Menschen über alle Klimazonen: Menschen sind eine überall gegenwärtige
Art. Schließlich ist die schiere Anzahl an Menschen auffällig. Immerhin
gibt es heute z. B. etwa 100 Mal mehr Menschen auf der Erde als
Individuen irgendeiner anderen Spezies mit vergleichbarer Körpergrö-
ße.

Die Entdeckung des „Social Brain"

Der Mensch aus neurobiologischer Sicht

Joachim Bauer

Neurobiologische Perspektiven können, auch wenn diese Anmaßung neuerdings gelegentlich durchklingt, keinen Anspruch auf einen Primat erheben, wenn es um die anthropologische Grundfrage geht, was der Mensch seinem Wesen nach sei. Sie können jedoch Mosaiksteine zu einem Bild beitragen, an welchem zahlreiche Disziplinen – und unter diesen die Philosophie sicher an herausragender Stelle – mitzuwirken haben. Der Einbruch der Biologie in unsere anthropologischen Grundüberzeugungen hat – ob wir dies begrüßen oder nicht – bereits vor Langem stattgefunden. In Deutschland begann er auf breiter Front mit der Rezeption Charles Darwins, die das Denken zwischen 1880 und 1930 revolutioniert hat.[1] Anthropologische Grundüberzeugungen haben die Tendenz zu impliziten – und damit zu überwiegend unbewussten – Gewissheiten zu werden.

Eine fundamentale Wiederbelebung der Überzeugung, der Mensch sei in seinen inneren Antrieben ein primärer Aggression verpflichtetes Wesen, erfolgte durch die moderne Soziobiologie, und hier an erster Stelle durch das weltweit überaus einflussreiche Werk „Das egoistische Gen" des britischen Zoologen Richard Dawkins. Wenn bereits unsere Gene „egoistisch" sind, sind dann nicht alle anderen menschlichen Tendenzen bestenfalls Epiphänome? Das Fatale der soziobiologischen Dogmen ist, dass sie – obwohl unhaltbar – zu einer weit verbreiteten Überzeugung und, mehr noch, zu einer pseudowissenschaftlichen Legitimation des derzeit weltweit herrschenden ökonomischen Systems geworden sind.

Gene, so die in den letzten Jahren – nicht zuletzt aufgrund der vollständigen Analyse zahlreicher Genome – immer deutlicher hervortretende Erkenntnis, sind nicht „egoistisch", sondern Kommunika-

---

1   Weikart, Richard (2004): *From Darwin to Hitler. Evolutionary Ethics, Eugenics, and Racism in Germany*. New York: Palgrave MacMillan.

toren und Kooperatoren.[2] Sie reagieren in ihrer Aktivität nicht nur fortwährend auf Signale, die sie aus der Umwelt erhalten, in sensiblen Phasen der biologischen Entwicklung eines Organismus eintreffende Signale können darüber hinaus eine Art biologischen „Fingerabdruck" hinterlassen, indem sie einen überdauernden Einfluss auf die Aktivierbarkeit eines Genes ausüben, ein als „Epigenetik" bezeichnetes Phänomen. Als Kommunikatoren sind Gene alleine schon deshalb zu bezeichnen, weil sie, um aktiviert, abgelesen oder verdoppelt zu werden, unablässig auf kooperative Interaktionen mit zahlreichen anderen Molekülen angewiesen sind. Da Erleben und Verhalten des menschlichen Organismus mehrere Systemebenen über dem angesiedelt sind, was den Menschen mit Blick auf die Arbeitsweise und Funktion seiner Gene ausmacht, können von der Ebene der Gene allerdings keinerlei Schlussfolgerungen auf das Wesen des Menschen gezogen werden.

Ein von der Biologie her auf den Menschen – als ein erlebender und sich verhaltender Gesamtorganismus – gerichteter Blick bedarf einer Perspektive, die über die Gene hinausweist. Es ist erst wenige Jahre her, dass von neurobiologischer Seite erkannt wurde, dass das menschliche Gehirn für das Erleben von „Antrieb", „Vitalität" und „Motivation" ein spezifisches neuronales System zur Verfügung hat. Das „Motivationssystem" des Gehirns hat seinen Sitz im Mittelhirn und verdankt seine Bezeichnung der Tatsache, dass in ihm vorhandene Nervenzellen das Potential zur Synthese und Freisetzung von Botenstoffen haben, deren Wirkungen das biologische Korrelat dessen sind, was Menschen psychologisch als „Motivation" und „Vitalität" erleben.[3]

Die Aktivität der Motivationssysteme stellt sich nicht von alleine ein, sondern hängt von Stimuli ab, die das System von außen erreichen. Bekannt war in der neurobiologischen Forschung zunächst lediglich, dass Sucht erzeugende Substanzen potente Stimuli dieses Systems darstellen: Ihr Suchtpotential verdanken Suchtmittel ausschließlich der Tatsache, dass sie Nervenzellen der Motivationssysteme unmittelbar zur Freisetzung von Dopamin und endogenen Opioiden stimulieren – weshalb die Motivationssysteme gelegentlich auch als „Suchtsysteme"

---

2   Bauer, Joachim (2008): *Das kooperative Gen. Abschied vom Darwinismus.* Hamburg: Hoffmann und Campe; Shapiro, James A. (2006): Genome Informatics: The Role of DNA in Cellular Computations. In: *Biological Theory* (1), 288–301.

3   Vgl. dazu Bauer, Joachim (2006): *Prinzip Menschlichkeit. Warum wir von Natur aus kooperieren.* Hamburg: Hoffmann und Campe.

bezeichnet werden. Erst in den letzten Jahren ließ sich – vor allem unter Verwendung nicht-invasiver Methoden wie der funktionellen Kernspintomografie – klären, was der natürliche Stimulus der Motivationssysteme ist: Zwischenmenschliche Zuwendung, (lustvolle) Bewegung und Musik. Das menschliche Gehirn macht, etwas salopp gesprochen, aus Psychologie Biologie: Zwischenmenschliche Beziehungserfahrungen werden durch die fünf Sinne wahrgenommen, im so genannten limbischen System (einer Art System für „emotionale Intelligenz") evaluiert und in biologische Signale „übersetzt".

Nachdem die Motivationssysteme zunächst nur als „Suchtsysteme" Furore gemacht hatten, ließ der überraschende Befund, dass Zuwendung, „Gesehen-Werden" und Anerkennung *biologisch* potente Stimuli der Motivationssysteme darstellen, den derzeitigen Direktor der National Institutes of Mental Health, den Neurobiologen Thomas Insel, die ironische (von ihm bejahte) Frage stellen: „Is social attachment an addictive disorder?"[4] Soziale Akzeptanz gehört – ausweislich der an den Motivationssystemen des menschlichen Gehirns erhobenen Befunde – zu den zentralen, biologisch verankerten Strebungen des Menschen. Dies ließ in der US-amerikanischen Hirnforschung den Begriff des „Social Brain" entstehen.

Vom Grundantrieb nach sozialer Akzeptanz weist eine neurobiologische Linie auch zum Phänomen der Aggression. Willkürlich zugefügter Schmerz zählt nicht nur beim Menschen, sondern bei allen Säugetieren zu den „zuverlässigsten" Auslösern von Aggression. Aus evolutionärer Sicht dürfte die Bedeutung der Aggression daher vor allem darin zu suchen sein, den Organismus vor Beschädigung seiner Unversehrtheit und Schmerz zu bewahren. Nichts spricht aus neurobiologischer Sicht dafür, dass das Ausüben von Aggression ein primäres Bedürfnis sei. Das Miterleben des Leides anderer führt – wie entsprechende Untersuchungen zeigen – bei nicht traumatisierten, durchschnittlich gesunden Menschen zu einer durch das System der Spiegelnervenzellen biologisch getragenen Empathiereaktion.[5] Die menschlichen Motivationssysteme sind durch die Aussicht, aggressiv handeln zu dürfen, jedenfalls per se nicht zu stimulieren (nur wenn

---

4   S. hierzu Insel, Thomas R. (2003): Is Social Attachment an Addictive Disorder? In: *Physiology & Behavior* (79), 351–357.

5   Bauer, Joachim (2005): *Warum ich fühle was du fühlst. Intuitive Kommunikation und das Geheimnis der Spiegelneurone.* Hamburg: Hoffmann und Campe und München: Heyne.

damit soziale Anerkennung erworben werden kann, relativiert sich dieses Statement). Beide Phänomene – Angst und Aggression – sind neurobiologische und psychologische Signalgeber: Sie helfen uns, gefährliche Situationen zu erkennen und abzuwehren. Wie die Angst, so ist – bei psychisch gesunden Menschen – auch die Aggression aus heutiger Sicht kein „Trieb", sondern ein bei Bedarf abrufbares, biologisch fundiertes Programm (niemand würde auf die Idee kommen, von einem „Angsttrieb" zu sprechen).

Was uns die Dynamik der menschlichen Aggression besser als bisher verstehen lässt, sind neuere neurobiologische Experimente, die zeigen, dass die Schmerzzentren des Gehirns nicht nur durch die Zufügung von körperlichem Schmerz aktiviert werden, sondern auch durch die Erfahrung sozialer Ausgrenzung. Wenn Schmerzen ein potenter Auslöser von Aggression sind, und wenn soziale Ausgrenzung „aus der Sicht des Gehirns" wie körperlicher Schmerz erlebt wird, dann wird verständlich, warum nicht nur körperlicher Schmerz, sondern auch soziale Ausgrenzung als potenter Aggressionsauslöser fungiert. Tatsächlich ergaben auch aus der Sozialforschung kommende neuere Studien zu der Frage, welche Faktoren als Prädiktoren für gewalttätiges Verhalten bei Jugendlichen zu identifizieren sind, dass selbst erlittene Gewalt (also körperlich zugefügter Schmerz) und soziale Ausgrenzung (fehlende Bindungen) den statistisch stärksten Vorhersagewert hatten.

Die Biologie ist keine Adresse, um die naive Frage beantwortet zu bekommen, ob der Mensch „gut" sei. Abgesehen von der a priori fehlenden Zuständigkeit der Biologie für diese Frage könnte sie selbige wohl weder bejahen noch verneinen. Nur eines lässt sich experimentell zeigen: Menschen haben einen biologisch verankerten Sinn für soziale Fairness. Ein Experiment besteht darin, einen Spieler A mit einem festen Betrag (z. B. 100 Euro) auszustatten und ihn zu bitten, diesen Betrag mit einem – ihm bis dahin nicht bekannten – Mitspieler B nach eigenem Gutdünken zu teilen. Die an beide Spieler gehende Instruktion lautet: Stimmt Spieler B dem von Spieler A gewählten Verteilungsmodus zu, können beide Spieler mit dem Betrag nach Hause gehen. Verweigert Spieler B jedoch die Zustimmung, dann wird der gesamte Betrag vom Untersuchungsleiter wieder eingesammelt. Beide Spieler werden dann ebenfalls verabschiedet, eine zweite Chance wird nicht gegeben (weshalb das Experiment die Bezeichnung „Ultimatum Game" erhalten hat).

Wie verhalten sich „normale" Menschen im „Ultimatum Game"? Wie wir wohl bereits intuitiv vermutet hätten, stimmt Spiele B einer von Spieler A gewählten Verteilung im Verhältnis 50:50 in 100% der Fälle zu. Die Zustimmungsrate verringert sich nur unwesentlich, wenn Spieler A eine Verteilung von 60:40 oder 70:30 zu seinen Gunsten wählt, sie nimmt ab einer Verteilung von 80:20 jedoch rapide ab, ob- wohl – unter der Annahme, der Mensch verhielte sich wie ein „homo oeconomicus" – auch 20 Euro (oder selbst 10 Euro) für Spieler B ge- genüber der Alternative, ganz ohne Geld nach Hause zu gehen, einen Vorteil bedeuten sollte. Wir fühlen jedoch zu Recht, dass Spieler B sich in der Regel nicht wie ein „zweckrationaler Entscheider" verhalten wird. Doch was passiert im Gehirn von Spieler B in jenem Moment, in dem ihm Spieler A ein nicht akzeptables (weil von B als unfair emp- fundenes) Angebot macht (z.B. 90:10)? Die mittels funktioneller Kernspintomografie durchgeführte Analyse zeigt: Es kommt zu einer massiven Aktivierung der Ekelzentren,[6] d.h. jener in einem Bereich der Hirnregion „Insula" gelegenen Nervenzell-Netzwerke, die auch dann aktiv werden würden, wenn Proband B eine ekelerregende Substanz zu Riechen bekäme.

Was ist der Mensch? Drei zentrale Aussagen lassen sich von Seiten der Hirnforschung dem anthropologischen Mosaik aus heutiger Sicht hinzufügen: 1. Der Mensch ist ein in seinen innersten neurobiologi- schen Antrieben und Motivationen auf soziale Akzeptanz ausgerichtetes Wesen. Er ist aus diesem Grund auch bereit, für die Anerkennung seiner Mitmenschen erhebliche Mühen auf sich zu nehmen. 2. Soziale Aus- grenzung oder Demütigung wird vom menschlichen Gehirn ähnlich wie körperlich zugefügter Schmerz erlebt und wird daher – ähnlich wie zugefügter Schmerz – mit Aggression (oder Depression) beantwortet. 3. Menschen haben ein körperlich (neurobiologisch) verankertes Gefühl für soziale Fairness.

Soziale Akzeptanz wird dem Menschen – um es etwas salopp zu formulieren – nicht auf dem Tablett ins Haus geliefert. Die Evolution hat uns sozusagen „auf halber Strecke" abgesetzt, nämlich einerseits als vital auf soziale Akzeptanz angewiesene, andererseits aber nicht mit natürlichen Automatismen für hinreichend prosoziales Verhalten aus- gestattete Wesen. Ich meine, dass es gerade diese Lücke ist, die das Leben für den Menschen zu einem derart spannenden Projekt gemacht hat. Denn so sind wir gezwungen, diese Lücke durch das, was wir Kultur nennen zu schließen.

---

6   Sanfey, Alan G. (2003): The Neural Basis of Economic Decision Making in the Ultimatum Game. In: *Science* (300), 1755–1758.

Symbolkombinatorik als Gattungsmerkmal

MANFRED BIERWISCH

1.

Natürlich ist die Sprache nicht das einzige Merkmal, das den Menschen von anderen Arten unterscheidet, aber sie ist mit Sicherheit das folgenreichste: Ohne das, was die Sprache mit sich bringt, wären alle anderen Unterschiede wesentlich unerheblicher. Allerdings, wenn es auch die Sprache ist, die unproportional die Eigenständigkeit des Menschen bedingt mit allen Konsequenzen, im Guten wie im Schlimmen, so ist sie doch nur möglich aufgrund all der Voraussetzungen und Eigenschaften, die der Mensch als Glied der Evolution mit seinen stammesgeschichtlichen Verwandten teilt.

Die Sprachfähigkeit als das entscheidende Merkmal der Spezies muss zu den 1,2% der Erbinformation gehören, durch die sich nach neueren Schätzungen das menschliche Genom von dem anderer Primaten unterscheidet. Ob diese Fähigkeit das Ergebnis einer einzigen Mutation ist, wie etwa Chomsky[1] nahe legt, oder in einer Reihe von Schritten entstanden ist, wie zum Beispiel Jackendoff[2] und Pinker[3] meinen, wissen wir nicht. Und diese Frage wird auch kaum durch paläontologische oder prähistorische Funde zu beantworten sein. Aber sie wird sich eingrenzen lassen durch artübergreifende Vergleichsuntersuchungen und nicht zuletzt durch die Kennzeichnung dessen, was die Sprachfähigkeit eigentlich ausmacht, welche Voraussetzungen sie hat und welche Eigenschaften sie aufweist. Das soll im Folgenden angedeutet werden.

Zur Einordnung des Problems sind drei Aspekte zu unterscheiden, die mit der Vorstellung von Sprache als Eigenschaft des Menschen verbunden sind, nämlich Sprachausübung, Sprachkenntnis und Sprachfähigkeit. Die Sprachausübung, also Sprechen und Verstehen,

---

1   Chomsky, Noam (2002): *On Nature and Language*. Cambridge: CUP.
2   Jackendoff, Ray S. (2002): *Foundations of Language*. Oxford: OUP.
3   Pinker, Steven (1994): *The Language Instinct*. New York: William Morrow.

vollzieht sich in Äußerungen, die eine spezifische Struktur aufweisen, die aufgrund der Sprachkenntnis vom Sprecher erzeugt und vom Hörer erkannt wird. Die Sprachkenntnis bildet sich aufgrund individueller Erfahrung auf der Basis der angeborenen Sprachfähigkeit des Menschen, die diese Erfahrung möglich macht, ihre Verarbeitung lenkt und damit der Sprachausübung zugrunde liegt. Die Struktur dieser Fähigkeit führt aufgrund akzidentieller, oft unvollständiger, mitunter fehlerhafter Primärdaten zur Ausbildung des komplexen Kenntnissystems z. B. des Spanischen, Japanischen, Hindi, Bayrischen usw., das das Bilden und Verstehen entsprechender Äußerungen möglich macht.

Der Zusammenhang dieser drei Aspekte und der mit ihnen verbundenen Prozesse lässt sich schematisch wie folgt andeuten:

=======> Sprachfähigkeit =======> Sprache =======> Äußerung
Phylogenese   Ontogenese   Aktualgenese

In jedem dieser drei Prozesse entsteht Struktur. Allerdings geht es dabei um grundverschiedene Arten von Prozessen mit vollkommen verschiedener Zeit- und Sachcharakteristik, und auch um ganz unterschiedliche, wenn auch aufeinander aufbauende Arten von Strukturen. Die einzelnen Äußerungen haben eine Struktur, die bedingt ist durch die Einheiten und Regeln, die die Kenntnis einer Sprache ausmachen. Diese Kenntnis wiederum – sehr vereinfacht: das Lexikon und die Grammatik der Sprache – ist eine durch Erfahrung im Spracherwerb entstandene Ausprägung auf der Basis der Prinzipien und Dispositionen, die im Gehirn fixiert sind als Ergebnis der Evolution, in der Erbinformation entsteht durch zufällige Mutation und adaptive oder auch exaptive Selektion.

2.

Eine sprachliche Äußerung ist zunächst notwendig durch die Verbindung einer Lautform mit einer begrifflich strukturierten Bedeutung bestimmt. (Die Schrift als kulturbedingte Weiterung kann hier unbeachtet bleiben.) Dabei ist die Lautstruktur oder *Phonetische Form,* abgekürzt PF, ein internes, auf bislang unbekannte Weise im Gehirn repräsentiertes Muster, aufgrund dessen das Artikulationssystem ein Signal mit Eigenschaften erzeugt, die das auditive System als eben dieses Muster wiedererkennt. Der Lautform PF ist nun durch die Sprache, zu der die Äußerung gehört, eine Bedeutung oder *Semantische Form* SF zugeordnet. Das ist wiederum eine interne Repräsentation, und sie beruht auf der begrifflichen Verarbeitung des intentionalen Bezugs zur Umwelt im weitesten Sinn. Sehr vereinfacht sind diese Zusammenhänge folgendermaßen schematisierbar:

```
              A-P                        B-I
  Signal  <======>  PF   <───────>   SF <======>  Umwelt
                     _____/
                          Sprache
          _____/
                    mentale Systeme
```

Dabei kürzt A-P die Systeme der Artikulation und Perzeption von Signalen ab, B-I die Systeme der begrifflich-intentionalen Verarbeitung der Umwelt. Der Doppelpfeil <======> deutet die Umsetzung interner Strukturen durch Rezeptor- und Effektorsysteme an.

Die durch PF ←→ SF wiedergegebene Beziehung macht strukturell den Kern der Sprache aus, für den zwei Dinge wesentlich sind. Erstens sind die beiden Bereiche PF und SF essentiell verschiedenartiger Natur: Die phonetische Form folgt der Zeitstruktur der Signale und ist grundsätzlich linear organisiert, die Lautsegmente, Silben, Wortformen, werden sequentiell aneinandergereiht; die sprachliche Bedeutung dagegen beruht auf verschieden strukturierten Bedingungskomplexen und ist prinzipiell nicht linear, sondern hierarchisch organisiert. Und zweitens ist die Korrespondenz zwischen Lautfolgen und Bedeutungskomplexen nicht für ein abgeschlossenes Repertoire festgelegt, sondern systematisch erweiterbar, sie gilt für beliebig neue und komplexe Ausdrücke.

3.

Diese für die Sprache konstitutive und systematisch erweiterbare Korrespondenz zwischen Signal und Bedeutung beruht auf zwei entscheidenden Faktoren. Erstens, die Beziehung zwischen Laut und Bedeutung ist nicht auf situativen Zusammenhang oder auf Ähnlichkeit zwischen Signal und Bedeutung angewiesen, sondern nur durch (fast durchweg implizite) Übereinkunft begründet. In der Semiotik heißen situationsgebundene Zeichen *indexikalisch*, auf Ähnlichkeit beruhende Zeichen heißen *ikonisch*, und auf Übereinkunft beruhende Zeichen sind *symbolisch*. Tierkommunikation beruht (fast immer) auf indexikalischen Zeichen, ikonische Zeichen sind Bilder, Landkarten, Diagramme. Die Besonderheit der natürlichen Sprache ist ihr grundlegend symbolischer Charakter. Zweitens, die Zuordnung zwischen PF und SF beruht zwar auf einer fixierten, endlichen und lernabhängigen Menge von Grundsymbolen, grob gesprochen dem Lexikon einer Sprache, aber sie ist durch die systematische Kombinatorik der Grundeinheiten unbegrenzt ausdehnbar. Wer die Lautfolgen *Sohn, lassen, malen, sein* und den Namen *Hans* mit ihren Bedeutungen verbinden kann, der weiß dann aufgrund der Kombinationsregeln, was *Hans malt seinen Sohn* bedeutet, aber auch, dass *Hans lässt seinen Sohn malen* zwei klar verschiedene Bedeutungen hat, wo einmal der Sohn Maler und einmal Modell ist.

Vier Dinge sind dabei bemerkenswert: Erstens, die lineare Struktur der Lautform gilt innerhalb der Grundsymbole, aber auch für ihre Kombinatorik: *tor* und *rot* machen aus den gleichen Segmenten verschiedene Symbole, *zu versuchen beginnen* und *zu beginnen versuchen* aus den gleichen Worten verschiedene Komplexe. Ebenso ist die Bedeutung sowohl innerhalb der Grundsymbole wie auch bei ihrer Verknüpfung hierarchisch, aber nicht linear: Die Eigenschaften, die einen Sohn kennzeichnen, sind nicht linear, sondern als Bedingungsgefüge organisiert, und der Unterschied zwischen den zwei eben erwähnten Möglichkeiten, seinen Sohn malen zu lassen, ergibt sich aus der (unsichtbaren) Hierarchiebildung, nicht aus der sichtbaren Reihenfolge. Zweitens, das Repertoire der Grundsymbole ist entscheidend durch die Bedingungen der Kombinatorik determiniert. Wörter werden nicht wie Bausteine verbunden, sondern eher wie Teile eines Uhrwerks verzahnt. *Sohn* und *sein* bilden eine völlig andere Einheit als *malen* und *lassen* oder *seinen Sohn malen*, usw. Wörter sind sozusagen Kombinationsprogramme, lautlich wie bedeutungsmäßig. Drittens, diese Kombinatorik ist rekursiv, das heißt, sie kann wiederholt auf ihre eigenen Resultate angewendet werden: *Hans malt, Hans malt seinen Sohn, Hans lässt seinen Sohn malen, Hans lässt seinen Sohn Bilder malen, Hans lässt seinen Sohn Bilder mit Farbe malen,* und so fort. Und viertens, rekursive Kombinatorik ist essentiell für die Sprache, aber sie ist keineswegs auf die Sprache beschränkt, sondern prägt alle Verhaltensbereiche. Handlungen zum Beispiel setzen sich aus Teilhandlungen zusammen, die kleinere Komplexe verknüpfen, bis hinunter zu elementaren motorischen Aktionen. Ebenso beruht die visuelle Wahrnehmung auf der Kombination von Linien, Farben, Flächen zu Objekten von Objekten zu Szenen usw. Der entscheidende Unterschied, der die Sprache ausmacht, besteht darin, dass die rekursive Kombinatorik zwei ganz verschiedene Bereiche aufeinander bezieht: Die Kombinatorik der Lautform ist systematisch, aber ganz indirekt mit der Kombinatorik der Bedeutung verbunden. An den zwei Bedeutungen von *Hans lässt ihn malen* ist das direkt zu sehen, aber schon ein Satz wie *er fällt wieder mal auf* macht das exemplarisch deutlich: Die Bedeutung von *auffallen* setzt sich nicht aus den Teilen *auf* und *fallen* zusammen, sondern bildet ein eigenes Grundsymbol, dennoch stehen die Teile des Wortes an genau geregelten getrennten Plätzen im Satz, was nichts mit der Bedeutung zu tun hat, sondern nur mit der systematischen, komplexen Regelung der Kombinatorik.

Es besteht also guter Grund zu der Annahme, dass das, was die Sprache auszeichnet und damit in entscheidendem Sinn den Menschen zum Menschen macht, die Fähigkeit zur spezifischen (rekursiven) Kombinatorik von Symbolen ist.

4.

Ob Reflexion und Selbstbewusstsein durch die Sprache ermöglicht oder nur begünstigt werden, ist eine offene Frage. Dass sich aus der Sprache aber alles ergibt, was den Menschen als biologische und als biologisch zur Kultur und zur Geschichte bestimmte Spezies ausmacht, ist keine Frage. Denn die Sprache ist unabdingbare Voraussetzung für Religion, Wissenschaft, Politik, Recht, Handel and überhaupt alles, was in der Soziologie oder Gesellschaftstheorie Institution heißt. Zwar ist, sofern Symbole auf Übereinkunft beruhen, jede Sprache selbst auch eine Institution, aber sie ist die Institution, die Institutionalität erst möglich macht. Und auch das, was dem Charakter und der Herkunft nach jenseits der Sprache liegt, Musik etwa und Tanz oder Bilder von Lascaux bis Klee, nimmt durch die Einbettung in die Sprachfähigkeit seine spezifischen Funktion an. Und vielleicht ist die Fähigkeit des Zählens und der Arithmetik und damit das andere große Terrain des menschlichen Geistes eine spezielle Ausprägung rekursiven Operierens mit mentalen Repräsentationen.[4]

---

4   Eine ausführlichere Version der hier skizzierten Überlegungen findet sich in Bierwisch, Manfred (2008): Die Entwicklung des Gehirns und der Sprache. In: Joachim Klose und Jochen Oehler (Hg.) *Evolution und Schöpfung.* Berlin/Heidelberg: Springer.

Der Mensch oder die Menschen?

Furio Cerutti

Ich begegne der Frage, was der Mensch sei, mit einer gewissen Altfrankfurter Abneigung gegen die Frage selbst. Die lange Zeit, die ich in den 1960er Jahren in Frankfurt verbracht habe, hat mich gegen alles Ontologische geimpft. Um bei meinen alten Frankfurtern zu bleiben, genauer beim materialistischen Horkheimer: Hinter Fragen dieser Art wittere ich mangelndes Interesse für die konkrete Vielfalt der jeweils „lebendigen Individuen" (so Marx und Engels in der *Deutschen Ideologie*) sowie die Prätention, stattdessen zu einem höheren Diskurs von vermeintlich kosmisch-ewigen Wesenheiten hinaufzusteigen. Dennoch, Fragen haben immer zumindest partiell einen Sinn, gerade als Fragen, die dem Bedarf an Weiterforschen und Weiterargumentieren einen mehr oder minder akzeptablen Ausdruck geben. Daher werde ich versuchen, den *Sinn dieser Frage* zu diskutieren.

„Der Mensch" macht zunächst Sinn als *animal humanum*, als Gegenstand der naturwissenschaftlichen Anthropologie wie der Kulturanthropologie. Seine (oder ihre, wenn wir uns der anderen, größeren Hälfte der Menschen zuwenden) Definition hat Konturen, die so beweglich sind wie der Kurs der beteiligten Naturwissenschaften; noch schwankender ist die Meinung darüber, was als menschlich (soweit verschieden von anderen Tieren) zu gelten habe, wie Fernandez-Armesto (2004) in einem äußerst lesenswerten Buch nachgewiesen hat. Was man sich auch immer denken kann, dass der Mensch sei, eine Behauptung, die *per se* universell zu gelten beansprucht, muss heute mehr denn je an der kulturanthropologischen Kenntnis der Verschiedenheit der „Menschenrace" (Kant) getestet werden. Die westliche Philosophie meint, der Mensch sei in erster Linie Individuum/Individualität, eine Grundposition, die ich uneingeschränkt teile, auch gegen die eher kommunitaristische Sicht der Vertreter der *Asian values*. Ich kann nicht so tun, als gäbe es diese Sicht nicht, und als ließe sich unser westlicher Individualismus problemlos universalisieren. Ich gebe ihn normativ nicht auf, nehme aber kognitiv den Politheismus in der Definition des Menschen zur Kenntnis und versuche mit den Vertretern der anderen Definitionen ins Gespräch zu kommen.

Nicht nur ontologiekritisch erweckt bei mir die Frage, was der Mensch sei, leichtes Unbehagen. Ich darf auf eine Eigenart der deutschen Sprache hinweisen, die heute vielleicht weniger existiert, vor fünfzig Jahren aber im Volksmund häufig zu hören war. Während man auf Englisch, Französisch, Italienisch und Spanisch – wenn ich nicht irre – von anderen Völkern und deren Charakterzügen (fast) immer im Plural redete (the Germans, les Allemands, i tedeschi, los alemanos), konnte man auf Deutsch die Singularform hören (*der* Franzose...). Mir kam diese Sprechweise immer als Hypostasierung von schablonenhaft definierten Zügen anderer Völker vor, etwas, das mit nationalistischem *groupthink* zu tun hat. *Groupthink* ist gewiss auch in der pluralen Prädikationsform der anderen Sprachen am Werk, im Deutschen aber kommt der hypostasierte Kollektivsingular hinzu. Ich kann mir nicht helfen, doch eine unterschwellige Analogie dazu spüre ich noch in jedem Diskurs über *den* Menschen.

Der Leser möge also Verständnis dafür haben, dass ich lieber von *den Menschen* in ihrer Vielfalt und Verschiedenheit durch Raum und Zeit hindurch rede. Letzten Endes ist es eine Frage der Richtung, in die der eigene philosophische Geschmack führt, und des jeweiligen *agenda setting* – in meinem Fall führt beides mehr zu den Problemen der Menschen als zum Wesen des Menschen. Und nicht nur das. Auch die *copula* „ist" möchte ich umschreiben: Der Mensch ist, oder die Menschen sind das, wozu er/sie sich gemacht hat/haben – auch wenn nicht überall im gleichen Ausmass und zur gleichen Zeit. Die Bedeutung der historischen Komponente möchte ich unter zwei Gesichtspunkten zeigen, eigentlich sind es zwei sachliche Problemgebiete.

Erstens, der Mensch hat seine eigene Würde, was ich übersetze in: Die Menschen haben auf breiter Basis – wenn auch nicht alle und nicht überall – eine Stufe erreicht, auf der es politisch und nicht nur philosophisch möglich ist, den Anspruch auf Bewahrung der menschlichen Würde zu behaupten und teilweise sogar auch erfolgreich durchzusetzen. Gravierende Verletzungen der Menschenrechte werden fast immer entdeckt und angezeigt, häufig auch bekämpft, sei es durch die Justiz, die Organisationen der Zivilgesellschaft oder die internationale Gemeinschaft. Dass zum Menschsein das Recht eines jeden Individuums gehört, sich frei und autonom zu entwickeln, wird weltweit von der öffentlichen Meinung und dem politischen Institutionennetz anerkannt – freilich in China weniger oder anders als im Rest der Welt. Dass jener Grundsatz für die 800 Millionen Hungernden auf dem Planeten hohl klingt, ist unausweichlich, macht aber den Grundsatz zum umso dringenderen Ziel für die Welt, ohne ihn zu falsifizieren.

Dieses gewordene Element des Menschseins ist nicht ein für alle Mal gesichert. Nicht nur weil hie und da wieder unmenschliche Regimes auftauchen können, wie etwa in Nordkorea oder im talibanischen Afghanistan; auch nicht wegen der häufig beschworenen Gefahr eines weltweiten elektronischen *big brother*. Ich denke vielmehr an die denkbaren (sind sie auch tatsächlich möglich?) Anwendungen der Gentechnik für wirtschaftliche oder militärische Machtziele. Dies würde eine Entwicklung auf die Spitze treiben, in der Jürgen Habermas in seiner Kritik der liberalen Eugenik eine Gefährdung der Identität der Menschengattung erkannt hat. Freilich bleiben die Grenzen dessen, was man als Bedingung der Autonomie betrachtet, beweglich; diese könnte sich vielleicht neu bilden – auch in einer Situation, in der sich die Grenze zwischen Gewordenem und biotechnologisch Gemachtem (Habermas) zugunsten des Letzteren weit verschoben hat.

Das führt ins zweite Sachgebiet. Die Menschen sind neuerdings dadurch bestimmt, dass sie selbsterzeugten tödlichen Gefahren (Nuklearwaffen und Klimawechsel), selbst ausgesetzt sind. Zugleich sind diese Gefahren Herausforderungen für die Politik der Moderne, an den Staat, der sie hervorgebracht hat, und der ihnen nicht gewachsen ist. Diese *global challenges for Leviathan*[1] können zum ersten Male die Menschen in ihrer Gesamtheit zum politischen Subjekt machen. Die Menschheit hat damit eine Chance, nicht mehr nur fiktiv, ideell oder optativ zu existieren – was aber nicht als Aufbruch zum Weltstaat missdeutet werden soll. Eine solche Entwicklung würde das Menschsein umdefinieren, weg vom unumgänglichen und tödlichen Kampf ums Überleben und Anerkannt-Werden zwischen separaten Gruppierungen (Horden, Staaten, Blöcken) der bisherigen Geschichte. Wohin diese Entwicklung führen wird wissen wir nicht. Wir wissen aber, so glaube ich, dass, mehr noch als das Schicksal der Menschenrechte von Individuen, die Fähigkeit der Menschen insgesamt, den globalen Herausforderungen gerecht zu werden, ihre Selbstdefinition in der Zukunft entscheidend bestimmen wird. Das wird Rückwirkungen auf Wahrheit oder Unwahrheit unseres gegenwärtigen Verständnisses des Menschen haben, wiewohl die Heutigen nicht die Chancen haben werden, es zu erfahren. Ein Grund mehr, mit dieser Definition und sogar mit der Frage, auf die sie antwortet, vorsichtig und minimalistisch umzugehen.

---

1   Cerutti, Furio (2007): *Global Challenges for Leviathan. A Political Philosophy of Nuclear Weapons and Global Warming*. Lanham, MD: Lexington Books.

An "Indian" Perspective

RAJENDRA DENGLE

Apart from the established schools of philosophical thought which ponder this question in a formal, academic, and systematic manner, there have always been teachers across the Indian sub-continent who have provided insights into this question based essentially on their own personal experience of truth, God, or what one may call the absolute reality. In villages and in cities alike, we find such realized masters, some educated in the conventional sense of the term, the others barely literate; some overly religious and ritualistic, the others totally unconventional in every respect. Both enjoy a following of men and women of varying numbers who revere and worship them and walk the path set out by their Gurus. Although their teachings reveal – at times obvious, at times tacit – traces of known philosophies such as that of Sankara's Advaita Vedanta and of known texts such as the Geeta, the philosophies of the Buddha, Mahaveera, or Jesus Christ, they are by and large described as mystic, peripheral, and do not form part of the mainstream institutionalized intellectual discourse. Yet, they continue to influence and transform the lives of innumerable individual human beings across religions, castes, classes, and gender. What is perhaps common to most of such teachings is their profound response to the concrete fact of human suffering, and a suggested way of life which would put an end to suffering – a point of departure, which orthodox religious systems or philosophical texts do not necessarily share with them. These may answer the question 'What is man?' conceptually, intellectually, in an abstract manner, and the explanation may be understood by the already initiated, but they do not necessarily speak to the individual at large who is suffering in the sense that their import could become part of his immediate experience and alleviate his suffering. Thus, suffering, alienation, despair, dis-ease, appear to lend a sense of urgency and immediacy to the quest of man to know himself and find a meaning of being there.

As a student and teacher of philosophy and literature from the German speaking space I have learnt from some such masters and their teachings, one of whom is Sri Nisargadatta Maharaj. If you click on the link "Biography" on the webpage of the site featuring his teaching, you find the most intriguing one-liner, "I was never born". Brushing aside all questions about his life as "dead matter", he would say, "Is there any past at all? (...) Instead of wasting your time in such useless pursuits, why don't you go to the root of the matter and enquire into the nature of Time itself? If you do so, you will find that time has no substance as such; it is only a concept."[1]

Maharaj's teaching does not consist of lectures or exegesis of philosophical, religious or spiritual texts, but emerges from conversations with men and women who want to "find out". These question-answer sessions held on the mezzanine floor of "his little tenement in the back lanes of Bombay"[2] shed light on the most complex methodological questions by demonstrating – in the course of the dialogues – the veracity of the claims made. They make the questioner turn inward and become conscious of his inner life and observe the creation of a conceptual construct that he has thus far taken himself to be. The deconstruction of such concepts, which happens in the process, reveals processes of conditioning, which now begin to slowly release their grip, connecting the questioner to his being. The feeling shared by many who have undergone this process is one of relief, release – without the aid of a mind or mood altering chemical –, a cathartic experience of having been purged of a lot of rubbish collected over the years; the ending of a sick way of living and a first-hand glimpse into the possible beginning of a sane and healthy life. And there is no shame or guilt involved either – you are responsible only for the recovery from the malaise called man. About his own "recovery", Maharaj would simply say:

> When I met my Guru, he told me: "You are not what you take yourself to be. Find out what you are. Watch the sense 'I am', find your real Self." I obeyed him, because I trusted him. I did as he told me. All my spare time I would spend looking at myself in silence. And what a difference it made, and how soon!"[3]

During these conversations which touch upon various themes such as body, mind, language, memory, consciousness and so on, we become

---

1   Balsekar, Ramesh (1982): *Pointers from Nisargadatta Maharaj*. Mumbai: Acorn Press, IX.

2   Maharaj, Nisargadatta (1973): *I Am That. Part I – Conversations with Sri Nisargadatta Maharaj*. Mumbai: Acorn Press, xiii.

3   http://www.nisargadatta.net

aware of the plurality of selves that constitute"s our being there, and the posing of one rational, orderly, good, beautiful, sane, and/or holy me as the only true I becomes absurd. Even if one has not been physically present at the conversations, the reading of them also causes a mirroring to happen – a 'getting out of oneself'. And thereafter one can never visit the same old self again. The fact that the process works for every honest, open-minded, and seriously willing recipient, creates a bonding across various divides. It is compassion and love as one has never known them to be like. Witnessing this process in a "passionately dispassionate" manner, "apperceiving" it – to make some of Maharaj's words my own –, one turns around with a profound sense of gratitude that the life of man and the creation of meaning that goes with it, need not be a Sisyphean drudgery, nor need every new day come with the promise to facilitate the eternal recurrence of the same. The seemingly other-worldly teachings of Maharaj do not urge me to seek refuge in the Himalayas, but encourage me to be there in the here and now of my daily life and – on a good day – enjoy a sense of wonderment, freedom, and joy of being what I am.[4]

---

4   For those interested, a brief life sketch of Maharaj can be found on pages xxvi–xxviii of *I Am That*, Part I, op. cit. Maharaj had taken to a life of a wandering monk after the death of his Guru, Sri Siddhrameshwar Maharaj in 1936, and was on his way to the Himalayas, "where he was planning to spend the remainder of his life, he met a brother-disciple, who convinced him about the shortcomings of a totally unworldly life and the greater spiritual fruitfulness of dispassion in action. Sri Nisargadatta Maharaj retraced his steps."

Über das Menschsein

Dan Diner

Der nachstehende Text ist Teil eines in Briefform gehaltenen fiktiven Gesprächs zwischen einem zweifelnden und einem gottesfürchtigen Juden – zwischen „Benjamin" und „Naphtali". Der Rabbiner Samson Raphael Hirsch (1808–1888) hatte während seiner Tätigkeit als Landesrabbiner im Fürstentum Oldenburg „Neunzehn Briefe über das Judentum" (hebr. *Iggerot Zafon*) verfasst. Sie erschienen 1836 in Altona unter dem Pseudonym Ben Uziel. In Form einer gelehrten Korrespondenz war es ihm gelegen, dem Publikum die Fundamente eines sich dem Ansinnen der Reform erwehrenden orthodoxen Judentums nahe zu bringen. Die *Iggerot Zafon* hatten seine in Konflikt zwischen Tradition und Moderne stehenden Zeitgenossen tief beeindruckt.

Samson Raphael Hirsch war nach Stationen als Rabbiner in Emden und Nikolsburg (Mähren) 1851 zum Oberhaupt der orthodoxen „Israelitischen Religionsgemeinschaft" *(Adass Jeschurun)* zu Frankfurt am Main bestellt worden. Er galt von nun an als das unangefochtene geistige Haupt der sogenannten Neo-Orthodoxie.

Die Neo-Orthodoxie suchte angesichts der anbrandenden Moderne den Weg einer unbedingten Gesetzestreue mit dem einer weltlichen Aufgeklärtheit (hebr. *torah im derekh erez*) zu verbinden. Im Unterschied zum sich vornehmlich in den deutschsprachigen Ländern einwurzelnden Reformjudentum lehnte die Neo-Orthodoxie die weit verbreitete Auffassung ab, dem Judentum sei es gleichsam auferlegt, sich angesichts von Aufklärung und Judenemanzipation zu reformieren. Solchen Anmaßungen hielt die Neo-Orthodoxie die Auffassung entgegen, nicht das Judentum, allenfalls die Juden hätten sich zu reformieren. Auch unter gesetzestreuen Juden sollte die weltliche Bildung Einzug halten – vor allem was die Naturwissenschaften anging; aber auch die Künste. Musik, schöngeistige Literatur und sogar Malerei sollten nicht weiter geächtet sein.

1854 veröffentlichte Hirsch ein Pamphlet mit dem Titel „Die Religion im Bunde mit dem Fortschritt". Dort wies er die Behauptung der Reform zurück, eine Verbindung zwischen gesetzestreuem Judentum und weltlichem Wissen sei ausgeschlossen. Sehr wohl seien die strikten Anforderungen der Tradition mit denen einer säkularen Erziehung vereinbar. Hirsch vertrat eine Art jüdische Zwei-Welten-Theorie: Jude bei sich sein und Mensch in der Welt.

Die Neo-Orthodoxie widersetzte sich einem anthropozentrischen Menschenbild. So wies sie das auch unter den Juden sich zunehmend einstellende historische Denken zurück. Im Zentrum der jüdischen Glaubenswelt sollte vielmehr das am Sinai offenbarte Gesetz stehen – die Torah und die aus ihr abgeleiteten Gebote. An diesen ist kein Zweifel erlaubt. So wie die Gesetze der Natur sich dem Zugriff des Menschen entziehen, so habe er sich dem unerschütterlichen geoffenbarten göttlichen Gesetz zu unterwerfen. Die Bibel sei kein dem menschlichen Urteil zugängliches Geschichtsbuch, sondern ein Werk der Offenbarung. So ist sie der historischen Deutung entzogen. Die Torah indes ist objektive Realität. Und Bestätigung finde ihre absolute, ihre ewige Objektivität in den historischen Prozessen als Bewegung in der Zeit. Geschichte vermag allenfalls dazu dienen, die im Religiösen beschlossene absolute Wahrheit gewahr zu werden.

Die in der Geschichte sich offenbarende absolute Wahrheit Gottes ist der gesamten Menscheit zugewandt. Indes ist sie einem Volke – dem Volke Israel – direkt anvertraut. Dieses Volk bedarf nicht erst der historischen Erfahrung in der Zeit, um erleuchtet zu werden. So findet das *Menschentum* im Sinne des emphatischen Begriffs von der Menschheit seine höchste Entsprechung im *Jissroëltum* (Hirsch) – mithin die Perfektion des Menschen im gesetzestreuen Judentum.

Im religiösem Denken des Samson Raphael Hirsch verschränken sich Menschentum und Jissroëltum. Der Mensch wird zum Menschen erst im Befolgen der göttlichen Gebote – als Geschöpf und Diener Gottes. Und dies im Bewusstsein der Freiheit, der Freiheit der Unterordnung unter das Gesetz. Ohne den göttlichen Funken des gesetzten Gebotes verfehle der Mensch sein Menschsein. In der Erfüllung des göttlichen Gebotes von Gerechtigkeit und Liebe als Ausdruck der Schöpfung erlange der Mensch erst sein Menschsein. Wer Gottes Wille erfüllt, wer die Geschöpfe in seinem Kreise gefördert und nicht beeinträchtigt hatte, der war Mensch.

Nachfolgend Abdruck des Texts „Vierter Brief" von Samson Raphael Hirsch (1836): Neunzehn Briefe über Judentum. Zürich 1987, 18–23.

Vierter Brief.

[1]Der Mensch, – was wäre *er* nun in dieser Gotterfüllten Welt? unter dieser Schar von Gottesgeschöpfen? – in diesem Chor von Gottesdienern? – Schwiege die Thauróh fortan, – sagt's Ihnen nicht der Anblick der Schöpfung, sagt's Ihnen nunmehr nicht die eigene Brust? Der Mensch – nicht auch Geschöpf Gottes? nicht Diener Gottes auch? Jede Fiber Ihres Körpers Geschöpf aus Gottes Hand – von Ihm gebildet, von Ihm geordnet – von Ihm mit Kraft beschenkt; – Ihr Geist, diese Welt von Kräften, Gottes Schöpfung durch und durch; – der göttliche Funke, Ihre Persönlichkeit, der, unsichtbar wie Gott, in dieser kleinen Welt webt und wirkt, und dessen ist Geist und Körper und Kraft, die ganze Erdenwelt als seine Mittel künstlich sich anzueignen, selber Ausfluß der Gottheit. – – Lernen Sie sich heilig achten als Geschöpf Gottes – und sprechen Sie, im Anblick des Himmels und der Erde, im Anblick des großen Thors von Gottesdienern, weihend über sich aus den freudigernsten Namen nach *Ihrer* Bestimmung: „*Gottesdiener!*" Wenn alles, kleinstes und größtes, Gottgesandte Kraft ist, mit gegebenen Mitteln, an angewiesener Stelle, in angewiesenem Kreise *nach Gottes Gesetzen wirksam zu sein,* – zu nehmen, nur um zu geben; – da wäre der Mensch allein ausgeschlossen aus diesem Lebenskreis? nur zu nehmen geboren? – zu schwelgen oder zu darben? – nicht zu *wirken*? keine Stelle auszufüllen? vielmehr alles in sich enden zu lassen? Alles – Welt- und darin *Gottes*-Diener – und nur der Mensch sich dienend, sich? Nein! Ihr Bewusstsein spricht's und es spricht's die Thauróh: ‏צלם אלהים‎! soll er sein. *Ebenbild Gottes!* Mehr als alle, *für* alle seiend. Nur wirkend kennst du, Gott in Liebe und Gerechtigkeit; nur zur *Wirksamkeit in Gerechtigkeit und Liebe* bist du berufen; nicht, nur zu genießen und zu dulden. – Alles, was dir wird, Geist, Körper, Menschen, Güter, Geschöpfe – und jede Fähigkeit und jede Kraft – *Mittel* zum *Wirken!* – ‏לעבדה ולשמרה‎! zu fördern und zu hüten alles; – Liebe und Gerechtigkeit! – Nicht dir ist die Erde, – der Erde, bist du geschenkt, – sie als Gottesboden zu achten und jedes ihrer Geschöpfe als Gottesgeschöpf, als deinen Bruder, als solches es zu achten, als solches es zu lieben und es tätig zu fördern seinem Ziele zu – nach Gottes Willen. Dazu liefert deinem Geiste jedes Wesen Abbild von sich; – dazu tönen deines Herzens Saiten mitfühlend mit, mit jedem Schrei des Schmerzens, der irgendwo in der Schöpfung tönt, – mit jedem Freudeton, der einem frohen Geschöpfe entquillt; – dazu freuest du dich mit der Blume Blüte – und dazu trauerst du mit der welkenden. – *Dem Gesetz, dem alle Kräfte bewußt- und willenlos dienen müssen, dem sollst auch du, aber mit Bewußtsein und frei dich unterordnen.* – „Mit Bewußtsein und Freiheit!" das ist des Menschen hoher Ruf, das ist des Menschen hoher Vorzug. Alle Kräfte[2] stehen dienend um Gottes Thron, ihnen ist ihr Stand verhüllt, verhüllt ihr Angesicht, zu schauen den Begriff ihrer Sendung, aber sie fühlen geflügelte Kraft zum Wirken – und wirken ihrer Bestimmung gemäß! Du Mensch! dir ist halb enthüllt das Antlitz, halb enthüllt dein Stand, kannst dich begreifen als Gottes Geschöpf, kannst dich weihen als Gottes Diener, – kannst den Begriff ahnen

---

1   1. Buch Mose 1, 27 und 2
2   ‏ילקוט יתרו, רעז‎'

der Sendung, die zu vernehmen das Ohr Er dir geöffnet; – Du wolltest dich
rings umgeben sehen von Gottes wirkenden Dienern – wolltest selber fühlen
Kraft zum Wirken, – und wolltest dich nicht hineinjauchzen in den großen
Diener-Chor mit dem Rufe: נעשה ונשמע! „will wirken und darum aufhorchen!
will wirken – und erfüllend zu erfassen streben des Auftrags Sinn!" – Mit
Bewußtsein – und frei! *Darin erster Diener im Diener-Chor!* – – Nicht darum,
mein Benjamin, was *uns* wird, ist unser Beruf; nicht nach Umfang der äußern
und innern Güter, die wir in äußern oder innern Schatzkammern *sammeln*,
wollen wir unser Leben messen; was *von* uns wird, was von uns *ausgeht, das* ist
unser Beruf; nach dem, wie wir mit erlangten äußern und innern Gütern
Gottes Willen erfüllen, jede kleinste und größte Gabe umschaffen zu einer
menschlichen, Gott dienenden *Tat* – danach können wir uns messen! und nur
als Erlangung von *Mitteln* zu diesem *Wirken* haben Erstrebungen der äußern
und innern Güter auch *ihren* Wert. – Von der leisesten Geisteskraft und dem
Nervkörnchen, das ihr vielleicht dient, bis zur Tatkraft Ihrer Hand, mit der Sie
die Schöpfung umwandeln und der die Erdenwelt dient, und jedes Wesen, das
einmal in Ihren Kreis gekommen –: Ihnen *alles* geliehene *Mittel*, – die einst als
Zeugen, für oder gegen Sie, um Gottes Thron zeugen werden, wie Sie sie
vernachlässigt oder verwendet, und Segen oder Fluch damit gebaut. – Es gibt
also ein *äußeres* Maß für die Menschen*tat*, – es ist Übereinstimmung mit Gottes
Willen; und es gibt ein *inneres* für des Menschen Größe, – es ist nicht der
Umfang der verliehenen Mittel, es ist nicht der Umfang des Gewirkten, sondern es ist die Erfüllung göttlichen Willens *nach Verhältnis* des Verliehenen. –
Also mit bester Gesinnung ein verfehltes Leben, wenn die Tat nicht die rechte
ist; also mit kleinstem Wirken ein großes Leben, wenn die Mittel zu mehr nicht
ausreichten. Also auch Glückseligkeit und Vollkommenheit nur größte Fülle
von äußern und innern Gütern, deren volle *Verwendung nach Gottes Willen* erst
des Menschen Größe macht. – „Der Genius der Menschenbildung," spricht ein
Weiser,[3] „nimmt den werdenden Menschenkeim und führt ihn vor den Heiligen, dessen Wille alle Wesen fördern, und fragt: ,dieser Keim, was soll ihm
werden im Leben? soll stark oder schwach, klug oder einfältig, reich oder arm
er werden?' ob aber *gut* oder *bös*, das fragt er nicht; denn alles wird durch Gottes
Hände, nur nicht die Gottesfurcht, nur nicht die treue Erfüllung der Pflicht mit
dem Gegebenen." Wollen wir darum den Menschen danach messen, was kaum
halb in seinen Händen ist – und nicht vielmehr danach, was Gott ganz allein in
seine Hände gelegt – und das darum ganz allein seine Größe zu sein vermag? –
Die Menschenbestimmung – so begriffen, ist dann auch von jedem in jeder
Zeit, mit jedem Maß von Kräften und Mitteln, in jeder Lage erreichbar. Wer in
seiner Zeit, mit seinem Maß von Kräften und Mitteln, in seiner Lage an den
Geschöpfen, die in seinen Kreis geführt, Gottes Willen erfüllt, keines beeinträchtigt in seinem Kreise und jedes, nach seinen Kräften, gefördert, wozu Gott
es gefördert haben will; – *der war Mensch!* er hat Gerechtigkeit und Liebe erfüllt
in seinem Hiersein! Sein ganzes Leben, sein *Ganzes*, sein Denken und Fühlen,
sein Reden und Handeln, auch sein Erwerben und Genießen, – war Gottes-
dienst! Und ein solches Leben ist erhaben über allem Wechsel. Ob Genießen

---

3 נדה י"ו ב'

oder Darben, ob Fülle oder Mangel, ob die Träne der Ergebung oder der Freude geweint – die Menschenpersönlichkeit selber, unveränderlich fast wie Gott, sieht in jeder neuen Gabe, in jedem neuen Verlust nur Aufruf zu *neuer Lösung derselben Aufgabe*. – So ist der Mensch in seiner irdischen Hülle der Erde angehörig, und auch sein Hiersein bedeutungsvoll. Wie kein leiser Hauch und kein tagdauernder Halm und Käfer vergebens da ist, jeder, wie unscheinbar auch immer, einen Beitrag liefert, den Gottes Weisheit zum Bau des Ganzen fügt; so auch kein Genuß, kein Gedanke, keine Tat, wie leis auch immer, leer und vergebens; die *rechten* sind in Gottes Hand gelieferte Arbeit, der sie fügt zum Bau des Ganzen. Erfüllung göttlichen Willens mit Besitz und Genuß, mit Gedanke, Wort und Tat, das ist unseres Lebens Gehalt. – Und diesen Willen müssen wir *vernehmen*. Denn das ist die alleinige Größe des Menschen, daß, während Gottes Stimme in allen übrigen, oder vielmehr *durch* alle übrige Geschöpfe spricht, sie in bezug auf den Menschen zu ihm spricht; daß er sie frei aufnehme, als Hebel seiner Lebenstat. – – Gehen Sie nun hin, mein Benjamin, und prüfen Sie sich; prüfen Sie sich im Anblick eines Grashalms, eines hinrollenden Donners; und wenn Sie sich nicht, mit all Ihrer Besitzes- und Genussesgröße äußerer und innerer Güter, schamrot verhüllen vor solchen Geschöpfes Engelsgröße in Ihrer selbstsüchtigen Kleinheit; und wenn Sie sich nicht erheben mit aller Kraft, mit jedem Fünkchen Daseins, solch Engelbewußtsein sich zu erringen – dann gehen Sie hin und jammern Sie über Entartung, die die Zeit Ihnen gebracht. –

A View from Cognitive Science

Merlin W. Donald

There are many ways to define human nature. The standard scientific approach defines the human species within the context of a larger classification system for terrestrial life, which was developed in the traditional field of cladistics, reinforced by modern genetics. This systematic biological approach is accurate, as far as it goes. It is a humbling experience to contemplate the great evolutionary theory that it has supported because it drives home the point with such force that human beings are very much a part of the biological world, and share a tremendous number of features, traits, and genes with many other species. Moreover, it parades before us the ephemeral history of life itself. Many, many species have come, flourished for a long while, and gone extinct during the evolution of life on Earth. There is no reason to believe that humans are an exception to this rule.

But this standard classification system is not the whole story. Understandably, our most revealing efforts at self-definition tend to dwell on our exceptionality, rather than on our common biological heritage. Our uniqueness lies especially in distinctive features of the human mind that make us a radically new force in the known universe. This brief paper will address the issue of precisely what is unique about our human mentality.

The unique feature of human mental life: cognizing cultures

Human beings are easily categorized alongside other species when it comes to questions of anatomy. We are classified first as vertebrates, then as mammals, and then as primates. Among primates, we are quite close to chimpanzees and bonobos, less so to gorillas, and much less to orangutans. This classification reflects our evolutionary history. As expected in such a classification, we share a great deal of the human genome with vertebrates in general. We share even more of it with social mammals, especially with primates. We are cast in the primate mold, not only in our genetics, but also in the basic architecture of our brains, and in the organization of our sensory, motor, and motivational systems. Our vision and hearing are typical of primates; in fact, we are remarkably close to normative measurements of these capacities in chimpanzees. This is not surprising, given that we shared a common ancestor with them in the Miocene epoch.

Present evidence suggests that the distant ancestors of human beings, australopithecines, diverged from a common ancestor with modern chimpanzees between five and six million years ago. Australopithecines adopted the distinctive erect posture and bipedal locomotion of hominids. They did not leave any evidence of advanced mentation, or of a larger brain. However, their semi-erect posture makes it likely that they were living on the ground more than their ancestors did, exposing them to the dangers of large land predators. Their survival for millions of years, despite their small size, indicates that they had a very successful strategy for protecting and caring for females bearing children, suggesting some degree of cooperative social behavior.

A little over two million years ago the first members of our species emerged in Africa, and left behind convincing archaeological evidence that they had an improved capacity for manual skill, cooperative behavior, and a close-knit social structure, relative to their predecessors. Shortly thereafter, a series of larger-brained hominid species emerged, and migrated out of Africa for the first time. After this point, there is evidence of a radically new lifestyle, based eventually upon such achievements as complex toolmaking, the conquest of fire, cooperative big-game hunting, and the successful transmission and preservation of a variety of skills over many generations. These hominids were evolving in the direction of humanity as we know it, but left no evidence of rapid cultural adaptability and change.

Anatomically-modern humans emerged about 150000 years ago, and the first signs of radical cultural enrichment appeared approximately 50000–60000 years ago, when humans migrated to very difficult climate zones, learned how to build boats, and greatly increased the number and quality of manufactured tools. This was followed soon after by the simultaneous appearance of cave painting and sculpture in several disparate locations, and the emergence of elaborate built environments. The rate of cultural change and innovation has accelerated ever since. In fact, the distinguishing advance at the core of hominid cognitive evolution is human culture itself. Human culture has a *cognitive* dimension that constitutes an evolutionary innovation that has no equivalent in other species.

Humans are immersed in culture from birth. Viewed as a species, the cultural-cognitive lifestyle of anatomically modern humans is based on an unprecedented cognitive capacity: the ability to construct elaborate shared mental representations of reality. These representations are traded, modified, and displayed in a common cultural space. Individual minds reside in that cultural space, inasmuch as the ideas and mental habits of a given culture are imported into the minds of individuals during their growth and development. Human culture has assumed a major role in cognitive epigenesis: in effect, the human brain cannot realize its design potential outside culture. In modern society, shared representations are greatly enhanced by means of technological memory media, such as books and libraries, which exist external to the brain, and constitute a major change in the overall power of the human cognitive-cultural system. The integration of external memory technology has resulted in a hybrid system that is part biological, and part technological. Humans now construe reality, perceive, remember, and think in groups. Human cognition has developed a major dependency on its cultural and technological dimension.

Culture and cognition co-evolved in ancient hominids, so that the individual mind became more and more oriented toward group cognitive processing. We can justly be redefined as having a uniquely social style of cognition where higher mental processes are very closely interwoven with a shared cultural environment. Individual minds have thus been transformed into "carriers" of their particular cultures, and those cultures in turn have shaped the individual minds that both generate and transmit culture, a relationship that can only be termed symbiotic.

Our best evidence suggests that this complex cultural-cognitive process started to evolve at least 2 million years ago, and possibly much earlier, when hominid cognitive reactions to crises and challenges became collective, coordinated, and dependent to some degree on communication skills. Initially, this process evolved at a very slow pace: communication would have been nonverbal and very slow, as well as inherently ambiguous. Cultural change was also slow. Many features of hominid culture did not change significantly over the period extending from 1.8 million to 0.8 million years ago. But eventually the pace of accumulated cultural change accelerated, culminating in the remarkable phenomenon of our own species, which has generated a series of increasingly radical cultural and technological changes without significant further biological evolution. No other known species has ever achieved anything remotely similar.

This aspect of human nature conveys a very different picture of humanity's real standing in the universe than the standard classification system cited above. When it comes to cognition, there is a vast gulf between humans and the rest of the biological world, and it has become wider in recent times. This gulf is our signature as a species. We may not be particularly special in our physique, diet, or basic instincts. It is our sharing of mind, mind and our cognitive-cultural symbiosis, that define us as a species.

Can we specify what is unique about our mentality with greater precision? Opinions on this tend to differ sharply, but there is general agreement that the elaborate mental representations of humans are qualitatively different from those of apes. There is no ape equivalent of human nonverbal gesturing and pantomime, or their collective manifestations in ritual, song, and reciprocal mimetic games. In addition, there is no equivalent of storytelling, and its public counter-part, myth; of visual art and music; or of the various deliberate attempts of humans to alter their physical environment, culminating, of course, in modern engineering and science. Nor is there any ape equivalent of governments, or for that matter of institutions – such as education systems and religions – that enforce cognitive governance on a group.

We are able to process the knowledge we accumulate as a group in many different ways; and using this knowledge, we have learned how to think, remember, and make decisions in groups, as evidenced in several recent industrial revolutions. Human cognitive activity has become highly organized at the group level. Even the process of creative invention has now been partially industrialized and placed under corporate control. In the relatively short history of our species, we have developed a unique ability to construct and manage "distributed" cognitive networks that have a degree of independence from any single individual mind. These semi-autonomous networks are especially evident in modern governments and large corporations.

The large-scale cultural-cognitive systems of human society now dominate our cognitive agenda, and the knowledge stored in our artificial memory technologies greatly exceeds the memory capacity of any individual mind. External symbolic storage systems now contain much more material than any individual can possibly comprehend, and that stored knowledge has come to dominate the formative educational processes that shape individual minds during critical developmental periods. Viewed from an evolutionary perspective, this process is quite extraordinary. In fifty thousand years, a mere twinkling in evolutionary time, humans have revolutionized the cognitive apparatus of our species, and indeed, it seems, of the Biosphere itself. Therein we can identify our uniqueness as a species, and our special human nature.

Human nature is defined, above all, by our special mental and cultural properties. With some justification, we may be classified as vertebrates, mammals, primates and anthropoids, but these are incomplete labels that do not acknowledge our uniqueness.

The human cognitive-cultural system is unequalled in the terrestrial biosphere. We live in cognitive communities that can trade ideas and memories, and hoard knowledge for the common use of many. We construct representations collectively, and store them in technological memory media with novel storage and retrieval properties that have no equivalent in biological systems.

A human being is thus a remarkable paradox: bound by the laws of physics, chemistry, and biology like every other species; yet aware of being so bound, and quite capable of feeling anxious about that condition, while communicating that feeling in an infinite variety of ways within the cultural space it shares with other humans, and representing it in novel memory technologies that exist outside the brain. The cognitive-cultural networks of human society have gone far beyond the natural limitations imposed on human knowledge and thought during our speciation in the Upper Paleolithic, and radically changed the cognitive ecology of our species.

Finally, there are two important questions for future cognitive scientists to consider: Can the human mind manage this fast-moving new ecology? And if so, how?

Donald, Merlin (1991): *Origins of the Modern Mind: Three Stages in the Evolution of Culture and Cognition*. Cambridge, Massachusetts: Harvard University Press.

Donald, Merlin (2001): *A Mind So Rare: The Evolution of Human Consciousness*. New York: W.W. Norton.

Nelson, Katherine (1996): *Language in Cognitive Development: Emergence of the Mediated Mind*. New York: Cambridge University Press.

Passingham, Richard E. (1982): *The Human Primate*. New York: W.H. Freeman and Company.

Tomasello, Michael (1999): *The Cultural Origins of Human Cognition*. Cambridge, Massachusetts: Harvard University Press.

ultraleitende wicklung

warum können menschen keine flügel haben?
    weil sie kopf voran landen würden, im glauben,
dass er das wichtigste ist. volumenleiter gehirn. verbraucht
  $^2/_3$ der energie. warum es in keiner kalorientabelle
auftaucht, ist mir ein rätsel. und wenn es für sich tanzt?
    dann tanzt du gurgelnd mit. gurgel unter einem
afrikanischen kopf. im vorderen zingulum empathie.
    doch ein magnetfeld richtet sich nicht immer
aus wie es soll nur positronen fliegen gleichzeitig in
    zwei richtungen. das ist kalter kaffee.
gehirnkaffee. lass uns noch einmal ansetzen. bildgebende
    verfahren. es sollen keine wirbelströme entstehen
die einfahrt soll langsam sein. mein lieber! man
    könne sehen ob jemand etwas „wirklich" sehe
oder sich nur vorstelle. das war zu erwarten.
    doch was, wenn einer glaubt wirklichkeit zu
sehen, sie sich aber nur vorstellt? ganz einfach: jeder
    nutze, um die tasse zwischen uns zu
erkennen, andere neuronenpopulationen. ganz
    einfach: bestimmte reparaturprogramme wurden
eingestellt. millisekunden, millisekunden flüstert
    jemand – ich höre es deutlich. jemand flüstert
uns. das kann ich dir sagen. doch wo sind wir
    dann? oder fliegt auch dein kopf ohne dass du
ihn kennst?

What is a Human Being?

John Dupré

It is widely agreed nowadays that we should not expect to find an absolute difference between humans and other animals. Language, culture, and other traditional marks of the human, have all been found to some degree in other animals, and I share with most contemporary thinkers the assumption that we are not uniquely possessed of an immaterial soul. There are certain things we are especially good at – complex social arrangements and astrophysics, for example – and many other things, such as flying in the dark, detoxifying plant proteins, or distinguishing odours, in which we are greatly surpassed by other creatures. And we are connected to other animals by relations of descent. Elephants, mushrooms and oak trees are our distant cousins.

One clear difference of degree between humans and other animals is the number of features of their environment they can reliably learn to negotiate. My cat may perhaps make more distinctions in its perception of the nearby hedgerow than I do, but it is lost in the library, the high street, or my local pub. And even the features of the world I can distinguish are only a small subset of those that I might have learned to recognize. I am myself little better off than the cat in an automobile repair workshop, but with a different kind of training I suppose that I could distinguish different kinds of washers, valves, springs, plugs, spacers, and so on as well as its more experienced denizens. A properly trained human can distinguish vastly more features of its environment than can any other kind of animal, and there is an even greater number of features that it might have learned to distinguish. There is no mystery of principle about how language, the transmission of culture, and formal and informal education of various sorts make this flexibility possible. I think this flexibility points to a crucial part of what is distinctive about the human.

In the early days of modern philosophy Descartes established the view that consciousness was the defining characteristic of humans. As a matter of fact this can be aligned quite well with the view that I want to propose, but only if consciousness is understood in a quite different way from that of Descartes. Descartes, as is well-known, thought of consciousness in terms of the mind's awareness of its own contents. I am interested in the mind's awareness of things outside it. Of course, Descartes took the mental contents of which the mind was conscious also to be intermediaries by which the mind became conscious of things in the outside world. Regrettably, many philosophers remain obsessed with these internal objects of consciousness, now the focus of a very substantial philosophical literature under the guise of qualia or, as these are sometimes obscurely defined, what it feels like to perceive a thing of a particular kind[1]. Since the defining characteristic of these qualia is that they are incommunicable it is impossible to compare the qualia of different people, still less members of different species, so the question whether non-human animals experience qualia, seems impossible in principle to answer[2].

A much more productive approach to consciousness, in my view, is through the concept of attention[3]. When we contrast the objects of which we are currently conscious with the many things in one's vicinity of which, even though they lie within our visual field, we are not presently conscious, a natural way to describe this difference is in terms of what we are and are not attending to. The greater the diversity of items of potential interest in the environment becomes, the more interesting and difficult becomes the problem of deciding on what feature of the environment attention should be focused; and this question is inextricably connected with the question of how one should act in that environment. There is surely no simple answer to either question. Much of the philosophy of decision, of the will (its freedom and its weakness), of intention and planning, and so on, addresses problems that arise as humans confront the variety of possibilities for action made possible by the almost indefinitely diverse salience of their

---

1   Closely related, of course, is the famous question what it is like to be an animal of a certain kind, for example a bat. See Nagel, Thomas (1974): What Is It Like to Be a Bat? In: *The Philosophical Review* (83), 435–450.

2   As a matter of fact, I think that qualia are a figment of the philosophical imagination. See Dupré, John (2008, forthcoming): Hard and Easy Questions about Consciousness. In: Glock, Hans-Johann/Hyman, John (eds.): *Wittgenstein and Twentieth-Century Analytic Philosophy. Essays in Honour of Peter M. S. Hacker.* Oxford: Oxford University Press; Hacker, Peter M. S. (2002): Is There Anything It Is Like to Be a Bat? In: *The Journal of Philosophy* (77), 157–174; Bennett, Max R./Hacker, Peter M. S. (2003): *Philosophical Foundations of Neuroscience.* Oxford: Blackwell.

3   My thoughts here are indebted to Donald, Merlin (2001): *A Mind So Rare: The Evolution of Human Consciousness.* New York: W.W. Norton.

engineered and theorized environments. This seems to me a good direction from which to approach the uniqueness and continuity of humans and other animals: all animals are intimately related to their environments by the features of the environment that are relevant to their activities. These are the features that they perceive and the points at which they act on the environment. Humans have increased the diversity of possible such features to a degree that is incomparably greater than that of other animals; this is one reason why the attempt to apply simple models of psychological evolution, such as are the stock in trade of evolutionary psychologists, tends to produce a simplistic caricature of human behaviour[4]. The primitive precursor of human attention, I am tempted to say, comes into being when attention can be focused on one thing rather than another – when there is choice. And if selective attention is what is important about consciousness, this perspective will also capture the common intuition that while most vertebrate animals exhibit some degree of consciousness, the stereotyped and rigid behavioural routines of many insects don't meet this standard.

Choice may seem an implausibly contemporary characteristic to identify as what is quantitatively if not qualitatively unique about humans. But I am not thinking of the conception of choice assumed by so-called Rational Choice theorists. Within most rational choice theory, choice is a calculation of the best action given a fixed set of utilities connected to various outcomes and a set of beliefs as to how they may be obtained. I am certainly not committed to any such picture. As a matter of fact I think of genuine human freedom (of choice) as residing not merely in the ability to act in the way 'rationally' determined by one's beliefs and wants, but rather in the possibility of adopting principles or plans that are able to determine immediate behaviour in the face of immediate conflicting preferences[5]. Adopting such plans will be part of the background to the individual development of particular interests and discriminations in the environment. Thus language and culture make us free, not merely to choose a preferred washing powder, but to pursue the very different lives with very different goals and ambitions that are in fact encountered among contemporary humans.

---

4   For a detailed critique of Evolutionary Psychology that develops related points about the distinctively human, see Dupré, John (2001): *Human Nature and the Limits of Science*. Oxford: Oxford University Press.
5   For more detail see Dupré (2001), ch. 7.

Medien-Menschen

Jens Eder

Die Spezies *Homo sapiens*. Krone der Schöpfung, Zufallsprodukt der Evolution, Vorstufe des Transhumanen. Gottesebenbild, federloser Zweibeiner, nackter Affe. Beseeltes, vernunftbegabtes, triebgesteuertes, soziales, moralisches, ökonomisches, spielendes, lügendes, lachendes, weinendes, empathisches, exzentrisches, sich seiner selbst bewusstes, sich selbst formendes Mängel- und Kulturwesen. Vergänglich, unsterblich. Ausgestattet mit Genen, Greifhand und Gehirn, mit Freiheit, Würde, Rechten und Pflichten; fähig zu Sprache und Technik, zu Gutem und Bösem.

Das sind nur einige Antworten auf die Frage „Was ist der Mensch?", die im „westlichen" Kulturraum kursieren. Ihre Vielfalt führt vor allem zu drei Reaktionen: Die einen zweifeln. Andere behaupten, der Mensch entziehe sich jeder Definition (womit sich das Problem stellt, über was wir dann überhaupt reden). Die meisten aber streiten sich: Religiöse mit Atheisten, Idealisten mit Materialisten, Kulturalisten mit Naturalisten, Rationalisten mit Irrationalisten. Von diesem Streit – der auch im Inneren des Einzelnen stattfinden kann – hängt viel ab: Haben wir unantastbare Rechte? Wollen wir unser Erbmaterial verändern? Dürfen wir Tiere töten? Sind wir von Natur aus so aggressiv, dass wir starke Staaten brauchen? Sollen wir uns auf ein Leben nach dem Tode vorbereiten? Und wer sind in all diesen Fällen „wir"?

In einer solchen Lage scheint mir das Problem, wie man sich über unterschiedliche Vorstellungen vom Menschen *verständigen* kann, zunächst dringlicher als die Frage, was der Mensch tatsächlich *ist*. Und eine solche Verständigung scheint mir nur möglich zu sein, wenn wir einen Schritt zurücktreten und uns vergegenwärtigen, welche Menschen*bilder* es in verschiedenen Epochen, Kulturen und Medien eigentlich gibt und wie sie entstehen. So können wir unsere eigene Meinung besser einordnen, Alternativen und Widersprüche erkennen, uns auf Gemeinsamkeiten beziehen und Unterschiede gezielt diskutieren.

Auf ziemlich durchschaubare Weise führt die Argumentation damit zu meinem Metier, der Medienwissenschaft. Der Mensch ist für mich –

unter anderem – *animal symbolicum*, ein mithilfe von Zeichen imaginierendes und kommunizierendes Wesen, das Medien aller Art nutzt, um sich ein Bild von sich selbst zu machen und sich darüber mit anderen zu verständigen. An die Menschenbilder, die uns „von innen" als mentale Vorstellungskomplexe gegeben sind, kommen wir nur „von außen" heran, über ihre wahrnehmbaren Manifestationen und medialen Darstellungen. Die Reflexion über unsere Menschenbilder muss also einen Umweg nehmen über die Interpretation der Medientexte und Praktiken, durch die sie uns zugänglich sind.

Philosophische und naturwissenschaftliche Bestimmungen des Menschen bilden dabei lediglich des Eisbergs Spitze. Was wir für menschlich halten, zeigt sich nicht nur in unserer Sprache, sondern ebenso in unseren Handlungen, Erwartungen, Körperzeichen, Bild- und Klangäußerungen und in den Strukturen unserer Geschichte(n). Unsere Medien sind voll von Menschenbildern in vielfältigen Formen: explizit oder implizit, abstrakt oder konkret. Ob wissenschaftliche Artikel, Heilige Schriften, Gespräche, Gesetze, Gemälde, Zeitungen, Theateraufführungen, Romane, Filme, Fernsehsendungen, Computerspiele oder Websites – sie alle enthalten und verbreiten Menschenbilder. Wikipedia definiert den Begriff „Mensch", Neurowissenschaftler erstellen Hirnbilder, Fernsehdokumentationen popularisieren ihre Forschungsergebnisse. Genres wie Horror, Fantasy oder Science Fiction umkreisen das Verhältnis zwischen Mensch, Tier, Maschine, künstlichen oder übernatürlichen Wesen. Erfundene Figuren von Herakles über Mr. Hyde bis zu King Kong dienen als *Crash Test Dummies*, um die Grenzen des Menschlichen auszutesten. Der Handlungsaufbau von *Love Stories* und selbst unser Steuersystem implizieren Annahmen über den Menschen als zweisames oder sparsames Wesen. Die NASA schoss die Umrisszeichnung eines Menschenpaares sogar ins All – die Botschaft an Außerirdische wurde bisher allerdings vorwiegend von der irdischen Presse kommentiert.

Unsere Vorstellungen davon, was der Mensch ist, werden nicht nur dadurch beeinflusst, dass wir unsere Medien zu verschiedenen Zwecken wie Unterhaltung, Information, Propaganda, Kunst oder Kommerz einsetzen. Sie werden auch durch die Spezifik der verwendeten Medien geprägt – durch deren besondere Verbindung von Zeichensystemen, Organisationen, Techniken und Praktiken, die bei der Herstellung, Verbreitung und Verarbeitung medialer Menschenbilder zum Einsatz kommen. Während die Sprache beispielsweise die Möglichkeit bietet, die Art „Homo sapiens" in allgemeiner und abstrakter Weise zu beschreiben, eignen sich bewegte Bilder eher zur exemplarischen, anschaulichen Vorführung des Handelns Einzelner. Während Fachbücher sich mit Wahrheitsanspruch an wenige Experten richten, bieten Fernsehserien einer großen Öffentlichkeit unverbindliche Gedankenspiele. Kurz: Die Eigendynamiken, Möglichkeiten, Grenzen und Tendenzen von Mediensystemen tragen dazu bei, dass ihre Menschenbilder sich unterscheiden.

Unser Überblick über die unzähligen medialen Menschenbilder wird nie allumfassend sein, doch er kann mehr oder weniger gut sein. Eine erste Orientierung bieten allgemeine Typologien. In zeitlicher Hinsicht lassen sich Zustandsbilder, Ursprungsbilder und Zukunftsbilder vom Menschen unterscheiden: Die Evolutionstheorie sagt etwas über die Vergangenheit, Science Fiction-Filme über die Zukunft. Realitätsbilder, etwa Lexikonartikel, haben den Anspruch, die Wirklichkeit des Menschen darzustellen, Fantasiebilder stellen dagegen seine Möglichkeiten dar. In normativer Hinsicht lässt sich zwischen Idealbildern und Gegenbildern differenzieren, etwa in mythischen Visionen von Gut oder Böse. Grenzbilder loten den Bereich des Menschlichen aus, indem menschliche Figuren zu Cyborgs aufgerüstet werden, mutieren, übermenschliche Fähigkeiten erwerben oder sich in Käfer, Wölfe, Trauerweiden verwandeln.

Der systematische Vergleich medialer Menschenbilder, unter anderem mit Hilfe solcher Typologien, verdeutlicht ihre Unterschiedlichkeit. Manche Kulturen haben keine Vorstellung von Genen oder Gottesebenbildlichkeit; ihre Ursprungserzählungen weichen von der Schöpfungs- oder Evolutionsgeschichte ab. Trotz aller Vielfalt medialer Menschenbilder vermute ich jedoch, dass sich aus ihrem Vergleich ein gemeinsamer Kern herausschält, eine Menge allgemeiner Eigenschaften, die über alle Zeiten, Kulturen und Medien hinweg immer wieder im Mittelpunkt stehen. Vielleicht gehören einige Klassiker dazu: die Körpergestalt des federlosen Zweibeiners, Vernunft, komplexe Gefühle, Moral, Werkzeug- und Zeichengebrauch. Das wäre dann ein Ansatzpunkt dafür, sich über die schwierigere Frage: „Was ist der Mensch?" zu verständigen.

Ganz Tier und ganz Kulturwesen

Andreas Elepfandt

Hubert Markl zum 70. Geburtstag

Um *ex negativo* zu beginnen: Entgegen früheren Auffassungen ist der Mensch ganz gewiss nicht das einzige beseelte Lebewesen auf der Erde, sofern wir unter Seele rein irdisch die Summe der mentalen Fähigkeiten verstehen. Der Mensch, zumindest der westlichen Kulturen, hat sein Selbstbild immer auch über den Kontrast zu Tieren gewonnen, sei es als *animal rationale* oder über die Hierarchie, dass der Mensch eine Seele habe, evtl. sogar von Gott gegeben, „das Tier" aber nicht. Darwin mit seiner Theorie der Evolution durch natürliche Selektion hat diesen kategorialen Kontrast eingerissen, er sah eine Kontinuität zwischen Tieren und Menschen auch im emotionalen Bereich. Diese Sicht ist durch die modernen Untersuchungen voll bestätigt worden. Die Ähnlichkeiten zur mentalen Struktur insbesondere unserer nächsten Verwandten, der Menschenaffen, sind frappierend. Auch unsere Moral und unsere Gerechtigkeitsempfindungen haben angeborene evolutive Wurzeln. Gewiss gibt es Unterschiede zu anderen Arten, aber sie sind in der Grundlage nicht größer als zwischen anderen Arten auch. Insofern sind wir nicht nur in unserem physischen, sondern auch in unserem mentalen Grundgerüst ganz Tier, in der vollen Bedeutung des Wortes. Die Rätselhaftigkeit der Existenz mentaler Phänomene einschließlich des Bewusstseins und ihrer Interaktion mit dem Körper wird dadurch nicht geringer. Aber sie bilden keine Grenze zwischen Mensch und anderen Arten.

Ein spezielles, gern übersehenes evolutives Erbe ist die Selbstüberschätzung der eigenen Person oder Gruppe im Vergleich zu anderen. Die meisten Autofahrer halten sich für überdurchschnittlich. Bei Gruppenarbeit wird der eigene Anteil am Erfolg systematisch überschätzt, der am Misserfolg unterschätzt, und das bei durchaus realistischer Einschätzung des Anteils der anderen. Unsere Rationalität macht systematisch Wertungsfehler zu unseren und unserer Gruppe Gunsten. Dabei ist es egal, woran sich die Gruppenzugehörigkeit misst, ob an Familie, Verein, Nation, Hautfarbe, Religion, dem „Unterschied zum

Tier" oder anderem. Sich dieser angeborenen Tendenz zur Selbstüberschätzung bewusst zu sein ist wichtig, wenn man sich fragt, was wir
als Menschen sind und ob wir in irgendeinem Sinne etwas Besonderes
sind.

Für uns sind wir natürlich immer etwas Besonderes, insofern die
Frage nach dem Menschen eine Frage nach uns selbst ist, im Gegensatz
zu Fragen nach anderen. Im Prinzip würde das in analoger Weise auch
für jede andere Art gelten, die nach sich fragt. Nach derzeitigem Wissen
scheint aber der Mensch die einzige Spezies zu sein, die nach sich selbst
fragt, und das wäre dann auch eine sachliche und nicht nur perspekti-
vische Besonderheit.

Zumindest ist er die einzige Spezies, die diese Frage nach sich selbst
sowie andere komplexe Sachverhalte untereinander kommunizieren
kann. Sprache in ihrer Komplexität und Differenziertheit ist eine Besonderheit des Menschen. Wir kennen Kommunikation bei verschiedenen Tierarten, auch komplexere Formen, und bei manchen Arten –
z. B. Walen – wird spekuliert, ob sich nicht doch Sprache dahinter
verbirgt. Doch der Komplexität und Abstraktionsfähigkeit unserer
Sprache dürfte das schwerlich nahe kommen. Denn mit ihr verbunden
ist die Fähigkeit zu einer differenzierten Rationalität, zum symbolhaften
Verständnis höherer relationaler Zusammenhänge unserer Umwelt. Das
scheint evolutiv einzigartig zu sein. Wie weit das nur ein Gewinn ist
oder ob unsere Fokussierung auf Sprache möglicherweise den Verlust
anderer Einsichtsmöglichkeiten als Preis impliziert (Rilke: „Ich fürchte
mich so vor der Menschen Wort"), darüber mag man trefflich speku-
lieren. Eine Besonderheit des Menschen bleibt die Sprache allemal.

Die zweite große Besonderheit ist Kultur als die Weitergabe eines
großen nicht genetisch gebundenen Erfahrungsschatzes. Traditionen,
also die Weitergabe individueller Erfahrungen an die Nachkommen,
gibt es auch bei Tieren. Doch wie bei der Sprache ist das extrem ge-
steigerte Ausmaß entscheidend. Während bei Tieren Kulturphänomene
als Rand- oder Zusatzleistungen des Lebensbezugs gefunden wurden,
ohne welche die betreffenden Tiere meist auch weiterleben könnten
(nicht immer!), ist bei uns Kultur zu unserer zentralen Natur geworden.
Vom Säuglingsalter an erleben wir Natur kaum mehr unvermittelt,
sondern in zunehmendem Ausmaß sprachlich und durch das Auf-
wachsen in kultureller Umgebung kulturell interpretiert. Ein Zurück
zur Natur geht nicht. Insofern sind wir nicht nur ganz Tier, sondern
eben auch ganz Kulturwesen. Spezialisierungen in einer bestimmten
Leistung finden wir auch bei anderen Spezies. Doch Kultur in Ver-

bindung mit der Sprache scheint das einzige Beispiel für eine Spezialisierung und große Entfaltung ohne direkte genetische Fixierung zu sein.

Während das Phänomen Kultur unstrittig ist, gibt es über seine Relation zur Natur sehr unterschiedliche Auffassungen. Der philosophische Ansatz von Gehlen interpretierte den Menschen als instinktreduziertes Wesen, bei dem Kultur die durch die Instinktreduktion entstandenen Lücken ersetzt. Das liegt in der Selbstüberschätzungs-Tradition, Kultur als Ersatz oder Überwindung der Natur zu sehen. Das für uns Spezifische als etwas ganz Besonderes. Die neueren naturwissenschaftlichen Ergebnisse unterstützen tendenziell eher die dazu konträre Auffassung Darwins, dass der Mensch ein besonders stark instinktgebundenes Wesen ist, und diese massive Instinktsicherung ermöglicht darauf die flexible Entfaltung von Kultur in ihrer ganzen Vielfältigkeit. Die genetische Forschung zeigt, dass alle heutigen Menschen von einer recht kleinen Gruppe von Hominiden abstammen, die vor etwa 200000 Jahren gelebt hatte. Damit ist die Spezies Mensch genetisch bedeutend einheitlicher als andere Wirbeltiere. Vielleicht ist das die Grundlage dafür, dass sich die Menschen ungeachtet ihrer kulturellen Diversität so gut verstehen können. Der Bezug von Kultur zur Sprache ist ebenfalls noch offen. Zwar dürfte unsere Kultur eine differenzierte Sprache als Voraussetzung haben. Aber wenn die Befunde sich bestätigen, dass es ein Sprachgen schon beim Neandertaler gab, dann hat es möglicherweise schon Sprache gegeben, bevor mit der Einwanderung des modernen Homo sapiens vor ca. 30000 Jahren die Kulturexplosion des späten Paläolithikums begann.

Nur kurz erwähnt, wiewohl wichtig, sei, dass wir eine extrem soziale Spezies sind. Keine andere Art weist eine so weltweite Kommunikation über alle Grenzen hinaus auf. Die Ausweitung der Sprache als Schrift sowie die neuzeitlichen Kommunikationstechniken bilden dafür entscheidende Voraussetzungen.

Wir verstehen uns nur richtig, wenn wir wissen, wo wir herkommen, und beim Wissen zu unserer Herkunft hat es in jüngerer Zeit besonders starke Änderungen gegeben. Die sind hier skizziert. Doch Herkunft allein ist nur ein Teil. Das Ergebnis ist der heutige Mensch mit seiner unmittelbaren Selbsterfahrung als empfindender Mensch mit all seinen Facetten: Liebe, Sexualität, Hunger, Angst, Schmerz, Freundlichkeit, Geborgenheit, Niedergeschlagenheit, um nur einige zu nennen. Hinzu kommen Werte, mit ebenfalls evolutiver Wurzel, und natürlich auch Rationalität, die Fähigkeit nachzudenken, wenn die Empfindungen so gemildert und ausbalanciert sind, dass sie dafür Raum lassen. Diese sich im Lauf des Lebens ansammelnden Erfahrungen in der kulturellen Sozialisation formen dann unsere individuelle Persönlichkeit.

Zwischen evolutiver Wurzel und aktueller individueller Erfahrung spannt sich ein immenses, vielfältiges Feld. Die Frage nach dem Menschen wird sich daher wohl nur immer wieder neu stellen, aber nicht lösen lassen. Und so sind wir immer noch bei der alten griechischen Feststellung: „πολλὰ τὰ δεινὰ κοὐδὲν ἀνθρώπου δεινότερον πέλει" – Viel Wunderbares gibt es, aber nichts Erstaunlicheres als den Menschen.

Fühlen, Sprache und Sozialität

Eva-Maria Engelen

Ist der Mensch nur ein Affe mit großer Gehirnmasse, deren Mechanismen es zu erforschen gilt? In der Beantwortung dieser Frage kann man Teilantworten auf die Frage „Was ist der Mensch?" erwarten. Solche Teilantworten sind in jüngster Zeit gegeben worden, indem verschiedene Leistungen und Befähigungen des Menschen analysiert wurden, in welchen sich dieser signifikant von anderen Primaten unterscheidet. Im Folgenden werde ich mich mit drei solcher Fähigkeiten beschäftigen, die nicht unabhängig voneinander auftreten. Es handelt sich dabei um Fühlen und Einfühlungsvermögen, sprachliche Fähigkeiten sowie als Drittes um soziale Kommunikation. All diese Befähigungen weisen gleichermaßen sowohl auf den Menschen als eine Ich-bewusste Instanz als auch auf seine besonders ausgeprägten sozialen Fähigkeiten hin.

Eine, wenn nicht die wesentliche Voraussetzung für das Sich-seiner-selbst-bewusst-Sein ist der Umstand, dass es sich um ein bewusstes Haben handelt. Eine Instanz, die sich nicht ihrer selbst bewusst ist, weiß nicht um sich. Das bedeutet, dass sie sich ihres Denkens, Fühlens und Empfindens nicht als eines eigenen Denkens, Fühlens oder Empfindens bewusst ist. Wir können nicht unterstellen, dass jede Empfindung die Empfindung eines Wesens ist, das sich dieser als eigener, zu ihm gehörender bewusst ist. Wenn lediglich etwas wahrgenommen wird, ohne es auf eine Instanz zu beziehen, dann ist der Schmerz beispielsweise eine bloße Empfindung und nicht unbedingt als eine eigene ausgewiesen. ‚Es wird empfunden', wäre eine Umschreibung dieses Zustands. In dem einen Fall gibt es eine Instanz, die den Schmerz als den ihren erlebt und in dem anderen Fall wird Schmerz empfunden, der Schmerz wird dann nur wahrgenommen, aber nicht auf ein Bewusstsein bezogen.

Wenn ein Wesen Schmerzen hat, bedeutet das nicht unbedingt, dass es auf diese Empfindung als Empfindung, die es selbst hat, reflektieren kann. Denn um sich seiner selbst bewusst zu sein, muss zusätzlich darauf reflektiert werden können, dass man selbst die Instanz ist, die diese Empfindung hat. Wenn ich mir meiner selbst bewusst bin, weiß ich, dass es mein Schmerz ist. Andere haben diesen Schmerz nicht und auch nicht diese Trauer, selbst wenn dasselbe Ereignis für sie ein Anlass zur Trauer ist. Wir gehen selbstverständlich davon aus, dass es unser Schmerz ist, wenn wir einen Schmerz empfinden, und unsere Trauer, wenn wir traurig sind. In manchen Fällen versuchen wir sogar andere davon auszuschließen, die Trauer ganz für uns zu behalten und jeden Versuch des Mitempfindens zu vereiteln, weil der Andere unsere Trauer sowieso nicht teilen kann.

Der Mensch ist ein Wesen, das auf sich als Instanz, die eine Empfindung hat, reflektieren kann. Es empfindet daher Schmerzen oder Trauer als eigenen Schmerz oder Trauer und die Schmerzen des Anderen und die Trauer des Anderen fühlt es als die Trauer oder den Schmerz eines Anderen nach. Ob das bei Tieren auch der Fall ist, die im Spiegel erkennen können, dass ein Fleck auf einer/ihrer Stirn ist, wo zuvor keiner war, ist schwer zu ermitteln, da ihnen die Sprachfähigkeit weitestgehend fehlt.

Der Mensch kann hingegen seine Trauer als Trauer bezeichnen. Das ist kein simpler Vorgang. Er setzt voraus, dass man sich auf etwas Nicht-Gegenständliches beziehen und dafür einen Begriff erlernen kann. Um Begriffe zu erlernen, muss man sich gemeinsam mit einem Anderen auf dasjenige beziehen, wofür der Begriff erworben wird. – Es setzt also die intensive Interaktion mit Anderen voraus. Zunächst müssen der Lehrende und der Lernende ihre Aufmerksamkeit auf dasselbe richten. Bei Empfindungen und Emotionen haben wir uns das so vorzustellen, dass der Lehrende an der Mimik, der Körperhaltung und bestimmten Verhaltensweisen Trauer identifiziert. Dem Lernenden, der sich selbst nicht von außen beobachten kann, ist das nicht möglich. Er bezieht sich vielmehr auf die von ihm wahrgenommenen Empfindungen. Auf diese Weise wird ein gemeinsames „Objekt" der Aufmerksamkeit gebildet, auf das ein Wort beziehungsweise ein Begriff angewendet werden kann. Nicht-menschliche Primaten sind zu einer derart geteilten Aufmerksamkeit oder Intentionalität nicht in der Lage. Das ist einer der Gründe, warum sie untereinander keine Sprache verwenden, selbst wenn sie im Umgang mit Menschen zum Erwerb einzelner Vokabeln in der Lage sind. Die geteilte Intentionalität ist ein Merkmal der so genannten Ultrasozialität, die sich als ein menschliches Spezifikum erwiesen hat.

Um Schmerzen und Trauer als eigene Schmerzen und eigene Trauer empfinden zu können, ist es also erforderlich, sich selbst als die empfindende Instanz begreifen zu können und die betreffenden Empfindungen auch als solche identifizieren zu können. Dafür reichen rein kognitive Fähigkeiten allein nicht aus, sie sind aber genauso unab-

dingbar wie das Vermögen des Sich-Einfühlens oder das des Sprach-
erwerbs, also besonders ausgeprägter sozialer Fähigkeiten. Eine der
kognitiven Fähigkeiten, die erforderlich sind, um sich selbst als denkende und empfindende Instanz begreifen zu können, wird mit dem
Schlagwort der Theorie des Geistes umschrieben. Sie bezeichnet zunächst die Befähigung, sich vorstellen zu können, was im anderen
vorgeht. Vorausgesetzt ist damit allerdings, dass eine Instanz, die das
kann, sich selbst ebenso wie den anderen als denkende, handelnde und
empfindende Instanz begreift. Dabei handelt es sich in Bezug auf das
Vorstellen dessen, was der andere tun wird und das Einfühlen in den
Anderen nicht um genau dieselbe Fähigkeit, aber doch um eine ähnliche.

Damit eine Empfindung meine Empfindung oder meine Emotion
ist, reicht die bloße Empfindungsfähigkeit also nicht aus. Es müssen
Einfühlungsvermögen, Sprachfähigkeit, ausgeprägtes soziales Verhalten
sowie bestimmte kognitive Leistungen dazukommen. Das heißt nicht,
dass wir nicht auch Tieren Emotionen wie Angst in einem gewissen
Umfang zuschreiben können, aber diesen entsprechen eben nur das
wahrgenommene, sprich empfundene Signal und die damit empfangene
Information.

Neben Schmerz, Trauer und Verlustangst haben Menschen aber
auch Gefühle wie das der Melancholie, das weder einen konkreten
Gegenstands- oder Situationsbezug hat noch eine unmittelbare Ursache.
Der Anlass einer Melancholie ist vielleicht nur die Einsicht in die
Schicksalhaftigkeit des eigenen Lebens, in welcher der Mensch ganz bei
sich ist. Sie verweist auf das Unbegreifliche der menschlichen Existenz
und damit auf die Unbegreiflichkeit dessen, was der Mensch ist.

Von Kartoffeln und Menschen

Rainer Erlinger

„Wer eine Packung Chips aufreißt und nicht leer isst, ist kein Mensch!" Diesen ebenso pointierten wie ungesunden Satz äußerte vor Jahren eine Freundin, als sie mit zwei Chipstüten und ein paar Getränken unterm Arm zu einem Fernsehabend in der Tür gestanden hatte und genussvoll die erste Tüte öffnete.

Natürlich kann man streiten, ob dieser Satz wahr ist. Ich würde es bejahen, so man konzediert, dass er diese Wahrheit eben pointiert wiedergibt. Doch stellt sich dann die Frage: Was soll er hier? Kann denn dieser Satz – als wahr unterstellt – etwas über die Natur des Menschen verraten? Auch das möchte ich bejahen, vermutlich kann er es sogar in doppelter Hinsicht: Zum einen wegen des speziellen Aspekts des Menschlichen, den er betont, zum anderen aber wegen der Methode, derer er sich dazu bedient: die Negativaussage. Vielleicht kann man sich der schwierigen Frage „Was ist der Mensch?" oder der ihr verwandten „Was ist menschlich?" leichter nähern, wenn man nach Verneinungen und Gegensätzen sucht.

Um es derart anzugehen: Was könnte dieses vor der offenen Chipstüte Maß haltende Wesen sein, so es kein Mensch ist? Ein Unmensch? Aus Sicht der Kartoffeln sicherlich nicht. Die dürften in ihm eher einen Wohltäter erblicken, falls sie nicht in frittiertem Zustand ihre höchste Bestimmung im menschlichen Magen suchen. Doch auch jenseits dieser Sonderperspektive aus dem Inneren der Chipspackung kommt man zu einer überraschenden Erkenntnis: Bei dem als „kein Mensch" Gebrandmarkten müsste es sich tatsächlich weniger um einen „Unmenschen" handeln, sondern umgekehrt eher um einen „Übermenschen"; auf jeden Fall um jemanden mit schier „übermenschlicher" Willensstärke, falls keine Maschine oder ein Android vorliegt. Ist somit ein Wesen, das „kein Mensch" ist, in Wirklichkeit der Über- und damit, wie diese Bezeichnung nahe legt, bessere Mensch? Die Überraschung nimmt noch zu, versucht man nun, dieses Ergebnis wieder zurück zu spiegeln: Was ist das Gegenteil eines „Übermenschen"? Das wäre weder der – falls man diesen Ausdruck überhaupt verwenden möchte – „Untermensch", noch der „Mensch" insgesamt, sondern der schwache, der nicht perfekte Mensch. Und sinnt man hierfür nach einem geläufigeren Begriff, dann am ehesten der „normale Mensch". „Normal" scheint der Mensch erst mit Fehlern zu sein. Eine erste interessante Erkenntnis.

Nimmt man hingegen den „Unmenschen" zum Ausgangspunkt und sucht das Gegenstück, landet man ebenfalls nicht beim „Menschen". Lothar Philipps weist auf dieses Phänomen hin.[1] Ihm zufolge gibt es bei Unwertsmarkierungen in Sprache und Recht zwei Gruppen von Begriffen. Bei den einen werde durch die Silbe „un" das Gegenteil ausgedrückt, so beim „Unglück", welches ja sicherlich kein Glück darstellt oder bei der „Unzucht" im strafrechtlichen Sinne[2], die das Gegenteil von „Zucht (und Ordnung)" bezeichnet. Hingegen sei das „Unwort des Jahres" seinerseits ein Wort, und eben auch wer „Untaten" begehe (welche ebenfalls Taten darstellten) sei zwar ein „Unmensch", bleibe aber ein Mensch. Was ist demnach das Gegenteil des mit Unwert markierten „Unmenschen"? Am ehesten wohl jemand, der nichts Böses unternimmt, mithin ein guter Mensch, womöglich ein „Gutmensch".

Angestachelt davon kann man dasselbe mit dem Eigenschaftswort „unmenschlich" versuchen. Unmenschlich können Arbeitsbedingungen sein, oder auch ein besonders hartes, menschenverachtendes Verhalten. Hier scheint man über das „Humane" in die Sphäre zu gelangen, in der man den Begriff des „Menschen" als erstes hätte verorten wollen: Die Humanitas. Unmenschlich ist eben alles, was sich dem Wesen des Menschen und seinem Wohl widersetzt.

Was aber, wenn wir uns wieder zurückbewegen zum Gegenteil? „Menschliche" Arbeitsbedingungen mögen tatsächlich das Gegenteil von „unmenschlichen" sein, doch ist ein „menschliches" Verhalten tatsächlich das Gegenteil von einem „unmenschlichen"? Eher nicht. Auch hier dürfte ähnlich wie beim „Unmenschen" der „gute Mensch" das „gute" Verhalten, das Gegenteil des „unmenschlichen" sein. Tatsächlich haben wir uns nun dem „Humanen", der Humanitas, dem Gegenstand des Humanismus immer weiter angenähert, scheinen zum Kern zu kommen.

---

1 Philipps, Lothar (2008, i. Ersch.): Der Kampf um markierte und unmarkierte Ausdrücke in Sprache und Recht. In: Jung, Heike et. al. (Hg.): *Festschrift für Egon Müller*. Nomos: Baden-Baden.

2 Diese wurde in älteren Fassungen des deutschen Strafgesetzbuches etwa bei der Kuppelei § 180 StGB a.F. mit Strafe bedroht.

Allerdings mit einem Problem: Dies führt offenbar weg von der landläufigen Verwendung des Begriffs „menschlich". Der scheint etwas anderes zu bezeichnen. Aber was? Wofür verwenden die Menschen diesen Ausdruck? Das sei „doch nur menschlich", hört man wohl am häufigsten nicht über eine gute, humane Tat, sondern – man muss es sich klarmachen – über einen Fehler. Nicht über Güte, Freundlichkeit, Mitgefühl, sondern über Schwächen, Unzulänglichkeiten, Versäumnisse und Nachlässigkeiten. Sollte dies der Kern des Menschen sein? Immerhin trifft sich diese Bedeutung von „menschlich" auch mit der oben festgestellen des „normalen Menschen", der nicht mit seinen Fehlern, sondern gerade wegen dieser Unzulänglichkeiten der „Norm" entspricht.

Offenbar stellt dies auch nicht nur einen menschelnden, nachlässigen Umgang mit der Sprache dar. Schon in Grimms Wörterbuch der deutschen Sprache[3] finden sich, neben weiteren, diese betrachteten Bedeutungen auch in der Rangfolge, die unserem heutigen Sprachgebrauch entspricht: Das Lemma „menschlich" wird unter Ziffer 1 „dem Menschen zugehörig" erklärt und unter Ziffer 3 „menschlich, mit hervorhebung der schranken und der unzulänglichkeit der menschennatur". Erst unter Ziffer 9 dann „vorzugsweise mitgefühl, schonung, erbarmen eines menschen gegen andere hervorhebend". Entsprechend beim Lemma „Menschlichkeit": Unter Ziffer 2 wird die Bedeutung „mit hervorhebung der schranken, die dem menschlichen wesen gezogen sind" behandelt, erst unter Ziffer 5 „mit betonung des mitgefühls, erbarmens, der schonung".

Woher mag sie kommen, diese Assoziation des Menschen mit Fehlbarkeit im Alltag? Erfahrung? Pessimismus? Weisheit? Immerhin scheint sie auch insofern nicht aus der Luft gegriffen, als sie sich in groben Zügen neben dem bekannten Bibelzitat „Der Geist ist willig, aber das Fleisch ist schwach" (Matthäus 26, 41) auf Immanuel Kant berufen kann, der diese Eigenschaft wenn schon nicht als bestimmend, so doch als dem Menschen immanent ansah: „Die völlige Angemessenheit des Willens aber zum moralischen Gesetze ist Heiligkeit, eine

---

3 Deutsches Wörterbuch von Jacob Grimm und Wilhelm Grimm. 16 Bde. [in 32 Teilbänden]. Leipzig: S. Hirzel 1854–1960 oder unter www.woerterbuch-netz.de.

Vollkommenheit, deren kein vernünftiges Wesen der Sinnenwelt, in keinem Zeitpunkte seines Daseins, fähig ist."[4]

Natürlich vermögen derartige, noch dazu unsystematische, sprachliche Betrachtungen und Überlegungen, selbst wenn sie die Bibel und Kant heranziehen, die Frage nach dem Wesen des Menschen nicht definitiv zu beantworten. Doch der alltägliche Sprachgebrauch hat in einer Hinsicht einen großen Vorzug: Er spiegelt das Selbstbild der Menschen wieder, die sich dieser Sprache bedienen. Und aus dem Inneren der großen Chipstüte des Lebens heraus betrachtet scheint es klar: Der Mensch ist – in erster Linie fehlerhaft.

---

4 Kant, Immanuel (1788): *Kritik der praktischen Vernunft*. Akademie-Ausgabe. Band V. Berlin/New York 1902 ff.: de Gruyter, 122.

Als Mensch den Menschen erkennen …

Wilhelm K. Essler

Die Frage, wer unter den Begriff „Mensch" fällt und wer nicht, sie ist seit alters her wichtig. Wichtig genommen haben sie seit grauer Vorzeit nicht nur die Philosophen und, vor ihnen, die philosophierenden Priester. Vielmehr baute das ganze Rechtssystem seit jeher auf der Beantwortung dieser Frage auf. Denn ob beispielsweise Sklaven als Menschen zu erachten sind oder nicht, ob daher das Quälen und Töten eines Sklaven etwas kategorial Anderes ist als beispielsweise das Quälen und Töten eines Hundes, oder aber, ob darin – die Moral und die auf ihr gründende Rechtsordnung betreffend – kein entscheidender Unterschied besteht, das war für die Rechtsprechung spätestens von der Zeit ab, als sich die Menschen Sklaven zu halten begannen, von unbedingter Wichtigkeit.

Ein äußeres Muster anzugeben, gemäß dem sich unter den Lebewesen der Unterschied zwischen Menschen einerseits und Tieren wie Affen und Vögeln andererseits halbwegs eindeutig ermitteln lässt, das hat schon Platon versucht; und in der Neugestaltung seines – aus heutiger Sicht schwerlich aufrecht zu erhaltenden – Definitionsversuchs wird man gegenwärtig wohl ein allgemeines Chromosomen- und Gen-Bild erstellen, unter das die Menschen der letzten Jahrtausende – und nur sie – fallen. Sowie dieses Bild – dieses Definiens von „Mensch", genauer natürlich: von „menschlichem Körper" – erstellt worden ist, hat man eine – zumindest nahezu – eindeutige Abgrenzung zwischen den Menschen und den sonstigen Tieren gezogen, speziell zu jenen Tieren, die den Menschen genetisch nahe verwandt sind, wie die Menschenaffen, oder die den Menschen mental sehr nahe kommen – oder, wer weiß, sie sogar übertreffen –, wie beispielsweise die Schimpansen, die Elefanten, die Delphine.

Für die Zwecke der Recht*sprechung* reicht dies zwar aus. Für die Frage der Begründung einer solchen *Recht*sprechung hingegen ist damit noch nicht einmal der Ansatz zu ihrer Beantwortung gegeben. Nahe liegend ist, für diese Zwecke, auf die – auf Aristoteles zurückgehende – Bezugnahme zur Vernunft der Menschen zurückzugreifen. Nun ist aber so etwas wie Vernunft bei sehr vielen Menschen – nicht nur bei

Staatsoberhäuptern – nicht ohne weiteres auszumachen; und vielen Menschen fehlt die Vernunft gänzlich, wie etwa jenen, die alters- oder krankheitsbedingt an Debilität leiden oder die diese Schwäche des Geistes schon pränatal erworben haben.

Ohne jeden Zweifel ist die Vernunft ein Teil des Geistes. Aber Geist besitzen auch schon ganz kleine Lebewesen. Man kann sich dies an einer Stechmücke verdeutlichen, die einen in einer warmen Sommernacht beim Einschlafen stört: Falls man sie nicht bei den ersten beiden Versuchen, ihr den Garaus zu machen, gleich erwischt, weiß sie von da ab mit hoher Wahrscheinlichkeit, wie den weiteren Versuchen ihres Gefangenwerdens und Getötetwerdens zu entkommen ist: Sie entkommt diesen Anstrengungen des wütend Gewordenen – und daher nun mechanisch Reagierenden – durchaus nicht durch mechanisch ablaufende Reiz-Reaktions-Muster, wie dies beispielsweise bei einer fleischfressenden Pflanze zu beobachten ist, sondern offenkundig in wohlüberlegter Art, eben durch volles Einsetzen ihrer Vernunft, wie sehr diese auch gänzlich auf das blanke Überleben samt Befriedigung des Triebs zur Fortpflanzung hin ausgerichtet ist.

Ihr sehr einfach strukturiertes Gehirn erlaubt ihr wohl nicht einmal, sich die Auswirkungen ihres Eingehens auf den Fortpflanzungstriebs zu vergegenwärtigen, geschweige denn, Überlegungen beispielsweise zur logischen Grundlegung der reellen Zahlen anzustellen, was sie allerdings nicht unbedingt von sehr vielen Menschen unterscheidet. Und natürlich ist der Geist eines Lebewesens in seiner Tätigkeit auf das Gehirn – genauer: auf ein Geflecht von Nervenbahnen und deren elektromagnetischen Feldern – angewiesen. Dieser physische Anteil am Zustandekommen der Entscheidungen einer Stechmücke reicht in den meisten Fällen aus, um ihrem mentalen Anteil daran den schnellsten und sichersten Weg zum Entweichen aus einer drohenden Gefahr ermitteln zu lassen. Und dieser mentale Anteil zum Erfassen ihrer Welt reicht ihr aus, um in ihr – sowie sie dann eben doch in einem Glas eingefangen worden ist – zunächst das Verhalten von Panik und danach das von Resignation auszulösen. Wer ihr derartiges Verhalten beobachtet, der hat davon auszugehen, dass diesem eine entsprechende Geisteshaltung zugrunde liegt; denn diese Geistehaltung zwar dem Menschen, nicht aber dem Tier zu unterstellen, das ist die aus vergangenen Jahrtausenden bei uns Menschen heute auch da und dort noch anzutreffende – und jeder stichhaltigen Begründung entbehrende – Voreingenommenheit.

Bei den Tieren – die Menschen hierbei nicht ausgeschlossen – sind neben den unterschiedlich ausgeprägten mentalen Fähigkeiten des

Lernens aus vergangenen Erfahrungen insbesondere Ausdrucksweisen von Freude und von Schmerz zu beobachten, allgemein gesagt: von Glück und von Leid. Zweifellos sind sie bei ihnen in – vor Art zu Art – unterschiedlichem Ausmaß vorhanden; und selbst innerhalb ein- und derselben Art können diese Unterschiede beträchtliche Ausmaße annehmen. Aber recht unterschiedlich ist auch bei uns Menschen das Feingespür entwickelt, solches bei den übrigen Tieren wahrzunehmen.

Einer Antwort näherzuführen ist nun die Frage, was denn hierbei der Geist eines Lebewesens ist, was – mit anderen Worten – unter dem Begriff „Geist" zu verstehen ist. Um die drei hierbei zu unterscheidenden Grundauffassungen deutlich zu machen, ist es hilfreich, einen Blick auf die drei dem entsprechenden Grundauffassungen, das Materielle betreffend, zu werfen:

1. Nach der einen Art von Auffassungen ist das Materielle nichts anderes als die Manifestation eines – sich noch nicht selbst erkennenden – Urgeistes oder Weltgeistes; in dieser Art ist sie auch in der Philosophie des deutschen Idealismus vertreten wie auch von Schopenhauer ausdrücklich und unmissverständlich so dargelegt worden.

2. Nach einer anderen Art von Auffassungen besteht das Materielle aus Körpern, die sich aus kleinen und kleinsten Körperchen – d. h. aus Korpuskeln – zusammensetzen, welche die Träger von – sich in der Zeit vollziehenden – räumlichen Veränderungen ihrer Zustände sind; diese Auffassung hat insbesondere Newton vertreten.

3. Nach einer dritten Art von Auffassungen gibt es hier nur die – sich in der Zeit vollziehenden – Veränderungen von Zuständen an den verschiedenen Raumpunkten, nicht jedoch einen Träger von solchen Zuständen; mit dieser Auffassung haben insbesondere Huyghens und Euler die Mechanik Newtons zur Newtonschen Mechanik gestaltet und entwickelt.

In damit vergleichbarer Weise kann man drei Arten, das *Mentale* betreffend, auseinander halten:

1*. Nach der einen Auffassung ist das Mentale – das Geistige, der Geist – nichts anderes als eine Manifestation von – gegenwärtig noch nicht vollständig erforschten – materiellen Zuständen des Nervensystems; diese Auffassung hat schon Holbach gepredigt; und sie wird – in wechselnden Abwandlungen – auch gegenwärtig wieder aufgegriffen, nicht nur in der Philosophie, sondern auch in der Neurologie.

2★. Nach der anderen Art von Auffassungen besteht das Mentale aus einem unveränderlichen Seelenkern, welcher der Träger von den sich um ihn rankenden und sich in der Zeit – nicht im Raum! – verändernden mentalen Zuständen ist; diese Auffassung hat insbesondere Platon vertreten.

3★. Nach einer dritten Art von Auffassungen gibt es beim Mentalen nur nichträumliche Zustände zu den einzelnen Zeitpunkten bzw. zu den einzelnen kleinsten Zeitintervallen im Bereich des Mentalen; diese Auffassung hat insbesondere Buddha Schakyamuni vertreten.

Die Auffassung (1★) krankt an einem Kategorienfehler, nämlich am Unverständnis dessen, dass geistige Zustände – wie schon Kant betont hat – unräumlich und daher kategorial von körperlichen Zuständen verschieden sind. Dass dem so ist, das kann man sich an Beispielen der folgenden Art verdeutlichen: Bei einem einsetzenden Gefühl der Freude sind zweifellos im Gehirn räumlich zu lokalisierende Stellen mit veränderter elektromagnetischer Intensität auszumachen, und zwar an anderer Stelle als da, wo sich beim Einsetzen eines Kälte-Gefühls im Gehirn die elektromagnetische Intensität verändert. Die in mir bei der Beobachtung eines herrlichen Januar-Sonnenuntergangs entstandene Freude liegt jedoch keinesfalls räumlich neben der Kälte, die ich wegen eines Nordwinds dabei empfinde, weder rechts noch links von ihr, weder vor noch hinter ihr, weder oberhalb noch unterhalb von ihr.

Wer, wie ich, zudem von einem – den materiellen Energien korrespondierenden – mentalen Erhaltungsgesetz ausgeht, nämlich einem Gesetz der Insgesamt-Erhaltung der Kräfte des Geistes, der gemäß nichts aus Nichts entsteht und nichts in Nichts vergeht, dem gemäß sich die einzelnen Kräfte im Geist zwar verändern, und dies zudem ständig, ohne aber insgesamt zu- oder abzunehmen: wer von diesem Grundsatz ausgeht, der wird, auf ihn Bezug nehmend, als logische Konsequenz die Auffassung (1★) verwerfen.

Ungelöst ist bei diesem Grundsatz bislang die Frage, inwieweit kategorial Verschiedenes, wie das Materielle und das Mentale, für die zudem die jeweiligen Erhaltungsgesetze gelten, in einer dritten – nämlich nicht bloß materiellen und auch nicht bloß mentalen – Art aufeinander wirken, sodass sie sich – quasi wie in einem gekrümmten Raum – zu einander parallel ausrichten. *Un*lösbar ist diese Frage nicht, wenngleich bislang noch nicht gelöst. Und es sieht auch keinesfalls danach aus, dass ihre Lösung auf die leichte Art zu erbringen ist.

Die Auffassung (2★) wird als inkonsequent erkennbar, sowie man, wie ich, auch für die mentalen Kräfte von einem – den materiellen Energien entsprechendem – Prinzip „Actio = Reactio" ausgeht. Denn diesem Prinzip gemäß würde eine unveränderliche Seele, der keine *Ein*wirkungen widerfahren, auch keine *Aus*wirkungen auf den – übrigen, von ihr verschiedenen, weil beständig tätigen – Geist haben. Sie würde dann diesem Geist nicht zur Stütze dienen und somit nicht dessen Träger sein: Sie würde für den Geist dann ein Nichts sein, etwas für ihn nicht Vorhandenes. Ist die Seele aber veränderlich, dann ist sie, wie das Geflecht der übrigen Geisteszustände, nichts anderes als das Gemüt, als der innerste Kern des Geistes, keinesfalls jedoch selber sein Träger.

Aus Erwägungen von solcher Art akzeptiere ich, mit dem Erhaltungsgesetz und dem Prinzip „Actio = Reactio", das auch für das Geistige gilt, daher auch die sich daraus ergebenden Folgerungen und somit eine Auffassung der Art (3★). Demnach besteht – ganz im Sinne der Philosophie Buddha Schakyamunis – der Geist nicht aus einem in der Zeit unveränderlichen Träger von veränderlichen Zuständen; vielmehr besteht er in nichts Anderem als in einer Aufeinanderfolge von Geisteszuständen. Jeder einzelne dieser Zustände wird dabei von dem ihm unmittelbar vorausgegangenen kräftemäßig verursacht und – teilweise zumindest – durch Sinneseindrücke ausgerichtet; und im vollständigen Bewirken des so hervorgebrachten nunmehrigen Geisteszustands hat sich dabei der vormalige Geisteszustand vollständig aufgelöst. Der jeweils bestehende Geisteszustand ist das jeweilige Jetzt.

Diese Zustände des Geistes sind von nicht-räumlicher Art; daher sind sie von außen nicht zu beobachten. Von außen – von einem Anderen bei mir wie auch von mir bei einem Anderen – können nur die gröberen und feineren energetischen Auswirkungen wahrgenommen werden, nämlich die Verhaltensweisen des Lebewesens sowie die elektromagnetischen Felder seines Nervensystems. Insbesondere an solchen feineren und feinsten Auswirkungen kann – noch bei weitem nicht zu unserer Zeit, aber jedenfalls grundsätzlich – beurteilt werden, innerhalb welcher innerer Begrenzungen dieses Lebewesen seine Gedankenführungen vollzieht.

Bei einigen Tieren – wie man schon an einem Hund, dessen Intelligenz man hinreichend geschult hat, zweifelsfrei erkennen kann – sind diese Begrenzungen so weit hinausgeschoben, dass sie auch bestimmte Hinsichten ihres eigenen Geisteszustands beobachten können. Sie besitzen also, dank ihres so weit ausgeprägten Nervensystems, diese geistige Fähigkeit: Sie sind in der Lage, von der Objekt-Ebene ihres Geistes – nämlich von der Fähigkeit, ihre Aufmerksamkeit nur auf das Äußere zu richten – auf dessen epistemologische Meta-Ebene – auf die Fähigkeit, zusätzlich auch dieses (innerlich vollzogene) Beobachten (von Äußerem) zu beobachten, genauer gesagt: zusätzlich noch zumindest Teile der Fähigkeiten der Objekt-Ebene in den Blick zu bekommen – zu wechseln. Und wiederum andere Tiere – die Menschen dabei nicht ausgenommen – mögen zudem die Fähigkeit besitzen, sich von da aus zudem noch auf die epistemologische Meta-Meta-Ebene zu begeben, d. h.: dabei auch noch das (innere) Beobachten eines solchen Beobachtens (von Äußerem) zu beobachten.

Den meisten Menschen wird es wohl aber spätestens von da ab mental schwindelig; und eben dies zeigt ihnen dann – nun von innen gesehen – ihre Begrenzungen an, die ihr bis dahin im Reflektieren entwickelter Geist im Zusammenarbeiten mit dem Nervensystem erreicht hat. Andere Menschen – und vielleicht auch andere Tiere, wer weiß! – können das Ausrichten ihres inneren Blicks auf sich selber – im Verwirklichen des „Erkenne dich selbst!", mit anderen Worten: das Erweitern und Steigern ihrer Vernunft – auf viel höheren Ebenen verwirklichen. Einige wenige jedoch haben diese Befähigung über alle Begrenzungen hinaus entwickelt und vervollkommnet, so dass sie auf keiner dieser einzelnen Ebenen mehr Grenzen haben, innerhalb derer ihr Geist gefangen und zu ermitteln wäre. Beispiele hierfür sind: Buddha Schakyamuni (563–483 v.u.Z.), Nagardschuna (2./3. Jhd. n.u.Z.), und Gesche Rabten (1921–1986). Um aber diese – demnach erreichbare – Vollendung der Fähigkeiten des menschlichen Geistes und damit des Menschseins zu erreichen, dazu hat man sich vorab in nicht weniger intensiven Weisen geistig zu schulen, als dies die Hochleistungssportler unserer Tage in körperlicher Hinsicht durchführen. Diese Vollendung ist demnach nicht eine bloße theoretische Möglichkeit, sondern zudem auch eine in der praktischen Erprobung dieser Möglichkeit da und dort erzielte Wirklichkeit.

Mit diesen Hinweisen ist zwar keine Antwort auf die Frage „Was ist der Mensch?" gegeben worden, wohl aber der Versuch einer Beantwortung der Frage: „Was kann der Mensch – als Vollendung seines Menschseins – erreichen?"

Mit der Individualität verliert sich die Menschlichkeit

Primo Levis Auschwitzerfahrung

CAROLIN FISCHER

„Was ist der Mensch?" Die Frage scheint rein akademisch zu sein, doch dann hätte Primo Levi sie gewiss nicht zum Titel des Buches gemacht, das er nach seiner Rückkehr aus Auschwitz geschrieben hat. Dorthin war er zusammen mit 650 anderen italienischen Juden im Februar 1944 deportiert worden; er gehörte zu den fünf Überlebenden. Die Vorstellung der Todeslager ist vom Sterben, von den Gaskammern dominiert; Levi zeigt, dass dort gelebt werden musste, wenn auch meist nicht lange. In ihren gestreiften Anzügen vegetierten sie wie nummerierte Tiere. Und doch waren es Menschen.

Bei bei der Ankunft sieht er schemenhafte Gestalten, die sich um den Zug herum zu schaffen machen, und spätestens hier bekommt der Titel *Se questo è un uomo*[1] seinen Sinn. Sind diese seltsamen Individuen, die sich mit unbeholfenen Schritten dem Zug nähern und „ulkige" Käppis auf dem Kopf tragen, Menschen? Sind sie noch Mensch? Levi stellt die Frage an dieser Stelle nicht, sondern erklärt, dass beim Anblick dieser Figuren alle Ankommenden begriffen, welche Metamorphose sie erwartete.

Die weitgehende äußere Entmenschlichung der Deportierten beginnt bereits in dem Moment, da man sie in Viehwagons pfercht und tagelang ohne Wasser oder gar Nahrung durch Europa transportiert. Doch Levi gelingt es, mit zwei Details zu evozieren, wie Menschlichkeit unter diesen Bedingungen aufrechterhalten oder sogar entwickelt werden kann: So wollen die Eltern der dreijährigen Emilia die Errungenschaften der Zivilisation selbst im Viehwagon nicht aufgeben und es gelingt ihnen, ihr Kind in lauwarmem Wasser aus der Lokomotive zu

---

1 Der deutsche Titel lautet *Ist das ein Mensch?*, die wörtliche Übersetzung hingegen „Wenn das ein Mensch ist". Zitiert wird aus der Ausgabe Levi, Primo (1988): *Ist das ein Mensch?/ Die Atempause*. Mit einem Nachwort von Cordelia Edvarson. München/Wien: Hanser. Die Übersetzung des Romans *Ist das ein Mensch* stammt von Heinz Riedt.

baden. Der Ich-Erzähler hingegen findet sich zufällig neben einer Frau wieder, die er seit Jahren kennt; aber erst in dieser Extremsituation kommt es zu einem Gedankenaustausch – das Wort als verbindende, typisch menschliche Kraft.

Gleichwohl gibt Levi keine Antwort auf die Frage, was der Mensch ist. Er lässt offen, wann der Prozess der Entmenschlichung oder des Wandels zur Unmenschlichkeit so weit fortgeschritten ist, dass er ein Exemplar der Spezies nicht mehr als Menschen bezeichnen möchte. Die vielleicht größte Kraft des Buches liegt neben dem Verzicht auf Pathos darin, dass Levi nicht expliziert, ob seine Frage sich auf die Opfer oder die Aufseher bezieht. Die Definition des Menschen, die man aus diesem Werk entwickeln kann, tastet die äußersten Ränder dessen ab, was den Menschen noch Mensch sein lässt.

Wenn man aber den Menschen von der Seite der Unmenschlichkeit her zu denken versucht, fällt zunächst auf, dass sie vielleicht das Menschliche schlechthin ist, denn Menschliches schreibt der Mensch gern auch anderen Lebewesen zu. Unmenschlich aber ist nur der Mensch.

Die SS-Soldaten sind so schemenhaft gezeichnet, dass sie sich auf das System reduzieren lassen, dessen Auswirkungen auf die Opfer eindeutig im Zentrum steht. Ihre Unmenschlichkeit kommt primär darin zum Ausdruck, dass sie eben nicht als Individuen, sondern als roboterartige ‚Ausführungsorgane‘ skizziert werden. Zusammen mit der Individualität verlieren sie die Menschlichkeit.

Die Individualität der Opfer hingegen unterstreicht Levi in allen möglichen Facetten. Er stellt sie keineswegs als ‚bessere‘ Menschen dar, sondern demonstriert das Sprichwort „homo homini lupus" anschaulich: Die Häftlinge müssen ihren spärlichen Besitz – ein halb zerbrochener Kamm, ein Kanten Brot oder der Suppennapf – selbst im Schlafe bewachen, damit er nicht von einem Leidensgenossen gestohlen wird. Levi zeigt, wie alle dieselben Qualen durchmachen: Hunger, Kälte, Schwerstarbeit, doch im Vordergrund steht der menschliche, der individuelle Aspekt. Er spricht ausführlich von den Holzschuhen, die die Füße malträtieren und größte Schmerzen bereiten, von den Alpträumen, und er erklärt, wie wichtig es ist, die ohnehin unbequeme Schlafstätte mit einem möglichst kleinen, nicht zu übel riechenden Mitschläfer zu teilen. Ebenso wichtig ist es, für die schwere körperliche Arbeit einen kräftigen Partner zu finden. Auch hier verdeutlicht Levi am Individuum, wie viel von einem Zufall abhängen kann, oder dass

selbst in den extremen Lagen Rücksichtnahme und Hilfsbereitschaft
möglich sind.

Auch wenn es um das Überleben geht: Es ist nicht allein die physische Stärke, die den Unterschied zwischen den einzelnen Häftlingen
ausmacht. So wird der Häftling Templer als hervorragender Organisator
beschrieben und der Kapo, „unser Kapo", als ein nicht boshaftes Exemplar. Templer gelingt es einmal, eine Zusatzration Suppe für seine
Gruppe zu ergattern. Der Abschnitt, in dem das zu lesen ist, trägt nicht
nur deshalb den Titel „Ein guter Tag". An diesem Tag sehen die im
Februar Deportierten zum ersten Mal die Sonne, erahnen den Frühling
und spüren die Kälte weniger schneidend. Allerdings quält in dieser
Erwartung der Hunger umso mehr:

> Denn so ist die menschliche Natur, daß sich zu gleicher Zeit ertragene
> Leiden und Schmerzen für unser Empfinden nicht zu einem Ganzen zu-
> sammenfügen; sie verbergen sich, die kleineren hinter den größeren, nach
> feststehendem Gesetz. Das ist eine Gnade, die es uns erst möglich macht,
> im Lager zu existieren; aber auch der Grund dafür, daß man im freien
> Leben so oft sagen hört, der Mensch sei nie zufrieden: Handelt es sich doch
> weniger um die menschliche Unfähigkeit, einen Zustand vollkommenen
> Glücks zu erreichen, als vielmehr um das stets unzulängliche Wissen von
> der Vielschichtigkeit der Natur des Unglücks.

Am Ende des Buches kommt Hoffnung auf. Als die Russen anrücken,
hat der Ich-Erzähler das fragwürdige Glück, an Scharlach zu erkranken.
So entgeht er den Todesmärschen, bleibt aber mit anderen Schwer-
kranken unversorgt, ohne Licht, Wasser, Heizung oder Nahrung zurück. Hier nun zeigt Levi, wozu menschlicher Überlebenswille und
Einfallsreichtum fähig sind. Mit zwei Franzosen, Charles und Arthur,
organisiert er im weitgehend verlassenen Lager einen Ofen und Le-
bensmittel, so dass sie die zehn Tage bis zum Eintreffen der Befreier
trotz eisiger Kälte überleben. Einer der Kranken schlägt vor, dass jeder
den dreien, da sie arbeiten, eine Scheibe Brot abgeben solle. „Es war die
erste menschliche Geste, die unter uns geschah. Ich glaube, daß man auf
diesen Augenblick den Beginn jenes Vorgangs festsetzen könnte, der
uns, die wir nicht starben, von Häftlingen nach und nach zu Menschen
verwandelte." In einem Akt der im Lager ausgerotteten Solidarität gelingt es Primo, Charles und Arthur, sich selbst und die anderen Infek-
tionskranken bis auf einen über diese Zeit zu retten, allerdings nur um
den Preis, alle anderen Hilfesuchenden abzuweisen. Denn auch so ist
der Mensch.

Ein eigenartiges Tier

Julia Fischer

Was ist der Mensch?, fragt die Akademie, und die Biologin wundert sich. Der Mensch ist ein Tier, das ist doch klar, Regnum Animalium, Unterstamm der Wirbeltiere, Klasse der Säugetiere, Ordnung Herrentiere (schrecklich, nicht?). Offensichtlich ein Tier, das gerne aufräumt, und soweit wir wissen das einzige Tier, das sich überlegt, in welche Schublade es gehört und warum, oder ob es nicht doch einen ganz eigenen Schrank braucht. Ich würde natürlich sagen, nein, kein eigener Schrank nötig, aber das mag Ausdruck meiner déformation professionelle sein.

Wie alle Tiere interessieren sich Menschen am meisten für ihre eigenen Artgenossen, und sie sind mit der seltsamen Gabe ausgestattet, über sich, ihren Ursprung und auch ihre Zukunft nachzudenken. Die Fähigkeit zur mentalen Zeitreise nennt sich das, und sie bringt mit sich, dass man nachts nicht mehr ruhig schlafen kann und darauf kommt, dass es nach dem Leben noch ein weiteres Leben geben könnte, entweder ein ewiges oder, wenn man Pech hat, Wiedergeburt als Schmeißfliege.

Der Mensch ist ein Tier mit Anspruch. Wir kennen kein anderes Tier, das sich darüber aufregt, wenn der Strich nicht gerade geworden ist, keines, das um der Sache selbst willen 42,195 km läuft, und auch keines, das Großforschungsanlagen wie den ‚large hadron collider' baut, um weitere Teilchen in seinen Partikelzoo aufzunehmen. Kein Quadratzentimeter auf diesem Planeten ist noch unberührt, und sogar auf dem Meeresboden in der Arktis steht eine russische Flagge, die den Anspruch dieses Landes auf die Bodenschätze in der Region markiert.

Wie alle anderen Affen ist der Mensch ein Gruppentier. Das eigene Land ist das stolzeste und kühnste, das Dorf das schönste, und der Rasen der grünste. In schweren Stunden schlägt der Stolz um: Ein jeder guter Fußballfan weiß, dass man auch leiden können muss. Unglücklicherweise gelingt es den wenigsten, einfach fröhlich in der Gruppe aufzugehen; meist beschäftigt man sich mit der Ab- und Ausgrenzung des anderen. Unklar ist, ob dies mit der Klassifizierungswut des Menschen zusammen hängt; unwahrscheinlich erscheint es nicht. Die wichtigste Gruppe ist die Familie. Die wird man nie wieder los.

Der Mensch ist ein kausales Tier – nicht nur macht er sich über tatsächliche kausale Zusammenhänge Gedanken, auch fällt er regelmäßig auf kausale Illusionen herein. Kein anderes Tier überlegt, ob es heute mit dem falschen Fuß zuerst aufgestanden ist, und auf welche Weise es wohl den Gott erzürnt hat, der nun wütend Blitze vom Himmel wirft. Ähnlich auffällig ist die Neigung, allem und jedem eine Absicht zu unterstellen, Hintergedanken zu vermuten und unter Umständen sogar einen ausgeprägten Verfolgungswahn zu entwickeln.

Der Mensch verhält sich gerne so wie andere Menschen. Seine verblüffende Imitationsfähigkeit hilft dabei enorm. Noch auffallender ist, dass Menschen gerne möchten, dass sich andere Menschen so wie sie verhalten: Sie leiten jüngere oder unerfahrene Mitglieder ihrer Gruppe an, aber sie bestrafen auch abweichendes Verhalten und setzen auf hohe Normenkonformität.

Menschen lieben Symbole und sie haben damit schon allerlei Unfug angestellt. Das wichtigste Symbolsystem des Menschen ist die Sprache – Sprache sprechen und verstehen kann fast jeder, manche sind auch in der Schriftsprache bewandert, und einige wenige beherrschen den Umgang mit mathematischen Symbolen. Sprache hilft, die Gedanken zu ordnen. Oder andersherum. In jedem Fall ist sie ein probates Mittel, Verhalten und Gedanken anderer Menschen zu beeinflussen, und gilt als Ausdruck und Mittel der Gruppenzusammengehörigkeit.

Ich fasse zusammen: Der Mensch ist wie jedes andere Tier auf diesem Planeten einzigartig, und doch ein bisschen anders, denn er kann Technik und Kultur, und er setzt sich bei Gelegenheit mit anderen Menschen zusammen, um sein Wesen zu ergründen.

Zukunftskompetenz

Michael Fischer

Als in der Geschichte der Entstehung der Arten das Abenteuer Mensch begann, erlosch der animalische Gleichmut gegenüber dem Tod. Mit dem ersten Grab war ein Kunst-Werk, ein Symbol geschaffen. Die selbstläufige Evolution bekam einen Riss. Durch den Übergang des Menschen vom Natur- zum Kulturwesen explodierte die Anwendungsentwicklung der biologisch erworbenen Wahrnehmungsmodule. Dies geschah in einer Umwelt, die nicht mehr nur aus natürlichen Gegenständen bestand, sondern auch aus Artefakten: aus Bedeutung repräsentierenden Gegenständen und Informationen. Seitdem schwebt der Mensch in der Doppelverankerung biochemischer und kultureller Gedächtnisspuren. Das Tier hatte den Pakt mit der Evolution gebrochen und bezahlt dies mit Todesbewusstsein und Verfangenheit in der Zeit. Die bergende Welt der Natur bricht für den Menschen auseinander. Die Welt muss nun mit Kulturbedeutsamkeit und Zeitökonomie gekittet werden.

Venusstatuetten entstehen, Höhlenmalereien an unterschiedlichen Orten. Sie sind erfunden wie das Grab und zeichnen Horizonte, in denen sich das Denken (nicht bloß als Wahrnehmung, sondern als Wahrnehmbarmachen) neu und anders entwickelt. Diese Artefakte sind für die Nachkommenden auf eine ganz andere Weise gegenwärtig als etwa bearbeitete Feuersteinsplitter. Sinn und Bedeutung repräsentieren die einen, Instrumentalität die anderen. Differenzen brechen auf, Unterschiede zwischen „Sein" und „Machen": Das Denken wird in neue Formen gegossen.

Einerseits geht es um Macht und Beherrschung der Natur. Der Mensch macht sich Diener, vom Feuersteinsplitter bis zum Porsche, von der Keule bis zu Smart Weapons und Drohnen. Kausalität, Technizität, instrumentelle Vernunft, Zeit und Absicht sind daran beteiligt. Diesem steht ein Gebiet gegenüber, das den Menschen überfordert, trotz seiner funktional-technischen Perfektion. Die Zufälligkeit unserer Existenz schafft Probleme, ebenso die Unüberschaubarkeit unserer Lebenswelt. Hier ist der Mensch auf Kompensationen angewiesen, auf Interpretation und Deutung des Undeutbaren: Die Götter, der Tod, die nicht chronologische Zeit, die Geworfenheit in die Wildnis des Seins. Wie geht man mit dem Gebiet des Unverfügbaren, des Nicht-Instrumentellen und des Unbegreiflichen um, in dem Metaphysiken, Religionen und Künste wohnen, ohne es jemals zur Gänze auszufüllen?

Die Selbstbeschreibung des Menschen als zôon politikón, als animal civile (womit Europa und seine Tradition beginnt), bedeutet, dass Politik und Zivilisation seit der Antike das sind, was von der Sprache bis zu den Werten, Gesetzen, Rechten und Pflichten ein Maß, eine verbindliche Regel abgibt, welche Gemeinsamkeit ordnet. Die Stabilisierung von Erwartungshaltungen ermöglicht komplexere gesellschaftliche Strukturen sowie Regeln für den Konsens. Die permanent steigende Komplexität der Zivilisation erhöht den sozialen Druck auf den Einzelnen. Was der Mensch als Konflikt zwischen Wünschen, Begehren und dem Realitätsprinzip täglich zu bewältigen hat, verursacht nach Sigmund Freud das „Unbehagen in der Kultur". Ist das „behagliche" Leben also ganz woanders?

Wer nach dem verbindlichen Sinn der Welt sucht, gerät in die Falle: Die Welt antwortet nicht, und aus ihrer Leere entsteht das Unbehagen, das Trauma, das Böse. Kein irgendwie moralisches Böses, sondern viel dramatischer: Die Abwesenheit der guten Gründe in dieser Welt wird zur wirklichen Falle. „Alles ist grundlos" sagt Jean-Paul Sartre, „dieser Park, diese Stadt und ich selbst". Wenn wir uns dessen bewusst werden, vibrieren wir in unserer eigenen Befindlichkeit. Die wissenschaftlich rationalisierte Welt mit ihrer Potenz von Instrumentalität ist nicht die unserer Existenz, unserer Wünsche und Inszenierungen.

Aber in den Strömungen zerebraler Unendlichkeit, im Dunkel versunkener Mythologien zeigt die Welt vielleicht ein anderes Gesicht. Nietzsche beschwor die Geheimnisse des Dionysos: „Die Welt ist noch reich und unentdeckt!" Also durchstarten ins Unbekannte, in das mit Visionen ausgestirnte Dunkel der Phantasie, in die Künste, wo Schönheit und Schrecken der Götter ihre Blitze werfen. Kunst verkürzt den Eintritt in das Reich der entregelten Sinne, in dem die ursprüngliche Wildnis in ihrer unkontrollierten Totalität sich noch zu offenbaren verspricht.

Zivilisation braucht ein Ventil für die ansteigende Last der Komplexität. Darum erfüllt die Gegenwelt der Künste ihren triebregulierenden Zweck. Vor allem, wenn sie mimetische Erregungen erzeugen, die nach dem Theorem vieler Denker lösende, kathartische Effekte haben, die

die Gesellschaft vor dem Rückfall in die Barbarei bewahren. Ventile sind unverzichtbar wie Genuss und Verschwendung, Kult und Exzess, wo Eros und Thanatos eingemeindet werden als Zentrum des Spektakels.

Der Mensch als experimentelle Modelliermasse verheißt den schöneren, leistungsfähigeren und glücklicheren Menschen. In Nietzsches „Zarathustra" sind die Richtungskämpfe der „Menschenzüchter" vorgegeben, vor allem die zwischen „Menschenfreunden" und „Übermenschenfreunden". Traditionelle Domänen der Natur wie Empfängnis, Geburt, Gesundheit und Tod sind vom Gestaltungswillen der Biowissenschaften längst erobert. Reproduktionsmediziner, Psychopharmakologen, Transplantologen, Organzüchter, Hirnforscher, Genetiker und plastische Chirurgen haben sich zum Ziel gesetzt, Körper und Geist zu formen.

Die Lebenszeit des heutigen Menschen wird künstlich gestaltet und optimiert. Wenn das Leben nicht mehr als natürliches Ereignis, sondern als künstlich produzierte und gestaltete Zeit verstanden wird (bis aufs Komma ökonomisch berechnet!), brechen traditionelle Anthropologien zusammen. Das nennt man Entwicklung. In welche Zukunft der Mensch sich entwickeln wird, mit welchen Instrumentarien und Möglichkeiten, bleibt offen.

Die Zukunft wird sich nicht ohne das Zutun des Menschen ereignen. Sie wird sicherlich nicht bloß instrumentell sein, sondern durch menschliche Aktivität und Kreativität, durch Wissen, aber vielleicht noch mehr durch Nichtwissen, durch Wünsche und Ängste entstehen. Die Zukunft wird sich nicht an Wissenschaftsdisziplinen orientieren, auch nicht an Tabus, die heute noch in Wissenschaft und Politik gelten. Nur das Überschreiten von Grenzen öffnet neue Perspektiven und liefert den Schlüssel für Zukunftskompetenz.

Es kommt darauf an …

ALEXANDRA FREUND

Die Frage danach, was der Mensch ist, weist die Psychologie als nicht beantwortbar zurück. Die Psychologie als Wissenschaft versteht sich nicht als Versuch, ein hypothetisches „Wesen" des Menschen zu erkennen – das Wesen des Menschen ist als solches weder theoretisch konzeptualisierbar noch systematischen empirischen Untersuchungen zugänglich. Vielmehr bestimmt und erklärt die Psychologie die Bedingungen menschlichen Erlebens und Verhaltens. Es gibt daher keine konstante Antwort darauf, was der Mensch „ist", vielmehr variiert die Antwort auf diese Frage mit der jeweiligen theoretischen Perspektive und dem zentralem Untersuchungsgegenstand der jeweiligen Subdisziplin. Das menschliche Erleben und Verhalten lässt sich in vielerlei verschiedener Hinsicht kategorisieren und welche Kategorisierung man wählt, ist hauptsächlich von der Subdisziplin und der theoretischen Ausrichtung bestimmt.

So könnten Kognitionspsychologen antworten, dass sich der Mensch als informationsverarbeitendes System verstehen lässt, das Symbole repräsentiert und auch selbst schafft. Hierzu gehört beispielsweise die Sprache, die die Kommunikation und die Weitergabe von Wissen auf besonders effiziente und differenzierte Weise erlaubt. Emotionspsychologen könnten hingegen betonen, dass der Mensch sich durch sein reichhaltiges und flexibles Potenzial des Erlebens unterschiedlicher Emotionen in Antwort auf verschiedene innere oder äußere Reize auszeichnet, sowie dadurch, seine eigenen Gefühle regulieren zu können. Bestimmte Vertreter der Motivationspsychologie legen besonderen Wert auf die Unterscheidung intentionaler und sub- oder nicht-intentionaler Beweggründe für menschliches Verhalten, die mit der Unterscheidung von (reaktivem) Verhalten und (proaktivem) Handeln einhergeht, und deren Wechselspiel die Wahrnehmung von Umweltreizen wie auch die Selbstwahrnehmung, Emotionen, Verhalten und Handeln beeinflussen. Einige Entwicklungspsychologen würden die enorme Lernfähigkeit von Säuglingen und Kleinkindern herausheben. Andere würden eher darauf abheben, wie groß die Plastizität in der Entwicklung des Menschen ist, die zum einen durch enorme intraindividuelle Variabilität des Verhaltens und Erlebens innerhalb eines bestimmten Funktionsbereiches (z. B. Kognition, Emotion, Sozialverhalten) und über verschiedene Funktionsbereiche hinweg charakterisiert ist, zum anderen durch große interindividuelle Unterschiede im Ausmaß und der Geschwindigkeit von Entwicklung in verschiedenen Funktionsbereichen. Sozialpsychologen könnten den Blick auf den Menschen als genuin soziales Wesen lenken, für den Beziehungen zu anderen Menschen ein Grundbedürfnis darstellen, der soziale Beziehungen zu Mitgliedern der eigenen oder anderer Gruppen eingehen, gestalten und über die Zeit hinweg transformieren kann, wozu die Perspektivenübernahme und die Empathie wesentlich beitragen. Andere Teilbereiche der Psychologie würden auf den großen Cortex des menschlichen Gehirns verweisen, der außerordentliche kognitive Fähigkeiten erlaubt, auf die Persönlichkeit als wichtige Grundstruktur von Menschen, die dessen Erleben und Verhalten über Situationen und die Zeit hinweg mitbestimmen, oder auf die Fähigkeit zur Selbstreflexion und des Selbstbewusstseins. Die Psychologie weiß und reflektiert, dass jede dieser theoretischen Perspektiven auf die unterschiedlichen Aspekte menschlichen Erlebens und Verhaltens eben genau dies ist: die theoretische Konzeptualisierung von miteinander in komplexen Wechselwirkungen stehenden Aspekten menschlichen Erlebens und Verhaltens. Die Frage danach, was *der Mensch* ist, weist sie als nicht beantwortbar zurück.

Sprache, Musik und Mathematik

ANGELA D. FRIEDERICI

Der Mensch unterscheidet sich vom nicht-menschlichen Primaten durch die Fähigkeit, rekursive Strukturen verarbeiten zu können.[1] Rekursive und hierarchische Strukturen sind in drei kognitiven Domänen grundlegend, in denen der Mensch besondere Fähigkeiten aufweist: der Sprache, der Musik und der Mathematik. Die Verarbeitung von hierarchischen Strukturen werden durch ein Hirnareal unterstützt (das Broca-Areal), welches entwicklungsgeschichtlich relativ jung ist.[2] Dieses Hirnareal unterstützt die Verarbeitung hierarchischer Strukturen in der Sprache[3], in der Musik[4] und eventuell auch in der Mathematik[5] und darf somit als ein Aspekt gelten, der in seiner Funktion Menschen ausmacht.

---

1   Hauser, Marc D./Chomsky, Noam/Fitch, W. Tecumseh (2002): The Faculty of Language. What Is It, Who Has It, and How Did It Evolve? In: *Science* (298), 1569–1579.

2   Friederici, Angela D. (2004): Processing Local Transitions Versus Long-Distance Syntactic Hierarchies. In: *Trends in Cognitive Sciences* (8), 245–247.

3   Friederici, Angela D./Bahlmann, Jörg/Heim, Stefan/Schubotz, Ricarda I./ Anwander, Alfred (2006): The Brain Differentiates Human and Non-Human Grammars: Functional Localization and Structural Connectivity. In: *Proceedings of the National Academy of Sciences of the USA* (103), 2458–2463.

4   Maess, Burkhard/Koelsch, Stefan/Gunter, Thomas C./Friederici, Angela D. (2001): Musical Syntax Is Processed in Broca's Area: An MEG Study. In: *Nature Neuroscience* (4), 540–545.

5   Friedrich, Roland M./Friederici, Angela D. (eingereicht): Mathematical Logic in the Human Brain. *Proceedings of the National Academy of Sciences of the USA.*

Der Mensch ist reflexive Kontingenz

Markus Gabriel

Der Mensch ist notwendig semantisch kreativ. Er muss einen Gegenstandsbereich auswählen, über den er quantifiziert, um auf diese Weise Entitäten gelten zu lassen, denen Prädikate zu- und abgesprochen werden können. Der Mensch ist somit Schöpfer von Substanzen. Substanzen sind Objektivationen semantischer Freiheit, notwendige Anhaltspunkte unserer prädikativen Anstrengungen, Voraussetzungen der propositionalen Wahrheit und als solche Vergegenständlichungen. Die Gegenstände des Gesprächs werden vom Gespräch als mögliche Anhaltspunkte ausgewählt und in diesem Sinne geschaffen. Sie gehen als Gegenstände eines Gesprächs, das sie immer nur unter einer bestimmten Beschreibung präsentiert, die nicht alternativlos ist, dem Gespräch nicht vorher.

Die Vergegenständlichung unserer semantischen Freiheit ist allerdings kein missliches Geschick, wenn es auch in der Philosophie des zwanzigsten Jahrhunderts als vernichtender Einwand gegen jedes Denken galt, wenn es irgendetwas vergegenständlichte. Denn nur in den Gegenständen gerinnt unsere ansonsten leere Freiheit zu Formen, in denen sie sich allererst selbst erkennen kann. Die Vergegenständlichung unserer Freiheit (etwa im Recht) ermöglicht allererst, diese *als* Freiheit zu erfahren, als Freiheit, dies so oder auch anders sehen zu können. Glücklicherweise gibt es also Standpunkte und substantielle Einsichten, wenn diese auch immer nur dazu dienen, ihrerseits zum Gegenstand des Gesprächs zu werden und damit in andere Standpunkte und substantielle Einsichten überzuleiten. Die Geschichte wäre ansonsten völlig leer, sie wäre mit Heidegger gegen diesen gewendet nur eine Geschichte des Seins und nicht auch des Seienden.

Der Mensch ist also der Schöpfer einer Geschichte des Seienden, weil er ein logisches Wesen ist. Als Wesen, das sich auf die Welt nur in der Sprache beziehen kann, vergegenständlicht der Mensch zwar seine semantische Wahlfreiheit zwischen Bezugssystemen. Doch ohne diese Objektivationen könnte er sich gar nicht auf sich selbst als dasjenige Wesen beziehen, dem die Wahlfreiheit zwischen Bezugssystemen zukommt.

Der Mensch ist reflexive Kontingenz.
Ein Bewusstsein des Anders-sein-Könnens, das sich einstellt, weil der
Mensch etwas *als* etwas bezeichnet und dadurch von anderem unterscheiden kann. Sobald sich etwas von etwas Anderem prädikativ
nachvollziehbar unterscheiden lässt, wird ein Horizont möglicher Prä-
dikationen eröffnet, den man in Erinnerung an Heidegger: Das Seyn
nennen kann. Das Seyn ermöglicht, dass irgendetwas so-und-so sein
kann. Alles, was auf irgendeine epistemisch und d.h. prädikativ nach-
vollziehbare Weise ist, ist nur vor einem Hintergrund erkennbar, der
selbst nicht erkennbar ist. Wenn irgendetwas so-und-so sein kann, dann
könnte es auch sein, dass es anders hätte kommen können, dass es
eigentlich anders ist oder dass es einmal anders sein wird. Dadurch, dass
wir über einen Gegenstandsbereich quantifizieren und Unterscheidungen treffen, tritt das Seyn in den Hintergrund – ja, genau genommen nicht einmal in den Hintergrund, da der Hintergrund auch nur *als*
solcher unterscheidbar ist, wenn wir bereits einen Vordergrund ausgewählt haben. Die Entscheidung, dies *als* das gelten zu lassen, eröffnet
also einen Spielraum der Kontingenz und damit eine Zone des
Nichtwissens. Diese lässt sich prinzipiell nicht im Hinblick auf restlose
Transparenz hin ausschöpfen. Aus der Zone des Nichtwissens kommt
uns deshalb vieles entgegen, das wir konstitutiv nicht antizipieren
können. Deswegen ist der Mensch als *zôon logon echon*, d.h. als sprechendes Wesen, dasjenige Wesen, das weiß, dass es möglicherweise
vieles oder gar alles von dem, was es zu wissen glaubt, nicht weiß. Der
Mensch ist somit Kontingenz-Bewusstsein.

Die Sprache eröffnet also einen Spielraum der Kontingenz. Auf
diesen Spielraum bezieht sich das niemals zu Ende kommende Gespräch
der Menschheit. Diese Situation kann der Mensch als solche erfahren,
indem er sie selbst in den Horizont der Sprache einholt. Auf diese Weise
wird er sich seines Kontingenz-Bewusstseins bewusst, so dass er *reflexive*
Kontingenz wird. In dieser Situation befindet sich der Mensch in seiner
philosophischen Reflexion auf sich, d.h. die Anthropologie heute. Die
reflexive Kontingenz ist dabei selbstreferentiell geschlossen: Sie konstruiert sich im Medium ihrer selbst *als* reflexive Kontingenz. Die
Sprache vermag über sich selbst zu sprechen.

Dass der Mensch reflexive Kontingenz ist, hat das immer wieder
aufgewiesene anthropologische Faktum zur Folge, dass er ein geschichtliches Wesen ist, das keine Natur im Sinne einer immer schon
vorgegebenen und das bedeutet v.a. inhaltlich bestimmten Norm zu
erfüllen hat, die ihn von außen überkommt. Denn reflexive Kontingenz

zu sein, ist nicht schon eine Natur in einem Orientierung garantie-
renden Sinne. Deshalb muss der Mensch sich ständig selbst erfinden,
was in der Tradition der abendländischen Metaphysik in der Form eines
Schöpfungsgeschehens auf Gott selbst übertragen wurde. Auf diese
Weise pflegte der Mensch sich bis zur Moderne von sich selbst zu
entlasten, wenn ihm auch in allen mythologischen und christologischen
Spekulationen an irgendeinem Punkt immer wieder aufgegangen ist,
dass er selbst gefährlich nahe an die göttliche Macht herankommt, bestimmte Verhältnisse allererst *e nihilo* hervorbringen zu müssen. Die
verdrängte Kontingenz der Sprache war immer schon präsent, ist allerdings erst in der Moderne explizit geworden. Die reflexive Kontingenz als geschichtlicher Standort des heutigen menschlichen Daseins,
das radikale Anders-sein-Können von allem, ist wohlgemerkt auch nur
ein geschichtlicher Standort. Es stellt sich *uns* so dar, als ob der Mensch
keine Natur hätte. Dieses Menschenbild lässt sich auch nicht ohne
weiteres aus der Welt schaffen, da jeder Versuch einer positiven Bestimmung des Menschen, jeder Versuch, ihm eine Natur anzudichten,
philosophisch unglaubwürdig erscheint. Es könnte auch anders sein …

Das Tier, das seine Grenzen erkennt und sich nicht daran halten will

Detlev Ganten

Die Frage „Was ist der Mensch?" entstammt auf der einen Seite der Bibel, in der es im 8. Psalm (im fünften Vers) heißt: „Was ist der Mensch, dass du seiner gedenkst, das Menschenkind, dass du dich seiner annimmst"? Die Frage „Was ist der Mensch?" entstammt auf der anderen Seite aber auch der Philosophie: Immanuel Kant fasst damit drei Fragen zusammen, die er in seinem Denken zu klären versucht. Sie lauten: Was kann ich wissen? Was soll ich tun? Was darf ich hoffen?

Schließlich versucht auch die Biologie eine Antwort auf die Frage „Was ist der Mensch?" zu geben: Er ist ein Produkt der Evolution des Lebens auf der Erde über einen Zeitraum von ca. 3,5 Milliarden Jahren. Welche Antwort ist nun die „richtige"? Die theologische, die philosophische oder die biologische Erklärung? Gibt es eine für alle gültige Antwort auf diese Grundfrage des Selbstverständnisses des Menschen oder ist schon die Frage und die forschende Suche nach einer Erklärung die wirkliche Antwort auf die Frage: „Was ist der Mensch?". Ich erwähne diese Reflexionen, um das Terrain zu kennzeichnen, auf dem sich ein Naturwissenschaftler und Mediziner bewegt, wenn er sich zu diesem hoch hängenden Thema äußern soll.

Es ist möglicherweise hilfreich, wenn man den Menschen durch die Anzahl und das Muster seiner Chromosomen und vielleicht sogar durch besondere Sequenzen seines Genoms oder spezifische darauf Einfluss nehmende epigenetische Besonderheiten seiner genetischen Moleküle charakterisieren kann. Es ist faszinierend zu wissen, dass sich wichtige Etappen bei der Entwicklung des Menschen von der Befruchtung von Ei und Samenzelle, der Embryogenese im Mutterleib bis zur Geburt des neuen Individuums in ganz ähnlicher Weise bei der Evolution des Lebens über Milliarden Jahre abgespielt haben. Diese grundlegenden Mechanismen der biologischen Evolution wiederholen sich also bei der Entstehung des einzelnen Menschen.

Es ist ungeheuer spannend, den Weg zu verfolgen, den die Evolution in den letzten rund zehn Millionen Jahren eingeschlagen hat, um unsere Art, die schon menschenähnlichen Hominiden, erst vom Affen zu trennen und ihr dann den aufrechten Gang (homo erectus) und den zunehmend raffinierten Gebrauch von Werkzeugen (homo habilis) zu ermöglichen. Selbst wenn wir molekulargenetisch zunehmend gut Bescheid wissen, wann es zu genetischen und biologischen Veränderungen gekommen ist, wann sich Sprache, Sozialkompetenz und die Fähigkeit zum Kunsthandwerk des modernen heutigen Menschen (homo sapiens) entwickelt haben und wann das Verlassen der afrikanischen Wiege der Menschheit und die Eroberung der Erde durch den modernen Menschen eingesetzt hat, bleiben immer noch viele Fragen ungeklärt, was man im Ganzen gesehen die Natur des Menschen nennt.

Die Forschung – in unseren Tagen vor allem die genetische Wissenschaft – kommt bei der Frage überzeugend voran, welche Unterschiede zwischen uns Menschen und unseren Verwandten im Tierreich bestehen. Über 99 Prozent der Gene sind bei Affe und Mensch identisch, aber es gibt wichtige Unterschiede. Evolutionsbiologen haben z. B. ein Gen mit Namen FOXP2 identifiziert, das eine Rolle bei der Entwicklung des Gehirns und der Lungen spielt und vielleicht zum Entstehen der Sprachfähigkeit beigetragen hat, die den Menschen auszuzeichnen scheint. Aber welcher evolutionäre Selektionsdruck es genau war, der unsere Vorfahren dazu gebracht hat, erst Familien und dann Siedlungen zu gründen und so nach und nach zu den Sozialwesen zu werden, die wir heute sind, und der die Besiedlung dieser Erde mit sieben Milliarden Menschen in erstaunlich kurzer Zeit möglich gemacht hat, kann wohl kaum abschließend durch Analysen der molekularen Grundlagen von einzelnen Genen oder Organismen erkundet werden. Immerhin gibt uns die molekulargenetische Analyse sehr genaue Vorstellungen davon, wann zeitlich (vor 100000 Jahren) und räumlich (in Afrika) die ersten menschlichen Gesellschaften und Kulturen des Homo sapiens entstanden sind. Da helfen die Naturwissenschaft und die Biologie Fragen zu beantworten, aber deren Methodik hat deutliche Grenzen.

Die Geburtsstunde der Objektivität und des Altruismus

Zu den wesentlichen Fähigkeiten des Menschen in seinem eigenen Denken, aber auch in der Gemeinschaft gehört es, sich um die Qualität bemühen zu können, die wir Objektivität nennen. Mir gefällt der Gedanke, dass die Geburtsstunde der Objektivität und die Geburtsstunde des Humanen, des eigentlich Menschlichen, zusammenfallen. Sie könnte auch in der Fähigkeit zur Sprache und zum Dialog mit dem Gegenüber begründet liegen und in dem Augenblick eingetreten sein, in dem es einem Sprecher gelungen ist, einen Satz zu formulieren, der von ihm selbst absieht und etwas über andere besagt und sie informiert. Unter dieser Vorgabe könnte auch die Hypothese der sozialen Intelligenz weiter verfolgt werden, der zufolge die Größe des menschlichen Gehirns durch die soziale Aktivität bedingt ist, die es überblicken und koordinierend bewerkstelligen muss.

Um dieses besser zu verstehen, hilft die vergleichende Forschung des Menschen mit Affen, insbesondere Schimpansen, unseren biologischen nächsten noch lebenden Verwandten. Schon in den ersten Lebensmonaten unterscheiden sich Schimpansenbabys vom Menschen grundsätzlich: Menschenkinder zeigen sehr früh auf Menschen und Dinge und reagieren sehr früh auf Zeigegesten. Eine scheinbar simple Fähigkeit, die Affen trotz deutlicher motorischer Überlegenheit nie erlangen.

Verwundbarkeit, Unsicherheit und Ungewissheit in den frühesten Stadien des Lebens können am ehesten durch Routine und Erfahrung überwunden werden. Diese Voraussetzungen für Vertrauensaufbau sind nur durch die ganz frühe Kontaktaufnahme, den Versuch des Verstehens und des Dialogs mit der Umwelt und den nächsten Menschen möglich. Dem ganz frühen kleinen Fingerzeig des Menschenbabys kommt so vielleicht eine riesige Bedeutung zu für die Frage, was macht den Menschen zum Menschen. Die zeitweise frühe Aufhebung der Unsicherheit, das Vertrauen durch diese kleinen, höchst bedeutsamen menschlichen Gesten machen mutiges Denken und natürlich das Lernen aus Enttäuschung möglich: die Erfahrung. Später treten vielleicht noch Opportunismus und Vernunft dazu, aber das ist eine andere Geschichte.

Der wissenschaftliche Mensch und seine Grenzen

Ein Rezept für das erfolgreiche Vorgehen des wissenschaftlich denkenden Menschen besteht bekanntlich darin, die großen Fragen in kleinere Themen und Probleme einzuteilen, die dann erforschbare Bereiche definieren. Aus diesem Grund unterteilte Kant die große Frage – Was ist der Mensch? – in die oben bereits erwähnten Teilaspekte. Um die philosophische Dreiteilung durchspielen zu können, riskieren wir eine hypothetische Festlegung dessen, was der Mensch ist, die sich sprachlich an eine Formulierung von Mark Twain anlehnt. Der amerikanische Schriftsteller und Humorist hat den Menschen einmal als das Tier definiert, das erröten kann und das auch sollte. In manchen Texten zur Evolutionsbiologie kann man oft leichte Varianten dieses Aphorismus etwa von der Art finden, der Mensch sei das Wesen, das sich schämen kann und das auch sollte. Ich erlaube mir an dieser Stelle einen ähnlich strukturierten, aber umfassenderen Satz und schlage als Antwort auf die Titelfrage vor: *Der Mensch ist das Tier, das seine Grenzen erkennt und sich nicht daran halten will.*

Diese Definition kann durch die drei Einzelfragen geprüft werden, die wir Kant verdanken. Die Antwort auf die erste Frage, „Was können wir wissen?", steckt in den Naturgesetzen, die Menschen aufstellen und erkunden können, und es ist unmittelbar klar, dass sie Grenzen für uns darstellen. Die Gründungsidee der westlichen Wissenschaft beruht ja vor allem auf dem Vermögen der Menschen, Natur kritisch zu beobachten, zu erkennen, zu interpretieren, Gesetzmäßigkeiten zu formulieren und die Erkenntnis zu nutzen, um sich selbst und vor allem anderen Menschen zu helfen. Es geht also um die geeignete Nutzung der Gesetze, die es kennen zu lernen gilt. Nur wenn wir uns – wörtlich als Subjekte – den (objektiven) Gesetzen der Natur unterwerfen, können wir die dort erkundeten Regelmäßigkeiten und Kausalbezüge zur Verbesserung unserer Existenzbedingungen einsetzen. Deshalb haben wir sie ja überhaupt erst gesucht.

Die Antwort auf die zweite Frage, „Was sollen wir tun?", ergibt sich an dieser Stelle von selbst und ist oben schon beantwortet. Sie lautet, die Gesetze der Natur – unsere Grenzen – umfassend und sinnvoll nutzen, um den Menschen – uns und anderen – ein gelingendes Leben in der Form zu ermöglichen, für das wir den Ausdruck der Würde verwenden können.

Die Antwort auf die dritte Frage, „Was dürfen wir hoffen?", klingt zunächst vermessen, wenn sie den Wunsch ausdrückt, die uns gesetzten Grenzen zu überwinden. Dies tun Menschen aber ganz konkret, seit es sie gibt. Wir bleiben nicht am Ufer von Meeren stehen, sondern bauen Schiffe, um auf die hohe See hinaus zu fahren. Wir bleiben auch nicht auf unserem Planeten, sondern bauen Raumschiffe, um den Himmel zu erkunden.

Doch diese Grenzüberschreitungen sind äußerlicher Art, und was immer dabei passiert, findet strikt im Rahmen der Naturgesetze (besser noch: mit ihrer Hilfe) statt. Die eigentliche Grenzüberschreitung ist eine andere, die sich mehr innerlich vollzieht und mit der Fähigkeit des Menschen zur Kreativität zu tun hat, wie sie sich in Kunst und Wissenschaft zeigt. Die schöpferische Tätigkeit des Menschen ist „ganz und gar selbstbestimmt" und stellt „die Selbstbefreiung von den kausalen Gesetzen, von den Mechanismen der äußeren Welt" dar, wie es der Ideenhistoriker Isaiah Berlin ausgedrückt hat.[1] Berlin beschreibt damit die Revolution im Denken der Menschen, die sich in der Romantik im Anschluss an die Aufklärung vollzogen hat, als man Tatsachen- und Wertefragen trennte.

Diese Antworten gehen weit über die biologische Evolution hinaus. Vielleicht gibt es eine Evolution des Denkens und des Geistes. Mit der Entwicklung der Sprache des Homo sapiens mit feinsinniger Artikulation hat ja auch die Möglichkeit des Lernens im Dialog neue, von Materie zunächst völlig unabhängige, wunderbar freie, fast unbegrenzte Möglichkeiten für den Menschen geschaffen.

Mir scheint, dass sich so ein Bild des Menschen zeichnen lässt, das ihn umfassender zu erkennen gibt. Menschen erkunden ihre Grenzen im Rahmen der Naturwissenschaft, die Gesetze aufstellt. Sie nutzen diese Feststellungen mit Hilfe der Technik, die uns längst als Medium eingefangen hat und nicht mehr loslässt. Und sie befreien sich von den Grenzen im Denken, im Dialog, im künstlerischen Schaffen, mit dem sie den Dingen die Form geben, mit denen wir sie erfassen. Der Mensch ist in dieser Sichtweise ein schöpferisches Geschöpf, er ist geschaffene und schaffende Natur zugleich, was man mit den Worten der romantischen Philosophen als *natura naturata* und *natura naturans* ausdrücken kann.

Man kann dies auch mit einfachen Worten ausdrücken: Der Mensch ist, was er geworden ist. Der Mensch ist auch, was er aus sich gemacht hat – durch freies Denken, Dialog, Kunst und Wissenschaft. Mit ihrer Hilfe kann er zuletzt sich seiner selbst annehmen, um die Worte aus dem 8. Psalm noch einmal aufzunehmen. Er ist dann mit verantwortlich für die Welt. Das ist der Mensch. Hoffe ich.

---

1   Berlin, Isaiah (1998): *Wirklichkeitssinn*. Berlin: Berlin Verlag, 307.

Was ist der Mensch? Eine wahre Geschichte.

GIOVANNI GALIZIA

Als ich ganz klein war, wusste ich noch nichts. Ich war ja noch fast gar nicht. Die Hälfte durch noch mal die Hälfte, und wieder – ich musste immer mehr abgeben, wurde immer kleiner, und erst ganz langsam konnte ich wachsen – auch wenn ich noch lange, immer wieder, einen Teil von mir verlor.

Was heißt – verlor? Eigentlich blieb ich ja bei mir, all die Hälften und Viertel und Achtel formten sich ja immer mehr um mich herum, gediehen, wurden zu Augen, zu Haut, zu Knochen – und zu Gehirn. Und ich begann mich darin zu strecken – es schmeckte so gut, es roch so stark, dass ich meine Fühler aussenden musste, durch den Zellenhaufen hindurch, zu den spannenden Enden, wo es kitzelte, wo die Ströme flossen, die mich reizten, die mir Lust gaben, die mich wachsen ließen.

Ich grub mich ein, mischte mit wo ich konnte. Ich vermochte nur den inneren Gerüchen zu folgen, und doch begriff ich, was die Düfte draußen waren. Ich lebte im Dunkeln, und doch verstand ich das Licht, die Musik, die Liebe! Meine Ausläufer erfuhren von überall im Gehirn etwas, und mehr. Ich brauchte gar keine Ausläufer in den Magen zu schicken – mir war auch so immer bewusst, wann mein Körper Hunger hatte.

Mein Körper – all die vielen Zellen von denen ich mich habe trennen müssen, die ich aber alle nicht losgelassen hatte. Mein Körper – das war ich, und war ich doch nicht. Ich versuchte, ihn zu kontrollieren, oder kontrollierte er mich?

Im Gehirn, da war es anders. Da war ich zuhause, da wusste ich alles. Schließlich hatte ich alle Bereiche besucht, ich, das Bewusstseinsneuron, hatte meine Ausläufer im Sprachzentrum, im Sehzentrum, im Gefühlszentrum. Ich hielt nicht nur die Fäden in der Hand – ich war der Faden! Ich bin der Mensch, denn was ist er ohne mich? Was bin ich ohne mich? Wenn es kitzelte, in meinen Ausläufern, dann wusste ich: es gibt mich, ich bin da, ich lebe!

Und doch, wie sehr hatte sich alles geändert, von der Zeit als ich eine einzige Zelle war, unwissend, aber eins, zu jetzt, groß, voller

Wissen und Sein, mit allen diesen Zellen, alle von mir abgeschnürt, und
doch alle getrennt, fremd, und doch eins.

Bin ich's, oder sind sie's?

*Ganz langsam dringt die Elektrode ins Gewebe ein. Ganz langsam – so wie sie
es allen Patienten und ihren Angehörigen immer erzählt, wenn sie fragen: „Frau
Professor, kann das denn nicht auch schief gehen?" Natürlich ist das möglich.
Aber sie hat schon so viele erfolgreiche Eingriffe hinter sich, sie ist die Koryphäe
auf dem Gebiet. Und mit den richtigen Vorsichtsmaßnahmen ist das Risiko
kalkulierbar. Wichtig ist es, das Sprachzentrum nicht zu beschädigen. Aber
selbst da ist die Informationsverarbeitung so parallel, dass ein paar zerstörte
Neurone keinen bemerkbaren Schaden hinterlassen. Der Nutzen der Mikrostimulation ist demgegenüber enorm: Sie wird schon oft erfolgreich eingesetzt, bei
Parkinson, bei chronischer Depression, immer mehr Zustände gibt es, bei denen
wir einem schwach gewordenen Gehirnareal helfen können. Eine feine Elektrode
an der richtigen Stelle, ein gut ausgewählter elektrischer Reiz, das ist ein ge-
ringerer Eingriff als ein Psychopharmakon, das das ganze Gehirn verändert.*

*Ganz langsam dringt sie vorwärts, durch das motorische Zentrum, durch den
Assoziationskortex. Sie fragt den Patienten, was er gerade fühlt – und dieser
antwortet, oder bewegt seine Finger. Zum Glück gibt es kein Schmerzempfinden
im Gehirn, so dass sie ihn immer fragen kann, denn der Patient ist nicht betäubt.
Die Mikrostimulation kann nur funktionieren, wenn sie mit der Elektrode das
Ziel genau trifft. Gerade erinnert sich der Patient an seine Kindheit: Die
Großmutter steht am Fenster, er rennt auf das Haus zu, durch die Wiese, die
Füße werden nass – die Großmutter öffnet die Fensterflügel, und er steigt durch
das Fenster in ihre Wohnung, riecht diesen besonderen Geruch, den er seitdem
nie wieder so lebendig erlebt hat.*

*Aus dem Lautsprecher des Operationssaals hört man ein Knacken – alles,
was die Elektrode aufnimmt, wird akustisch wiedergegeben. Es sind Aktions-
potentiale, die Signale der einzelnen Nervenzellen, die sich wie ein eigenartiger
Rhythmus immer wieder neu, und doch immer wieder gleich, ergießen. Sie hat
die Operation schon so oft durchgeführt, dass sie am Rhythmus des Knackens
schon hören kann, wo sie ist. Pac. Papapapac. Trrrrptrptrtrk. Und gleich wird sie
da sein, im Zentralganglion, im Nucleus subthalamicus. „Jetzt ganz, ganz
langsam!" Tac. Takhkct. „Halt!" Das klingt eigenartig. Dieser Rhythmus –
wo ist sie? Sie fragt ihren Patienten. „Spüren sie etwas?" Nein, sagt er. Es fühlt
sich aber an wie – er weiß es nicht, wie …*

Das Kitzeln war ganz anders als sonst, kalt, trocken. Kam da eine neue
Zelle auf mich zu, die ich noch nicht kannte? Hatte die Blut-Hirn-

schranke versagt? Einmal, ganz früh, waren bei einer Entzündung ganz viele Bakterien ins Gehirn gelangt, das war schon viele Jahre her, schrecklich. Ich dachte damals, das ist das Ende, überall haben sie an meinen Ästen geknabbert – aber zum Glück war das doch vorübergegangen, und ich konnte die Kontrolle wieder übernehmen. Aber dieses Gefühl werde ich nie vergessen, dieses Ausgeliefert-Sein, diese Lustlosigkeit. Ich hatte fast Lust gehabt zu sterben, nicht aus Ekel, nicht aus Schmerz – vielmehr aus Beteiligungslosigkeit. Aber jetzt, das war anders. Es knabberte nicht überall, sondern nur an einer Stelle, und das war ganz nah am Zellkörper, ganz zentral.

Sie stoppt den Vortrieb, denn die Signale sind beängstigend anders. „Hören sie mich?", sagt sie. „Ja, klar. Sind sie denn schon fertig mit der Operation?" „Nein, ich brauche ihre Rückmeldung – spüren sie etwas Besonderes?" „Nein, das sagte ich ihnen doch gerade." Sie nimmt noch ein paar Minuten die neuronale Aktivität auf, und dann Ppapp, tac tac, prrrrtsk. Stille.

Es fühlte sich an, als würde sich ein kalter Schauer über mich ergießen, von innen nach außen, wie eine Welle – erst kalt, dann heiß, bis in die letzten Verzweigungen. Ich spürte keinen Kontakt mehr zu all den Zellen, die sich über die Jahre von mir geteilt hatten. Ich fühlte mich allein, und dann ganz, ganz einsam.

Sie erschrickt. Die Gehirnströme sind zusammengebrochen, nur noch die vegetativen Funktionen zeigen Aktivität. Der Patient ist bewusstlos. Sie kontrolliert alle Geräte – Sauerstoff, Herzschlag, Blutzucker. Alles normal. Nein, unter solchen Umständen hat es noch nie einen Bewusstseinsabfall gegeben. Was ist das? Wie ist das passiert? Wenn sie nur wüsste, wo sie gerade im Gehirn ist. Aber die Zelle, deren Aktivität sie gerade noch gemessen hat, ist weg, wahrscheinlich angestochen, vielleicht zerplatzt.
  Sie zieht den Vortrieb ganz wenig zurück. Und dann hat sie eine Idee, und probiert ihre letzte Möglichkeit: Sie hat ja während der ganzen Operation die Aktivitäten aufgezeichnet. Was würde passieren, wenn sie das elektrische Aktivitätsmuster der zerplatzten Zelle über ihre Elektrode zurück ins Gehirn spielte? Es sind nur ein paar Klicks auf dem Computer, und ihr Stimulator legt los: Pac. Papapapac. Trrrrptrptrtrk. „Hören sie mich?" „Natürlich höre ich sie! Wie lange brauchen sie denn noch?" Ein Glück! Der Patient ist wieder wach, bei vollem Bewusstsein!

Ich fand das sehr eigenartig. Plötzlich war ich wieder eins mit meinen Zellen, das Gefühl war zurück – ach welch eine Wonne – ich war wieder ich, und es schien, als hätte ich all meine Zellen wieder zusammen. Jetzt wollte ich sie nie wieder los lassen, nie wieder.

Und dann spürte ich sie doch wieder, diese Kälte, diese Angst …

Die zurückgespielte Aufnahme ist vorbei, der Patient wieder bewusstlos. Die Zelle, an der sie gerade ihre Elektrode hat, ist wohl wirklich kaputt, aber sie weiß immer noch nicht, was für eine Zelle das ist. Sie führt langsam die Elektrode aus dem Gehirn heraus, ganz langsam. Für heute ist Schluss, der Patient sollte erst wieder zu sich kommen. Morgen vielleicht?

Homo publicus

Volker Gerhardt

Der Mensch ist ein Tier, das seine eigenen Gründe hat. Mit seinen Gründen beglaubigt es die Fähigkeit zur Selbstbestimmung, die in allen seinen praktischen und theoretischen Leistungen zum Ausdruck kommt. In der Selbstbestimmung liegt daher die umfassende Selbstauszeichnung des Tiers, das sich als Mensch versteht. Das *animal rationale* geht im *animal sibi praefiniens*, wie Pico della Mirandola sagte, auf.

Die Stärke der begrifflichen Bestimmung durch die Selbstbestimmung liegt darin, dass sie sich ganz auf die bewusste Selbstbeziehung des Menschen beschränkt. Man muss bereits aus der eigenen Aktivität des Erkennens und des Handelns wissen, was es heißt, sich auf sich selbst zu beziehen, und was es bedeutet, sich selbst mit „Ich", mit dem eigenen Namen oder mit dem Verweis auf eine gesellschaftliche Stellung vorzustellen. Und da uns niemand zeigen kann, wie das Handeln aus eigener Einsicht eigentlich geht, muss jeder, der das *definiens* der Selbstbestimmung verstehen soll, von sich aus handeln können.

Nun kennen wir nicht nur den Hang der Naturwissenschaftler, sondern auch den mancher Philosophen viel zu gut, um nicht zu wissen, dass sie gerne so tun, als wüssten sie nicht, was „Selbst" oder „Selbstbewusstsein" eigentlich heißt. „Es gibt kein Ich, es gibt nur mich", so kündigt derzeit ein Wortführer des sprachanalytischen Denkens einen Vortrag an. Das gilt natürlich nur solange ihn niemand fragt, wer denn für diesen famosen Titel verantwortlich ist.

Mit der Freiheit, die in der Selbstbestimmung ebenfalls vorausgesetzt ist, geht es bekanntlich nicht anders. Statt von dem Sinn auszugehen, in welchem jeder seine Freiheit erfährt und versteht (nämlich aus eigener Einsicht zu handeln und dabei nicht dem Willen eines Anderen unterworfen zu sein), wird die (ohnehin nur eingeschränkt gültige) These eines vollständigen Determinismus bemüht, um zu behaupten, dass es Freiheit gar nicht gibt. Dass es nach dieser These auch das Leben und den Zufall nicht geben dürfte, scheint niemanden zu stören.

Weil dies nun einmal so ist, empfiehlt es sich, die Beschreibung des Menschen nicht allein auf etwas zu gründen, was von selbstvergessenen Menschen jederzeit bestritten werden kann. Deshalb wähle ich mit

Bedacht eine Äußerlichkeit, die den Menschen ebenfalls, wie schon die Selbstbestimmung, auf singuläre Weise beschreibt: Es ist der *kulturelle Einsatz der Technik*, durch den sich der Mensch ein öffentliches Dasein verschafft. Es ist die Technik, durch die sich der *homo creator* eben nicht nur zum *homo faber* und zum *homo oeconomicus*, sondern gleich ursprünglich zum *homo publicus* macht.

Technik, so könnte man mit guten Gründen sagen, ist alles – zumindest alles, was das Leben möglich macht: die Bildung von Molekülen, erst recht von molekularen Ketten, die Abschließung einer Zelle durch eine Membran, die Arbeitsteilung in ihrem Inneren, die Stellung und die Leistung der Organe in einem Organismus, der Stoffwechsel, das Wachstum, die Vermehrung, schließlich die Lebensvorgänge in einer Gemeinschaft von Lebewesen, die aufeinander angewiesen sind. Alles kann als Wechselspiel von Mitteln und Zwecken und somit als Technik beschrieben werden, über die eine belebte Materie verfügen können muss, wenn sie sich erhalten und entfalten soll.

Es wäre deshalb auch unsinnig, darüber zu streiten, ob Technik schon bei Tieren oder erst beim Menschen vorkommt. Man muss vielmehr sagen: Tiere sind selbst schon hoch technisierte Einheiten, die sich mit Hilfe von Techniken bewegen und ernähren – und dies keineswegs erst, wenn sie über einen scharfen Schnabel oder ein Raubtiergebiss, über Flossen oder Flügel verfügen. Jeder Blick auf einen Ameisenhaufen, ein Vogelnest oder einen von Bibern erbauten Damm klärt uns darüber auf, dass Tiere auch äußere Gegenstände einsetzen, um sich am Leben zu halten.

Beim Menschen erreicht der Einsatz der Technik eine neue Qualität. Sie löst sich vom Gebrauch durch den eigenen Köper ab, tritt in separierten Objekten hervor, zeigt in ihren Formen an, wie der Mensch sie zu bedienen hat, wird zum Träger normativer Ansprüche und erschließt in ihrem Gebrauch, ihrer Pflege, ihrer Verbesserung und in ihren Leistungen dem Menschen den öffentlichen Raum, in dem er zur Menschheit werden kann. Die Erfindungen des *homo creator* sind wie die Bilder und Gestalten des *homo pictor*: Sie bewahren den Sinn ihrer Innovation und können von anderen Individuen exakt auf dieselbe Weise verstanden, gebraucht, verschönert und verbessert werden, so dass sie im Wechsel der Generationen nicht verloren gehen müssen. Im Umgang mit seiner eigenen Technik entsteht der *homo faber*, der immer auch Produkt seiner eigenen technischen Fertigkeiten ist. Die Selbstentfremdung durch seine eigene Leistung wird zum Wesensmerkmal des sich selbst kultivierenden Menschen.

Die Beherrschung der sich auf diese Weise immer stärker diffe-
renzierenden Werkzeuge und Verfahren nötigt zu einer nachhaltigen
Individualisierung, die im Prozess der Kultivierung zwar auch zur Pri-
vation, aber wesentlich zur Kooperation der Partner und zur Summa-
tion der Effekte führt. Mit steigender Individualisierung wird die Gesellschaft zu einem präsenten Subjekt des Lernens; sie kann bereits unter
Bedingungen der Erprobung mögliche Vorzüge gewichten, kann aktuelle Korrekturen aus anderen Erfahrungsfeldern einbringen und ist
zunehmend weniger auf den genetischen Transfer des Vorteilhaften
angewiesen. So kommt es zur kulturellen Evolution, die wesentlich eine
Entwicklung von Technik durch Technik ist.

Der Lernprozess des in seinen Techniken verbundenen *animal sociale*
ist auf den Gebrauch von Werkzeugen und den Einsatz von Verfahren
bezogen; er wird durch die Technik selbst befördert, die zunächst nur
Gegenstand, alsbald aber auch Träger des Lernens ist. Denn in ihrem
zwischen den Generationen übermittelten Gebrauch bewahrt sie die in
sie investierte Leistung, verlangt die Anpassung an ihre jeweilige Eigenart, macht die arbeitsteilige Koordination verschiedener Geräte und
die ständig mitlaufende Einübung neuer Individuen erforderlich.

Gesetzt, der Mensch hätte bei der Erfindung erster Techniken noch
kein explizites Wissen über ihre Herstellung und ihren Gebrauch gehabt, so brauchte er es spätestens in ihrem kooperativen Einsatz und in
ihrer Generationen übergreifenden Sicherung. Denn nur unter der
Voraussetzung des Wissens kann er auf Arbeitsteilung basierende Kulturen gründen, kann Ackerbau und Viehzucht treiben, Erze verhütten,
Schmuck und Waffen schmieden, Brunnen bauen, Städte gründen und
damit schließlich jene Techniken etablieren, aus denen kultische, politische und publizistische Institutionen bestehen. Hier werden Techniken auf Techniken gegründet, die wiederum neue Techniken ermöglichen. In diesen Systemen der Technik wird eine Besonderheit des
Menschen offenbar, die nicht nur Neurophysiologen und sprachanalytischen Philosophen, sondern auch Besuchern von einem anderen Stern
ins Auge fallen müssen.

Doch das Entscheidende ist damit noch gar nicht genannt: Das an
individuelle Leistungen gebundene, aber wesentlich auf kollektive Effekte bezogene Wissen, das erst mit dem sich entfaltenden Gebrauch
von Werkzeugen und Verfahren zu seiner heute vorherrschenden Form
gelangt, ist selbst eine Technik interindividueller Kooperation. Wissen,
dem immer noch der Geruch der Innerlichkeit und des bloß Subjek-
tiven anhängt, ist die Technik der präsenten interindividuellen Verfü-

gung über Techniken im sozialen Raum. Wissen macht Sachverhalte gegenwärtig, so dass jedes mit den üblichen Verfahren vertraute Individuum augenblicklich von exakt demselben Sachstand ausgehen kann. Dadurch wird, selbst zwischen weit entfernten, sich vielleicht sogar fremden Akteuren, eine präzise Abstimmung möglich. So können Viele mit Vielen unter ein und demselben Anspruch mit einheitlichen Effekten zusammenwirken.

Der Mensch ist das Wesen, das diese Entwicklung trägt und – selbst von ihr getragen wird. *Homo sapiens* ist nicht nur ein *exzentrisches*, sondern ein *extravagantes* Wesen, das aus sich heraus muss – zu seinesgleichen und den von ihm bearbeiteten Dingen, um sich seiner selbst bewusst zu werden. In seiner konstitutionellen *Extroversion* können wir es *homo creator* nennen: den Erfinder, Erbauer und Erzeuger der Kultur, in der er lebt. Er kann zugleich als *homo creatus* gelten, weil er in diesem von ihm selbst in Gang gesetzten, von ihm selbst betriebenen und genutzten Prozess selbst erst zu dem wird, der er ist. Dadurch, dass er die von ihm eingesetzten Techniken nicht nur durch den mechanischen Einsatz seiner körperlichen Geschicklichkeit, sondern zunehmend durch die kommunikativen Leistungen seines Wissen entwickelt und steuert, sind die Techniken eminente Effekte dessen, was wir als intellektuelle Kraft des Menschen ansehen.

Da das Bewusstsein, der herrschenden Auffassung entgegen, gar keine Instanz im „Inneren" des Menschen und schon gar keine „subjektive" Größe, sondern vielmehr die Instanz der Öffnung des Individuums für sich und seinesgleichen ist, eine Öffnung, die des ausdrücklichen Bezugs auf exakt begriffene Sachverhalte bedarf, bleibt es unvollständig, vom *homo sapiens*, *homo creator* und *homo pictor* zu sprechen. Auch die Rede vom *animal symbolicum* greift zu kurz, weil kenntlich werden muss, dass der Mensch sich selbst als symbolisch begreift und sich dabei in einem Raum exponiert, den er sich erschafft, indem er sich selbst darin entwickelt. Der Mensch ist Ertrag und Bild seiner eigenen Anstrengung; er macht sich selbst exemplarisch, für das, was er sein kann. Man könnte ihn *animal explanans* nennen, ein Tier, das sich selbst ein Beispiel gibt.

Damit wird die Offenheit des Menschen als eines *nicht-festgestellten Tieres* nicht aufgehoben. Der Einzelne stellt sich in seinen Leistungen selber fest, bleibt aber, trotz seiner existenziellen Ernsthaftigkeit, im Ganzen seiner Gattung nicht mehr als ein *Experiment*. Den einzigen definitiven Halt hat er darin, dass er sich und seinesgleichen als *Person* versteht. Im Status der Person begreift sich das Individuum selbst als

Institution, in der es *Herr über sich selbst* zu sein versucht. So kann der Mensch als das *sich selbst domestizierende Tier* erscheinen, das für sich eine Stellung nach Art eines Gottes beansprucht.

Der Selbstapotheose kann es nur entkommen, indem es die Vernunft als wirkliche Macht über sich anerkennt. Glaubt der Mensch an einen Gott als den wirklichen Herrn der Welt, darf der Gott der Vernunft nicht widersprechen, wenn er denn über vernünftige, sich selbst bestimmende Wesen herrschen können soll. Damit wird Gott selbst als ein sich selbst bestimmendes, vernünftiges Wesen vorgestellt, das dem Menschen im Medium von Verständnis und Einsicht begegnet. So untersteht selbst noch das Göttliche den Bedingungen der Offenheit, Erkennbarkeit und Nachvollziehbarkeit, die traditionell mit dem Begriff des *Geistes* verbunden sind. Er ist das Integral des Optimums der Leistungen, in denen der Mensch über sich verfügt. Auch dies ist nicht unabhängig von den Techniken der Organisation und der zweckrationalen Steuerung zu denken.

Der Geist benötigt die Sphäre der Wahrnehmung und des Wissens, die erst unter politischen Bedingungen zur Öffentlichkeit wird, aber schon lange vorher der alles überwölbende Raum begrifflicher Verständigung ist. Deshalb kann man den Menschen – gerade in seiner Konstitution als *homo sapiens sapiens* – als *homo publicus* – als *animal vivens publice* – bezeichnen. Die Benennung macht deutlich, dass sich das spezifisch menschliche Leben in einzigartiger Weise unter einsichtigen, das heißt: unter prinzipiell von allen Menschen einsehbaren Bedingungen abspielt. Aus dem *animal visiblis*, dem Tier, das von seiner eigenen Sichtbarkeit durch seinesgleichen weiß, wird der *homo publicus,* der erst mit seiner öffentlichen Rolle, also im Medium einer bewusst erfahrenen Allgemeinheit, zu seiner individuellen Verantwortung findet. Dazu bedarf er der Vernunft, ohne die er weder über sein Wissen, noch über seine Zwecke, noch über sich selber befinden könnte. Die Gründe, die er als *animal rationale* benötigt, gelten nur im öffentlichen Raum.

Das war es, was Aristoteles durch den Ausdruck *zoon politikon* zu fassen suchte. Aber dadurch, dass er die politische *praxis* sowohl von der Mühe der *techne* wie auch von der Dienstbarkeit der *poiesis* trennte, hat er die Realität des menschlichen Lebens halbiert. Zum Leben gehört die Mühsal der Wiederholung schwerer Tätigkeiten ebenso wie die Herstellung von Produkten, von denen sich die Menschen eine Steigerung von Genuss und Leistung versprechen. Gewiss: Der öffentliche Raum geht darüber hinaus. Er tut sich wesentlich im Erinnern, Erkennen,

Erwarten und im Verstehen – gerade auch des Fremden – auf. Die Theorie als die Schau von Dingen, die prinzipiell jedem zugänglich sind, ist die öffentliche Leistung schlechthin, und die Muße ist eine öffentliche Tätigkeit *par excellence*. Aber man kann schwerlich bestreiten, dass sie auf Arbeit und Anstrengung beruht. Sie setzt somit nicht nur die Techniken der sachlichen Konzentration und der Selbstbeherrschung, sondern auch die der Verfügung über die äußere Natur voraus.

Wenn also selbst Erkennen und Wissen an Techniken gebunden sind, die ihrerseits ohne Erkennen und Wissen nicht möglich sind, ergibt sich ein Funktionskreis menschlichen Daseins, dessen Rotation in Mitteilung, Darstellung und wechselseitiger Wahrnehmung erfolgt. Das ist ein – niemals bloß interner – Wirkungszusammenhang, der deshalb „öffentlich" genannt werden muss, weil er Viele in einen Raum versetzt, in dem sie *prinzipiell alle* (zusammen mit *prinzipiell allen Dingen*) erkannt werden können.

Spezifisch menschliches Dasein ist somit durch Bewusstsein und durch Technik an Öffentlichkeit gebunden. Es vollzieht sich in einem auf Techniken basierenden Raum der menschlichen Kultur, in der sich die Selbstorganisation des Lebens auf einer neuen Stufe fortsetzt. Die Kultur ist es, die dem Individuum die Selbstbestimmung durch eigene Einsicht ermöglicht. Die Gründe, die es dafür in Anspruch nimmt, schließen eine öffentliche Geltung ein. Also ist nicht nur die allgemeine Konstitution des Menschen, sondern auch seine individuelle Lebensführung an die Voraussetzung einer öffentlichen Sphäre gebunden.

Nur angesichts der tiefen Einlassung des Menschen in den Zusammenhang der sich mit technischen Mitteln organisierenden Natur, die in der sich mit technischen Mitteln organisierenden Kultur nicht verloren geht, kann deutlich werden, warum es so wichtig ist, dass der Mensch sich niemals bloß als Mittel, sondern immer auch als Zweck versteht. Dieser Zweck muss als Menschheit in der Person des Einzelnen exemplarisch werden, was nur denkbar ist, wenn er sich ausdrücklich als *homo publicus* versteht. Der bleibt er auch dann, wenn ihm die geschichtliche Lage keine Chance eröffnet, ein *homo politicus* zu sein. Für den *homo religionis* schließlich steigert sich die Öffentlichkeit über die Transparenz allgemeiner Erkenntnis zur Transzendenz einer göttlichen Gegenwart. *Homo publicus* ist also der umfassendste Begriff für das Tier, das nur in einer öffentlichen Sphäre zu sich selber kommt.

Was ist der Mensch?
In vieler Hinsicht sich selbst ein Rätsel …

ALFRED GIERER

… aber wir wissen doch einiges, was unser Selbstverständnis angeht, und wir wissen auch ganz gut, warum wir nicht alles wissen können. Zu beidem trägt nicht zuletzt die moderne Naturwissenschaft bei. Zum einen sagen uns biologische Erkenntnisse etwas über die Herkunft des Menschen in der Evolution, über das Gehirn als Organ des Geistes, über die biologisch angelegten menschlichen Fähigkeiten, die in die Eigendynamik der Kulturentwicklung geführt haben. Dabei handelt es sich um sehr allgemeine Fähigkeiten wie die der Sprache und des strategischen Denkens. In verschiedenen Szenarien der Zukunft sind jeweils wir selbst und unsere Mitmenschen repräsentiert. All dies erfordert Meta-Ebenen der Informationsverarbeitung im Gehirn. Dabei ist die biologische Grundausstattung an Fähigkeiten und emotionalen Dispositionen der ganzen gegenwärtigen Spezies „Mensch" gemeinsam.

Das Abenteuer Naturwissenschaft zeigt uns aber auch – wie kaum eine andere Kulturleistung – Reichweite und Grenzen menschlichen Denkens überhaupt. Die naturgesetzliche Ordnung ist dem menschlichen Geist in erstaunlichem Maße zugänglich. Das wissenschaftliche Denken selbst ergibt aber auch Einsichten in Grenzen der Erkenntnis: Grenzen der physikalischen Berechenbarkeit ebenso wie Grenzen der logisch-mathematischen Konsistenz unseres Denkens. Vor allem aber sprechen gute Gründe für prinzipielle Grenzen einer rein naturwissenschaftlichen Erklärung von menschlichem Bewusstsein – die Gehirn-Geist-Beziehung ist nicht vollständig dekodierbar. All dies hängt damit zusammen, dass kein endliches System sich selbst mit den je eigenen Mitteln vollständig erfassen, begreifen, verstehen, absichern kann. So genau Aussagen inhaltlicher Naturwissenschaft oft sind, auf der metatheoretischen Ebene bleibt die Gesamtheit unseres Wissens und damit auch die Stellung des Menschen in der Natur deutungsfähig und deutungsbedürftig; sie ist mit verschiedenen (natürlich nicht mit allen) philosophischen, kulturellen und religiösen Interpretationen vereinbar, und daran wird sich auch nichts ändern. Erkenntnislogisch gesehen dürfen und können wir wählen.

Worum es dabei eigentlich geht, ist Lebenskunst, die Frage nach der guten Art zu leben, und deshalb plädiere ich im Zweifelsfall für metaphysischen Optimismus. Im Menschen sind Geist und Materie verbunden. Die Naturwissenschaft gilt oft als materialistisch-mechanistisch; aber gerade die Basiswissenschaft Physik ist alles andere als rein materialistisch, sie verbindet materielle, zum Beispiel atomare, mit mentalen, konzeptionellen, mathematischen Aspekten. Die Quantenphysik ist keine rein materialistische Theorie, Einsteins Formel $E=mc^2$ kein rein materialistisches Gesetz. Der Mensch ist materiell ein winziges und kurzlebiges Wesen in einem unheimlich großen Weltall. Mental aber ist er in seinem Denken, seinem Bewusstsein, oft auch in Beziehung zur Natur in seinem Fühlen mit der Ordnung des Universums verbunden, zu dem er selber gehört. Metaphysischer Optimismus heißt, den Menschen nicht in erster Linie als Spielball materieller Prozesse zu sehen. Er muss sich nicht den inzwischen angestaubten deterministisch-mechanistischen Weltbildern des 19. Jahrhunderts unterwerfen; er darf sich durchaus in wesentlicher Hinsicht als frei empfinden. Er kann fast im platonischen Sinne das Mentale und damit die Beziehung seines Bewusstseins zur gedanklichen Ordnung des Naturgeschehens betonen und er muss sich auch nicht die religiöse Frage verbieten, was diese Verbindung für ihn bedeuten kann.

Antworten auf Fragen, was der Mensch ist, suchen wir besonders im Hinblick auf soziale Beziehungen. Evolutionsbiologisch sind in uns starke Anlagen zur Selbsterhaltung und der Vermehrung je eigener Gene angelegt. Darin steckt eine gehörige Portion Egoismus; man sollte sie aber nicht überschätzen. Zu unserer genetischen Grundausstattung gehören auch die Fähigkeiten der Empathie, des Sich-Hineinversetzens in Befindlichkeiten und Gedanken anderer. Auf diesen und anderen Anlagen sozialen Verhaltens beruht die sehr große Kooperationsfähigkeit unserer Spezies „Mensch", die eine entscheidende Voraussetzung von Lebens- und Überlebenschancen ist.

Die allgemeinen Fähigkeiten des menschlichen Gehirns und ihre emotionale Basis sind somit Ergebnisse der biologischen Evolution, aber die Fähigkeiten setzen den Menschen seit vielleicht hunderttausend Jahren frei in die Eigendynamik der Kulturgeschichte: Sie begründen, aber sie begrenzen auch die Spielbreite möglicher kultureller Entwicklung und Differenzierung.

Welchen Gebrauch sollen wir von diesen Fähigkeiten machen? Ich möchte wieder Kriterien der Lebenskunst in den Vordergrund stellen. Dabei kann man sich an real existierenden Gesellschaften, Kulturen und Epochen orientieren, die sich in Lebensformen und Lebensqualität unterschieden und unterscheiden: Welche würde man sich aussuchen, wenn man die je eigene Rolle innerhalb der Gesellschaft vorher nicht kennen würde? Was Optionen für gesellschaftliche Entwicklungen in der Zukunft angeht, so sind dafür nicht zuletzt diejenigen Grenzen zu achten, die die biologisch angelegten Merkmale unserer Spezies setzen. Moralische Forderungen, die diese Grenzen überschreiten, sind kontraproduktiv, zumal es ja nicht nur eine Moral gibt und die Propagierung einer bestimmten Moral auch sehr egozentrisch sein kann.

Soll man trotzdem moralische Ansprüche überhöhen, um wenigstens einen Teil davon erfüllt zu sehen? Nach dieser Auffassung ist Moral etwas, das den Anlagen der Menschen abzuringen ist. Moralismus ist jedoch, wie die politische Erfahrung zeigt, potentiell enthemmend, ist eher brutalisierend als zielführend. Viel besser scheint mir der Ansatz des großen Philosophen des Glücks, Epikur, zu sein; nämlich die natürlichen Antriebe zu respektieren, um auf ihnen aufzubauen und sie menschenfreundlich sowie auf Langzeitwirkungen bedacht zu generalisieren. So hat es nicht zuletzt auch Schiller gesehen, wenn er vor der Vorherrschaft eines moralisierenden „Egoismus der Vernunft" warnt und an das Vermögen des empathischen Gefühls appelliert, „fremde Natur getreu und wahr in uns aufzunehmen, fremde Situationen uns anzueignen, fremde Gefühle zu den unsrigen zu machen". Die neuere Soziobiologie erklärt nicht mehr nur egoistische, sondern durchaus auch in begrenztem Maße freundliche Züge menschlichen Sozialverhaltens: Gemeinsinn ist eine wertvolle, aber knappe Ressource unserer biologischen Spezies „Mensch", die eher behutsam und mit Rücksicht auf natürliche Anlagen des Menschen zu aktivieren ist.[1]

---

1   Gierer, Alfred (1998): *Im Spiegel der Natur erkennen wir uns selbst – Wissenschaft und Menschenbild.* Reinbek: Rowohlt. Oder unter http://edoc.bbaw.de/oa/books/reX7ZOox3LQw/PDF/25hPFNizyGEZQ.pdf

Menschsein bis zur Kenntlichkeit entstellt

Gerhart Hauptmanns „Die Ratten"

MONIKA GRÜTTERS

> Weil wir Menschen sind, können
> wir Menschenkinder zur Welt bringen,
> und diese sind nicht nur unsere Kinder,
> sondern auch und vor allem neue und
> ganz und gar selbständige Menschen.
> Darum ist es nicht nur ein Moralgesetz,
> das uns sagt, daß wir unsere Menschen
> nicht besitzen dürfen; wir können sie
> nicht besitzen.
>
> *Hans Goetz: „Die Liebe – Egoismus*
> *der Gattung und des Individuums"*

Nach der Uraufführung der „Ratten" 1911 erhielt der Autor Gerhart Hauptmann 1912 den Nobelpreis für Literatur. Ein langwieriger Schaffensprozess gerade an diesem Drama hatte sich gelohnt. Denn als im Januar 1911 nach jahrelanger Arbeit „Die Ratten. Eine Berliner Tragikomödie" erschien, hatte das Stück bereits diverse Motive anderer Arbeiten Hauptmanns in sich aufgenommen und zahlreiche Titelvariationen erfahren.

Schauplatz des Dramas ist der Dachboden einer ehemaligen Berliner Kaserne, auf dem der verkrachte Theaterdirektor Hassenreuther seinen Kostümfundus untergebracht hat. In der heruntergekommenen Mietskaserne hausen auch die Figuren des Stücks: das schwangere Dienstmädchen Pauline Piperkarcka, die Morphinistin Knobbe und „Mutter" John, Maurersgattin und Putzfrau bei Hassenreuther, die ihrem in Altona arbeitenden Mann, der sich sehnlich ein Kind wünscht, nicht enttäuschen und ihre Ehe retten möchte. Nachdem ihr erstes Kind gestorben ist, kauft sie Pauline ihr uneheliches Kind ab und trägt es auf dem Standesamt als ihr eigenes ein. Doch in Pauline regen sich bald das schlechte Gewissen und echte Muttergefühle. Mutter John wird von Panik ergriffen, sie unterschiebt Pauline gegenüber der amtlichen Fürsorge das todkranke Kind der Knobbe und verschwindet mit ihrem

„eigenen" Kind. Als Maurer John glücklich nach Hause zurückkehrt, steuert die Handlung auf eine Katastrophe zu, verschärft noch durch Bruno, den gewalttätigen Bruder der Frau John. Dieser hat Pauline Piperkarcka, die er nur einschüchtern sollte, erschlagen und wird nun von der Polizei gesucht. Mutter John hält ihre Lage für aussichtslos und stürzt sich mit den Worten in den Tod: „Paul, ick konnte nich anders, ick mußte det tun!"

Hauptmann verarbeitet in seinem Drama „Die Ratten" nicht nur den Verlust seines eigenen Sohnes, der sechsjährig verstarb, sondern auch das Konfliktmotiv der Kindesforderung der leiblichen Mutter, das bereits in einem Fragment „Der Buchstabe tötet" aus dem Jahr 1887 auftaucht. Der Kindsverlust, der vor allem den Vater verstört, wird für die Vorgeschichte des Ehepaars John in den „Ratten" bestimmend. Nach einer Zeitungsmeldung zu einem Berliner Gerichtsprozess um eine kinderlose Frau, die das Kind eines Dienstmädchens als ihr eigenes ausgibt, nimmt er seine Arbeiten an dem Drama erneut unter dem Titel „Das Drama, Comödie der Kindesunterschiebung" wieder auf, später umbenannt in „Mutter John. Berliner Comödie".

In seinen Tagebuchaufzeichnungen dieser Zeit zum Großstadtmoloch Berlin notiert Hauptmann: „Furchtbar ist diese Stadt. Ein ewiger, dumpfer Donner. Man möchte dieser rasenden Orgie Einhalt gebieten. Der Mensch grassiert wie eine Plage." Dem Verleger bietet er ein Stück mit dem Titel „Das Rattennest" an, im Januar 1911 wurde das Drama „Die Ratten" am Berliner Lessingtheater uraufgeführt.

Gefragt, „was aber ist der Mensch?", hat mich die aktuelle Inszenierung der Hauptmannschen „Ratten" durch Michael Thalheimer am Deutschen Theater in Berlin dazu bewogen, die in der Biologie geläufige stammesgeschichtliche Ableitung des Homo sapiens aus der Familie der Hominiden als Ausgangspunkt eines Antwortversuches zu nehmen. In der Gattung Homo, zu der alle heute lebenden Menschen zählen, gehört der Mensch zu den Säugetieren, dort zu den Herrentieren. Der Mensch ist das Lebewesen mit dem am höchsten entwickelten Gehirn. Gegenüber allen Tieren nimmt er durch seine Fähigkeit, sachorientiert zu denken und zu sprechen, durch sein Sozialverhalten und durch seine Emotionen eine Sonderstellung ein.

Gerhart Hauptmann spielt mit eben diesem gedanklichen Hintergrund, wenn er den von Ratten und menschlichem „Ungeziefer" verseuchten Dachboden der Kaserne zum Schauplatz eines individuellen menschlichen Dramas macht, für das es offenbar keinen Ausweg im Leben gibt. Und er selbst ist es ja auch, der ganz explizit in seinem Tagebuch den tierischen Vergleich wählt: „Der Mensch grassiert wie eine Plage." Indem er die geradezu brutale Metapher „Ratten" allein als letztgültigen Titel wählt, zieht er seine menschlichen Figuren wieder auf die Stufe des Tierischen herunter, ja, er bewertet sie sogar selbst als „Plage".

Es ist zwar kennzeichnend für den Naturalismus, dass das tragische Geschehen vom hohen Standespersonal bis hin in das kleinbürgerlich-proletarische Milieu verlegt wird, aber Hauptmann geht noch einen Schritt weiter: Seinen Figuren bleibt aufgrund ihres beschränkten Bewusstseins die Einsicht in die Tragik ihres Schicksals versagt. Sie sind hier Opfer und nicht Helden. Ihre aussichtslose Situation, der klassisch tragische Konflikt, ist nicht Ergebnis individuellen Verhaltens, sondern beruht auf der Determiniertheit gesellschaftlicher Verhältnisse, die sich ihrerseits längst ins Tragische gewendet haben. Die unverhüllte Tragik der verkommenen Kleinbürger wird im leitmotivischen Sinnbild der Ratten offensichtlich: Sie sind die Chiffre einer verfallenden Gesellschaft, in der der fast barmherzige Betrug der Mutter John paradoxerweise die entscheidende menschliche Regung ist.

Das Vernunftvermögen unterscheidet den Menschen vom Tier, doch dort, wo die Reflexions- und intellektuellen Einsichtsmöglichkeiten derart beschränkt bleiben, vegetiert auch der Mensch wie ein Tier, vermischen sich die Ebenen wie in den „Ratten".

Viel wesentlicher aber als die Vernunftbegabung, also die Gabe, das Gute vom Bösen zu unterscheiden, ist die aus ihr erwachsende Freiheit, ein selbstbestimmtes Leben zu führen, das wiederum jedem Verantwortung für sich und die Folgen seines Tuns abverlangt.

Um diese Herausforderung im Leben und vor Gott bestehen zu können, glauben wir Christen an die liebende Begleitung Gottes, der jeden Menschen so annimmt, wie er ist.

In der christlich-jüdischen Tradition schließlich verdankt sich der Mensch dem schöpferischen Handeln Gottes. Er verdankt sein Sein der vorbehaltlosen Anerkennung durch Gott, die zur wechselseitigen Anerkennung der Menschen untereinander verpflichtet.

Für uns Christen wurzelt die einzigartige Würde, die der Mensch gegenüber allen anderen Lebewesen besitzt, in dieser seiner Gottesebenbildlichkeit. Das Menschenleben und seine Würde sind Gaben Gottes und verlangen eine unbedingte Achtung.

Hier liegt die entscheidende Voraussetzung dafür, dass der Mensch dem Menschen nicht verfügbar wird. Immanuel Kant hat im kategorischen Imperativ dazu aufgerufen: „Handle so, daß du die Menschheit sowohl in deiner Person als auch in der Person eines jeden anderen jederzeit als Zweck, und niemals bloß als Mittel gebrauchst."

So kann Mutter John in Hauptmanns „Ratten" eben dieses Kind auch nicht ihr eigen nennen, und Pauline Piperkarcka kann das genauso wenig. Weil wir Menschen sind, können wir Menschenkinder zur Welt bringen, aber wir dürfen, ja, wir können sie nicht besitzen, wie Hans Goetz es formuliert.

Was Mutter und Vater John aus ihrem tragischen Lebensentwurf hätte erlösen können, wäre ein Vertrauen in die unbedingte Liebe Gottes gewesen. Indem der Mensch durch den Glauben an die uns in Jesus offenbar gewordene Gnade erfährt, dass Gott ihn trotz aller Schuld liebt, gewinnt er ein neues Verhältnis zu Gott und den Mitmenschen. Gott kann als der liebende Vater erkannt werden, der Mitmensch als Bruder und Schwester. Das Gebot der Nächstenliebe setzt diesen Maßstab menschlichen Handelns über alle Möglichkeiten anderer Formen des Zusammenlebens und definiert so das Wesen und die Überlegenheit des Menschen in der Schöpfung.

Doch gerade in seinem Bezug auf Gott lebt auch der Mensch im Bewusstsein seiner Beschränktheit. Zwar erhebt den Menschen kraft seiner Begabung mit Vernunft und Freiheit seine Kreativität über die übrige Schöpfung, denn befähigt zur Reflexion und Selbstüberschreitung ist er zur Gestaltung seiner Umwelt aufgerufen. Doch zugleich weiß er auch um seine stete Gefährdung, um sein unvermeidliches Sterben. In der Hoffnung auf die Überwindung der eigenen Endlichkeit wird die Transzendenz, in der christlich-jüdischen Tradition mit der Vorstellung eines personalen Gottes verbunden, zum grundlegenden Merkmal des Menschen.

Der Mensch erscheint einerseits als ein Lebewesen, das sich dem schöpferischen Handeln Gottes verdankt, in seiner Vergänglichkeit aber den übrigen Geschöpfen gleicht. Gerhart Hauptmann hat in seinem Drama „Die Ratten" seine Menschen bis zur Kenntlichkeit all ihrer typisch menschlichen Eigenschaften beraubt und sie so dem Zuschauer ausgesetzt.

Sie sind geistig zu beschränkt, um ihre Situation zu reflektieren. Sie sind ihrer Freiheit beraubt, anders zu handeln, weil die Umstände sie zu dieser Art Leben zwingen, bis hin zum Ausweg im Selbstmord der Mutter John, der nur noch einem instinktiven Impuls folgt: „Paul, ick konnte nich anders, ick musste det tun". Diese Figuren Hauptmanns sind auch ihrer Menschenwürde beraubt, wenn sie nicht als Individuum so angenommen werden können, wie sie sind und wenn das neugeborene Leben als Mittel zum Zweck verkommt, statt den geistig-sittlichen Wert eines jeden Menschen um seiner selbst willen zu behaupten.

Hauptmann beraubt seine Figuren der Menschenwürde, indem er die Ratten-Metapher zum Leitmotiv macht. Er klagt gesellschaftliche Missstände an, aber er zeigt keinen Ausweg auf.

Die Radikalität der Symbolik macht mich schaudern, aber die unzweifelhafte Modernität des Stücks ist zugleich auch Aufforderung, sich darauf zu besinnen, was der Mensch ist: Gottes Schöpfung, sein Ebenbild, vernunft- und zur Freiheit begabt, verantwortungsbewusst in seinem sittlichen Handeln. Indem der Mensch das Gute vom Bösen zu unterscheiden weiß, trägt er nicht nur vor sich selbst, sondern auch vor seinen Mitmenschen und vor Gott Verantwortung.

Doch auch der gläubige Mensch lebt in einem Spannungsverhältnis zwischen seiner kreatürlichen Begrenztheit einerseits und der besonderen Erwählung andererseits, die schöpfungsgeschichtlich in seiner Kreativität und heilsgeschichtlich im Handeln Gottes mit dem Menschen, für uns Christen sogar in der Menschwerdung Gottes sichtbar wird.

Das kann uns Trost sein, im Glauben und in der Hoffnung auf Erlösung ein irdisches Dasein zu ertragen, das das Individuum missachtet, das – wie im Hauptmannschen Drama – in den Menschen eine „grassierende Plage" sieht und zur Assoziation mit „Ratten" Anlass gibt.

Nur der Mensch selbst ist zu dem befähigt, was Thomas von Aquin uns in der unvergleichlich schönen Formel geschenkt hat, zu „Glaube, Hoffnung, Liebe".

Sie allein machen jedes Menschenleben lebenswert.

Was latent geblieben war

Hans Ulrich Gumbrecht

Vor zwei oder drei Jahren gab mir ein Vorgesetzter (es war der Präsident meiner Universität) den Auftrag, über ein historisch konkretes Thema nachzudenken, das sich als Fokus für eine regelmäßig angebotene Vorlesung eignen sollte, mit der mehrere hundert unserer siebzehn- bis achtzehnjährigen Studienanfänger Jahr für Jahr in die „Geisteswissenschaften eingeführt" werden. Recht konventionell – und wohl auch sehr deutsch – schlug ich als Thema eine „Geschichte der menschlichen Selbstreferenz" vor; die weniger vorhersehbare kritische Intention war in den Vorschlag gepackt, an den Beginn einer Sequenz von historisch und kulturanthropologisch einschlägig repräsentativen Situationen die Wannsee-Konferenz zu stellen. Nach erstaunlich wenigen Tagen teilte mir das Büro des Präsidenten mit, dass der zuständige Ausschuss mein Konzept realisieren wolle – unter der einen Auflage, die Wannsee-Konferenz als Thema ersatzlos zu streichen. Für meinen Teil verlor ich erstaunlich vollständig das Interesse an jenem Vorschlag und halte mittlerweile – vom zuständigen Ausschuss ganz unbehelligt – eine Einführungsvorlesung zum Thema „The Pleasures of Sex."

Als pädagogisch und mithin öffentlich unannehmbar hatte sich also auch im frühen einundzwanzigsten Jahrhundert erwiesen, was nach Ende des Zweiten Weltkriegs (spätestens) angestanden und in einer Latenz gehalten war, welche die unbequeme und zugleich aufgestaute Verhaltenheit jener Zeit erklärt: die Notwendigkeit, unsere vom Optimismus der Aufklärung beschwingten Bilder des Menschen dämpfend zu korrigieren. Darauf warteten, ohne es zu wissen, die dahinsiechenden Protagonisten auf Becketts Bühne, und aus derselben Latenz kam wohl die Intuition des Nachkriegs-Existentialismus, in einer Sphäre von „mauvaise foi", „bad faith" und „Halbwahrheit" zu leben.

Inzwischen hat sich herauskristallisiert, worum es gehen müsste, so dass aus jener Latenz ein gegenwärtiges Tabu geworden ist, welches – verkörpert von Universitäts-Kommissionen zum Beispiel – Gebote der Unaussprechlichkeit verhängt. Fast fehlen einem deshalb die elementaren Worte, um endlich zu sagen, dass Menschen „Wölfe" nicht nur für andere Menschen sind. Viel unausweichlicher noch als diese in manchen Fällen ja sogar aufschiebbare Möglichkeit ist unser Status als kosmologische Anomalie an der Peripherie des Universums, als eine Anomalie, welche inzwischen sehr wohl im Begriff sein könnte, den Prozess ihrer Selbst-Eliminierung zu beschleunigen. Emblem unserer Gegenwart sind die nüchtern-entschlossenen Selbstmordattentäter, in deren Aktionen Selbstzerstörung und Zerstörung der Anderen ununterscheidbar werden; Symptom derselben Gegenwart ist die Akkumulation von (meist ökologischen) Problemen, welche Perspektiven der Lösung auf Dauer verweigern.

Was der Philosophie und jedem einzelnen Philosophen zu entscheiden bleibt, ist bloß noch, ob sie sich damit begnügen sollen, dieses Ergebnis einer Kristallisierung zu beobachten – und vielleicht auch zu beschreiben. Denn was für ein Gott sollte uns helfen?

Der Mensch ist Mitmensch

Andreas Heinz

Die Antwort auf die Frage, was der Mensch sei, richtet sich nach dem Kontext des Fragenden. Im Selbsterleben, zumindest der europäischen Tradition, sind Menschen die Gestalter und Träger ihrer Gefühle, Wünsche, Ziele und Gedanken. Für den neurobiologisch arbeitenden Wissenschaftler ist der Mensch ein Säugetier mit einer erstaunlich ausgeprägten Begabung zur sprachlichen Kommunikation, die im Sinne Meads zum Verständnis des Fremden wie des Eigenen beitragen kann. Die Reflektion auf das phänomenale Erleben zeigt eine Welt der selbst-attribuierten Intentionen und Handlungen, ein neuronal verankertes Erlebnis, dessen neurobiologische Entstehung und Ausgestaltung naturwissenschaftlich aber bislang allenfalls ansatzweise erklärbar ist.

Derzeitige neurobiologische Modelle ähneln den älteren psychoanalytischen, die ebenfalls außer-bewusste Determinanten seelischen Erlebens postulierten, welche sich der vermeintlich bewussten Kontrolle entziehen. Die menschlichen „Gefangenen" der Konstruktionen und Projektionen des psychischen Apparates sind allerdings erstaunlich kreativ, wenn es darum geht, die Grenzen dieser Vorgaben zu überwinden. A priori gegebene oder früh erworbene Eigenschaften psychischer Konstruktionen und ihrer Versprachlichung – wie die Kausalität und geforderte Widerspruchsfreiheit logischer Sätze – stoßen sich an empirischen Befunden, die sich der eindeutigen Klassifikation entziehen.

Unvorhersehbarkeit und Offenheit charakterisieren auch das Menschenbild des Arztes. Im Anderen sehen wir die Verletzlichkeit und drohende Erkrankung, die sich jederzeit im menschlichen Leben manifestieren kann und Lebensfreude wie Leistungsfähigkeit beeinträchtigt. Der Mensch ist hier der Mitmensch, dessen Wünsche und Hoffnungen, Sorgen und Ängste wir miterleben und spiegeln können auf dem Weg zum Leben, auf dem wir ihn begleiten.

Animal morabile

OTFRIED HÖFFE

Die Frage, was der Mensch ist, lässt sich immer noch am besten mit zwei Grundaussagen beantworten, die bis zur Antike zurückreichen: Der Mensch ist sowohl ein vernunft- und sprachbegabtes Lebewesen als auch ein Sozial-, näherhin Rechts- und Politikwesen, kurz: ein vernünftiges politisches Tier.

Freilich ist es der Mensch, sowohl das Individuum als auch die Gattung, zunächst nur in Form einer Anlage. Ohne eine gewisse Entwicklung (Evolution) samt eigener Anstrengung gelangen weder die Vernunft noch die politische Natur des Menschen zur Wirklichkeit und schließlichen Blüte. Das Sich-Entwickeln-Müssen schlägt auf die Moral durch. Der Mensch ist daher zunächst kein animal morale, kein Moralwesen, wohl aber in dreierlei Hinsicht ein animal morabile: Er ist zur Moral fähig, zu ihr auch berufen, muss sich aber auch dazu entwickeln. Wegen der nötigen Anstrengungen hat die Moral in einem grundlegenden Sinn den Sollenscharakter: Sie tritt nicht nur in Gestalt von Imperativen auf, vielmehr liegt ihrer Entfaltung selber schon ein basaler Imperativ zugrunde.

Von der Biologie her schreibt man dem Menschen gern Organschwäche und Instinktmängel zu. In Wahrheit zeichnet er sich durch Weltoffenheit statt Umweltgebundenheit und durch reflexiven Welt- und Selbstbezug statt unmittelbarem Lebensvollzug aus. Der Mensch ist ein Generalist, der fast unbegrenzt Vieles vermag, womit er schon in organischer Hinsicht das Glück der Weltoffenheit genießt. Sie erlaubt ihm zum Beispiel, in allen, auch den unwirtlichsten Regionen der Erde zu leben. Zum biologischen Multitalent gehört als psychologische Eigenart ein unspezialisierter Energieüberschuss. Dessen biologische Grundlage bildet ein Hormon, das zur Leistungssteigerung befähigt, das Noradrenalin. Im Zusammenhang mit der Intelligenz legt es den Menschen nicht auf gewisse Wege oder Ziele fest, nicht einmal auf die beiden „natürlichen" Generalziele, das individuelle und das kollektive Überleben. Infolgedessen ermöglicht der Antriebsüberschuss humane Glanzlichter wie Technik und Medizin, wie Musik, Kunst und Architektur, wie Literatur, Wissenschaft und Philosophie, nicht zuletzt heroische Verzichte.

Die neuen Chancen verbinden sich aber mit neuartigen Gefahren, so dass zum Menschen auch die umgekehrte Richtung gehört, der Umschlag einer biologischen Stärke in Schwäche. Der Antriebsüberschuss befähigt den Menschen zu einem so gut wie grenzenlosen Immer-mehr: zu Völlerei und sexueller Maßlosigkeit, zu Ehrsucht, Herrschsucht und Habsucht im wörtlichen Sinn von Sucht. Nicht zuletzt kann er Allmachtsphantasien erliegen; ein Verlangen, „wie Gott zu sein", kann kein anderes Tier überkommen, so dass man den Menschen auch ironisch als einen Affen definieren kann, der gelegentlich wie Gott sein will.

Ob Geist, Vernunft oder Intelligenz genannt – die für das Handeln zuständige Instanz hat wesentlich eine kulturelle Komponente, augenfällig in der Sprachgebundenheit von einem Großteil der Intelligenz. Die Umkehrung gilt allerdings ebenfalls: Die Kultur ist eine wesentliche Leistung der Intelligenz. Zu Recht sagt die Kognitionsforschung, dass das den Primaten weit überlegene Hirnniveau des Menschen ein kulturelles Lernen erlaubt, mit der Rückwirkung, dass die Kultur, evolutionär betrachtet, das Hirn zu einer abhängigen Variablen macht.

Eine erfahrungsoffene Moralanthropologie betont weitere moralerhebliche Gesichtspunkte, etwa dass der Mensch sich um Anerkennung sorgt, sogar um sie kämpft, mit Folgephänomenen wie Neid, Eifersucht und Missgunst, wie Rache, aber auch Verzeihen, Sympathie und Empathie, Barmherzigkeit, Reue und Scham.

Von der Anthropologie aus betrachtet ist die Moral also eine merkwürdige Mischung aus Sollen, Bedürfnis und Sein: Der Mensch, dieses weltoffene aber auch gefährdete Lebewesen, braucht Verbindlichkeiten, die die Intelligenz auf ihr Gutsein, letztlich auf ein uneingeschränktes Gutsein zu befragen erlaubt. Das ist zwar nicht notwendig, lässt sich aber schwerlich auf Dauer unterdrücken. Somit erweist sich die Moral erstens als von der Biologie vorbereitet. Zweitens nimmt sie nur in einer Kultur die konkrete Gestalt einer positiven Moral an, so dass die natürliche Ausstattung und die kulturelle Prägung nicht als Gegensätze zu verstehen sind. Dank einer allgemeinmenschlichen Vernunft wird die positive Moral drittens einer kritischen Moral ausgesetzt, nicht selten ihr gemäß auch umgestaltet. Die biologische, einschließlich neurobiologische Natur des Menschen bietet also Rahmenbedingungen, die der Entwicklung von Moral entgegenkommen, die sie sogar um des bloßen Lebens willen herausfordern. Die Moral selbst muss der Mensch aber aus eigener Kraft und nach eigenen Kriterien entwickeln.

Was ist der Mensch? Wer ist der Mensch?

Wolfram Hogrebe

Im biologischen Selbstbild versteht sich der Mensch als Mitglied einer Spezies, die ausschließlich durch biologische Eigenschaften definiert ist. Kulturelle Eigenschaften können aus diesem Blickwinkel dem Menschen nicht zugeschrieben werden. Als Mitglied einer biologischen Spezies hat der Mensch daher keine semantisch qualifizierten Eigenschaften, hat er weder Interessen noch Selbstbewusstsein, weder Personalität noch Rechte. Alle diese Eigenschaften sind nur in einem Kulturbegriff des Menschen spezifizierbar. Im Kulturbegriff des Menschen allein versteht er sich selbst, versteht er sich über seine Kultureinbettung hinaus, versteht er sich aber auch in seinen naturwissenschaftlichen Selbstbildern. Denn *jedes* Selbstbild des Menschen wird gefunden und existiert nur im Kulturbegriff des Menschen. *Dem Begriff nach* ist der Kulturbegriff des Menschen also immer das Erste, alle seine Naturbegriffe ein Zweites. Ein Ergebnis seiner kulturbegrifflichen Selbstbildforschung ist dann dies: Der Naturbegriff des Menschen ist *der Sache nach* das Erste, sein Kulturbegriff ein Zweites. Diese aristotelische Verschränkung muss man klar vor Augen haben, wenn man wissen will, wo man steht, wenn man über den Menschen redet. Das gilt auch dann, wenn man die Verschränkungsmatrize ‚dem Begriff nach‘ und ‚der Sache nach‘ selbst thematisiert, um diese Relate in ein Beziehungsspiel zu bringen. Daran hat sich die Philosophie seit jeher abgearbeitet. So gibt es nicht erst heutzutage eine deutliche Tendenz, eines dieser Relate, nämlich ‚dem Begriff nach‘, streichen zu wollen. Hier tummeln sich auch heute die Spielarten naturalistischer Optionen, Spielarten manchmal geradezu militanter (‚eliminativer‘) Reduktionismen. Wo man zwar zugibt, dass es ganz ohne semantische Profile im Selbstverständnis nicht gut angeht, aber gleichwohl zeitgeistkonform ein guter Naturalist bleiben will, verdunkelt sich das Szenario intellektuell in einen Zirkus der Emergenzen. Bisweilen zaubert man in einem Varieté der Wissenschaften aus einem leeren Zylinder Relais-Entitäten wie die sogenannten *Meme* (Dawkins) hervor. Diese fungieren als missing link zwischen Gen und Geist. Der gesamte Kulturraum bis zur Kunst der Fuge von Bach kann dann im Modell einer evolutionären Kulturtheorie via *Memetik* mit der neuronalen Ebene kurzgeschlossen werden (Dennett). Kultur wird so zu einer memetisch aufgeschäumten Genetik.

Im Stile einer Renaissance des 19. Jahrhunderts propagiert man heute, nur um dem Geist ausweichen zu können, Life Sciences, Lebenswissenschaften. Sie sollen die Geisteswissenschaften unnötig machen. Was braucht man Geist, wo man die Gene hat, mit denen Geld zu machen ist?

Nun ist das Leben, von dem die Lebenswissenschaften handeln, aber leider wieder nicht das Leben in seiner kulturbegrifflichen façon d'être, ist nicht das geschichtsfähige Leben in den Kulissen seiner umkämpften Selbstauslegung. Das Menschenbild, in dem Menschen sich in ihrem Programm des Menschenmöglichen wiederfinden, besteht nicht nur in Aussagen über seinen genetischen und zellulären Aufbau, sondern beginnt mit seiner freilich faktizitätsabhängigen Idealität. Ohne diese gibt es überhaupt kein Verstehen, kein Selbstverständnis des Menschen und so kann die sekundäre Idealität des Menschen auch begrifflich nicht unterlaufen werden. Die Differenz von Sinn und Sein kann nicht erklärt werden, weil jede Erklärung von ihr schon Gebrauch machen muss. Die Frage ‚was ist der Mensch?‘ muss daher durch die andere Frage, ‚wer ist der Mensch?‘ ergänzt werden. Menschen, wenn sie in ihrem Programmsinn thematisiert werden, sind nicht Entitäten, die in metrisierbaren Relationen zu anderen Entitäten stehen, sie sind vielmehr in Bezüge eingelassen, die Gelingens- und Widerfahrnischarakter haben. Aus solchen Bezügen, aus solchen ‚Spielräumen‘ entscheidet sich für den Einzelnen wie für die Menschen insgesamt, ‚wer‘ sie sind. Wenn wir jemanden fragen ‚wer bist du?‘, dann fragen wir nicht nach seinen Genen, sondern nach seiner geschichtlichen Identität, über die er zugleich immer auch hinaus ist. Gerade solche historisch geronnenen Identitäten dokumentieren Möglichkeiten des Menschseins in Alltag, Wissenschaft, Wirtschaft, Religion und Kunst. In dieser Dimension entfalten die Geisteswissenschaften ihre Fragestellungen, sie stehen im Dienste der Antwortarbeit auf die Frage ‚wer‘ der Mensch ist. Diese Frage wird von den *Life Sciences* nicht gestellt und kann von ihnen auch nicht gestellt werden. Personalpronomen sind im Vokabular der *Life Sciences* amtlich nicht vorhanden.

Der Umstand, dass die Differenz von Sinn und Sein nicht erklärt werden kann, indiziert: Es gibt Verstehensgrenzen. Und das besagt: Der Mensch ist im Programm des Menschenmöglichen in eine Dimension hineingestellt, die kognitiv nicht ganz durchdringbar ist. Ein *real unknown* muss anerkannt werden. Dieses Wissen um ein reales Nichtwissen als Voraussetzung des Wissens ist der sokratische Adel des Menschen, wie ihn die Philosophie begreift. Nur ins Unverstandene hinein knospt Sinn und Bedeutung, gibt es Zeichen und Symbole, eröffnet sich die Dimension der Bildlichkeit und des Imaginären überhaupt. „Wir sind", bemerkt Paul Valéry gelegentlich, „von Natur aus verdammt im Imaginären zu leben, in dem, was nicht vollendet werden kann. Und gerade das heißt leben."

Drei Beziehungen

WOLFGANG HUBER

I. „Was ist der Mensch?" In den Psalmen der Bibel findet sich auf diese Frage eine Antwort in der Gestalt des Weiterfragens: „Was ist der Mensch, dass du seiner gedenkst, und des Menschen Kind, dass du dich seiner annimmst? Du hast ihn wenig niedriger gemacht als Gott, mit Ehre und Herrlichkeit hast du ihn gekrönt. Du hast ihn zum Herrn gemacht über deiner Hände Werk, alles hast du unter seine Füße getan" (Psalm 8, 5–7). Der Mensch ist, so sagt es der christliche Glaube, grundlegend durch drei Beziehungen bestimmt: durch die Beziehung zu Gott, durch die Beziehung zu den Mitgeschöpfen und durch die Beziehung zu sich selbst. Der Mensch ist Geschöpf; er hat sich nicht selbst hervorgebracht, sondern verdankt sich dem Leben, das ihm vorausgeht. Zugleich findet das, was er selbst hervorzubringen in der Lage ist, sein Ziel nicht allein in ihm selbst. All sein Tun und Handeln wirkt sich in bestimmter Weise auf seine Umwelt aus. So ist der Mensch zur Antwort vor Gott ebenso berufen wie zur Verantwortung für seine Mitwelt.

II. Die menschliche Person ist konstituiert durch die Beziehung zu Gott. Keine menschliche Macht ist zu einer Definition dessen befugt, was den Menschen zum Menschen macht. Jede Erklärung vermag nur einen Teilbereich des Menschen zu erfassen; sie führt stets über sich hinaus. Denn jeder Mensch ist einzigartig. Er steht in einem Verhältnis zu seinem Schöpfer. Daraus ergibt sich die Würde, mit der jeder Mensch in einzigartiger Weise begabt ist. Sie ist unlöslich mit Gott verknüpft. Der Mensch ist nach Gottes Bild geschaffen (1. Mose 1, 26), er ist mit „Ehre und Herrlichkeit" gekrönt. Der Schöpfungsgedanke ist ein Hinweis darauf, dass die Würde, die jedem menschlichen Wesen eignet, nichts Erworbenes, sondern etwas Zugesprochenes ist, zugesprochen von einer Instanz, die dem menschlichen Zugriff entzogen ist.

III. Auch wenn diese Würde unzerstörbar ist, so ist sie doch verletzlich. Wo ein Mensch die Würde des anderen missachtet, wo Menschen einander oder der Schöpfung Gewalt antun, wo sie ihrer Mitwelt oder ihrer eigenen Würde gegenüber gleichgültig werden, dort wird zugleich die Liebe des Schöpfers missachtet. Das ist Sünde. Versucht der Mensch, seine doppelte Verantwortung gegenüber Gott und den Mitgeschöpfen zu ignorieren, gerät das gottgewollte und schöpfungsgemäße Leben aus dem Gleichgewicht. Wo die Würde eines Geschöpfes verletzt wird, ist die Würde aller getroffen. Der Menschenwürde wohnt von daher der Appell inne, dass jeder Mensch sich als der Gott entsprechende Mensch erweisen möge. Wenn gilt, dass die universale menschliche Würde nur dort in Geltung steht, wo sie keinem menschlichen Wesen abgesprochen wird, dann folgt daraus die Verantwortung aller, gegen Verletzungen der Würde in allen Phasen des menschlichen Lebens aufzustehen.

IV. Die Freiheit dazu ist dem Menschen anvertraut. Gott beruft zur Freiheit. Deshalb gilt: „Ein Christenmensch ist ein freier Herr über alle Dinge und niemandem untertan. Ein Christenmensch ist ein dienstbarer Knecht aller Dinge und jedermann untertan." (Martin Luther). Vor Gott ist der Mensch befreit für ein Leben aus Glauben, in dem er gute Werke tun kann, ohne der Frage ausgesetzt zu sein, ob diese dazu reichen, vor Gott bestehen zu können.

Freiheit ist die große Gabe Gottes an die Menschen. Ihr wohnt die Verheißung des Gelingens ebenso inne wie die Verführung zum Misslingen. Die ihm als Geschenk anvertraute Freiheit zu bewahren, die in der Befreiung aus der Sünde erneuerte Freiheit verantwortlich zu gebrauchen, ist Gottes Auftrag an den Menschen. Die Freiheit des Geschöpfes antwortet auf die Freiheit des Schöpfers; gerade darin ist der Mensch das dem Schöpfer entsprechende, nämlich in Freiheit antwortende Geschöpf.

Die so verstandene Freiheit sondert die Menschen nicht voneinander ab, sondern ordnet sie einander zu. Freiheit hat ihren genuinen Ort in Gemeinschaft und wechselseitiger Verständigung. Sie trägt kommunikativen Charakter. Sie enthält den Impuls, für Lebensverhältnisse einzutreten, in denen Freiheit erfahrbar wird. Wer sich einer Freiheit verdankt, die unverfügbar ist, weiß sich für die Gestaltung von Räumen verantwortlich, in denen diese Freiheit zur Erfahrung kommt.

V. Eine Lebenshaltung, die der doppelten Verantwortung des Menschen entspricht, ist der Glaube an Gott. Er nimmt Leben dankbar aus Gottes Hand und tritt im Namen von Würde und Freiheit für das Leben der Geschöpfe ein. Er lässt den Menschen aus der Gewissheit eines in ihn gesetzten Vertrauens leben. So kann ein Mensch dem anderen in Liebe begegnen. Er sieht das eigene wie das fremde Leben im Horizont des Reiches Gottes, das allen ein menschenwürdiges Leben verheißt. Im Glauben wird der Mensch von einer Hoffnung getragen, die die Begrenztheit dieses Lebens überschreitet.

Kapitulation

FERDINAND HUCHO

Was ist der Mensch? – Ich muss die Frage zurückgeben. Meine erste Regung war, als Antwort eine Aufzählung von Namen zu schicken: Albert Einstein, Al Capone, Albert Schweizer, Adolf Eichmann… Sandro Botticelli, Jesus Christus, Gautama Buddha, Pol Pot, Adolf Hitler… usw., quasi pars pro toto, eine lange Liste, die in der Summe eine Antwort geben könnte. Eurozentrisch und männerdominiert, vor allem aber rein deskriptiv, wäre sie – angreifbar und in jedem Fall oberflächlich.

Meine zweite Regung war, zeitgemäß Google zu befragen und die ca. 52 Millionen 300 Tausend ‚hits' (in nur 0.37 Sekunden aufgelistet!) als Antwort einzureichen. Zu vermüllt und wenig informativ, wäre dies nicht mehr als ein oberflächlicher Gag. – Dem Naturwissenschaftler fallen Konzepte und ihre (menschlichen) Erfinder ein, auf die Tiere und andere Lebewesen nie kommen könnten: Das Gen, der Zusammenhang zwischen Masse und Energie, die Kopernikanische Wende … – und dann? Der Mensch: ein Konzeptegenerator, ein Strukturierer – ein Fragenbeantworter?

Der Geisteswissenschaftler schaut auf die Fülle der Antworten der vergangenen Jahrtausende. Vielleicht kann er ja eine weitere Antwort beisteuern; Teilantworten alles dies, bestenfalls originell, aber ausnahmslos unbefriedigend.

Was ist der Mensch? Ich weiß es nicht.

Verzeihen Sie diese Kapitulation!

… man is full of divine possibilities …

Shruti Jain

Laut Sri Aurobindo (1872–1950), einem der wichtigsten zeitgenössischen Denker Indiens, befindet sich der Mensch wie alle anderen Lebewesen in einer natürlichen Entwicklung und wird in ein höheres Prinzip bzw. in die Gottheit münden. Diese Evolution richtet sich nicht nach Außen, sondern nach Innen bzw. ins Feld des Spirituellen. Zugleich ist von einer gleichzeitigen Involution des Urprinzips die Rede, indem das Urprinzip durch die Gestalt des Menschen sich selbst zu realisieren sucht. Folgendermaßen definiert er den Menschen:

The *Shastras* use the same word for man and the one divine and universal Being – *Purusha* – as if to lay stress upon the oneness of humanity with God. *Nara* and *Narayana* are the eternal couple, who, though they are two, are one, eternally different, eternally same. […] Wherever there is man, there is *Narayana*[1]; for the two cannot be separated. […] Be that as it may, there can be no doubt that man is full of divine possibilities – he is not merely in physical evolution, but himself the field of a spiritual evolution which with him began and in him will end. […] The other or fixed types, animals, gods, giants, Titans, demigods, can rise to a higher development than their own, but they must use the human body and the terrestrial birth to effect the transaction.[2]

Die Eigentümlichkeit des Menschendaseins besteht nach dem *Vedanta* darin, dass der Mensch kraft seines Vermögens des Leidens und des Genießens, *bhogyam,* seiner Vernunft, *vivek,* und seines Verstandes, *buddhi,* all das erfahren und bewusst mitwirken kann, was den Tieren und den Göttern zum größten Teil vorenthalten bleibt. Zur Einzigartigkeit des Menschen trägt außerdem sein *karma* bei, d.h. seine Fähigkeit, so handeln zu können, dass ihn „nicht der Taten Frucht bindet" (*Bhagavadgita*). *Karma* beinhaltet ein von sich distanziertes Tun, was in der Tat zunächst auf das Meistern des Tuns, aber eventuell auf seine Überwindung abzielt. Nicht umsonst sehen sich in der alt-indischen Denktradition Götter und Göttinnen dazu veranlasst, in ihren vielen Inkarnationen als Menschen geboren zu werden!

---

1   Shastras, Purusha, Nara, Nararyana: meine Hervorhebungen. Nara: Mensch; Narayana: Gott; Purusha: Mann, hier deutet der Begriff jedoch auf Gott hin.
2   Sri Aurobindo (1994): *Essays Divine and Human With Thoughts and Aphorisms.* Pondicherry: Sri Aurobindo Ashram Press, 7.

Was ist der Mensch?

Peter Janich

Was-ist-Fragen ohne Kontext und Frage-Absicht sind mehrdeutig wenn nicht semantisch sinnlos. Ein fokussierender Kontext ist heute der Anspruch der Naturwissenschaften, ein Menschenbild zu entwerfen, das allein mit naturwissenschaftlichen Mitteln auskommt und auf Bereiche ausgreift, die traditionell den Geistes- und Sozialwissenschaften sowie der Philosophie überlassen waren. Dass sich mit Aktualität auch andere Kontexte wählen lassen, soll nicht vergessen sein – etwa die Stellung dieser Was-ist-Frage als vierte zu den drei berühmten Fragen Kants; oder das Programm der Anthropologien der ersten Hälfte des 20. Jahrhunderts, eine Tatsachenwissenschaft vom Menschen zu begründen (Gehlen, Portmann, Plessner u. a.), ohne auf Biologie reduzierbar zu sein; oder Grundsatzüberlegungen zu Mitteln und Zwecken der Medizin; oder die Menschenrechte.

Schon nach „spezifisch" menschlichen Eigenschaften zu fragen, rückt begrifflich in die Nähe eines Biologismus, der mit einer Spezies Mensch zumindest anhebt, um den homo sapiens sapiens als Bezugspunkt für Zusätze wie (zoon) logon echon, (zoon) politikon, (animal) rationale, ridens, ludens, faber usw. zu nehmen; gewissermaßen als moderne, nämlich (gegenüber Aristoteles) naturwissenschaftlich-taxonomisch und evolutionsbiologisch verbesserte Einteilung.

Philosophisch ernst zu nehmen ist dagegen das Reflexionspostulat, in der Was-ist-Frage neben der Objektrolle des Menschen auch dessen Subjektrolle als Antwortgeber zu berücksichtigen, also eine *Antwort von Menschen für Menschen* zu suchen. Solche Antworten können lebensweltlich, wissenschaftlich oder philosophisch ausfallen. (Subjektvergessenheit wäre dagegen nur ein Zeichen fehlender Selbstreflexion, etwa im Naturalisierungsprogramm des Menschenbildes.)

Damit ist ein methodisches Anfangsproblem gestellt: Soll erst der (anthropologische) Akteur (mit seinen Frageabsichten und Antwortmitteln), oder soll erst der (anthropologische) Gegenstand ausgewählt, benannt und die Wahl begründet werden? Soll erst die Wissenschaft, oder erst die Lebenswelt oder erst die Philosophie als Fragekontext gewählt oder legitimiert werden? Ist die Anthropologie als reife Spezialisierung, Komplexierung oder Schlussstein weiterer Fragen zu sehen, oder ist sie die einfachste, anfänglichste und zugleich universellste aller Bemühung um Wissen, an die sich alle anderen Wissensgebiete anzuschließen haben – als Maxime, dass jedes Wissen solches von Menschen für Menschen zu sein habe? Und ist auf der Metastufe zu all diesen Anfangsproblemen schon zu entscheiden, ob „der" Mensch (im generischen Singular) als Individuum (unter Individuen) oder methodisch primär als Gemeinschaftswesen (als Subjekt wie als Objekt) gefragt ist?

Meine Antwort schließt sich an die lebensweltliche Einschätzung an, was „wir" (hier und heute, also historisch und biographisch vorgeprägt) unter keinen Umständen aufzugeben bereit sind, ja sein dürfen, nämlich die *erworbenen* Fähigkeiten, selber für uns, d. h. für unser Handeln Zwecke zu setzen, Mittel zu wählen und die Verantwortung für beides zu übernehmen, also Antwort zu geben auf Nachfragen anderer Menschen, was, warum und wozu getan wird oder wurde.

So bleibt auch Robinson als Einsamer auf seiner Insel das Produkt seines Vorlebens (mit erworbenem Geschick, mit Sprache und allen über Sprache vermittelten Strukturen seiner Persönlichkeit), während ein Mogli als einsames Dschungelkind unter Tieren selbst als eineiiger Zwilling von Robinson ein Mensch nur im Wortsinn einer Fachwissenschaft Biologie, d. h. qua genetischem Organismus-Bauplan wäre. „Menschlich" ist also nur das von Menschen nicht nur gezeugte, sondern aufgebrachte Wesen. Nur in Handlungs- und Redegemeinschaft kann Handeln und Reden (als eine spezielle Form des Handelns) gelernt werden, weil nur in solchen Gemeinschaften die Zurechnung von Handeln als Verdienst oder Verschulden praktiziert und als Fähigkeit erlebt und erworben (und damit von bloßem, naturgesetzlich verursachtem Verhalten unterschieden) werden kann.

Gegenüber der idealtypischen „Person" als Besitzerin von Zwecksetzungsautonomie, Mittelwahlrationalität und Folgenverantwortlichkeit ist die alltägliche, realtypische Menschlichkeit zu fassen als eine offene, historisch sich wandelnde Liste von (zunächst kultürlich und historisch kontingent) zugeschriebenen Qualitäten (im Unterschied zu den beschriebenen etwa der Naturwissenschaften). „Der Mensch" (sprachlogisch ein Reflexions-, kein prädikativer Begriff) ist also das historisch sich wandelnde Bild von *Zuschreibungen*, die ihrerseits von *Beschreibungen* dadurch unterschieden werden, dass sie nur aufgrund von und mit Bezug auf Beteiligungs- oder Gemeinschaftshandlungen sinnvoll möglich sind. *Beteiligungshandlungen* sind dadurch bestimmt, dass sie nur unter Beteiligung anderer Akteure gelingen können (ein

Wettlauf, ein Gespräch, eine Heirat). *Gemeinschaftshandlungen* können nur mithilfe anderer Agenten erfolgreich sein, also ihren Zweck erreichen (ein Fußballspiel gewinnen, eine Stadt bauen, eine Wissenschaft treiben, eine Revolution anzetteln). Diese Handlungstypen sind an Gelingen versus Erfolg zu unterscheiden, weil nicht alle gelungenen Handlungen erfolgreich sind.

Augenfarbe kann beschrieben werden, Besitz dagegen nur zugeschrieben, wegen Bezugs auf Beteiligungs- oder Gemeinschaftshandlungen wie Kauf, Diebstahl, Schenkung, Miete usw.

Der Aspekt der Zurechnung kommt sprachlich über Pronomina und Verbformen in der ersten und zweiten Person zum Zwecke der Zu- oder Absprache von Handlungsurheberschaft in die Welt. (Behauptende Sätze in der dritten Person sind davon abgeleitet, wenn sie nicht Scheinbehauptungen und in Wahrheit terminologische Regelvorschläge sind.)

Die Ausbildung von Bewusstsein und Selbstbewusstsein in der Lerngeschichte des Individuums ist an Erwerb und Gebrauch von Pronomina erster und zweiter Person gebunden und erfolgt im Kontext von Handlungszuschreibungen.

Eine theoretisch und praktisch unaufhebbare Spannung besteht zwischen Natur und Kultur insofern, als der Mensch *gegen seine Natur* kultiviert wird bzw. ist, und zwar in allen Handlungsbereichen von Kinesis, Poiesis und Praxis. Ob etwa Aggression, Konkurrenz oder Gewalt zum unausweichlichen Zug des Menschen gehören, definiert sich an Zielen wie Empathie, Solidarität oder Fairness und zeigt sich entsprechend als deren Verfehlen. Der Mensch ist damit nicht nur das einzige zweckrationale Wesen, das seine Zwecke selber setzt, während etwa ein zweckmäßiges Vorgehen von Tieren nur anthropomorph-metaphorisch in Verwechslung von Be- und Zuschreibung behauptet werden kann; der Mensch ist auch das einzige Institutionen bildende Wesen (Sprache, Sitte, Recht, Staat, Politik), durch die Ziele von Menschlichkeit gegen seine natürlichen Anlagen durchgesetzt werden sollen.

Als Gestalter seiner Lebenswelt sowie als Urheber der Wissenschaften und philosophischer Reflexion, jeweils in den Grenzen sozialer, historischer und naturgesetzlicher Machbarkeit, gewinnt der Mensch zu Leben und Tod ein kultürliches Verhältnis, auf das er emotiv reagieren muss. Die Formen dieser emotiven Haltungen sind nicht mehr Gegenstand verantwortungspflichtiger Kooperation, sondern individueller Freiheit.

Ein kleines Ereignis zwischen Nichts und Nichts

Oder: Ein paar ungeordnete Gedanken angesichts einer unbeantwortbaren Frage

Ursula Pia Jauch

Ich gestehe: Beim Nachdenken über eine Antwort auf die schöne und hoffentlich weiterhin unbeantwortbare[1] Frage, was denn der Mensch sei, ereignet sich in meinem Kopf ein Sperrfeuer von Einwürfen, Erinnerungen und Stimmen. Dominant ist da zunächst ein Vogelruf, nämlich das bekannte „Ghoukouh" jenes gefiederten Parasiten, den der verdienstvolle schwedische Botaniker Carolus Linnaeus 1758 taxonomisch als „Cuculus canorus" erfasst hat. Dieser Kuckucksruf wiederum führt mich (denn eigenwillig sind die Wege des Gedächtnisses) zu Thomas Mann. Genauer, zu Felix Krull, noch genauer: zu jenem Professor Kuckuck, der den Hochstapler Felix Krull[2] während einer denkwürdigen Eisenbahnfahrt mit einer atemberaubenden Belehrung traktiert, die von der ersten bis zu den letzten Fragen reicht.

Herr Kuckuck spricht

Man sitzt sich also im Coupé gegenüber, die Fahrbewegung des Zuges überträgt sich auf die Köpfe, Gespräch und Denken kommen ihrerseits in Bewegung, schnell geht es um die Frage: Was ist der Mensch? Woher kommt er? Wohin geht er? Felix Krull alias Marquis de Venosta lässt sich von Professor Kuckuck belehren –

---

1 Das im philosophischen Sinn Schöne an der Frage „Was ist der Mensch?" ist und bleibt für mich, dass sie – durch all die Jahrtausende der Menschheits- und Ideengeschichte – bislang noch nie zu einer befriedigenden oder gar definitiven Antwort geführt hat. Es gibt also noch Hoffnung, insofern Hoffnung immer etwas mit dem Offenen und offen Bleibenden zu tun hat. Sowieso das „Definieren": Es ist die Kunst des Begrenzens, des Schließens. Aufgabe der Philosophie aber ist es, zu öffnen.

2 Genauerhin: Im 5. Kapitel des 3. Buches der „Bekenntnisse des Hochstaplers Felix Krull", in dieser Fassung erstmals erschienen 1954.

> Lieber Marquis, sagen wir lieber: er [der Mensch] stammt aus der Natur
> und hat seine Wurzel in ihr. Von der Ähnlichkeit seiner Anatomie mit der
> der höheren Affen sollten wir uns vielleicht nicht zu sehr blenden lassen,
> man hat gar zu viel Aufhebens davon gemacht. Die bewimperten Blau-
> äuglein und die Haut des Schweines haben vom Menschlichen mehr als
> irgendein Schimpanse, wie ja denn auch der nackte Körper des Menschen
> sehr oft an das Schwein erinnert. Unserm Gehirn aber, nach dem Hoch-
> stande seines Baus, kommt das der Ratte am nächsten.[3]

Inwieweit die sich in Hoch-Zeiten befindliche Hirn-Physiologie des
frühen 21. Jahrhunderts den Krullschen Einsichten beipflichtet, ist hier
nicht von Interesse. Denn weiterhin ist ungeklärt, inwiefern die Tier-
Mensch-Analogie wirklich Relevantes über den Menschen qua Mensch
aussagen kann. Etwas später freilich, noch immer im Zug nach Lissabon,
wird Venosta/Krull/Mann folgendes notieren –

> Vorgebeugt saß ich und hörte dem kuriosen Reisegefährten zu, der mir
> vom Sein sprach, vom Leben, vom Menschen – und vom Nichts, aus dem
> alles gezeugt sei und in das alles zurückkehren werden. Ohne Zweifel, sagte
> er, sei nicht nur das Leben auf Erden eine verhältnismäßig rasch vor-
> übergehende Episode, *das Sein sei selbst eine solche* – zwischen Nichts und
> Nichts. Es habe das Sein nicht immer gegeben und werde es nicht immer
> geben.[4]

Der Mensch also als ein kleines Ereignis, eine Episode zwischen Nichts
und Nichts. Das ist nicht sehr viel. Eigentlich sogar sehr wenig. Und vor
allem: nichts Genaues. Woher wir kommen und seit wann es uns – das
„Leben“ in seiner menschlichen Expression – überhaupt gibt: die
Wissenschaft rätselt noch immer. Ebensowenig wissen wir, wie lange es
die Sonderform der biologischen Materie namens „Mensch“ noch
geben wird. Freilich: Es macht heute den Anschein, als ob man mit
hermeneutischen Leerformeln wie derjenigen vom „Humanprojekt“
eine zukunftsfähige Form des „Humanen“ als „Projekt“ – also als ein
definiertes Vorhaben, das innerhalb einer definierten Zeitspanne gelöst
werden muss[5] – generieren will. Mir scheint: Im Terminus „Humanprojekt“ ist die *contradictio in adjecto* permanenter Hausgast. Denn ließe
sich das „Humane“ als zeitbedingt oder zeitbefristet verstehen, dann ist
das Wesen des Humanen als solches eliminiert.

---

3   Mann, Thomas (1989): *Bekenntnisse des Hochstaplers Felix Krull.* Frankfurt am
    Main: Fischer, 281.
4   Ebd., 282 (Kursivsetzung im Original).
5   Cf. die Regelung der Begriffe im Projektmanagement nach DIN 69901.

Kurzum: Der Mensch sei – was auch immer; aber gewiss ist er kein „Projekt". Übrigens haben die Klügeren unter den Philosophen durch Jahrhunderte, ja Jahrtausende hindurch gut leben können mit der glücklichen Unbeantwortbarkeit, sprich: Offenheit der Frage nach dem Wesen des Menschen. Ob man es als Ausweis der Fortschrittsfähigkeit auch der Philosophie sehen soll, dass die Philosophen des 21. Jahrhunderts den Menschen wenigstens nicht mehr zwingend als „Krone der Schöpfung"[6] betrachten, das zu beurteilen überlasse ich anderen.

Was ist so unangenehm daran, etwas nicht genau zu wissen?

Der Mensch als ein Wesen zwischen Nichts und Nichts: Tröstlich oft haben selbst die Philosophen im Laufe der langen abendländischen Denkgeschichte zu dieser uns alles offen haltenden Antwort gefunden. Was eigentlich ist so unangenehm daran, etwas nicht genau zu wissen, zu erkennen oder gar erklären zu können? Und: Wenn wir etwas erklären können, haben wir es dann auch schon verstanden? Wie weit ist der naturwissenschaftliche Wissens-Begriff förderlich in jenen Sonderarchitekturen, die zum Haus der Philosophie gehören? Ein Naturwissenschaftler kann mir noch so oft das Wesen des menschlichen Genoms erklären; daraus aber ist für mich als Philosophin nicht zu folgern, dass ich damit auch schon das Wesen des Menschen mitsamt seiner merkwürdigen Bestimmung – nämlich ein auf Freiheit und Selbstverantwortung hin angelegtes Wesen zu sein – à fond erfasst hätte.

Und sowieso die „Freiheit", die ja von den Neurowissenschaften der Gegenwart mächtig in Frage gestellt worden ist: Sie hat allerdings ein menschliches Format. Von ihr kann man vor allem – und in kantianischem Sinne – sagen: Wir müssen als Menschen immer so handeln, als ob wir auf Freiheit hin angelegt seien. „Freiheit" in einem naturwissenschaftlichen Sinne nachzuweisen oder zu bestreiten, halte ich für ein Eigentor der denkfaul gewordenen spätmodernen Naturwissenschaften, namentlich der Neurobiologie, welche ihre elementarsten hermeneutischen Hausaufgaben nicht macht und folglich ein ständiges Opfer der eigenen Begriffsblindheit ist. Man möchte den Neurobiologen, heißen sie nun Singer, Roth oder Kannitverstan, von Herzen

---

6   Immerhin: Nicht nur in der Antike und bei Aristoteles, auch noch im Rationalismus und in den meisten frühen oder späten „analytischen" Denkschulen herrschte und herrscht diese Denkweise.

empfehlen, statt in das vermeintliche „Vorne" doch einmal „zurück" zu schauen. Etwa zum Berliner Physiologen Emile Du Bois-Reymond und der Herleitung seines „Ignoramus, ignorabimus".[7] Nicht alle heute debattierten Fragen sind „neu". Und manchmal ist das vermeintlich „vorne" Liegende nur ein alter Irrtum in neuem Gewand.

Neue Einsichten? Alte Fragen!

Und um noch einmal zu Mann/Krull/Kuckucks Bestimmung des Menschen als eines „Seins zwischen Nichts und Nichts" zurückzukommen: Auch diese Einsicht ist so sonderlich neu nicht. 1745 erscheint in Paris ein kleines Duodezbändchen mit dem aufregenden Titel „Venus physique". Es handelt sich dabei um eine der ersten Schriften über die Vererbungstheorie, auch wenn der Titel – gewollt – so tut, als ob das Traktätchen mit wissenschaftlicher Porneutik liebäugelte. Der Autor weiß, dass er an einer heiklen Stelle denkt: Es geht um die Entstehung der „Materie" Mensch. Um die brisante Experimentalphilosophie zu camouflieren, wird das Schriftchen verbrämt als abendliches Damengespräch à la Fontenelles „Entretiens sur la Pluralité des Mondes" von 1686. Will heißen: Eine kleine philosophische Reflexion eröffnet das Bändchen: Wir haben, werte Dame[8],

> vor kurzem ein Leben erhalten, das wir in Kürze gleich wieder verlieren werden. Wir sind platziert zwischen zwei kleine Augenblicke, deren einer uns hat auf die Welt kommen sehen und deren anderer unseren Tod wird verfolgen können. Eitel und vergeblich versuchen wir, unsere Existenz über diese Zeitspanne auszudehnen. Wir täten besser daran, wenn wir uns nur damit beschäftigten, wenigstens zu verstehen, was in dem Intervall eigentlich passiert.[9]

---

7   Aus dem Vortrag *Über die Grenze des Naturerkennens* von Emil Du Bois-Reymond, gehalten am 14. August 1872, auf der 45. Versammlung der deutschen Naturforscher und Ärzte. In: Du Bois-Reymond, Emil (1907): *Über die Grenze des Naturerkennens. Die sieben Welträtsel. Zwei Vorträge von Emil Du Bois-Reymond.* Leipzig: Verlag von Veit und Comp.

8   Die Adressatin der kleinen Abhandlung ist eine späte Schwester der Marquise de ★★★ aus den abendlichen „Gesprächen" des Herrn Fontenelle, freilich mit der kleinen, nicht nebensächlichen Differenz, dass Maupertuis' Marquise de ★★★ guter Hoffnung, also schwanger und demnach in einem körperlichen Sonderzustand ist.

9   Cf. Maupertuis, Pierre Louis Moreau de (1745): *Venus physique.* Paris 1980: Aubier-Montaigne, 1 f.

Geschrieben sind diese Sätze immerhin von einem der fortschrittgläu-
bigsten unter den Wissenschaftlern des erkenntnisoptimistischen 18.
Jahrhunderts: Pierre Louis Moreau de Maupertuis. Maupertuis freilich
hat seinen Lukrez – dass das menschliche Sein ein kleines Evenement ist
zwischen Nichts und Nichts – noch gekannt.

Ja, was ist er nun, der Mensch? Was hat unsere wieder so er-
kenntniseifrige und auf Daten und Fakten abonnierte Neurowissen-
schaft denn Neues über ihn herausgefunden? Im „New Scientist" vom
April des Jahres 2007 nehme ich – auf die Frage, wer denn dem Son-
derwesen Mensch am nächsten komme – folgenden Satz zur Kenntnis:
„The fact is, chimpanzees are the more highly evolved species."[10] Nun
ja. Siehe oben, bei Herrn Kuckuck. Keine neue Kunde. Wir sind noch
immer bei den alten Vergleichen Tier – Mensch. Ob nun Ratte oder
Schimpanse: Gesetzt den Fall, wir würden eine Ratte oder einen
Schimpansen „wirklich" verstehen, wüssten wir denn, was der Mensch
ist? War es das? Wozu all der Lärm?

Von Ferne höre ich den alten Lichtenberg einwerfen: „Wir haben
keine Worte, um mit dem Affen von Weisheit zu reden. Der ist schon
weise, der den Weisen versteht."

Postscriptum

A propos Lichtenberg: Zwei seiner geistesblitzenden Bemerkungen
über das Wesen des Menschen dürfen hier doch wohl, zur Erhellung des
Publikums, noch auftreten. Erstens: „Der Mensch ist so perfektibel und
korruptibel, dass er aus Vernunft ein Narr werden kann." Zweitens:
„Dass der Mensch das edelste Geschöpf sei, lässt sich auch schon daraus
abnehmen, dass es ihm noch kein anderes Geschöpf widersprochen
hat." Für mich selbst allerdings beantworte ich – sozusagen als post-
cartesianische „réplique par provision" – die Frage nach dem Wesen des
Menschen mit einem kleinen Aphorismus, den ich meine, einmal bei
Bernard Mandeville gefunden zu haben: Der Mensch – ein Wesen, das
mit den Füssen im Sumpf und mit dem Kopf in den Wolken lebt.

Oder so ähnlich. Ich hatte wohl den Kopf in den Wolken. Ich habe
mir die Stelle nämlich nicht gemerkt.

---

10 Who Is The Most Refined Ape of Them All? In: *New Scientist* (195/2006), 17.

Nomaden im Zweistromland

Matthias Jung

Es gibt zwei offenkundige Wahrheiten über den Menschen, die sich ebenso offenkundig zu widersprechen scheinen. Wahrheit Nummer eins: Wir sind nichts Besonderes. Menschen sind Lebewesen wie alle anderen auch, Säugetiere, deren Physiologie und Verhalten durch denselben Evolutionsprozess geprägt worden ist, der alles Leben hervorgebracht hat. Diese elementare Einsicht ist uns allerdings – paradox genug – gerade durch den Fortschritt einer kulturellen Aktivität zuteil geworden, durch die wir uns offenkundig von allen anderen Lebewesen unterscheiden, nämlich der Naturwissenschaften. Und so folgt Wahrheit Nummer zwei auf dem Fuß: Irgendwie sind wir doch ganz anders. Wir leben zwar im Hier und Jetzt unserer alltäglichen Sorgen und Verrichtungen, aber von der Kette der Unmittelbarkeit sind wir losgebunden. Denn wir sind symbolgebrauchende Wesen und finden unsere Lebensform nicht einfach als genetisch disponiertes Wechselverhältnis zwischen Organismus und Umwelt vor, sondern erfahren sie als unendlich variablen Spielraum kultureller Gestaltungen. Diese beiden Dimensionen – grob gesagt, Natur und Kultur – gehören zusammen wie die beiden Seiten einer Medaille, aber genau wie bei dieser ist es uns offenbar fast unmöglich, beide Seiten zugleich wahrzunehmen. Es ist wie bei einem Vexierbild: Aus der Perspektive der Naturwissenschaften sehen wir uns von außen, erscheinen auch unsere Handlungen und Gefühle als ein kausal beschreibbares Produkt neuronaler Erregungsschleifen. Aus der Perspektive gewöhnlicher Erfahrung hingegen erscheint die Welt von innen, als Korrelat eines handelnd auf die Welt bezogenen Selbst, das seine symbolische Distanz zu den Möglichkeiten des Handelns als Freiheit erfährt.

Wir brauchen deshalb ein Verständnis des Menschen, das seiner Zugehörigkeit zur Natur wie seiner Distanz zu ihr gleichermaßen gerecht wird. Die Autoren des amerikanischen Pragmatismus, denen ich mich philosophisch verpflichtet fühle, haben nach meiner Überzeugung zuerst ein solches Verständnis entwickelt. Und auf der Suche nach einem Bild für die zugrunde liegende Idee bin ich auf die Metapher vom Zweistromland gestoßen: Der so bezeichnete fruchtbare Landstrich zwischen Euphrat und Tigris ist eine der Wiegen der Menschheit, eine Gegend, in der viele der kulturellen Ordnungen, die noch heute unser Leben bestimmen, zuerst gedacht und realisiert worden sind. Und im Zweistromland leben wir alle noch heute: denn unser Leben erstreckt sich zwischen zwei Flüssen, und das fruchtbare Land der Kultur konnte nur dort entstehen, wo Wesen wie wir nicht umhin konnten, andauernd von einem Fluss zum anderen unterwegs zu sein.

Der erste Fluss ist derjenige des Erlebens, der *stream of thought* oder *stream of consciousness*. Dieses Bild hat der amerikanische Pragmatist William James geprägt, um damit deutlich zu machen, dass die unbefangene Selbstwahrnehmung keine abgetrennten Einheiten kennt, sondern bloß ein kontinuierliches Fließen dauernd sich verändernder Eindrücke unterschiedlicher Intensität. Was so erlebt wird, ist qualitativ bestimmt: es fühlt sich so-und-nicht-anders an, müde zu sein, gerade einen Vortrag zu halten, diesen oder jenen Gedanken fassen zu wollen, ein Bier zu trinken usw. In qualitativer Unmittelbarkeit ist uns die Wirklichkeit gegeben, als zudringlich, anziehend, abstoßend; ob in emotionaler Hingabe, in Ekel und Abscheu, in der kontemplativen Stimmung des Betrachters. Immer erschließt sich uns im Strom des Erlebens die Welt als Korrelat unserer Lebensinteressen. Diese qualitativ-emotionale Dimension bildet die Tiefenschicht unseres Weltverhältnisses und liegt, wie John Dewey in seinen Arbeiten zur Logik gezeigt hat, selbst den formalsten logischen Operationen der Prädikation und des Schließens zugrunde.

Am Ufer dieses Erlebnisstroms siedeln wir aber, um das Bild wieder aufzunehmen, nicht alleine. Denn qualitatives Erleben ist, nach allem was wir wissen, in unterschiedlichem Maß eine Eigenschaft, die alle Lebewesen charakterisiert. Vor einigen Jahrzehnten hat der Philosoph Thomas Nagel einen berühmt gewordenen Aufsatz mit dem Titel „What is it like to be a bat?" geschrieben, der sich genau dieser Frage widmet. Fledermäuse, so argumentiert er, sind Wesen, deren Erfahrungswelt als nachtaktive Beutejäger mittels Echoortung sich offenkundig qualitativ von unserer Erfahrungswelt unterscheidet. Wir wissen also zwar nicht, wie es ist, eine Fledermaus zu sein und könnten auch höchstens herausbekommen, wie es für uns ist, wissen zu wollen, wie sich das Fledermaus-Sein von innen anfühlt. Sofern Lebewesen aber eine spezifische Lebensform und damit einhergehende spezifische Bedingungen des Gedeihens und Bedrohtseins aufweisen, ist ihnen ihre Umwelt immer qualitativ erschlossen, als Korrelat ihrer spezifischen Weise zu sein. Ob man also im hellen Tageslicht an seinem Schreibtisch sitzt oder nächtliche Beutezüge per Echolot unternimmt: beides hat eine spezifische Erlebnisqualität. Insoweit sitzen wir mit allen anderen Organismen in einem Boot: Der Interaktionszusammenhang mit der Umwelt wird in seiner Bedeutung für das Gedeihen des Organismus emotional erlebt, er fühlt sich auf eine spezifische Weise an, und deswegen sind Menschen wie andere Lebewesen auch gekennzeichnet durch *Positionalität*: Die Wirklichkeit wird aus einer artspezifischen und darüber hinaus auch einer individuellen Perspektive erfahren, in der alle Weltbezüge in *einem* Organismus zusammen laufen. In diesem Sinne gilt: Stirbt ein Mensch, stirbt eine Welt.

Aber natürlich ist das nur die eine Hälfte der Geschichte: Die andere Hälfte wird sichtbar, wenn wir uns klarmachen, dass wir unsere Zelte nicht nur am Strom des Bewusstseins aufgeschlagen haben. Das qualitative Erleben verbindet uns wohl mit allem Lebendigen, und an ihm wird jede Geist-Metaphysik zunichte, die uns eine Heimat in der leibfreien Welt jenseits des Biologischen zuweisen möchte. Aber Menschen sind nicht nur erlebende Wesen, sie sind Symbolverwender, und das Zweistromland als der Siedlungsraum unserer Gattung wird nicht allein vom Erlebnisstrom, sondern auch vom Strom der Symbole begrenzt. Menschen sind, so behaupte ich, die einzigen Lebewesen, zu deren Natur es gehört, über eine spezielle Art von Zeichen, nämlich Symbole, zu verfügen. Und der Fluss dieser Symbole relativiert die Grenzen von Raum und Zeit, an die wir doch durch unser qualitatives Erleben als Organismen stets gebunden bleiben. Indem ich behaupte, dass nur Menschen eine Symbolsprache haben, höre ich natürlich schon den Vorwurf der Anthropozentrik: Wissen wir nicht viel zu viel über die subtilen Kommunikationsformen von Tieren, über Walgesänge und über die Begabung von Schimpansen zum Erlernen der Symbolsysteme, die sich ihre Betreuer für sie ausgedacht haben? Mit anderen Lebewesen teilen wir ja in der Tat viele Aspekte der Kommunikation, zum Beispiel im Gefühlsausdruck. Darwin hat das zuerst deutlich gesehen. Was aber beim Menschen hinzukommt, ist eben der Gebrauch einer symbolischen Sprache, die nicht mehr durch direkten Bezug auf die gegenständliche Welt funktioniert und deshalb *Möglichkeiten* eröffnet: vergangene, zukünftige und unabsehbare.

Dass wir am Strom der Symbole teilhaben und diesen Strom sogar selbst hervorbringen, distanziert uns von der lebendigen Unmittelbarkeit des Erlebens, die wir mit anderen Organismen teilen. Wir sind eben Sprachverwender und also Wesen, die Bedeutungen in erster Linie durch Bezug auf andere Bedeutungen produzieren: Ein Wort verweist auf das andere, ein Satz auf den nächsten, Rede auf Gegenrede. Und deshalb sind wir in der Lage, uns auf Dinge zu beziehen, die von dem Hier und Jetzt unser direkten Erfahrung so weit entfernt sind wie die Quantenphysik, Cäsars Überschreitung des Rubikon oder der Aufgang der Sonne am Tag nach meinem eigenen Tod. Dazu passt die bekannte Formel Helmuth Plessners von der *exzentrischen Positionalität*. Unsere humane Lebensform *dezentriert* unsere Positionalität als Lebewesen, sie erzwingt durch den transsubjektiven Strom der Symbole strukturell die Möglichkeit von Abstand. Herder verwendet in diesem Zusammenhang den schönen Ausdruck der „Besonnenheit".

Besonnen können wir aber nur sein, weil wir Grenzgänger zwischen den beiden Strömen sind. Die qualitative Unmittelbarkeit des gelebten und erlebten Lebens stößt einen Symbolisierungsprozess an, dessen Bedeutungen sich wiederum mit dem Erlebten mischen, es also gleichsam mit symbolischem Sinn imprägnieren. Man stelle sich als drastisches Beispiel einen frühchristlichen Anachoreten vor: einen Einsiedler, wie ihn Salvador Dali in seinem berühmten Bild „Die Versuchung des Heiligen Antonius" gemalt hat. Dieser Einsiedler empfindet, wie alle anderen Menschen auch, qualitativ bestimmte Erregungszustände. Weil ihm aber die Lust als Lockmittel des Teufels gilt, und sein Erlebnisstrom sich wie bei jedem Menschen mit den symbolisch codierten Wertvorstellungen vermischt hat, die sein Leben prägen, wird er diese Regungen vorab ganz anders erfahren als etwa ein hedonistisch gestimmter Ibiza-Urlauber. Es fühlt sich eben in Abhängigkeit von den jeweils verinnerlichten Symbolstrukturen und damit sozialen Werten jeweils anders an, natürliche Triebregungen zu haben.

Nun besteht die Pointe meiner Metapher von uns Menschen als Nomaden im Zweistromland gerade darin, dass unsere Lebensform vom dauernden Hin-und-Her, von den Grenzgängen zwischen den Strömen bestimmt wird. Es gelingt uns eben nicht, nur an einem Ufer zu wohnen, obwohl uns das häufig als eine sehr attraktive Versuchung erscheint. Ein gutes Beispiel bietet die von der Werbeindustrie nach Kräften beförderte zentrale Attitüde der Freizeitgesellschaft: *have fun* oder *enjoy yourself*. Sie lebt von der Vorstellung, das gelungene Leben sei eines, das durch die Maximierung qualitativer Erlebnisse gekennzeichnet ist: Je nach persönlichem Risikoverhalten stehen dafür vom *Bungeejumping* bis zu virtuellen Erlebniswelten allerlei einschlägige Reize zur Verfügung. Leider ist es aber mit der Intensität des Erlebens so eine Sache: Evolutionsbiologisch ist sie eine Funktion des Organismus in der Auseinandersetzung mit einer widerständigen Umwelt und tritt daher gerne auch als Schmerz und Leid auf. Vor allem aber ist sie untrennbar mit der normativen Seite unseres Wesens verbunden, mit den Werten und Handlungsmustern, die in einem symbolischen Prozess von Generation zu Generation tradiert und kreativ weiterentwickelt werden. Und das hat zur Folge, dass natürlich auch der hedonistische Versuch, sich von normativen Vorgaben unbeeinflusst alleine dem persönlichen Vergnügen zu widmen, als Norm daherkommt. In Freizeitparks und Urlaubszentren manifestiert er sich deshalb als der kategorische Imperativ, sich zu amüsieren. Und wem dies nicht gelingt, der ist normativ ausgeschlossen vom Gruppenzwang der Genießer.

Mit der Unmittelbarkeit als Lebensprinzip ist es also für uns Zweistromlandbewohner nicht weit her. Umgekehrt gelingt es uns aber genauso wenig, alleine das Netz der Symbole zu bewohnen und vom lebendigen Erleben zu abstrahieren. All die Versuche, eine rein geistige Existenz zu führen, die sich in einer kulturellen Symbolwelt häuslich einrichtet, die Spontaneität und Unmittelbarkeit der Erfahrung aber ausblendet, gehören in diese Kategorie. Elias Canetti hat in seinem Roman „Die Blendung" den Typus eines solchen Menschen gezeichnet: Die Welt ist zwar im Kopf, der Kopf aber ist nicht in der Welt. Und hierhin passt auch das süffisante Aperçu, Descartes' reines *cogito* könne nur von einem Menschen erdacht worden sein, der vergessen hat, dass es Zahnschmerzen gibt. Jede Bemühung, sich in einem geschlossenen geistigen System der Weltdeutung einzurichten, ist entsprechend dauernd von der Unmittelbarkeit der Erfahrung bedroht, weshalb sie sich gegen diese immunisieren muss. Hier kann ich wieder zu Dalis Hl. Antonius zurückkehren. Immer besteht für ihn die Gefahr, dass die qualitative Intensität seiner leiblichen Empfindungen ihn überwältigt und das Gebäude seiner Wertungen hinwegspült. Nur von Symbolen kann niemand leben, sowenig wie alleine von unmittelbarer Erfahrung. Aber gerade diese doppelte Unmöglichkeit macht uns zu Menschen, denn sie schafft einen Spielraum der Freiheit auf dem Weg vom Eindruck zum Ausdruck und zurück: Wir sind eben Grenzgänger, Nomaden im Zweistromland.

Einige Bemerkungen zum Menschsein des Menschen aus theologischer Perspektive

Eberhard Jüngel

Auf die an Gott gerichtete Frage des Psalmisten *Was ist der Mensch, dass Du seiner gedenkst?* (Psalm 8, 5) antwortet die christliche Theologie: das ist der Mensch, dass Gott seiner gedenkt.

Während der neuzeitliche Mensch − erst er? − sich für das jede Auskunft über den Menschen wieder in Frage stellende und alle Bestimmungen des Menschseins des Menschen immer wieder transzendierende *Wesen radikaler Fraglichkeit* hält und den Menschen als eine *Frage* begreift, auf die wir die endgültige Antwort nicht kennen (können), versteht der christliche Glaube den Menschen als ein durch Gottes schöpferische Bejahung definiertes Wesen und insofern als *Antwort*, zu der es die richtigen Fragen zu finden gilt.

Die Theologie nennt das Ereignis schöpferischer Bejahung des Menschen durch Gott *Offenbarung* und bestimmt das Menschsein des Menschen aus der Beziehung Gottes zum Menschen. Und da Offenbarung das Geschehen des zur Welt und zum Menschen *kommenden* und den Menschen auf dieses sein Kommen anredenden Gottes ist, der zugleich den *Glauben* als „hingerissenes Eingenommensein" (Gadamer) von dem ihn ansprechenden Gott mit sich bringt, versteht sich der Glaubende *von weit her*. Er zehrt als Glaubender von *Möglichkeiten*, denen gegenüber die jeweilige *Wirklichkeit* des Menschen nur das Segment eines reduzierten Seins ist. „Und so ist der Mensch, als existierende Transzendenz überschwingend in Möglichkeiten, ein Wesen der Ferne." (Heidegger: *Vom Wesen des Grundes*, 54) − Martin Heideggers Bestimmung des Menschseins des Menschen kann durchaus auch theologisch rezipiert werden, wenn man nur unter „Ferne" den Ursprung des mir *nahe kommenden* Gottes verstehe und ich aufgrund dieser Nähe die Freiheit gewinne, mich von mir selbst zu entfernen, ohne mich dabei zu verlieren.

Doch der Mensch existiert nicht nur aus der Beziehung Gottes zu ihm. Er bezieht sich seinerseits auf Gott. Er bezieht sich aber auch auf seine natürliche und soziale Umwelt. Und er bezieht sich in allen diesen

Beziehungen immer auch auf sich selbst. Der Mensch ist also ein beziehungsreiches Wesen, ein Wesen, dessen Sein nach dem Urteil Luthers überhaupt nur *in praedicaemento relationis* angemessen bestimmt werden kann.[1] Kierkegaard hat diese Auffassung radikalisiert und dargelegt, dass der beziehungsreiche Mensch mehr ist als seine jeweilige Wirklichkeit. Ein auf sich selbst reduzierter Mensch wäre nichts anderes als eine – Leiche.

Seine Wirklichkeit ist ein Ensemble verwirklichter *Möglichkeiten*. Verwirklicht der Mensch die elementaren Lebensbeziehungen, in denen er Mensch ist, so, dass diese elementaren Lebensbeziehungen zueinander im Verhältnis gegenseitiger Begünstigung stehen, dann ist der Mensch ein *Wesen des Friedens* – im biblischen Sinne des Wortes *shalom*. Verwirklicht er aber eine dieser elementaren Beziehungen *rücksichtslos*, also auf Kosten der anderen fundamentalen Lebensbeziehungen, dann ist das, was wir seine Wirklichkeit zu nennen pflegen, nur noch ein Segment reduzierten Menschseins.

Man kann ja sein *Verhältnis zu sich selbst* so rücksichtslos verwirklichen, dass alle anderen elementaren Lebensbeziehungen und deren Möglichkeiten verstellt werden. Dann hört der Mensch auf, ein Wesen des Friedens zu sein. Dann entstehen die Pathologien der auf ihre Subjektivität fixierten Vernunft, für die die natürliche und soziale Umwelt nur noch verwertbares Material ist, aus dem es etwas zu machen gilt; und für die selbst Gott zum verwertbaren Material wird: „Und alle Himmelskräfte verscherzt, verbraucht […], danklos, ein schlaues Geschlecht" (Hölderlin: *Dichterberuf*).

Man kann aber auch *das Verhältnis zu Gott* – oder zu dem, was man für Gott hält – so rücksichtslos verwirklichen, dass die anderen elementaren Lebensbeziehungen und ihre Möglichkeiten verstellt werden und der Mensch wiederum aufhört, ein Wesen des Friedens zu sein. Dann entstehen die Pathologien des in Aberglauben umschlagenden Glaubens, von denen religiöser Fanatismus und Terrorismus uns abschreckend vor Augen stehen. In allen diesen Fällen wird der *in Möglichkeiten* überschwingende Mensch ein *verfügbares Wirkliches*. Der auf ein *verfügbares Wirkliches* reduzierte Mensch aber ist im Begriff, das zu verlieren, was der menschliche Mensch braucht wie das tägliche Brot: *Freiheit*.

---

1   Darin ist er das Ebenbild des dreieinigen Gottes, dessen drei *u'posta,shij* treffend als *relationes subsistentes* bestimmt worden sind.

Was ist der Mensch?
Anmerkungen zu einer unwissenschaftlichen Frage

GEERT KEIL

„Was ist der Mensch?"
(sein Wesen?) – schwer zu fassen.
Lauter so Sprenkel, die nicht zueinanderpassen.
Von wo entsprungne, woraufhin vermengte?
Vielleicht, daß die mal jemand logisch aneinanderhängte ...
Peter Rühmkorf

So spricht der Dichter. Wer aber soll das tun: die versprengten Be-
stimmungsstücke des Menschen logisch aneinander hängen? Die
Dichter sicherlich nicht. Sie steuern im besten Fall erhellende Metaphern und Aphorismen bei, sind aber nicht fürs Definieren und fürs
Systematisieren zuständig. Und die poetischen Auskünfte, dass der
Mensch ein denkendes Schilfrohr oder die Dornenkrone der Schöpfung
sei, machen anthropologische Forschung nicht überflüssig.

Philosophen ist es ganz selbstverständlich, dass die Frage „Was ist der
Mensch?" in ihre Zuständigkeit fällt. Kant hat sie als die Quintessenz
dreier anderer Fragen ausgegeben, mit denen er das Gebiet der Philosophie umriss. Doch schon die Disziplinenbezeichnung „Philosophische
Anthropologie" macht deutlich, dass sich die Zuständigkeit der Philosophie nicht von selbst versteht. Es bedürfte des Zusatzes „philosophisch" nicht, wenn es neben der philosophischen Anthropologie nicht
auch eine historische, eine biologische, eine medizinische, eine theologische und eine kybernetische gäbe, nicht zu vergessen die Kultur-
und die Sozialanthropologie.

In seiner *Anthropologie in pragmatischer Hinsicht* unterscheidet Kant
zwischen dem, „was die *Natur* aus dem Menschen macht" und dem,
„was *er* als freihandelndes Wesen aus sich selber macht, oder machen
kann und soll".[1] Das erste zu untersuchen sei Aufgabe der physiologi-

---

1   Kant, Immanuel (1798): *Anthropologie in pragmatischer Hinsicht*. Vorrede. Aka-
    demie-Ausgabe. Bd. VII. Berlin/New York 1902 ff.: de Gruyter, 119.

schen Anthropologie, das zweite Aufgabe der pragmatischen. Heute
würde man sagen: Was die Natur aus dem Menschen macht, erklären
die empirischen Humanwissenschaften, was er „als freihandelndes
Wesen aus sich selber macht", erörtern die Philosophie und die anderen
Geistes-, Kultur- und Sozialwissenschaften.

Die Frage, was der Mensch sei, ist im Stil der *Was-ist*-Fragen der
sokratischen Dialoge formuliert. Darin unterscheidet sie sich von der
Rede vom Menschen*bild*, die heute im geistes- und kulturwissenschaftlichen Diskurs weitaus populärer ist. Man muss diese Verschie-
bung wohl als ein Rückzugsgefecht werten: Mit der robust realistischen
„Was ist"-Frage träte man in unmittelbare Konkurrenz zu den Erklä-
rungsansprüchen der empirischen Humanwissenschaften, mit der Rede
vom Menschenbild scheint man dieser Konkurrenz aus dem Wege zu
gehen. Stellen wir uns einen selbstbewussten Humanbiologen oder
Paläoanthropologen vor und legen ihm Folgendes in den Mund: Wie
der Mensch beschaffen ist, was seine wesentlichen Merkmale sind und
was ihn von den anderen Tieren unterscheidet, das erforsche ich gemeinsam mit meinen Kollegen aus den Nachbarlabors. Danach können
gern die Philosophen und Theologen kommen und noch etwas daran
heruminterpretieren. Sie mögen Akademietagungen über den „Wandel
des Menschenbildes" abhalten, doch empirische Humanwissenschaftler
verpassen nichts, wenn sie an diesen Tagungen nicht teilnehmen.

Die Provokation der sokratischen Was-ist-Fragen besteht darin, dass
sie diese Art der Arbeitsteilung nicht akzeptieren. Sokrates fragt jeweils
nach dem *Wesen* einer Sache, nach ihrer eigentlichen Beschaffenheit.
Die robust realistische Frage, was der Mensch sei, geht über die Frage
hinaus, was für ein Bild wir uns von ihm machen. Was etwas ist und
welches Bild wir uns davon machen, sind zwei verschiedene Dinge.
Bilder können zum Beispiel scharf oder unscharf sein, treffend oder
verzerrend, die Sache selbst kann das nicht. Die Dominanz der Rede
vom Menschenbild erkläre ich mir zum einen so, dass man der besagten
Konkurrenz aus dem Wege gehen möchte. Zum anderen hängen viele
Geistes- und Kulturwissenschaftler der vagen Vorstellung an, dass wir in
unseren Erkenntnisbemühungen niemals über Bilder, Interpretationen
und Konstruktionen einer Sache hinausgelangen. Entsprechend ist
„Essentialismus" in diesen Kreisen zu einem Schimpfwort geworden.
Die Auffassung, dass wir uns kognitiv nie mit einer Sache selbst beschäftigen, sondern immer nur mit Bildern von ihr, ist aber nicht be-
scheiden oder erkenntniskritisch aufgeklärt, sondern ein erkenntnis-
theoretischer Holzweg. Aber das ist ein Thema für sich.

Eine besonders schlechte Presse hat der Essentialismus heute in den Kulturwissenschaften. Kulturwissenschaftler ahnen, dass Wesensdefinitionen nicht ihr Metier sind, und wenn man schon nichts Konstruktives beizutragen hat, kann man sich zumindest despektierlich über den Essentialismus äußern. Die argumentfreie Behauptung, dass man Wesensfragen doch nicht mehr stelle, sollte Philosophen aber nicht beunruhigen. Wesensdefinitionen werden nicht dadurch obsolet, dass sie aufgrund philosophischer Halbbildung dazu erklärt werden.

Freilich gibt es eine Reihe von begründeten Bedenken gegen die überkommenen Definitionsformeln vom Typus „animal rationale", mit denen Philosophen die Frage nach dem Wesen des Menschen zu beantworten gesucht haben. Ich möchte auf vier dieser Bedenken eingehen.

1. Die Zuständigkeitsfrage: Der anthropologische Diskurs, heißt es, muss heute vielstimmig geführt werden. Es könne nicht den Philosophen allein obliegen, aus dem Lehnstuhl zu definieren, was der Mensch sei.

2. Die Definitionsformeln mit *genus proximum* und *differentia specifica* im Stile von „animal rationale" sind alle abenteuerlich kurz. Die Hoffnung der Nachfolger des Aristoteles scheint etwas blauäugig, bei der Definition des Menschen mit zwei Worten auszukommen.

3. Schon dass das erhellendste nächsthöhere Genus das Tier sein muss, ist alles andere als selbstverständlich.

4. Im aristotelischen Essentialismus sind die Artnaturen der Substanzen unwandelbar. Warum sollte man eine Wesensdefinition des Menschen mit dieser Annahme belasten? Vielleicht hat der Mensch gar kein unwandelbares Wesen.

Ich beginne mit der Zuständigkeitsfrage. Interessanterweise wird die Zuständigkeit der Philosophie für die sokratischen Fragen „Was ist Gerechtigkeit?" oder „Was ist Tugend?" selten bestritten. Diese Fragen würde von vornherein niemand für empirische halten. Bei der Frage, was der Mensch sei, ist das nicht so klar. Kann man in einer Wissenschaftskultur ernsthaft bestreiten, dass der Mensch zunächst einmal ein der biologischen Evolution unterworfenes Säuge- und Wirbeltier ist, dessen wesentliche Merkmale zu beschreiben in die Zuständigkeit der Lebenswissenschaften fällt? Nun, dieser rhetorischen Frage könnte man andere zur Seite stellen, etwa diese: Kann man ernsthaft bestreiten, dass der Mensch wesentlich ein *zoon politikon* ist, das außerhalb eines Sozialverbands nicht dauerhaft existieren kann und das sich seine Lebenswelt durch Kultur und Technik selbst zurechtgezimmert hat?

Solchen Zuständigkeitsstreitereien liegt die Annahme zugrunde, dass es irgendeine Wissenschaft geben müsse, die mit der Frage nach der Natur des Menschen hauptsächlich befasst ist. Es spricht indes viel dafür, dass für die Frage nach der Natur des Menschen *überhaupt keine Wissenschaft* zuständig ist. Diesen Befreiungsschlag hat der Philosoph Herbert Schnädelbach vor Jahren unternommen: Die Frage „Was ist der Mensch?", so Schnädelbach, ist keine wissenschaftliche, weil sie keinen einheitlichen Forschungsgegenstand konstituiert. Die Philosophische Anthropologie schätzt die Frage wegen ihrer Einfachheit und Allgemeinheit, doch jede einzelne Humanwissenschaft wird sie als unwissenschaftlich zurückweisen, und zwar mit Recht. Die Humanwissenschaften haben spezifischere Erkenntnisinteressen und Explananda. In ihnen wird der Mensch, wie Schnädelbach sagt, zum „Epiphänomen des anderweitig viel zuverlässiger Erforschten", zum bloßen „Anwendungsfall dessen, was die wissenschaftlichen Disziplinen in ihrem jeweiligen Kernbereich wissen".[2]

Der Mensch als Epiphänomen des anderweitig zuverlässiger Erforschten – das ist gut gesagt und lässt sich mit Beispielen illustrieren: Die kognitive Psychologie beschäftigt sich mit der Psychologie von Kognitionsprozessen, wo auch immer sie auftreten, in Menschen oder in anderen Wesen. Die Paläoanthropologie sucht aus fossilen Funden die Frühgeschichte der Hominiden zu rekonstruieren, aber den evolutionären Mechanismen des Artenwandels ist die Kategorie „Mensch" völlig gleichgültig. Und so weiter. Diese Wissenschaften handeln zwar von Phänomenen und Prozessen, die auch in und an Menschen vorkommen, aber sie handeln nicht vom Menschen als solchem. Es gibt überhaupt keine Humanwissenschaft, die vom Wesen des Menschen handelt, und deshalb bezeichnet „Anthropologie" ohne Zusatz auch keine wissenschaftliche Disziplin. Die Frage, was der Mensch sei, ist schlicht unwissenschaftlich.

Ist sie deshalb auch unphilosophisch? Darüber lässt sich trefflich streiten. Es ist behauptet worden, dass der Philosophie im anthropologischen Diskurs eine *Synthetisierungsaufgabe* zukomme. Der Philosophischen Anthropologie obliege es, das humanwissenschaftliche Wissen vom Menschen zu sichten, zu ordnen und synthetisierend auf die

---

2 Schnädelbach, Herbert (1992): *Zur Rehabilitierung des animal rationale.* Frankfurt am Main: Suhrkamp, 123 und 281.

Wesenfrage zu beziehen, die in den einzelnen Humanwissenschaften nicht eigens gestellt wird.

Ich komme zum zweiten Einwand gegen die herkömmlichen Wesensdefinitionen, zur abenteuerlichen Kürze der Definitionsformeln, die sich in der Philosophiegeschichte angesammelt haben. Diese Wesensbestimmungen scheinen kaum minder aspekthaft zu sein als das, was die empirischen Humanwissenschaften über den Menschen wissen. In den Formeln wird jeweils ein Merkmal herausgegriffen, das den Menschen als Gattungswesen auszeichnen soll, während andere Merkmale ausgeblendet werden. Wie viele Fähigkeiten, Eigenschaften oder Leistungen sind von Philosophen schon als das genannt worden, was den Menschen zum Menschen macht oder seine „Sonderstellung" begründet, wie man in der Philosophischen Anthropologie sagte. Für Aristoteles, Thomas von Aquin, Descartes und Leibniz war der Mensch wesentlich ein vernünftiges Wesen, in Aristoteles' politischen Schriften hingegen ein politisches Wesen. Kant nannte etwas vorsichtiger die *Vernunftfähigkeit*. Für Herder, Humboldt und Gadamer war das *proprium* des Menschen die Sprache, für Dilthey und Cassirer die Kultur, für Husserl das Bewusstsein, für Gehlen das Handelnkönnen, für Marx die Sozialität und die Arbeit, für Sartre die Freiheit, für Buber und Lévinas die Beziehung zum Anderen. Einige Wesensbehauptungen haben sich zu den bekannten Definitionsformeln verdichtet: *animal rationale / zoon logon echon, zoon politikon, animal symbolicum, animal ridens, homo faber, homo inventor, homo ludens*. Niemandem kann es verwehrt werden, weitere Formeln hinzuzufügen. Alle diese Formeln treffen etwas, doch sät ihre schiere Vielfalt Zweifel daran, dass sich die den Menschen auszeichnenden Fähigkeiten und Eigenschaften aus einem einzigen Punkte herleiten lassen. Erstrangige Philosophen wissen das, deshalb sind einige der oben vorgenommenen Zuordnungen angreifbar. Kant hat den Menschen freilich als das vernunftfähige Wesen bestimmt, doch an anderen Stellen nennt er die Freiheit, das Selbstbewusstsein oder die Moralfähigkeit als sein *proprium*.

Die analytische Philosophie des Geistes seit Brentano betont die Intentionalität, also den Geist. Es versteht sich, dass „Geist" hier in einem so weiten Sinne aufzufassen ist, dass auch Sprache, Erkennen und absichtliches Handeln als geistige Vermögen zählen. Man kann in diesem Sinne sagen, dass der menschliche Geist die sprachlichen, kognitiven und praktischen Leistungen des Menschen durchtränkt. Andere Philosophen haben diese Sichtweise als Mentalismus kritisiert und mit Heidegger und Wittgenstein den Primat der Praxis betont. Es gibt für die Wesensdefinition des Menschen eben verschiedene terminologische Strategien. Man kann niemandem verwehren, etwa den Kulturbegriff oder den der Praxis so anspruchsvoll einzuführen, dass er als plausible Explikationsbasis für das den Menschen Auszeichnende erscheint. Begnügen wir uns an dieser Stelle mit der Einschätzung, dass das *proprium* des Menschen holistischer verfasst ist als die klassischen Definitionsformeln vermuten lassen. Auch wenn die Suche nach *dem* definierenden Merkmal des Menschen aussichtslos ist, könnten doch die *Konstellation* und das *Zusammenspiel* der Eigenschaften und Fähigkeiten des Menschen einzigartig sein.

Manche Autoren haben schließlich versucht, die Einzigartigkeit des Menschen exemplarisch über besondere Leistungen zu erläutern, die seine Fähigkeiten ihm ermöglicht haben: Der Mensch ist das einzige Säugetier, dem es gelungen ist, von der Wüste bis zur Arktis alle Lebensräume zu besiedeln. Beim Menschen kann, wie Hobbes bemerkte, der schwächste Artgenosse den stärksten töten. Und der Mensch ist das einzige Wesen, das im Fliegen eine warme Mahlzeit zu sich nehmen kann – so Loriot.

Der dritte Einwand gegen die klassischen Definitionsformeln betraf die Prominenz des Mensch-Tier-Vergleichs. Die Philosophische Anthropologie von Herder bis Gehlen kam schon deshalb über aspekthafte Definitionen nicht hinaus, weil sie völlig auf den Mensch-Tier-Vergleich fixiert war. Erst der Vergleich zwischen dem Menschen und den anderen Tieren motiviert ja die Mängelwesen- und die Kompensationsthesen. Die Natur des Menschen vom Mensch-Tier-Vergleich her aufklären zu wollen ist zwar nicht gerade abwegig, aber auch nicht alternativlos. Seit dem 18. Jahrhundert ist der Vergleich des Menschen mit einer Maschine hinzugetreten, der im 20. Jahrhundert zur Geist-Computer-Analogie verengt wurde. In der computerfunktionalistischen Auffassung des Geistes werden auch Computern und Robotern mentale Zustände zugeschrieben; der Geist sei „multipel realisierbar". Während für Aristoteles nicht in Frage stand, dass der Mensch taxonomisch zur nächsthöheren Art der Tiere gehört, wird im Funktionalismus das Verhältnis zwischen *genus proximum* und *differentia specifica* umgekehrt: Der Mensch ist nicht mehr das vernünftige unter den Tieren, sondern das Tier unter den Vernunftwesen, also dasjenige Wesen, dessen mentale Zustände kontingenterweise in biologischer „wetware" realisiert sind.

Der vierte Einwand richtete sich gegen die Annahme einer *unwandelbaren* Natur des Menschen. Spätestens seit technische Möglichkeiten einer genetischen Veränderung unserer Gattungsnatur in Reichweite sind, müssen wir uns fragen, warum wir als kontingentes Produkt der Evolutionsgeschichte so und nicht anders sein *wollen*. Diese Verfügungsmacht jagt uns einen Schrecken ein, weshalb wir sie durch moralische, religiöse und rechtliche Verbote zu beschränken suchen. Aber diese Verbote werden nicht allerorts auf Dauer befolgt werden. Jenseits der deskriptiven Frage, was der Mensch sei, steht uns oder unseren Kindern die normative Frage ins Haus, wer oder was wir künftig sein wollen.

Für Aristoteles war die verlässliche Generationenfolge *der* Stabilitätsgarant in der belebten Natur. *Ein Mensch zeugt einen Menschen* und nicht etwa ein Eichhörnchen oder eine Fledermaus. Seit wir wissen, dass biologische Spezies nicht unwandelbar sind, sondern sich allmählich auseinander entwickeln, entfällt der wohl wichtigste Grund dafür, sie *natürliche* Arten zu nennen: ihre Konstanz. Vernünftigerweise sollten wir die Rede vom Wesen des Menschen nicht an eine unhaltbare Auffassung von unwandelbaren natürlichen Arten binden. Wo steht überhaupt geschrieben, dass der Mensch eine *natürliche* Art sein muss, und allgemeiner: dass das Wesen einer Sache ein unwandelbares sein muss? Vielleicht sollten wir unsere Ansprüche an eine Wesensdefinition einfach herabsetzen. Wenn niemand die Natur mit unwandelbaren biologischen Arten ausgestattet hat, müssen die vernunftbegabten Tiere eben das Beste daraus machen und ihre Artnatur als eine wandelbare beschreiben. Jammern hilft hier nicht. Genaugenommen lautet der Befund ja nur, dass die historische Stabilität der menschlichen Natur jedenfalls nicht auf unabsehbare Zeit *biologisch* garantiert ist. Es steht uns immer noch frei, *kulturell* zu stabilisieren, wer oder was wir sein wollen.

Die Wesensfrage, was der Mensch sei, muss nicht schon deshalb zu den Akten gelegt werden, weil man die Voraussetzungen des *aristotelischen* Essentialismus nicht mehr teilt. Das Wesen einer Sache lässt sich als der Inbegriff ihrer artzugehörigkeitsdefinierenden Eigenschaften auffassen. Insofern ist die Geschäftsgrundlage jeder Wesensdefinition eine bestimmte Einteilung der Individuen in Arten. Nun ist die Wandelbarkeit von Arten ohne Frage eine große Herausforderung für jeden Essentialismus. Dass ein Merkmal der historischen Veränderung unterliegt, wäre für Aristoteles ein sicheres Zeichen dafür, dass es sich um ein akzidentelles handelt und eben nicht um ein essentielles. Doch vermutlich ist es diese Dichotomie der beiden Veränderungsarten, die nicht ohne Abstriche aufrechterhalten werden kann. Es gibt klare Fälle, aber auch eine Grauzone. Klarerweise ist das Größenwachstum der Mitteleuropäer aufgrund guter Ernährung eine akzidentelle Veränderung, während die gelungene Kreuzung des Menschen mit einem Rhinozeros eine essentielle wäre. Doch wie verhält es sich zum Beispiel mit dem „enhancement" unserer kognitiven Fähigkeiten: Welche Steigerung unserer Gedächtnisleistung würde als Veränderung unserer Artnatur zählen, welche würde innerhalb ihrer Grenzen verbleiben? Oder: Eine wie große Veränderung unserer Lebensspanne würde das Wesen des Menschen verändern? Und woran soll man das bemessen?

Interessanterweise haben ja die Philosophen seit jeher einen Hang zur *negativen* Anthropologie, die den beschriebenen Verlust der Stabilitätsgarantie vorwegnimmt: Der Mensch sei das nicht festgestellte Tier, weltoffen, instinktreduziert und unspezialisiert, ein Irrläufer der Evolution, er habe gar keine bestimmte Artnatur, sondern sei das, was er aus sich mache. Unter Bedingungen der humantechnologischen Verfügungsmacht nimmt sich diese Nicht-Festgestelltheit noch dramatischer aus. Die Philosophische Anthropologie kann in dieser Lage normativen Stellungnahmen nicht länger ausweichen. Die Einlassungen der Philosophen sind auf bestem Wege, den Charakter eines Votums im Wettbewerb der Ideen zu gewinnen: Wem „der Mensch" am Herzen liegt, der möge mit Gründen hervorheben, was am Menschen denn besonders bewahrens- oder auch kultivierenswert ist. Er möge zu Kants Frage Stellung nehmen, was der Mensch „als freihandelndes Wesen aus sich selber macht, oder machen kann und soll".

Der Mensch zwischen Ost und West

Chongki Kim

Ich muss gestehen, dass ich diese Frage nicht kurz und knapp beantworten kann.

Mengzi (372–281 v. Chr.), wohl der bedeutendste Nachfolger des Konfuzius, sagte, dass ein Mensch ohne Mitleidsgefühl, Schamempfinden, Höflichkeitssinn und das Gefühl für richtig und falsch kein Mensch sei. Diese vier Ansätze oder Anlagen (*siduan*) – zu Menschlichkeit oder Humanität (*ren*), Gerechtigkeit (*yi*), Sittlichkeit (*li*) und moralischem Wissen (*zhi*) – seien dem Menschen angeboren. Aufgrund seines Menschseins verfüge er über sie, unabhängig von seiner Stellung, seiner Rolle und seinen Leistungen. In diesen Ansätzen, also innerlichen moralischen Gefühlen, unterscheidet sich der Mensch vom Tier, kann ein moralisches Wesen sein und ist deshalb würdevoll.

In der neo-konfuzianischen Lehre gibt es eine allgemeine Liste von Gefühlen, die dem *Buch der Riten* entnommen wurde: Freude, Zorn, Kummer, Furcht, Liebe, Hass und Wunsch. Dies sind die sogenannten sieben Gefühle. Bezüglich des Verhältnisses zwischen den vier Ansätzen und den sieben Gefühlen wurde die folgende Frage gestellt: Vertreten diese beiden zwei unterschiedliche Arten des Gefühls, die von zwei verschiedenen Quellen herrühren? Oder sind sie lediglich zwei verschiedene Arten des Sprechens über die gleiche Art des Gefühls?

Der berühmte koreanische Neo-Konfuzianist Yi Hwang (1501–1570) hat nach seinem siebenjährigen Briefwechsel mit Ki Taesung (1527–1572) eine Antwort darauf formuliert: Was die vier Ansätze angeht, entspringen sie dem Prinzip (*li*), und die materielle Kraft (*qi*) folgt diesem; die sieben Gefühle entspringen hingegen dem *qi*, und *li* reitet auf diesem. Dies lässt sich anhand des Gleichnisses eines Menschen, der auf einem Pferd reitet, veranschaulichen: Ohne das Pferd kann der Mensch nicht kommen und gehen, ohne den Menschen findet das Pferd nicht den Weg.

Grob gesagt liegen in der menschlichen Natur die vier Ansätze zu den vier Tugenden (*ren, yi, li, zhi*) als regulative Ideen begründet, durch die der Mensch seine sieben Gefühle, also alltäglichen Gefühle, kontrollieren, sich dadurch kultivieren und letztlich Mensch sein kann.

Aber die vier Ansätze können sich nur durch diese sieben Gefühle zeigen.

In Bezug auf das Verständnis des Menschen lässt sich sagen, dass die westlichen Philosophen hauptsächlich in ontologischer Hinsicht die Vernunft des Menschen und dessen Denkfähigkeit betonten, die ostasiatischen, besonders die koreanischen Philosophen hingegen in praktischer Hinsicht ihr Augenmerk auf die menschliche Natur, die an sich weder gut noch böse ist, und auf deren Kultivierung richten.

Nun gestehe ich allerdings, dass ich bezüglich des Menschenbildes teilweise von dieser ostasiatischen Philosophie und teilweise von der westlichen Philosophie, besonders von der kantischen sowie hegelianisch-marxistischen Philosophie beeinflusst bin.

Vor diesem Hintergrund vertrete ich die folgende Aussage: Der Mensch ist ein Wesen, das nur in der Gattung, im Prozess der gesellschaftlich-geschichtlichen Entwicklung seine Anlage entfaltet. In dieser Hinsicht kann man die körperlichen Charakteristika des Menschen nennen, die ihn vom Tier unterscheiden: die Fähigkeiten, aufrecht zu gehen, Werkzeuge herzustellen und mit der Zunge artikulierte Laute hervorzubringen. Diesen Fähigkeiten verdanken sich die Sprach- und Denkfähigkeit sowie die Kultur des Menschen. Dies sind seine allgemeinen Charakteristika.

Wenn es aber um die Würde des Menschen, besonders die des Individuums geht, bezeichnet man den Menschen als eine Person. Die Person lässt sich nach Locke folgendermaßen beschreiben: „ein denkendes intelligentes Wesen, das Vernunft und Reflexion besitzt und sich als sich selbst denken kann, als dasselbe denkende Etwas in verschiedenen Zeiten und an verschiedenen Orten". Bekanntlich finden Philosophen wie Peter Singer in dieser Definition der Person einen Rechtfertigungsgrund für Embryonenforschung, Abtreibung oder Euthanasie; die Katholiken hingegen bezeichnen die biologischen Eigenschaften der Spezies *Homo sapiens* als den Beleg für das Menschsein, ferner das Personsein, und finden darin einen Grund, die genannten Handlungen zu verbieten.

Bezüglich bioethischer Fragen bin ich der Meinung, dass der erstere der beiden Standpunkte plausibler als der letztere ist, unter der Voraussetzung, dass man Maßnahmen gegen den Missbrauch treffen sollte.

Aber mit den Kriterien des Menschseins bzw. des Personseins wie Vernunft, Selbstbewusstsein oder Selbstbestimmung bin ich unzufrieden. Denn daran erkennt man nur die westliche rationalistische Tradition. Deshalb möchte ich ergänzend hinzufügen: Wenn ein Mensch

Mensch sein will, muss er neben der Rationalität und dem Selbstbewusstsein seine innere Natur, also die vier Ansätze: Mitleidsgefühl,
Schamempfinden, Höflichkeitssinn und das Gefühl für richtig und
falsch, entfalten.

So sage ich abschließend: Der Mensch ist ein Wesen, das auf der
Basis der Vernunft die vier Ansätze entwickeln und sich kultivieren
kann, um die vier Tugenden, also Humanität (*ren*), Gerechtigkeit (*yi*),
Sittlichkeit (*li*) und moralisches Wissen (*zhi*), zu erreichen.

Die Natur des Menschen und die Naturwissenschaften

Kristian Köchy

Orientiert man sich an dem klassischen Bedeutungsumfang von „Natur", dann kann die Frage nach der Natur des Menschen grundsätzlich zweierlei bedeuten. Unter dem Gesichtspunkt der Genese kann nach der Herkunft und der Entwicklung des Menschen gefragt werden; unter dem Gesichtspunkt der Geltung nach dessen Beschaffenheit und seinen wesentlichen Merkmalen.

In der aktuellen Debatte um die Erklärungsansprüche und die Deutungsmacht der Naturwissenschaften zu anthropologischen Fragen wird zunächst die erste *Perspektive der Genese* deutlich. Die biologische Anthropologie fragt nach dem Menschen als einer biologischen Bildung, als einem Produkt des Prozesses der Evolution. Dieser „natursystematische Begriff" (Scheler) vom Menschen ordnet den Menschen in das phylogenetische Entwicklungsgeschehen der Evolution nahtlos ein und fasst ihn als ein Lebewesen unter anderen. Die seit Darwin gültige Auffassung von der Abstammung des Menschen aus dem Tierreich – von Freud noch als eine der epochalen Kränkungen der Menschheit aufgefasst – bildet heute die unhinterfragte methodologische Basis der Biologie vom Menschen. Bei dieser Vorgabe ist es offensichtlich verfehlt, von einer Sonderrolle des Menschen in dem Sinne zu sprechen, dass ihm qualitativ besondere Eigenschaften zukämen, die jenseits der prinzipiellen Erfassbarkeit durch die Verfahren und Theorien der Biowissenschaften lägen. Die Deutungshoheit der Naturwissenschaft über das Menschliche wäre demnach vollkommen; umfassende Erklärungsansprüche aus den Reihen der Genforschung, der kognitiven Neurowissenschaften oder der evolutionären Anthropologie wären legitimiert.

Allerdings wird schon in evolutionärer Perspektive deutlich, dass zwischen natürlichen (biologischen) Aspekten und kulturellen Aspekten der Menschwerdung keine strikte Trennung existiert. Vielmehr ist es so, dass das für die Hominisation entscheidende Faktorennetzwerk eine Verschränkung von natürlichen und kulturellen Elementen darstellt:

Die durch den aufrechten Gang freiwerdende Hand, der wegen des opponierbaren Daumens mögliche Präzisionsgriff, die Innovationen des Werkzeuggebrauchs, die neue Lage des Kehlkopfes, die Entwicklung von Sprache und Gehirn, die Erschließung neuer Nahrungsquellen, die gemeinsame Jagd, die Nutzung des Feuers, die Entwicklung spezieller Fähigkeiten in Kommunikation und sozialer Organisation – alles dieses und vieles mehr bildet ein umfängliches *call system* für die Entwicklung menschlicher Kultur. Die kulturelle Basisbefähigung des Menschen, seine Sprachfähigkeit etwa, gilt auch aus evolutionärer Sicht als *das* Charakteristikum des Menschen. Hier trifft sich die Biologie mit der philosophischen Anthropologie, in der Helmuth Plessner das anthropologische Grundgesetz der natürlichen Künstlichkeit aufstellte und in der Johann Gottfried Herder den Satz formulierte: „Schon als Tier hat der Mensch Sprache." Andererseits hat die Naturwissenschaft jedoch stets zu bedenken, dass gerade die Frage nach der Sprache den Übergang von der naturwissenschaftlichen zur kulturwissenschaftlichen Zuständigkeit markiert. Diese Frage hebt zwar mit biologischen Untersuchungen zur genetischen Ausstattung oder zu morphologischen Besonderheiten des Sprechapparates an und schließt auch die Entwicklung von Gehirnarealen ein, sie führt dann jedoch in den intersubjektiven Raum der Kommunikation, der nur sprach-, sozial- und kulturwissenschaftlich zu untersuchen ist, und endet schließlich bei philosophischen Entscheidungen, wie der zwischen einem evolutionären oder einem propositionalen Verständnis von Sprache.

Damit sind wir jedoch bei dem zweiten der obigen Aspekte angelangt – der *Perspektive der Geltung* im weitesten Sinne. Auch wenn man die philosophische Bestimmung des Menschen seit den Untersuchungen von Ernst Cassirer nicht mehr als fixe Wesensbestimmung im klassischen Sinne versteht, sondern vielmehr als Zuschreibung spezifischer kultureller Funktionen, so basiert die Untersuchung doch weiterhin auf der Konstatierung eines qualitativen Unterschieds in den wesentlichen Merkmalen von Tier und Mensch. In Cassirers Fall etwa wäre eine Bestimmung des Menschen als *animal symbolicum* – und damit auch dessen Kennzeichnung als verantwortungsvolles (*responsible*) Wesen – gar nicht möglich ohne die grundsätzliche Unterscheidung zwischen organischen Reaktionen (*reactions*) und menschlichen Antworten (*responses*). Hier werden prinzipielle Unterschiede zwischen menschlicher Symbolsprache und tierischem Zeichengebrauch konstatiert. In diesem Sinne ist der Mensch auch für Cassirer gerade *nicht* nur ein in seiner Umwelt verankertes Lebewesen nach dem Schema von v.

Uexküll. Der Mensch wagt sich vielmehr Kraft seiner Symbole über die Grenzen seiner biologischen Existenz hinaus. Er ist – mit Max Scheler gesprochen – ein „X, das sich in unbegrenztem Maße ‚weltoffen' verhalten kann". Auch wenn Plessner an dieser Überzeichnung prinzipieller Weltoffenheit ebenso Kritik übte, wie an der biologistischen Degradation des Menschen auf die Umweltgebundenheit (wobei er selbst für eine Verschränkung beider Aspekte plädierte), so ist doch auch er von der besonderen Qualität des geistigen Lebensraums des Menschen überzeugt.

Gerade dieser aus der kulturellen und philosophischen Perspektive bleibend vorausgesetzte Unterschied zwischen Mensch und Tier wird jedoch heute – erneut in evolutionärer Ausrichtung – durch die kognitive Ethologie und die These von der Kontinuität des mentalen Erlebens grundlegend herausgefordert. Darüber hinaus werden nicht nur bisher für den Menschen reservierte Eigenschaften wie (phänomenales) Bewusstsein, Intentionalität, Sprache oder Denken auch hinsichtlich ihrer Verbreitung im Tierreich diskutiert, umgekehrt – und bezeichnenderweise in Opposition zu diesem Trend auf Ausdehnung des Mentalen – wird aus der gleichen Richtung der kognitiven Neurowissenschaften die Existenz oder Relevanz der genannten Phänomene selbst beim Menschen in Frage gestellt. Sie werden zur bloßen Illusion, zu Epiphänomenen oder zu sozialen Konstrukten erklärt, womit dann wieder nur die naturwissenschaftlich erfassbare neuronale Sphäre übrig bliebe. Neurophysiologisch betrachtet findet sich kein Ort für das Ich, das nach Kant alle meine Vorstellungen begleiten können muss. Auch die Vorstellung einer selbstbestimmten, nach Gründen erfolgenden Handlung erscheint als bloße Illusion, als Akt nachträglicher Selbstzuschreibung oder als kulturelle Konstruktion.

Jedoch bleibt zu berücksichtigen, dass gerade mit der evolutionär entstandenen kulturellen Basisbefähigung die Möglichkeit zu wissenschaftlicher Forschung allererst entsteht, wobei die Kultur des Menschen in der Wissenschaft einen ihrer Höhepunkte erreicht. Wissenschaft ist Element dessen, was die klassische philosophische Anthropologie mit der Idee der Weltoffenheit bezeichnete. Für Scheler, Plessner oder Cassirer sind es deshalb gerade die wissenschaftlichen Formen des Weltzugangs, die die Sonderrolle des Menschen zum Ausdruck bringen. Die adäquate Berücksichtigung dieser besonderen Bedingungen geht allerdings deutlich über die Zuständigkeit der empirischen Fachwissenschaften hinaus. Wie Cassirer es formuliert: „The facts of science always imply a theoretical, which means a symbolic, element."

Auch im Fall der genannten Befunde und Deutungen aus den Reihen der kognitiven Neurowissenschaften werden deshalb sowohl für die Aufstellung der naturwissenschaftlichen Theorien als auch für die Umsetzung der naturwissenschaftlichen Experimentalhandlungen dem Menschen als Forscher diejenigen Fähigkeiten zugestanden, die (scheinbar) auf der Basis der Befunde in Frage gestellt sind. Zur Durchführung eines Experiments muss der Wissenschaftler seine Handlungen als Urheber bewirken können, er muss frei zwischen Alternativen wählen können und er muss sich selbst als ein experimentell handelndes Wesen begreifen können. Zur Aufstellung und Prüfung seiner Theorien muss er eine kognitive Repräsentation der Welt haben, deren Geltungsanspruch er nur dann prüfen kann, wenn er nach den Gründen für die theoretischen Annahmen fragt, selbst wenn er empirische Befunde zu solchen Gründen erklärt. Zudem muss er zur Deutung seiner Versuche grundsätzliche Entscheidungen darüber treffen, was er unter „Bewusstsein", „Intentionalität", „Sprache" oder „Denken" verstehen will. Betrachtet man den Menschen nicht in seiner Rolle als Forschungssubjekt, sondern als Forschungsobjekt, dann sind (trotz des geänderten methodischen Status) auch in diesem Fall für eine adäquate Auswertung der Befunde der Kognitionsforschung eine ganze Reihe kultureller, geistiger oder symbolischer Momente zu berücksichtigen. Ohne die Zwischenschaltung der Sprache – als Instruktion des Probanden vor dem Versuch oder als sein verbales Protokoll nach bzw. während des Versuchs – bleiben viele Aspekte des Erlebens (in der Perspektive der Ersten Person) für die Erklärung (aus der Perspektive der Dritten Person) unzugänglich. Auch kann neuronales Geschehen dann in vielen Fällen nicht mit entsprechenden mentalen Ereignissen korreliert werden. Schon dadurch, dass damit ein komplexes Szenario von Interpretation, Verstehen und mehrfachem Übersetzen notwendig wird, zeigt sich, dass der Zuständigkeitsbereich der Naturwissenschaften überschritten ist. Entsprechend Paul Ricœurs Überlegungen zum *Text als Modell* bringen deshalb die spezifischen Probleme der Auslegung von gesprochener und geschriebener Sprache paradigmatisch Methode und Problemlagen der *Human*wissenschaften zum Ausdruck – und damit letztlich auch der kognitiven Neurowissenschaften, wenn man sie als Teil der Humanwissenschaften verstehen will. Auch Ricœur setzt dabei voraus – hier mit Blick auf die geistigen Momente des Diskurses –, dass nur der Mensch „eine Welt hat".

Forschungsreise zu sich selbst

Salomon Korn

„Ist das ein Mensch?" – Seit Primo Levis existentieller Frage nach den Folgen des nationalsozialistischen Menschheitsverbrechens kann es keine unvoreingenommene Antwort mehr auf Immanuel Kants Frage „Was ist der Mensch?" geben. Theologen, Hirnforscher, Philosophen, Anthropologen mögen fachspezifische Teilantworten beisteuern. Die Hoffnung, deren Addition könne sich zu einem Gesamtbild fügen, ist ebenso trügerisch wie die Erwartung einer auch nur annähernd allgemeingültigen Antwort.

Nietzsche zufolge hat die Welt unendlich viele Mittelpunkte: Es gibt keine Welt, nur Welten. Anstelle von „Wirklichkeit" bestehen danach ebenso viele Wahrnehmungen von Wirklichkeit wie Menschen existieren – kurz: „Das Ganze ist das Unwahre" (Adorno). Worauf kann unter diesen Prämissen die Frage „Was ist der Mensch?" noch zielen? Doch nur auf jene Schnittmenge, die dem Wesen aller Menschen am nächsten kommt – aller Menschen? Einschließlich der Inuit in Alaska und Aborigines in Australien? Oder sind ausschließlich Menschen unseres Kulturkreises gemeint?

Mögliche Antworten können nur aus kulturspezifischer Sicht erfolgen. Welcher Aussagewert käme ihnen unter diesen Umständen noch zu? Ein eingeschränkter, ein selektiver, ein interessengeleiteter? Da ziehe ich mich lieber auf ein Wort Hölderlins zurück: „Was bleibet aber, stiften die Dichter." Nun entspringen auch deren Erkenntnisse den fokussierenden Blicken eigener Vorlieben und Erfahrungen. Dennoch bleibt die Hoffnung, ihnen komme durch Sensibilität des Künstlers höherer Wahrheitsgehalt zu als der eigenen Froschperspektive.

König Salomo zufolge ist alles eitel und Haschen nach dem Wind, um dann festzustellen: „So sah ich denn, dass nichts Besseres ist, als dass ein Mensch fröhlich sei in seiner Arbeit, denn das ist sein Teil" (Prediger 3,22). Damit ist vor 3000 Jahren ein bis heute nachklingendes Leitmotiv angeschlagen worden. Zum Beispiel bei Andreas Gryphius („Was sind wir Menschen doch! Ein Wohnhaus grimmer Schmerzen/ ein Ball des falschen Glücks, ein Irrlicht dieser Zeit…) oder bei August von Platen

(„Denn jeder sucht ein All zu sein, und jeder ist im Grunde nichts.")
oder bei Georg Trakl („... anfällt ein knöchern Grauen, / Wenn
schwarz der Tau tropft von den kahlen Weiden") – schöne Worte,
eingängige Symbole, aber am Prediger Salomo gemessen: nichts Neues
unter der Sonne.

Deshalb beschleichen mich hin und wieder Zweifel, ob die von
Dichtern und Denkern in Tiefen des Geistes vorangetriebenen Über-
legungen tatsächlich zu universellen Erkenntnissen über das Wesen des
Menschen führen oder – in Binnenlogik gefangen – lediglich diesen
Anschein erwecken. Wäre letzteres der Fall – ein „Haschen nach dem
Wind"? – dann gerieten Fragen nach Wahrheit, Sinn, Wirklichkeit zu
selbstreferentieller, ihre eigene Thermik erzeugende Beschäftigung.
Möglicherweise kommt daher Ludwig Uhlands Verständnis von
Wirklichkeit „der" Wahrheit näher als das uns vertraute („In ein
Stammbuch"):

Das Bild ist höher als sein Gegenstand,
Der Schein mehr Wesen als die Wirklichkeit.
Wer nur die Wahrheit sieht, hat ausgelebt.
Das Leben gleicht der Bühne: dort wie hier
Muß, wann die Täuschung weicht, der Vorhang fallen.

Vielleicht ist schließlich nicht die sich letzter Erkenntnis entziehende
„Wahrheit" oder „Wirklichkeit" entscheidend, sondern – unter realistischer Einschätzung materieller Gegebenheiten – mit welcher Sicht der
Dinge ein Mensch besser zurechtkommt, zufriedener lebt oder glück-
licher wird, ohne sich dabei seiner gesellschaftlichen Verantwortung
dem Nächsten gegenüber zu entziehen. Was sollte dann aber eine der
Uhlandschen „Täuschung" zuwiderlaufende, „desillusionierende"
Antwort auf die gestellte Frage bewirken? Und angenommen es gäbe
eine „wahre": brächte sie uns wirklich weiter? Zweifel sind angebracht
und genährt werden sie nicht nur von Ludwig Uhland, sondern auch
von anderen Dichtern, etwa Hugo v. Hofmannsthal. Dessen dritte
Terzine über Vergänglichkeit, in Anlehnung an Shakespeares „Sturm"
(IV,1) mit der Zeile beginnend: „Wir sind aus solchem Zeug wie das zu
Träumen" („We are such stuff/ As dreams are made on"), endet mit den
Worten: „Und drei sind Eins: ein Mensch, ein Ding, ein Traum."

Aller Unzulänglichkeit zum Trotz wage ich dennoch eine Antwort
auf die eingangs gestellte Frage: Der Mensch – Individuum und Ge-
sellschaftswesen zugleich – ist zu ebenso abgrundtiefer Barbarei wie
höchster kultureller Leistung fähig – einschließlich derjenigen, Schein,

Fiktion, Glaube, Poesie den Stellenwert eigener „Wirklichkeit" bei-
zumessen. Als einziges unter den Geschöpfen ist allein er in der Lage,
über sich selbst, sein Dasein, seine Möglichkeiten nachzudenken. Und
nur der Mensch kann mit Setzen moralischer und ethischer Maßstäbe,
mit Kodifizierung von Recht und Gesetz aus dem Reiz-Reaktions-
schema der Natur ausbrechen und sich eine zweite, über der ersten
stehende „Natur" erschaffen. Dadurch ist er imstande, nicht mehr von
der „Willkür" naturverhafteter Kreatürlichkeit beherrscht zu werden,
sondern sie seinerseits zu beherrschen. Unfähig dazu, außerhalb seiner
selbst zu stehen und damit aus „objektiver" Distanz sich selbst zu erkennen, sucht er immer wieder Wege, diese existentielle Gegebenheit
zu umgehen – in ebenso vergeblichen wie fruchtbaren Versuchen.
Denn zuletzt bleibt der Mensch – schwankend zwischen Skepsis,
Hoffnung, Utopie – nur als kreativ Suchender, als produktiv Zwei-
felnder seinem Wesen, seinen Möglichkeiten, seiner „Bestimmung"
treu – auf einer erkenntnisreichen, nicht endenden Forschungsreise zu
sich selbst, unaufhörlich Antwort auf die Frage suchend, wer und was er
denn „wirklich" sei.

Gedanken zu haben

„Ein Blitz inmitten einer langen Nacht"

Martin Korte

Natürlich ist der Mensch Fleisch und Blut, aufrechter Gang, Leber und Gehirn; natürlich ist er auch Leidenschaft, Freude, Angst, Zweifel, Liebe; natürlich ist er grausam, emphatisch, stumpfsinnig, klug und ebenso sprachmächtig wie manchmal ohnmächtig − und offensichtlich meint hier „natürlich" nicht „Natur", sondern es ist klar, dass der Mensch vor allem ein Kulturwesen ist − im Guten wie im Schlechten im Übrigen. Natürlich hat der Mensch Freiheit (wenn auch nicht allzu viel) und er ist weniger durch sein Gehirn determiniert als durch die kulturellen, sozialen und wirtschaftlichen Umstände der Gesellschaft, in der er lebt. Natürlich aber hat er ein Gehirn, dessen Nervenzellen sein Denken ermöglichen oder begleiten, hervorbringen oder verfolgen, wer mag das entscheiden? Ein Gehirn im Übrigen, welches dem Menschen erlaubt, ein autobiografisches Gedächtnis zu haben, welches es ihm ebenso ermöglicht, die Vergangenheit zu betrachten, als auch die Zukunft anhand des vorher Erlebten zu planen. Und natürlich wäre eine Betrachtungsweise des Menschen ohne eine Hypothese über seinen evolutiven Werdegang und seine genetische Mitgift unvollständig. Es ist dabei kein Luxus, den Aufbau von Sozietäten ebenso wie den Aufbau und die Funktionsweise und Evolution des Gehirns zu ergründen, sondern dies sind Bausteine im Gesamtkunstwerk der *Ecce homo*-Frage, die ebenso den Ist-Zustand, wie die Genese, onto- wie phylogenetisch, zu betrachten hat. Vor allem aber macht den Menschen das *„Denken"* aus: Gedanken zu haben, diese zu erinnern, zu protokollieren und anhand von Gedankenkonstrukten eine Zukunft zu planen, vorherzusehen, überhaupt anzuvisieren, oder die Vergangenheit zu interpretieren und sich selbst im gedanklichen Spiegel zu sehen, ist ein, wenn nicht das, wichtigste Arkanum menschlicher Existenz:

> Alles, was nicht Gedanke ist, ist das reine Nichts, weil wir nur den Gedanken denken können, und weil alle Worte, über die wir verfügen um von den Dingen zu sprechen, nur Gedanken ausdrücken können; zu sagen, dass es etwas anderes gibt als den Gedanken, ist also eine Behauptung, die

gar keinen Sinn haben kann. Und doch – seltsamer Widerspruch, für die, die an die Zeit glauben – zeigt uns die geologische Geschichte, dass das Leben nur eine kurze Episode zwischen zwei Ewigkeiten des Todes ist, und dass in dieser Episode selbst der bewusste Gedanke nur einen Augenblick gedauert hat und dauern wird. Der Gedanke ist nur ein Blitz inmitten einer langen Nacht. Aber dieser Blitz ist alles.[1]

Und diese Gedanken haben in erster Linie einen Inhalt und erst in zweiter Linie ein neuronales Korrelat, und natürlich sind all das keine Antworten auf die *Ecce homo* Frage, sondern nur Gedanken eines Martin Korte entlang dieser Frage.

---

1   Poincaré, Henri (1906): *Der Wert der Wissenschaft*. Leipzig: Teubner, 209.

Ja, er kann. Islam als *empowerment*

GUDRUN KRÄMER

Die Frage, die eine breitere muslimische Öffentlichkeit heute bewegt, lautet nicht so sehr, „Was ist der Mensch?", als vielmehr, „Wie soll er leben?". Man kann sich fragen, warum dem so ist, denn das Rätsel aller Rätsel ist auch im Islam nicht gelöst. Zumindest indirekt wirft aber auch die Suche nach dem richtigen Leben Licht auf das Verständnis von der Natur des Menschen.

Jede Antwort, die heute als genuin islamisch gelten soll, rekurriert auf den Koran als offenbartes Gotteswort. Damit ist nicht gesagt, dass der Koran die alleinige, erschöpfende Quelle muslimischer Reflexionen abgäbe – das wäre eine unsinnige, dezidiert essentialistische Annahme. Aber er liefert doch Motive und Bilder, ohne die spezifisch islamische Positionen nicht auskommen, Positionen also, die nicht einfach von Muslimen formuliert werden, sondern die beanspruchen, die Position des Islam zu einem gegebenen Thema darzustellen. Der Koran handelt im Kern vom Verhältnis zwischen Gott und Mensch, Schöpfer und Geschöpf. Dabei greift er ganz unverkennbar und ohne die Spur zu verwischen auf die biblische Tradition zurück, setzt aber doch Akzente, die sich deutlich von jüdischen, christlichen und judenchristlichen Lehren unterscheiden. Die Abgrenzung vom Manichäismus verdiente eine eigene Betrachtung.

Der Gott des Koran ist einzig, unvergleichlich und unerforschlich, absolut transzendent und doch dem Menschen „näher als seine Halsschlagader" (Koran 50: 16). Er ist unfassbar und steht doch in einer Beziehung zum Menschen. Der Schöpfung bedarf Gott als sich vollkommen Genügender nicht: Sie ist so eingerichtet, dass sie die Bedürfnisse des Menschen erfüllt. So wie das Verb „stehen" nicht auf ein Element von Körperlichkeit verzichten kann, tritt auch Gott im Koran verschiedentlich mit körperlichen Attributen auf – mit einem Antlitz, Augen und Händen, sitzend auf einem Thron. Und doch soll er ausdrücklich nicht körperlich gedacht werden, von einem menschlichen Körper ganz zu schweigen. Anthropomorphismus ist den islamischen Theologen ein Gräuel. Das hat Folgen für die koranische Beschreibung des Menschen: Den ersten Menschen (Adam) formte Gott aus Materie;

Staub, ist an einer Stelle zu lesen, Erde, Lehm oder Ton an anderen. Er
hauchte ihm von seinem Geist ein, verlieh ihm die Sinne und gab ihm
„die beste Gestalt", ebenmäßig und schön. Er lehrte ihn die Namen der
Dinge und befahl den Engeln, sich vor ihm niederzuwerfen. Aus dieser
ersten „Seele" schuf Gott einen Partner (Eva); jeden einzelnen Menschen erschafft er aus einem Klumpen geronnenen Blutes, Sperma,
einem Tropfen unbestimmbarer Flüssigkeit. Der Mensch ist, so interpretieren zumindest moderne Autoren den mehrdeutigen Begriff *kha-
lifa*, der Treuhänder Gottes auf Erden, von ihm mit Würde ausgestattet
– aber er ist *nicht* das Ebenbild Gottes.

Das Geschöpf verdankt seinem Schöpfer alles und schuldet ihm
vollkommene Hingabe (arab. *islam*), Furcht und Vertrauen, Gehorsam
und Dankbarkeit. Der Mensch ist Gott verpflichtet, er trägt Verantwortung für sich selbst und in gewissem Umfang auch für andere. Der
Koran berichtet von einem Urvertrag, in dem die Kinder Adams noch
vor der Schöpfung Gott als ihren Herrn bezeugten (Koran 7: 172–173),
ein Ansatzpunkt für die Lehre von der natürlichen Veranlagung (arab.
fitra), die alle Menschen von Urbeginn an zu Monotheisten und damit
im strengen Sinn zu Muslimen macht. Schon Adam und Eva waren,
von Satan verführt, ungehorsam und mussten vom Paradiesgarten auf
die Erde herabsteigen. Gott aber nahm Adams Reue an, „erwählte ihn"
und leitete ihn recht. Adams Ungehorsam lastet nicht als Erbsünde auf
den Menschen: Jeder einzelne steht Tag für Tag auf dem Prüfstand,
jeder wird von Gott gerichtet, wie Gott will. Die großen Fragen nach
Frevel, Sünde und Vergebung, nach menschlicher Vernunft und Er-
kenntnisfähigkeit oder, anders formuliert, nach Willensfreiheit, Vor-
bestimmung und göttlicher Gerechtigkeit, die sich aus den koranischen
Aussagen ergeben, haben muslimische Theologen, Mystiker und Philosophen intensiv durchdacht – und radikal unterschiedliche Antworten
gegeben. Ähnliches gilt für das Verhältnis von Leib und Seele; die
modernen Debatten zu genetischer Prägung, Umwelt, Erziehung und
individueller Verantwortlichkeit haben bislang noch wenig Widerhall in
muslimischen Kreisen gefunden.

Von den großen Themen scheint in zeitgenössischen, lebensprak-
tisch und im weitesten Sinn politisch ausgerichteten Überlegungen
wenig auf, die nach den Bedingungen islamischen Lebens in der Moderne fragen. Was hier auffällt, und zwar gerade unter den Stimmen, die
sich als islamistisch einordnen lassen, ist die aktivistische und letztlich
optimistische Sicht auf den Menschen als verantwortlich handelndem
Subjekt: Der Mensch ist zwar nicht Träger autonomer Vernunft, aber

er kann das Gute und Richtige mit Hilfe der ihm von Gott verliehenen Sinnes- und Verstandeskräfte sehr wohl erfassen. Der Glaube verleiht ihm innere Sicherheit, die Religion weist ihm den geraden Pfad. Die Scharia sichert das Wohl der Menschen. Ihre Gebote sind dazu da, den Menschen das Leben zu erleichtern, nicht, es ihnen schwer zu machen. Der Islam ist die Religion der Mitte und des rechten, ja menschengerechten Maßes: Gott verlangt von den Menschen viel, aber er verlangt nichts Unmögliches. Er ermächtigt sie, ihr Leben aktiv zu gestalten und sich in die öffentlichen Angelegenheiten einzumischen. Der Islam ist die Religion des *empowerment*. Gefragt, ob der Mensch ein rechtes Leben führen kann, lautet die Antwort: Ja, er kann. Sie kann es auch.

„Ecce homo!" Seht, was ist der Mensch!

Karl Kardinal Lehmann

Es mag verwundern, dass ich die Frage „Was ist der Mensch?" an dieser Stelle einmal nicht philosophisch-anthropologisch und theologisch-systematisch darlegen möchte, zumal ich dies ausführlich schon seit Beginn der 70er Jahre und danach noch mehrfach getan habe.[1] Ich möchte die mir gestellte Frage – zumal in der Kürze des zugedachten Rahmens – hier einmal eher spirituell-theologisch angehen.

Dabei kann uns der Blick auf den Karfreitag eine wichtige Richtung vorgeben: Hier wird deutlich, wie Gott in aller Konsequenz Mensch geworden ist – bis zum Kreuz. Es zeigt auch, zu was der Mensch fähig ist. Es verdichtet sich immer wieder in dem Satz des Pilatus: Ecce homo! – „Sehet, was für ein Mensch! – Seht, was ist der Mensch!"

Das Holz des Kreuzes bleibt im wahrsten Sinne des Wortes sperrig. Wir sperren uns gegen die Wucht dieses Zeichens, eher neigen wir zur Verharmlosung. Dies ist nicht selten in der Geschichte des Glaubens geschehen. Oft wurde ein vorschnelles Reden vom Kreuz missbraucht, um dahinter eine feige Schwächlichkeit zu verbergen. Das wahre Kreuz ist keine halbfromme Betäubung. Das Kreuz darf nicht als Ablenkung dienen, um Unrecht oder Leid zu rechtfertigen. Überall, wo vermeidbares Leiden im Namen des Todes Jesu Christi akzeptabel gemacht wird, wird der Sinn des Kreuzes ausgehöhlt. Jesu Kreuz ist aber gerade das höchste Zeichen dafür, wie man der furchtbaren Realität in unserem Leben nicht ausweicht.

Wir brauchen nichts von dem, was uns bedrängt, abzuschieben. Lassen wir nur das ganze, das offenkundige und das stille Leid der Welt und der Kreatur vor uns kommen: angefangen beim Weinen des Kindes, bis hin zum Schmerz und zur Ausweglosigkeit unheilbarer Krankheit, den Tragödien gescheiterter und gebrochener Beziehungen, dem Schicksal der Arbeitslosigkeit und dem damit verbundenen Gefühl,

---

1   Vgl. nur exemplarisch: Lehmann, Karl (2002): Aus Gottes Hand in Gottes Hand. Kreatürlichkeit als Grundpfeiler des christlichen Menschenbildes. In: Elsner, Norbert/Schreiber, Hans-Ludwig (Hg.): *Was ist der Mensch?* Göttingen: Wallstein, 249–269.

in einer Gesellschaft überflüssig zu sein, der Bedrohung der Menschen in den vielen Krisengebieten unserer Erde, dem Verlust eines geliebten Menschen und der Unfassbarkeit vor dem blind-wütigen „Schicksal" der durch die Natur oder die Technik verursachten Katastrophen.

Überall da ist Jesus Christus gegenwärtig. In allem ist er uns vorausgegangen. Im Grunde gibt es eigentlich nichts Menschenunwürdiges, das er nicht selbst erfahren hätte: grundlose Verhaftung, Verrat aus dem eigenen Kreis, unmenschliche Verhöre und grausam-sadistische Folterungen, Meineide, Zynismus der Gewalt gegenüber dem Schwächeren, politisches Herumschachern, gaffend-geile Sensationslüsternheit beim Tod eines Menschen, den Schrei der Gottverlassenheit … – Wer erkennt in diesem Schicksal Jesu nicht den geschlagenen und geprügelten, zu Tode gehetzten und zusammengebrochenen Menschen? „Ecce homo!": „Sehet, was für ein Mensch! – Seht, was ist der Mensch?" Was bringt der Mensch alles fertig, und wie kann man ihn zugrunde richten!?

Das Geschick Jesu Christi mahnt auch noch an anderes. Es ist das Leiden des Gerechten. „Ich finde keine Schuld an ihm", sagt Pilatus nach mehrfachem Verhör. Trotz Einsicht in die Unschuld des Angeklagten wird im Blick auf Jesus Recht verletzt und Menschenwürde mit Füßen getreten. Er passt nicht in das Schema der gewohnten Welt. „Wir haben ein Gesetz, und nach dem Gesetz muss er sterben." Niemand hatte einen wirklichen Grund ihn zu hassen. An Jesus wird darum in hervorragender Weise so etwas wie Schuld offenbar. Angesichts dieses Gerechten zeigt sich das Übermaß von Gewalttätigkeit, Bosheit, Gemeinheit und Brutalität. Niemand ist davon ausgenommen. Man kann es sich mit der Schuld am Tod Jesu leicht machen und es einfach bei der Schuld einiger in der Vergangenheit belassen. Aber auch wir müssen uns fragen, wo wir schuldig geworden sind. Wir suchen so leicht andere, denen wir die Verantwortung aufbürden. Man zuckt mit den Achseln: „Es ließ sich leider nicht vermeiden", Betriebsunfall, Sachzwänge, man verweist auf unaufhaltsame Prozesse, auf „Schuld" in der Vergangenheit. An Jesu Christi Bildnis kommt es zu Tage, dass auch wir selbst Täter des Bösen sind, jeden Tag. Vor seiner Passion zerrinnen alle unsere heimlichen und offenen Unschuldsbeteuerungen. Wir haben für alles Ent-Schuldigungen und Alibis gefunden.

Das Kreuz widerstrebt noch anderen Tendenzen. Wir sehen unsere Geschichte und unser Tun oft als großen „Fortschritt" an – gewiss ist er das auch. Aber wie oft unterschlagen wir die Opfer, die „auf der Strecke bleiben", wehren uns, die Nachtseite unserer Fortschritte in Erinnerung zu bringen? Aber sind Geschichte und Geschichtsschreibung nur die Dokumentation des Erfolgs, der Rücksichtslosigkeit der jeweils Stärkeren, des Glücks der Durchgekommenen und des Vergessens derer, die nicht siegten? Das Bild des gekreuzigten, ungerecht hingerichteten Jesus bringt dieses stille und oft sprachlose Leid in lebendige Erinnerung: „Sehet, was für ein Mensch! – Seht, was ist der Mensch!"

All dies gehört zu unserer Weltgeschichte, jedoch werden diese kleinen und großen Geschichten von Kreuz und Leid dort nur nebenbei oder gar nicht erzählt. Aber unzählige Menschen haben die schwierige Wirklichkeit ihres Lebens und die unverdiente Not ihrer Zeit nur dadurch bestanden, dass sie inmitten ihres Leidens Mut und Geduld, die Schmerzen zu ertragen und das Unrecht zu überstehen, dem gekreuzigten Bruder Jesus und einem Blick auf sein Bild verdanken. Wir brauchen dieses Zeichen, damit wir unsere volle Wirklichkeit sehen und annehmen: dass es Schuld, Trauer, Trostlosigkeit, Verzweiflung und gar den Tod unter uns gibt. Machen wir uns nichts vor über uns selbst. „Ecce homo!": „Seht, welch ein Mensch – seht, was der Mensch ist!"

Doch dieses Bildnis allein gibt nicht bloß einen realistischen Blick für das Widerwärtige, sondern gewährt auch Befreiung und Erlösung mitten in Schmerz und Tod: Er nahm die Schuld und die Sünde der Welt auf sich, stellvertretend für unsere ständigen Entschuldigungen und Fluchtversuche. Der Gerechte wurde zwar dem Verbrecher gleichgemacht, aber Gott der Herr lässt seinen Gerechten nicht im Stich. In Jesus ist dies für uns und alle Menschen endgültig wahr geworden.

Die Weltgeschichte kann viele schreckliche Geschichten erzählen. Das Geschehen des Karfreitags ist aber eine Geschichte, die uns entspricht und uns doch überschreitet. Wir erkennen darin unser eigenes Leiden wieder und erblicken in ihr zugleich die Zeichen der Hoffnung: Hier ist einer, der das Elend der Welt nicht weglügt, der dableibt, wenn alle anderen sich aus dem Staub machen, der dem, der Schuld bekennt, wirklich alles nachsehen und vergeben kann, der den letzten Feind des Menschen besiegt hat: den Tod.

Wo ist unser Ort in dieser Geschichte? In den Häschern, in den Hohenpriestern, unter der schreienden Masse, im feigen Petrus, in den schläfrigen und flüchtenden Jüngern, in dem wankelmütigen Pilatus, im „Fuchs" Herodes? Gewiss werden wir uns irgendwo unter ihnen wiederfinden. Hoffentlich aber wandeln wir uns in jene wenigen, welche – wenigstens allmählich – um den Sinn dieses Leidens wussten:

die Frauen am Weg, die Mutter des Herrn, der heidnische Hauptmann, der Schächer neben Jesus, Veronika mit dem Schweißtuch, der Lieblingsjünger und vor allem Simon von Cyrene, der Jesus das Kreuz tragen hilft. Erst wenn wir einen solchen Ort in dieser Kreuzesgeschichte finden und uns auf unsere Rolle einlassen, erreicht diese Geschichte ihr Ziel: Jesus Christus hat gelitten und ist für uns gestorben. „Sehet, was für ein Mensch! – Seht, was ist der Mensch!"

Das, was nicht sein soll

Konrad Paul Liessmann

Man könnte es sich einfach machen und sagen, die Frage ist schon die Antwort auf die Frage. Der Mensch ist das Wesen, das sich in Frage stellen kann. Das fragende Wesen, das deshalb auch ein fragliches Wesen ist. Schon die Möglichkeit der Frage provoziert allerdings eine Antwort: Der Mensch ist nichts, das sich einfach bestimmen ließe. Denn die Frage nach dem Menschen, solange sie von Menschen gestellt wird, ist keine Frage nach einer Definition, die den Menschen ein für alle Mal als Art unter Arten festlegte. Den Menschen als Tier mit bestimmten Eigenschaften, die ihn von anderen Tieren unterscheiden, zu bestimmen, war und ist beliebt, aber immer zirkulär: Der Mensch, der nicht weiß, wer er ist, legt fest, wer er ist. Jede dieser Bestimmungen kann deshalb jederzeit durch eine andere ersetzt werden. Die Definition des Menschen als vernünftiges, politisches oder arbeitendes Tier ist nicht mehr oder weniger plausibel als seine Charakterisierung als herstellendes, religiöses oder produzierendes Tier. Und all diese Bestimmungen können sich nicht aus der Paradoxie befreien, die Hegel formuliert hat: Der Mensch ist das Tier, das weiß, dass es ein Tier und deshalb kein Tier ist.

Was der Mensch ist, wissen wir in einem ontologischen oder anthropologischen Sinn heute weniger denn je. Begriffe wie Exzentrizität oder Mängelwesen haben ihre Plausibilität verloren, im Grunde lässt sich seit Pico della Mirandolas Rede über die Würde des Menschen Menschsein nur als offenes Projekt beschreiben. Menschsein bedeutet demnach, ein Wesen mit der Möglichkeit der Selbstgestaltung und Selbstauslegung zu sein. Nimmt man diese Erkenntnis einer letztlich negativen Anthropologie ernst, dann muss die Frage nach dem Menschen umformuliert werden: Welches Bild machen sich die Menschen von sich selbst? Anstelle vermeintlicher anthropologischer Gewissheiten treten Modelle und Konzepte, die den Menschen immer wieder neu entwerfen. Wir können die umformulierte Frage nach dem Menschen aber noch einmal transformieren: Was sagen die Bilder, die wir von uns selbst entwerfen, über uns aus? Welchen Phantasmen, Ängsten und Sehnsüchten sind diese Bilder entsprungen, nach welchen Bedürfnissen und Motiven werden sie konstruiert? Die Frage nach dem Menschen ist eine Frage nach dem Bild, das der Mensch von sich schafft und nach dem er sich schaffen möchte. Der biblische Satz: „Und Gott schuf den Menschen ihm zum Bilde, zum Bilde Gottes schuf er ihn" behält seine Gültigkeit auch und gerade nach der Abdankung des Schöpfergottes: Das Bild, die Imagination bleibt das entscheidende Moment in der Selbstschaffung des Menschen. Nicht: Wer sind wir? ist die Frage, sondern: Wie sehen wir uns?

Die Frage nach dem Menschen demonstriert so eine Offenheit, die allerdings nur schwer auszuhalten sein dürfte. Dass der Mensch das – so Nietzsche – nicht festgestellte Tier ist, führt längst zu keiner Euphorie über die damit erschlossenen Freiheitsräume mehr, sondern zu unablässigen Versuchen, dieses Tier doch noch festzustellen, ihm diese Offenheit wieder abzusprechen, diese als Illusion zu entlarven. Die Geste zahlreicher, vor allem von den modernen Naturwissenschaften vorgetragenen Menschenbilder, die von der traditionellen Ethologie bis zur rezenten Genetik reichen, besagt dann auch: Und er ist doch ein Tier. Eine biologische Maschine, wie andere biologische Maschinen auch, darauf programmiert, die Überlebenschancen seiner Gattung, Gruppe oder Gene – je nach wissenschaftlicher Mode – zu optimieren. Aus dem Befund, dass es keine verbindliche Möglichkeit gibt, den Menschen vom Tier zu unterscheiden, wird nicht Offenheit, sondern Geschlossenheit gefolgert: Der Mensch ist nichts als Tier und nur Tier. Wer anderes behauptet, macht sich nach dieser Lesart moralisch gar des „Speziesismus" schuldig, eines etwas kruden Rassismus der Arten.

Angesichts dieser Selbstdeutung des Menschen ließe sich auch einmal fragen: Woher eigentlich diese offenkundige und publikumswirksame Freude an der Selbstdemütigung? Nur Tier zu sein, nur genetisches Programm zu sein, nur Hirnstrom zu sein – ist es tatsächlich der Wille zur Wahrheit, der diese Deutungen vorantreibt, oder die Sehnsucht, den Ballast, der mit dem Begriff des Menschen Jahrtausende lang verbunden war, endlich abzuwerfen: Freiheit, Verantwortung, Bildung, Kultur, Würde. Tiere sind davon unberührt. Der so gedachte Mensch ist das Tier, das Tier sein will, aber genau deshalb kein Tier sein kann.

Ohne dass ihnen dieser Widerspruch sonderlich auffiele, glauben nicht selten gerade hartnäckige Vertreter des neuen biologischen Determinismus trotzdem an die Verbesserung und Veränderbarkeit dieses Tieres: Nicht durch Erziehung oder eine humanistische Kultur, wohl aber durch Genetik. Solch eine Konzeption, die, ob sie es will oder nicht, den Menschen als Tier mit einer veritablen Chance auf Selbst-

erkenntnis und Autoplastizität denken muss, sieht die biologische Zukunft des Menschen durch genetische Selbststeuerung und Verbesserung gekennzeichnet und träumt von einem Wesen, des durch genetisch optimierte Intelligenz, Gesundheit, Leistungsfähigkeit und Lang-
lebigkeit punkten soll. Ob diese genetisch manipulierten Menschen
womöglich eine eigene, mit herkömmlichen Menschen nicht mehr
fortpflanzungskompatible Rasse darstellen werden oder darstellen sollen,
darüber lassen sich bekanntlich die schönsten Streitgespräche unter
Gen-Freaks inszenieren. Der Mensch ist dann das Tier, das seine genetische Ausstattung reprogrammiert. Aber auch ein solches Tier wäre
kein Tier mehr.

Aber es geht auch anders. Man kann die Offenheit des Tieres
Mensch auch radikal zu Ende denken. Die Phantasmen vom genetisch
optimierten Menschen werden von den Träumen der Computerwissenschaftler überflügelt und konterkariert, die den Menschen letztlich
als Nichttier, als Cyborg oder kybernetische Maschine neu konstruieren
oder überhaupt durch Maschinen, Roboter, digitalisierte Schwärme
oder transhumane Informationsnetze abgelöst sehen möchten. Vor
allem im Bereich der Erforschung und Herstellung künstlicher Intelligenz kursieren zudem Vorstellungen, die von Maschinenwesen handeln, die das Bewusstsein der Menschen speichern, weiterentwickeln
und unsterblich machen und die Malaise der biologischen Leiblichkeit
damit überwinden können.

Dass gerade unter Vertreten der sogenannten Zukunftstechnologie
die ganz alte Vorstellung einer möglichen Trennung von Geist und
Körper in den Vordergrund rückt, wenn auch mit der wenig erbauli-
chen Perspektive, den Geist aus dem Körper zu befreien und auf eine
Festplatte zu transferieren, mag verwundern, entspricht aber der gar
nicht so seltenen Beobachtung, dass wir offenbar gezwungen sind, auch
mit avanciertesten technischen Möglichkeiten immer wieder auf historisch verbürgte Konzeptionen zurückzugreifen. Die Vorstellung,
Bewusstsein könnte maschinell reproduziert und einer „funktionalen
Unsterblichkeit" zugeführt werden, ließe sich auch als säkularisierte
gnostische Erlösungssehnsucht lesen. Immerhin: Solche Konzepte legen
die Offenheit der negativen Anthropologie radikal aus. Der Mensch ist
das disponible Tier, das sich selbst durch seine technische Überbietung
zum Verschwinden bringen kann.

Der Mensch, so lautet also der Befund der Moderne, ist das Wesen,
das nicht existiert. Denn entweder denken wir uns als Tier oder als eine
Utopie. Sein Glück, so ließe sich pointiert formulieren, findet der re-

zente Mensch nur in den Bildern seines Nichtmenschseins. Wer einmal die leuchtenden Augen eines Ethologen gesehen hat, der in allem, was Menschen tun und hervorbringen, nur das Verhalten von Primaten zu entdecken vermag, weiß, welche Lust es bedeuten muss, kein Mensch sein zu müssen. Und wer den emphatischen Reden der Computerwissenschaftler und ihrer technisch mitunter höchst unbedarften philosophischen Adepten lauscht, der weiß, welche Lust es bedeuten muss, den Menschen weit hinter sich zu lassen und den Maschinen endgültig das Terrain zu überlassen. Der Mensch – Nietzsche hat diese Botschaft schon einmal und vergebens verkündet – ist offenbar noch immer etwas, das überwunden werden muss.

Das Bild, das der moderne Mensch von sich zeichnet, ist also immer schon durchgestrichen. Seine Antwort auf die Frage: Was ist der Mensch? lautet: Das, was nicht sein soll. Vielleicht ist es an der Zeit, den Menschen, dieses fragile und fragliche Wesen, das nach älteren Lesarten immer zwischen Freiheit und Notwendigkeit, zwischen Geist und Materie, zwischen Endlichkeit und Unendlichkeit, zwischen Natur und Kultur schwanken muss, zumindest gegenüber den Gebildeten unter seinen Verächtern zu verteidigen.

Der Mensch – das sich selbst erfindende Wesen

Hubert Markl

> Übrigens aber ist der Mensch ein
> dunkles Wesen, er weiß nicht, woher
> er kommt noch wohin er geht. Er weiß
> wenig von der Welt und am wenigsten
> von sich selber. Ich kenne mich auch
> nicht, und Gott soll mich auch davor
> behüten.
>
> *Goethe zu Eckermann*

Für einen von den Einsichten der Evolutionsbiologie überzeugten Biologen wäre es sicher naheliegender, die Frage „Was ist der Mensch?" weniger grundsätzlich zu formulieren. So gestellt, scheint sie fast schon nach dem „wahren Wesen" des Menschen zu suchen. Sie würde dann nämlich vielleicht eher „Was ist *ein* Mensch?" lauten, also nach dem Unterschied, der *differentia specifica* fragen, durch die er sich von anderen Lebewesen – von Gänseblümchen, Maus, Gorilla oder Engel – unterscheidet.

Dies wäre dann wohl in erster Linie eine taxonomische Frage, die – je nach Neigung und Erfahrungshintergrund – durchaus verschiedene, allerdings miteinander eng verbundene Antworten zuließe: vom Knochengerüst bis zum Paarungsverhalten, von der Gebissformel bis zum Flügelbesitz oder zur Zweibeinigkeit, von ökologischer Passform bis zu den allerneuesten Sequenzen seiner Gene.

Aber die Frage wäre wenigstens konkret und der Versuch einer Antwort darauf annähernd auch. Vielleicht allerdings ein wenig zu physisch-materiell, ohne den ganzen Menschen ins Auge zu fassen. Ein wenig klänge sie dann wie die scherzhafte Aufforderung, die eigene Frau zu definieren; und die Antwort darauf: Wenn man sie sehe, erkenne man sie durchaus, aber definieren könne man sie leider deshalb noch lange nicht! Freilich ist dies doch eigentlich eine einfache Frage, verglichen etwa mit der: „Was ist ein Europäer?", an der sich derzeit viele die Zähne ausbeißen. Goethes Gedicht „Das Göttliche" könnte einem vielleicht weiterhelfen: „Edel *sei* der Mensch, hilfreich und gut, denn das allein unterscheidet ihn von allen Wesen, die wir kennen." Möglicherweise aber dann auch in der realistischeren Fassung: „Eitel *ist* der Mensch, hilfsbedürftig und habgierig, denn das allein *verbindet* ihn mit allen Wesen, die wir kennen."

Als Biologe sollte man dazu am besten ganz klassisch nach der 10. Auflage des Grundlagenwerkes aller Taxonomie der Lebewesen greifen, zum 1. Band von Carl von Linnés *Systema Naturae* von 1758 (oder dem Faksimile des British Museum, London 1956), dem *Regnum Animale*. Dort finden wir schon auf Seite 7 *Homo sapiens* als *creatorum operum perfectissimum, ultimum & summum* bezeichnet, obwohl er sich doch immer mehr zwar vielleicht durchaus als Krone, aber doch eher als Dornenkrone der ganzen Schöpfung erweisen könnte. Auf Seite 20 werden sogar gleich mehrere Unterarten davon aufgeführt: *Ferus, Americanus, Europaeus, Asiaticus, Afer, Monstrosus, Troglodytes.* Wobei nicht so sehr erstaunt, dass ersterer zwar stumm sein soll, aber dass die folgenden vier jeweils von *Consuetudine, Ritibus, Opinionibus* und *Arbitrio* beherrscht sein sollen, also von Neigung, Sitten, Meinungen und Willkür.

Allerdings finden wir dann unter der Aufforderung *nosce Te ipsum* viele, mit Verweisen auf alte Autoren gestützte Einzelheiten; so von Natur aus (*naturaliter*) folgende Kennzeichnungen: *Te audacis naturae miraculum, Animalium Principem, cujus caussa (sic!) cuncta genuit natura*, freilich auch: *esse animal flens, ridens, melodum, loquens, docile, judicans, admirans, sapientissimum; sed fragile, nudum, suapte natura inerme. precarii spiritus, pertinacis spei, querulae vitae, tardae sapientiae…*

Das alles war also für Linné ein Mensch. Nicht ganz falsch getroffen, aber für die Grundlagen seiner biologischen Systematik, die ihn nur von anderen Lebewesen unterscheiden sollten, doch wieder voller Hinweise darauf, was eben *ein* Mensch, und nicht nur *der* Mensch, seiner natürlichen Veranlagung nach alles ist. Dass der Mensch freilich zwar auch ein Tier und daher taxonomisch zu kennzeichnen ist, könnte dabei allerdings wohl füglich nur der bezweifeln, der noch nie einen Arzt aufsuchen musste oder der das Nachmittagsprogramm mancher Fernsehanstalten noch nie gesehen haben sollte. Aber, wenn schon ein Tier: dann ein Tier mit Sprache, und noch viel mehr: ein Tier mit Religion!

Vor allem steht da (nochmals Seite 7) etwas sehr Tiefgründiges, indem zunächst darauf verwiesen wird, dass *sapientia*, also Weisheit, des Menschen höchstes Attribut sein soll. Und weiter: *Primus Sapientiae gradus est res ipsas nosse.* Um dies jedoch zu tun, komme es vor allem auf die wahrheitsgetreue Vorstellung, *vera idea*, und die genauen Begriffe an, die ihn von allem, was der Schöpfer sonst noch erschaffen habe, durch die *nomina propria* unterscheidet, mittels derer er dann sogar mit anderen Menschen darüber zu sprechen vermag: *Nomina enim si pereunt, perit & rerum cognitio*, heißt es deshalb dort ganz folgerichtig. Klingt das nicht fast wie: „Am Anfang war das Wort", oder wie die berühmte Einleitung zu Johann Gottfried Herders „Abhandlung über den Ursprung der Sprache" (1772): „Schon als Tier hat der Mensch Sprache"?

Damit kommen wir der eingangs gestellten Frage schon erheblich näher. Ist der Mensch etwa vor allem als der Namensgeber aller von ihm unterscheidbaren geistigen und materiellen Phänomene und Lebensformen am besten gekennzeichnet? Ist das aber etwas, was sich an fossilen Überresten feststellen lässt wie Knochenbau oder Gehirnvolumen? Bewegen wir uns damit nicht doch auf das Feld der – vor allem geistigen – Wesensmerkmale *des* Menschen, nicht nur der Baumerkmale *eines* Menschen? Man wird die Frage nach dem wirklichen Wesen des Menschen offenbar nicht so leicht los, selbst wenn man sie einem Biologen stellt. Nicht einmal dem *princeps systematicorum* Carl von Linné.

Denn einem Menschen bleiben als Eigentümlichkeiten zwar Haut und Knochen, Verhalten und Gene wie bei jeder anderen Tierart auch. Aber darüber hinaus ist er eben auch ein Lebewesen mit selbstbewusstem Geist, wie er sich zwar sicher aus den Vorstufen bei seinen Tiervorfahren quantitativ entwickelt hat, dabei aber den qualitativen Tier-Mensch-Rubicon überschreitend, der umso mehr wie ein Abgrund auf uns wirkt, je tiefer wir in ihn blicken.

Anthropologen haben diesen Abgrund seit langem zu überbrücken versucht. Fingen sie zunächst damit an, den Menschen als jagenden Primaten (*Man the Hunter*) zu bezeichnen, so mussten sie sich doch bald davon überzeugen, dass dieses Beutejagen etwa dem Schimpansen – Linnés *Homo troglodytes* – gar nicht so fremd ist, als *differentia specifica* also bestimmt nicht taugt. Als *Man the Toolmaker*, was eine klare Vorstellung von dem anzufertigenden Werkzeug vorauszusetzen scheint, näherte man sich der Grenze scheinbar schon besser an, bis zahlreiche Tierstudien an Affen bis Vögeln, ja sogar bei Insekten, den Werkzeuggebrauch immer unbrauchbarer machten, um Menschen von Tieren abzugrenzen.

Wenn schon nicht als *toolmaker*, warum dann nicht als *rulemaker?* Der Bezug zu den *rites*, die Linné allerdings nur der europäischen Unterart zuerkennen wollte, kommt hier wieder zum Vorschein. Gibt es denn sonst noch eine Tierart, die nicht nur deskriptiven Regeln des Verhaltens folgt, wie es alle tun, sondern selbst präskriptive Normen setzt, also eine Moral besitzt, nach der sich das Verhalten nicht nur einfach richtet, sondern in ihrer Gemeinschaft richten soll? Vielleicht gibt es das wirklich nicht bei Tieren, doch hieße dies so weit über das Ziel hinausschießen, dass man gar nicht mehr daran zweifeln könnte, so weit über den Rubikon auf „Menschengebiet" vorgedrungen zu sein, wo nicht nur Sitten und Gewohnheiten, sondern Gebote und Verbote gelten, dass uns dies auch wieder nicht zur Unterscheidung dienen kann.

Aber schon Linné hatte darauf verwiesen, dass *sapientia*, was man hier wohl am besten als Einsichtsfähigkeit übersetzen möchte, den Menschen ganz besonders eignet – wenn auch manche davon etwas träge von Begriff sein mögen. Vor allem seine Sprachfähigkeit, die Fähigkeit Dinge zu benennen, zeichne ihn aus, wobei sich manche Menschen freilich eher als *loquax* denn als *loquens* erweisen.

Damit haben sich unter anderen die Primatenverhaltensforscher Dorothy L. Cheney und Robert M. Seyfarth befasst (siehe ihr letztes Werk darüber: *Baboon Metaphysics*, Chicago, 2007), denen wir schon vor vielen Jahren die vertiefende Erforschung der Entdeckung verdanken, dass Meerkatzen mit distinkten Rufen vor verschiedenen Feinden warnen, was Artgenossen mit ganz verschiedenem Fluchtverhalten beantworten. Nun mag man freilich sagen, dass ein Ruf, der vor einem Leoparden, oder ein anderer, der vor einem Adler warnt, die tatsächlich vom Warnrufer als bedrohend wahrgenommen werden, nicht so sehr den Feind beim Namen nennen, sondern nur die spezifische Fluchtbereitschaft lautlich erkennbar begleiten und kennzeichnen – wie der Gesang einer Amsel ihre Paarungsbereitschaft und ihren Revierbesitz auch.

Das könnte wohl so sein, wenn der Feind wirklich präsent ist. Aber wie verhält es sich, wenn dies nur vermeintlich der Fall ist? Löst der Feind dann noch das Warnverhalten aus oder nur die Vorstellung von einem Leopard oder Adler? Und wie, wenn es gar nicht in Frage stehen kann, dass gar kein Feind da ist, vor ihm aber trotzdem – an ihn denkend, ihn erinnernd? – gewarnt wird? Bewegen wir uns damit nicht auf ein Wesen zu, das über einen Vorstellungsraum verfügt, ein Wirklichkeitsmodell im Kopfe sozusagen, in dem das Tier selbst zusammen mit vielem Erfahrenen existiert, oder eben auch nur Vorgestelltem, Erdachtem, um darauf angemessen zu „re"-agieren?

Wäre der Mensch dann ein Lebewesen, das sich wie kein anderes eine erdachte – soziale, materielle, aber auch erträumte, also geistige – Wirklichkeit vorstellen kann, um dann nach eigener Entscheidung in ihr entsprechend zu handeln – nachdem es sich auch dieses Handeln und dessen Folgen wie im Spiel vorher vorstellen konnte? Muss er dazu über den Vorstellungsraum verfügen, der – anders als beim Geist der Tiere – nicht nur eine Repräsentation des tatsächlich Erfahrenen ist, sondern als Geist des Menschen eine ganz eigenständige Wirklichkeit vorzustellen erlaubt, als einen Möglichkeitsraum, nicht nur Erfahrungsraum, verschiedener Wirklichkeiten?

Es gibt unter diesen – mit Namen benennbaren – Vorstellungen, die alles Mögliche bedeuten können, eine, die – wieder aufbauend auf den Verhaltensleistungen von Tiervorfahren – für den Menschen kennzeichnender als alle anderen ist. Eine Metaidee sozusagen, die Ordnung in seine Vorstellungswelt bringt und die alles, was einer lernt, richtungsweisend begleitet. Es war vor allem Lewis Wolpert, der dies in seinem Buch *Six Impossible Things Before Breakfast* (London, 2006) betont hat, indem er den Menschen vor allem anderen als eine „Kausalitätssuchmaschine" kennzeichnete (wie sie eben im Buche steht!).

Zugleich hat er dessen eklatante, geradezu unstillbare Neigung betont, Glaubensvorstellungen über schier alles, was er erlebt, zu entwickeln. Vom Aberglauben an schäbige Klopfgeister bis zum Glauben an einen erhabenen Schöpfer des ganzen Weltalls, als dessen Erst- und Letztverursacher. Durch Kausalitätsinferenz ohne Grenzen, was als magisches Denken begann und bei der Magie der Fantasie bei Harry Potter endet. Der Mensch also: ein Ursachensucher und Ursachen(er)finder!

Wir wissen seit langem – von Jean-Henri Fabre, Iwan Pawlow, Karl von Frisch und vielen anderen Wissenschaftlern – dass lernfähige Tiere, ganz wie Menschen, mangels ausreichend angeborener Hilfen oder stereotyper Programme durch Konditionierung und/oder durch Lernen im Versuch und Erfolg oder Irrtum durch Korrelation aus dem zeitlichem *post hoc* das *propter hoc* erschließen können (und dabei oft genug grausam danebenirren: Storchenabnahme und Geburtenschwund lassen grüßen!).

Einzig der einsichtsbegabte Mensch fragt bei jedem Ereignis sofort selbstquälerisch nach dessen Ursachen – von der plötzlichen Erkrankung bis zur Lichterscheinung am Firmament, von dem verdächtigen Benehmen eines Gefährten bis zum Vorzeichen des Götterwillens – vor allem um beim nächsten Mal klüger zu handeln. Auch wenn der Mensch noch keinen Begriff von Kausalität besitzt, befindet er sich doch ständig auf der Suche nach kausalen Erklärungen für alles, was sich ereignet, ebenso wie für alles, von dem er sich vorstellt, dass es sich ereignen könnte oder auch manchem, das sich entgegen seinen Erwartungen nicht ereignet hat.

Geister, Götter und Teufel werden ihm dann ebenso denkmöglich, ja für manche Menschen geradezu denknotwendig, wie technische Zusammenhänge oder naturwissenschaftliche Gesetzmäßigkeiten. Wobei der Unterschied vor allem darin zu bestehen scheint, dass die wissenschaftlichen Kausalzusammenhänge durch die Probe aufs Exempel, also empirisch-experimentell oder doch wenigstens logisch zwingend begründet werden müssen, während es solcher empirischer Nachweise für den bloßen Glauben an Zusammenhänge nicht bedarf: *anything goes!* Weshalb – nebenbei bemerkt – *Wissenschaft* immer atheistisch sein muss, jedenfalls was die Naturwissenschaften angeht; während *Wissenschaftler und Wissenschaftlerinnen* selbstverständlich geradeso oft atheistisch wie auch tief gläubig sein können – wofür jeder aus seinem Bekanntenkreis Beispiele kennt.

Was bleibt also als Antwort auf die gestellte Frage: „Was ist der Mensch?" Nicht nur ein „Wühler", wie Jakob Burckhardt ihn in seinen *Weltgeschichtlichen Betrachtungen*[1] so treffend benannte. Sondern ein geradezu unermüdlicher Wühler nach Ursachen, der wirklich nie damit aufhört danach zu suchen. Ein Gotteskind oder eine Ausgeburt der Hölle – jedenfalls aber ein Lebewesen, das sich Gott wie Teufel lebhaft vorstellen kann. Also auch zu Wahnvorstellungen begabt, ein Wesen somit, das auch wahnsinnig werden kann. Wer an die Dreifaltigkeit oder eine Jungfrauengeburt glaubt, an Wiedergeburt und an das Gottesdiktat Heiliger Schriften glauben kann, der kann eigentlich alles glauben, was er sich ausdenken und was er mit Namen nennen kann, so möchte man meinen!

Der Mensch, der Wort-Glauber – wäre das die Schlussfolgerung? Mit einem Gehirn, das Geist erlaubt, wie eine Orgel Musik erlaubt, aber eine Orgel, die sich selbst bespielt? Ein Wesen, das sogar eine einzelne Zelle als Menschen, als seinesgleichen anerkennen und behandeln kann, obwohl er doch zugleich weiß, dass eine Zygote niemals ein Mensch ist, aber eben so gedacht und benannt werden kann? Ein Wesen also, das sich selbst erfindet, indem es sich zur Sprache bringt?

Ein fantasiebegabtes, fantasievolles, ein eigentlich ganz fantastisches Lebewesen? Eines, das ganz neue Wirklichkeiten sucht und erkundet, außer der, in der es existiert, und eines, das durch Kunst, Literatur und

1   Burckhardt, Jakob (1905): *Weltgeschichtliche Betrachtungen*. Stuttgart 1978: Kröner.

Religion – also durch Vorstellungen – ganz neue Wirklichkeiten da-
zuerfinden kann? Ein Wesen, das an alles glauben kann, was es zu
benennen vermag, selbst wenn es davon nichts weiß, nicht einmal
davon wissen kann? Ein als *Homo sapiens* vielleicht doch von Linné nicht
ganz richtig bezeichnetes Lebewesen; ein *Homo fidelis* eher – voll
Vertrauen nämlich in das, was er glaubt, mehr als in das, was er weiß?
Aber dabei immer auch zu Zweifeln geneigt, weil er sich auch etwas
ganz anderes vorstellen kann?

Was ist der Mensch?

War dann am Anfang vielleicht doch das Wort?

Neun nachdenkliche Bemerkungen zur Frage: Was ist der Mensch?

Man wird es einem Vertreter der Zunft der Philosophen nicht verübeln, wenn er einem herrisch auftretenden Definitionsbegehren gleich welcher Art eher mit Widerwillen begegnet – gehe es nun um so beliebte Fragen wie die nach dem Sinn des Lebens, dem Wesen des Menschen oder auch der Philosophie selbst –, und, wenn er sich doch auf ein solches Begehren einlässt, eher für ein wenig Nachdenklichkeit, auch gegenüber einem allzeit definitionsbereiten wissenschaftlichen Verstand, sorgt. Nachdenklichkeit ist ein Geschwister der Vernunft, und diese ist nach altem schönen philosophischen Vorurteil diejenige Instanz, vor der sich nicht nur unsere lebensweltlichen Verhältnisse, sondern auch unsere wissenschaftlichen Verhältnisse zu verantworten haben. Philosophisch gehört die hier gestellte Frage ‚Was ist der Mensch?‘ in die (philosophische) Anthropologie. Dazu neun kurze Bemerkungen.

1. Der Mensch ist sich selbst noch immer das rätselhafteste Wesen. Die Wissenschaft hat daran wenig geändert. Sie misst, was messbar ist, und sie erklärt, was mit wissenschaftlichen Mitteln erklärbar ist. Aber erklärt sie auch den Menschen? Nicht nur in den üblichen Formen als wissenschaftliches Objekt, sondern auch in seiner Selbstwahrnehmung und in seinem Selbstverständnis? Erklärt der wissenschaftliche Verstand z. B. Vernunft und Leidenschaft, das Rationale und das Irrationale, den Verstand, der er selbst ist? In Teilen sicher, doch ist etwa der biologische, der medizinische und der psychologische Verstand schließlich selbst von der Art, die hier erklärt sein will. Erklärt, begreift das, was alles erklärt und begreift, auch sich selbst? Und wenn ja, sind wir dann in guten Händen?

2. Dass hier Nachdenklichkeit und die ein oder andere philosophische Überlegung angebracht sind, machen Fieberphantasien deutlich, die sich heute in der Bestimmung dessen, was der Mensch ist, mit dem wissenschaftlichen (und technischen) Fortschritt verbinden. Da träumen

die einen von der Ablösung des Menschen und seiner Intelligenz durch
die künstliche Intelligenz von Maschinen, die anderen in merkwürdiger
Selbstverleugnung davon, dass selbstreproduktive Maschinen über die
erbärmlichen Formen menschlicher Selbstreproduktion herrschen
könnten. Andere wiederum vermuten, nicht ohne wohlige Schauer,
dass sich der Mensch nur dadurch gegenüber seinen Robotern wird
behaupten können, dass er selbst zum Roboter wird. Es ist schon – ganz
abgesehen von der Frage, wie es um den Wirklichkeitstest dieser
Träume steht – seltsam, von Verhältnissen zu schwärmen, unter denen
man selbst gar nicht leben will. Oder kann man sich ein lustvolles und
erfülltes Leben als Ensemble von technischen Implantaten vorstellen
und den Menschen entsprechend definieren?

3. Das alles ließe sich schnell vergessen, wenn dahinter nicht eine sehr
ernstzunehmende Entwicklung steckte. Sie betrifft den Fortschritt, der
immer auch ein wissenschaftlicher Fortschritt ist oder in diesem seine
Voraussetzung hat. Das Konzept des Fortschritts sah einmal vor, dass der
Mensch diesen besitzt, d. h. über ihn verfügt, um seine wohlverstan-
denen (und wohlbegründeten!) Ziele und Zwecke, und sich damit
selbst, zu realisieren. Heute droht die Gefahr, dass es der Fortschritt ist,
der dem Menschen seine Ziele und Zwecke setzt, ihn damit auch definiert, dass, mit anderen Worten, der Mensch dem Fortschritt gehört
und nicht umgekehrt der Fortschritt dem Menschen – wofür noch
immer die Vernunft, auch die wissenschaftliche, spricht.

4. Dies dürfte denn auch der entscheidende Gesichtspunkt bei dem
Versuch einer Beantwortung der Frage, was der Mensch ist, sein. Statt
ihm zu folgen, verheddern wir uns zunehmend in naturwissenschaftlichen und geisteswissenschaftlichen *Reduktionismen*: Für die einen ist
alles Natur, für die anderen alles Kultur. Dabei geht es eigentlich nur
darum, zwischen dem Deskriptiven und dem Askriptiven zu unterscheiden, wenn wir vom Menschen sprechen. *Deskriptiv*, nämlich im
Rahmen einer biologischen Systematik, geht es um die Bestimmung der
empirisch-physischen Seite des Menschen, *askriptiv* um Formen der
Selbstzuschreibung und einer (nicht abschließend festlegbaren) Selbstbestimmung, die das Wesen des Menschen ausmacht.

5. Das heißt, wir machen einen gravierenden Kategorienfehler, wenn
wir unser Denken und Tun allein als Ausdruck natürlicher Zustände
und Prozesse deuten – womit im Übrigen das Denken, das immer auch

ein Deuten ist, selbst zur Natur, zu einem natürlichen Faktum würde. Wir fallen aber auch in eine neue Naivität zurück, wenn wir im Gegensatz dazu meinen sollten, naturwissenschaftlich (oder allgemein empirisch) erhobene Fakten hätten keinen Einfluss oder sollten keinen Einfluss haben auf eine askriptiv verstandene Bestimmung des Menschen. Mit anderen Worten: Es kommt bei allen Definitionsbemühungen, besser: Verständnisbemühungen, darauf an, auch in Zukunft, jenseits eines naiven *Biologismus* und eines bornierten *Kulturalismus*, d.h. einer Absolutsetzung entweder biologischer Erklärungen oder kultureller Erklärungen, die sich auf das menschliche Leben und die Gesetze, unter die das Leben tritt, beziehen, eine wissenschaftlich informierte und philosophisch reflektierte Position einzunehmen, die den Menschen nicht auf das reduziert, was er als (pure) Natur ist oder als (absoluter) Geist sein will.

6. Ein Beispiel für die verfahrene Situation zwischen Natur und Geist ist die gegenwärtig wieder aufgeflammte Diskussion um den *freien Willen*. Als wenn es unterscheidungslos um Sein oder Nichtsein des Menschen ginge. Die Wahrheit ist wohl eher, dass das Gehirn eine empirische Bedingung unseres Denkens, Fühlens und Handelns ist, dies aber nicht schon bedeutet, dass Denken, Fühlen und Handeln – kurz: unser Wille – durchgehend kausal determiniert sind. Wenn wir handeln, handeln *wir*, wenn wir fühlen, fühlen *wir*, und wenn wir argumentieren, argumentieren *wir*, nicht unsere Gene oder Neuronen. Wie sollte man auch sonst, wenn es anders wäre, irgendjemanden, sei er selbst Wissenschaftler oder nicht, und uns selbst, noch ernst nehmen können? Wäre es nämlich wirklich so, wie gelegentlich übereifrige Hirnforscher meinen, die den Menschen schon auf seine neurologischen Funktionen reduziert sehen, wäre eine Welt ohne Freiheit auch eine *Welt ohne Gründe*, und aus diesem Grunde – was von Reduktionismus- und Determinismusfreunden in der Wissenschaft gern übersehen wird – auch eine Welt ohne Wissenschaft. Ergo: Wissenschaft ist selbst die schönste Widerlegung einer wissenschaftlichen Negation des freien Willens. Wir, auch die Wissenschaftler, können aufatmen, ohne das empirische Geschäft für beendet erklären zu müssen.

7. Wissenschaft, Philosophie, Anthropologie – am Ende geht es bei der bemühten Beantwortung der Frage, was der Mensch ist, um eine im Grunde *ethische* Perspektive, um ein *Maß der Welt*, das auch die Wissenschaft und die Weise, wie diese ihre Entdeckungsprogramme ins

Werk setzt, umfasst. Das Maß der Welt aber ist immer noch der Mensch, nicht die Natur und auch nicht eine transzendente Instanz, also etwas Göttliches, das der Mensch doch nur nach seinem Bilde formt. Das wiederum bedeutet, dass er auch für sich selbst ein Maß bestimmen muss, das ein menschliches Maß ist und sich sowohl gegen seine drohende eigene *Verwissenschaftlichung* als auch gegen seine drohende eigene *Ideologisierung* richten muss. Denn stets hat der Mensch ein zukünftiges Bild seiner Vollkommenheit zu zeichnen versucht – als individuelle Gottwerdung oder als gesellschaftliche Utopie – und sich gleichzeitig mit Grauen oder Langeweile von diesem Bilde abgewandt. Damit wird auch hierin klar, dass die *conditio humana*, in der wir unser besonderes Wesen beschreiben, in einem gewissen Sinne nicht verfügbar und nicht optimierbar ist, nämlich so, dass mit einer Optimierung auch diese conditio, eben weil sie das Wesen des Menschen ausmacht, zu verschwinden droht. Was bliebe, wären Götter und Maschinen, und beide teilen nicht, was uns zu Menschen macht – unsere Wärme, unseren Geruch, unser Glück und unser Leid, unsere Nachdenklichkeit.

8. Wird der Mensch in allen ,Teilen', die sein Wesen ausmachen – Leib, Seele, Vernunft –, sich selbst *verfügbar* und damit auch wissenschaftlich *definierbar*? Ist er endlich und (zunehmend) vollkommen zugleich? Wir werden uns wohl daran gewöhnen müssen, dass die Verfügbarkeit des Menschen über sich selbst, getrieben von wissenschaftlichen und technischen Entwicklungen, weiter zunehmen wird, dass wir uns aber gleichzeitig, gegen diese Entwicklung, jene *Unverfügbarkeiten* bewahren müssen, die z.B. in Liebe und Glück, Krankheit und Tod erfahrbar werden und in denen, trotz eines drohenden Triumphes von *homo faber* über *homo sapiens*, ein wesentliches Stück unserer Menschlichkeit beschlossen liegt. Sollte dies der Renaissance-Philosoph Pico della Mirandola, der den Menschen als den Architekten seiner selbst bezeichnete, gemeint haben, als er Gott zum Menschen sagen ließ, er sei weder himmlisch noch irdisch, weder sterblich noch unsterblich geschaffen?

9. Was ist der Mensch und wohin geht er? Was der Mensch ist, wissen wir nur in philosophischen (damit zugleich askriptiven) und wissenschaftlichen (damit zugleich deskriptiven) Annäherungen, und wohin er geht, wissen wir nicht. Vielleicht ist die Frage, wohin das seltsame Wesen, das wir selbst sind, geht – um sich dann auch immer wieder anders zu definieren – auch falsch gestellt, zu prognostisch. Im Grunde geht es gar nicht um Definitionen dessen, was der Mensch war und was

er ist, und um Prognosen über einen zukünftigen Menschen und seine Wege, sondern darum, was *wir*, hier und jetzt, tun sollten, um uns als vernunftbegabte Wesen in die Augen sehen zu können, wohin *wir*, hier und jetzt, gehen sollten. Schließlich liegt die Zukunft stets in der Gegenwart beschlossen. Gestalten wir also diese so, dass die Frage, was der Mensch ist und wohin er geht, für die Gegenwart beantwortbar wird, nicht prognostisch und nicht theoretisch, sondern praktisch.

Zur Frage nach dem Wesen des Menschen aus theologischer Sicht

Walter Mixa

Die Frage nach dem Was des Menschen hat dessen Wesen zum Inhalt. Christliche Theologie gibt darauf die zentrale Antwort: Der Mensch ist Ebenbild Gottes.

Schon vortheologisch, in erster Linie philosophisch, richtet sich hier der Blick auf das Verhältnis von Gott und Mensch, das in der Gottesidee und Gotteserkenntnis des Menschen aufscheint. Soll die Idee Gottes keine Fiktion und dessen Erkenntnis keine nur vermeintliche sein, muss weiter gefragt werden, worin diese bestehen und worin ihr Grund liegt, was also deren eigentliche Substanz ist.

Diese Fragen führen unmittelbar und direkt ins Zentrum philosophischer und theologischer Anthropologie. Die Reduktion der Gottesidee auf Fiktion und Illusion ist somit zugleich eine Reduktion und Verkürzung des Verständnisses des Menschen von sich selbst. Das Wesen des Menschen manifestiert sich geradezu in der unauslöschbaren Frage nach Gott – oder nach einem letzten absoluten Prinzip (und keine wirkliche, ihre letzte Tiefe anstrebende Seinsreflexion kann ohne diesen basalen Hintergrund auskommen, auch wenn er gar nicht eigens thematisiert ist). Die Gottesfrage ist eine grundlegend gewusste, dem menschlichen Wesen mitgegebene und aufgegebene. Die Frage nach Gott als dem absoluten Grund und dem Prinzip von allem kann zwar verdrängt oder ideologisch uminterpretiert, aber nicht ausgelöscht werden, sie ist unentrinnbar. Wo der Mensch nach seinem Wesen fragt, da ist auch unmittelbar die Frage nach Gott gegeben.

Die Kirchenväter, die Gottesidee des Platonismus christlich transformierend, bedienten sich des schönen Begriffes „logos spermatikos", der als göttliches Samenkorn gewissermaßen in die menschliche Seele als Erkenntnisgrund eingesenkt zu denken ist. Es handelt sich also nicht um ein sekundäres, hinzugewonnenes Wissen, von dem auch abgesehen werden könnte, das also nur akzidentell wäre, sondern um ein wesentliches, dem menschlichen Geist konstitutives Seinswissen.

Wenn also hier der Mensch als Abbild Gottes verstanden wird, dann so, dass sich in dessen Geistseele Gott als ihr absoluter Grund spiegelt, in unvollkommener Weise zwar – abbildhaft – aber eben in ihrer Tendenz, ihrer inneren Bewegung zum Absoluten, zum Vollkommenen hin.

Wenn dabei von Un-Vollkommenheit oder von einer stets größeren Un-Ähnlichkeit (vgl. 4. Konzil im Lateran) des Abbildes gesprochen werden muss, so darf dabei in diesem konkreten Zusammenhang doch die auf Vollkommenheit verweisende Ähnlichkeit nicht aus dem Blick geraten. Ohne sie ist ontologisch und erkenntnismäßig das Geringersein nicht zu verstehen.

Denn das Vollkommene, das Absolute ist ontologischer und gnoseologischer Grund des Relativen, das nur als von diesem abgeleitet zu denken ist. Relatives ist nicht zu Bedingungen von wiederum Relativem zu verstehen. So könnte man christliche Anthropologie und ihre Frage nach dem Wesen des Menschen zusammenfassend auf diesen Punkt bringen: Der Mensch lässt sich zureichend nur „von oben her" erklären.

Augustinus drückt es in seinen Confessiones so aus: „Du, Gott, warst und bist mir innerlicher als mein eigenes Inneres." (Buch 3, § 11).

Und bei Paulus finden wir im Römerbrief die konzentrierte Aussage: „So bezeugt der Geist selber unserem Geist, dass wir Kinder Gottes sind." (Röm 8,16).

Diese knappe theologische Antwort auf die Frage „Was ist der Mensch" hat strikte Konsequenzen für die Antwort auf die Frage: „Was ist dem Menschen erlaubt?" Hier stoßen wir also direkt ins Herz der Debatte um die Würde des Menschen und der mit ihr verbundenen Werte.

Der so als Ebenbild Gottes verstandene Mensch ist, mit Kant zu sprechen, „Zweck an sich selbst" und somit „über allen Preis erhaben". Der Mensch hat folglich nicht einfach nur einen bestimmten Wert (Preis), sondern er hat eine unverhandelbare, durch nichts relativierbare Würde, die aus sich heraus niemals Mittel zu einem anderen Zweck sein kann.

Das betrifft grundsätzlich alle Diskussionen um den Beginn und das Ende menschlichen Lebens und damit auch alle Diskussionen um verbrauchende Forschungen an menschlichen Embryonen. Es gibt hier keinen zu rechtfertigenden, weiteren, sozusagen ableitbaren Zweck! Somit ist jede Verletzung menschlicher Würde auch unmittelbar eine

Verletzung Gottes, in dem diese Würde letztgültig und letztendlich gründet. Hier kann es keinen Kompromiss geben!

Auf den Punkt gebracht: Alle Werte hängen folglich von dieser grundsätzlichen Würde ab und sind auf sie zurückzuführen. Wer also über Werte redet, darf diesen innerlichen und wesentlichen Zusammenhang nicht aus den Augen verlieren. Denn sonst verliert er das Prinzip der Werte aus den Augen und entwertet damit letztlich und grundsätzlich die Rede von den Werten.

In einem letzten Schritt, der aus dieser Würde des Menschen als Ebenbild Gottes resultiert und aus der Erkenntnis dieser Würde und der in ihr gründenden Werte, erfolgt also ein „debere", ein Sollensanspruch. Weil die Abbildlichkeit im Absoluten fundiert ist, so ist auch der von diesem her ergehende Anspruch des Sollens ein absoluter, denn das Handeln folgt aus dem Sein. Wenn wir also von einer Natur des Menschen ausgehen, die ohne jenes absolute Fundament nicht zu denken ist, dann ergeben sich aus dieser Natur – naturgemäß – absolute Rechte und Pflichten.

Die Menschenrechte, auf die wir uns bislang als die fundamentalsten aller Rechte berufen, gründen in einem solchen Verständnis einer Natur des Menschen, die als solche allgemein *erkannt* werden kann und weswegen auch die daraus herzuleitenden Rechte und Pflichten allgemein an–*erkannt* werden.

Vielleicht ist es nicht uninteressant, dass trotz (oder gar wegen?) der postmodernen Relativierungstendenzen und der einst von Nietzsche geforderten und bis heute anhaltenden Umwertung aller Werte wieder ein verstärktes Interesse an den klassischen Tugenden festzustellen ist.

Unser nachmetaphysisches Zeitalter, das sich daranmacht sich von den sogenannten „großen Erzählungen" zu verabschieden, geht in Ermangelung eines substantiellen Ersatzes nach wie vor wie selbstverständlich mit diesen metaphysischen „Bausteinen" um. Und weil diese nicht mehr als selbstverständlich anerkannt werden, ist die Gefahr nicht zu leugnen, dass das Herausnehmen einzelner Bausteine aus dem Gebäude, dieses als solches insgesamt gefährdet. (Der Hochkonjunktur feiernde weitschweifige Toleranzbegriff, der die entstandenen Löcher füllen soll, wird vielfach eher zu Ausgrenzungszwecken nicht opportuner Anschauungen benutzt.)

Ein adäquates neues Gebäude, das den Menschen in seiner hohen und unverfügbaren Würde als Ebenbild Gottes aufzufassen in der Lage wäre und damit auch seine fundamentalen Rechte und Pflichten begründen könnte, ist allerdings nicht in Sicht!

Der Mensch im Qur'an

Hamideh Mohagheghi

Der Mensch wird im Qur'an als ein vielschichtiges Wesen dargestellt: Er ist in bester Form (Sure 95: 5), aus Lehm erschaffen und trägt den göttlichen Geist in sich: *„Als dein Schöpfer und Versorger zu den Engeln sprach: „Ich werde einen Menschen aus Ton erschaffen. Wenn ich ihn geformt und ihm von meinem Geist eingehaucht habe, dann werft euch vor ihn nieder."* (Sure 38: 71–71) Der Mensch, der aus einer bescheidenen Materie erschaffen ist, bekommt seine hohe Stellung in der Schöpfung durch Einhauchen des Lebensodems Gottes. Hierdurch wird er als höchstes Geschöpf ausgezeichnet. Er verfügt über Denkvermögen, Vernunft und Entscheidungsfreiheit, somit handelt er nicht ausschließlich instinktiv, er hat die Gabe zu denken, abzuwägen und die Folge seiner Handlungen zu bedenken.

In der qur'anischen Schöpfungsgeschichte werden Adam und die Engel einander gegenübergestellt, nachdem Gott Adam die „Namen der Dinge" (Sure 2: 32), das Wissen, beibrachte. Als die Engel erkannten, dass der Mensch Fähigkeiten besitzt, die sie nicht hatten, mussten sie ihm Respekt erweisen, indem sie sich, auf Aufforderung Gottes, vor ihm niederwerfen sollten.

Das Wissen, das am Anfang der Schöpfung Adam vermittelt wurde, ist ein tiefes Wissen über das Verborgene in der Schöpfung. Die „Namen der Dinge" zu kennen bedeutet, Kenntnis über sie zu haben und über sie verfügen zu können: „so wurde Adam der Meister aller Geschaffenen."[1]

Der Mensch nahm das anvertraute Gut (*amana*), die Schöpfung, entgegen, nachdem die mächtigen Geschöpfe wie Himmel, Erde und Berge sich weigerten, diese Verantwortung zu übernehmen (Sure 33: 72). „Etwas anvertrauen bedeutet, dass der Anvertrauende darauf baut, dass der Betraute die Sachen in seinem Sinne verwendet."[2] Gott vertraut

---

1 Schimmel, Annemarie (1995): *Mystische Dimensionen des Islam. Die Geschichte des Sufismus.* München: Eugen Diederichs, 269.
2 Qur'ankommentar, München 1994 (Teil 20 und 21), 115.

den Menschen die Schöpfung an, und es liegt in der Hand der Menschen, diesem Vertrauen gerecht zu werden oder es zu missbrauchen.

Der Mensch wird geehrt – „Wir (Gott) haben die Kinder Adams geehrt." (Sure 17: 70) –, indem er die Fähigkeit zum vernünftigen Denken bekommt.

Die Vertreibung des Menschen aus dem Paradies ist nicht als „moralische Verworfenheit" Adams zu verstehen. „Die Unfolgsamkeit war eine Folge seiner ersten freien Wahl, und daher wurde dieser Übertritt Adams vergeben."[3] Dieser Übertritt führte Adam zu einem bewussten Leben, in dem er die Möglichkeit hatte, sich immer weiterzuentwickeln.

In dieser Weiterentwicklung spielt Satan als Widersacher eine wichtige Rolle. Der Mensch ist in ständigem Kampf gegen seinen Widersacher, seinen *nafs* oder seine Triebseele. In dieser „großen Bestrebung" (*djihad akbar*) wird der Mensch geläutert, er entdeckt die Weite seiner Fähigkeiten und die Grenzen seiner Möglichkeiten. Der Ausspruch des Propheten Muhammad: „Mein Satan, d.h. meine Triebseele hat sich ergeben" drückt das Ziel des Gläubigen aus, der im ständigen Kampf mit seiner Triebseele ist, bis er sie unterwirft.

In diesem Kampf werden sich die negativen Eigenschaften in positive verwandeln. Der berühmte Sufispruch: „Qualifiziert euch mit den Qualitäten Gottes!"[4] beschreibt die Vorstellung, die ein wahrer Mystiker von seinem Dasein hat: Sein Lebensziel ist es, die Nähe Gottes zu erlangen und sich Seine Eigenschaften anzueignen, um ein vollkommener Mensch zu werden.

Die Vollkommenheit zu erreichen, um wieder in einem paradiesischen Zustand leben zu können, ist das Ziel eines Lebens im Sinne Gottes. Ein vollkommener Mensch erreicht die Vollkommenheit sowohl in Vernunft und Weisheit als auch in Liebe. Durch die Liebe und Weisheit verschmilzt er in der Einheit der Schöpfung, letztendlich mit Gott. Dieser Zustand, der ausgeprägt von Gottes Liebe und Vertrauen ist, lässt den Menschen aushalten und zufrieden sein mit dem, was ihm im Leben widerfährt. Dieses Vertrauen ist kein passives und blindes Vertrauen, es ist stets begleitet durch Liebe und Weisheit und die Erkenntnis, dass das Leben einen Sinn hat und der Mensch sich im

3 Schimmel, Annemarie (1995): *Mystische Dimensionen des Islam. Die Geschichte des Sufismus*. München: Eugen Diederichs, 269.
4 Ebd.

Rahmen der von Gott gegebenen Möglichkeiten bemühen muss, den Sinn des Lebens zu ergründen und sich danach zu orientieren.

Nach einer mystischen Beschreibung ist der vollkommene Mensch ein „Vernunftmensch, ein Herzensmensch und ein Naturmensch". Es gibt in der islamischen Poesie zahlreiche Werke, die sich dem „Menschsein" gewidmet haben:

> Der Körper des Menschen wird edel,
> ehrbar durch den Geist der Menschlichkeit,
> die schönen Kleider sind keine Zeichen für die Menschlichkeit.
> Wenn „Menschsein" nur Auge, Mund, Ohr und Nase ist (die
> äußere Erscheinung),
> was unterscheidet dann den Menschen von einer
> Abbildung auf einer Wand?
> *Sa'adi, 1210–1290, iranischer Dichter*

Der Mensch in dessen Herz das Licht des Gedenkens an Gott gelegt ist und der Gottes Eigenschaften entsprechend den Unzulänglichkeiten des Menschen sich zu eigen gemacht hat, widmet sich der Schöpfung Gottes. Er nimmt seine Verpflichtungen im Bewusstsein wahr, dass alles Gott gehört. Er begegnet der Schöpfung ehrfürchtig, demütig und respektvoll. Er setzt sich für andere Menschen und Bedürftige ein und vergisst dabei seine eigenen Bedürfnisse nicht ganz. Er lebt in Ehrfurcht vor Gott und sehnt sich, Ihm zu begegnen.

Der Islam bedeutet „Hingabe" und Muslim ist jemand, der sich Gott hingibt. Diese Hingabe muss den Menschen befähigen, den inneren Frieden und die Freiheit zu erlangen, sich zum Ziel des Lebens, zur Vollkommenheit, vorwärts zu bewegen.

Der islamische Lebensweg ist eine ständige Reise aus der Finsternis ins Licht, ständig die Nähe des Schöpfers und Erhalters suchend, bis eine Bindung entsteht, die nie aufgelöst werden kann. Eine Reise, die diejenigen unternehmen, die bereit sind, sich von den irdischen Abhängigkeiten frei zu machen, um eine Abhängigkeit von Gott zu erleben. Der Pfad des Strebens ist der gerade Weg, die Seinen sind Menschen, die den peinigenden Schmerz süß finden. *„Aber es wird nur denen dargeboten, die geduldig sind, nur einem, dem großes Glück beschieden ist."* (Sure 41: 35)[5]

---

5 Gramlich, Richard (1992): *Islamische Mystik. Sufische Texte aus zehn Jahrhunderten.* Stuttgart: Kohlhammer.

Der Mensch, der sich auf diesen Weg begibt, ist nicht weltfremd oder
weltabgewandt, er sieht die Schöpfung als Werk Gottes und allein aus
diesem Grund schön und erlebenswert. Er sieht in allen Geschöpfen das
Antlitz Gottes: „Gottes ist der Osten und der Westen. Wohin ihr euch
auch wenden möget, dort ist das Antlitz Gottes. Gott umfasst und weiß
alles." (Sure 2: 115)

Der Mensch ist nach der qur'anischen Darstellung, der „Statthalter" auf
dieser Welt, damit trägt er die Verantwortung für den Erhalt der
Schöpfung. Er wird zwar als exklusives Geschöpf dargestellt, wird aber
zugleich vor negativen Attributen gewarnt, die auch der Mensch in sich
trägt:

Der Mensch ist vergesslich und ungeduldig, und aus diesem Grund
kann er voreilige Entscheidungen treffen, die nicht für die Schöpfung
vorteilhaft sind (Sure 20: 115). Er stiftet auf der Erde Unheil und
missachtet und missbraucht die Schöpfung für die materiellen Interessen, die ihm kurzzeitig ein schönes Leben bescheren (Sure 2: 11). Er
vertreibt die anderen Menschen und behandelt sie schlecht, und dadurch begeht er in großem Maße Ungerechtigkeiten (Sure 2: 85). Er ist
geizig und ist nicht bereit, den anderen Menschen teilhaben zu lassen an
den Gaben Gottes, die er durch Gnade und Zuwendung Gottes bekommen hat (Sure 17: 100). Aufgrund dieser Eigenschaften und der
Versuchungen, denen der Mensch durch seine Widersacher ausgesetzt
ist, ist er auf die von Gott gegebenen Fähigkeiten sowie die Gnade und
Barmherzigkeit Gottes angewiesen.

Der Mensch ist für seine Handlungen verantwortlich und muss
dafür Rechenschaft ablegen: ein Grundprinzip der islamischen Lehre ist
die Überzeugung, dass es ein Leben nach dem Tod gibt und der Mensch
vor dem Gericht Gottes zur Verantwortung gezogen wird. Der Mensch
hat die Freiheit, sich für Gut oder Schlecht, Recht oder Unrecht zu
entscheiden. Dadurch, dass die Rahmenbedingungen in der Natur des
Menschen und in dem Handlungsumfeld von Gott gegeben sind, verfügt er über eine relative Freiheit. Das bedeutet, dass er im Rahmen der
gegebenen Möglichkeiten entscheiden und handeln kann. Im Qur'an ist
oft erwähnt, dass Gott „keinem Menschen mehr aufbürdet als er tragen
kann"[6], von ihm wird nur das erwartet, was er als Individuum leisten
kann; dies ist ein entscheidendes Prinzip der Gerichtsbarkeit Gottes.

---

6   Sure 2: 233, 286; Sure 6: 152; Sure 7: 42: Sure 23: 62.

Der Mensch ist aufgefordert, gerecht zu handeln, rechtschaffen zu sein: „ihr Menschen, euer Gott ist Einer, ihr seid alle von Adam, und Adam ist aus Staub erschaffen. Der beste von euch vor Gott ist der Rechtschaffenste." (Aussage des Propheten Muhammad.) Darüber hinaus hat er die Pflicht, sich für den Frieden einzusetzen.

Das gerechte Handeln, das im Islam als logische Folge des Glaubens verstanden wird, bedeutet, dass man zur rechten Zeit in der richtigen Situation sich gegenüber den Menschen und der Schöpfung angemessen und bedacht verhält, ihnen keinen Schaden zuführt und stets das Gleichgewicht hält.

Der Qur'an kennt den „Zwiespalt zwischen Gutes-tun-wollen und der Unfähigkeit, es immer auszuführen" und sieht es als menschlich, wenn man sich irrt, Fehler begeht und nicht immer die innere Stimme des Gewissens hört. Der Mensch hat stets die Möglichkeit, Reue zu zeigen, seine Fehler zu korrigieren und zu versuchen, die Übertretungen nicht zu wiederholen.

Der Glaube muss bewirken, dass der Mensch seinen Verantwortungen Gott, den Mitmenschen und der Schöpfung gegenüber gerecht wird. Wenn der Glaube dies nicht bewirkt, wandelt man auf einem Irrweg, der die Menschen von Gott entfernt und das destruktive Handeln begründet.

Zehn Thesen zur „Natur des Menschen"

Grundriss zu einer Anthropologie

OLIVER MÜLLER/JAN-CHRISTOPH HEILINGER

Das Rätseln über die „Natur des Menschen" gehört seit den ersten Kulturen zu den Konstanten der Menschheitsgeschichte – ebenso wie strikte Bestimmungen, was die „Natur des Menschen" ist (oder sein soll), und wie sie in eine bestimmte Weltanschauung einzupassen ist. Trotz gewichtiger Einwände, die behaupten, die „Natur des Menschen" sei so vage, dass man besser gar nicht von ihr reden sollte, sind weder das Bedürfnis, sie zu enträtseln, noch das Verlangen, sie zu bestimmen, versiegt. Kulturelle Umbruchszeiten haben vielmehr immer wieder die Frage nach dem Menschen virulent gemacht. Seit einigen Jahrzehnten erregen die Wissenschaften, insbesondere moderne Bio- und Medizintechnologien, wieder einmal unsere Hoffnungen und Ängste und sorgen damit für eine weltweite Konjunktur der Frage nach dem Menschen. Dabei wird häufig höchst missverständlich über die „Natur des Menschen" geredet. Die folgenden zehn Thesen sollen dazu dienen, mögliche Klärungs- und Antwortversuche anzuregen.

A. Selbstauslegung: Anthropologie und Menschenbild

1. Die „Natur des Menschen" ist prinzipiell bestimmbar. Dieses Bestimmen erfolgt zwar nicht in einem definitiven Sinne, wohl aber auf der Basis unhintergehbarer Einsichten. Die menschliche Natur ‚gibt' es im Sinne von charakteristischen humanen Eigenschaften, die den *Zusammenhang* von „natürlicher" (physiologischer, evolutionsbiologischer etc.) „Natur" und „kultureller" (personaler, gesellschaftlicher etc.) „Natur" des Menschen umfassen. Denn: *Dass* der Mensch etwa in irgendeiner Weise sowohl leibliches als auch Geistwesen ist, wird kaum zu bestreiten sein – wie sich das psychophysische Problem aber konkret ausformuliert, hängt vom Nährboden einer Kultur, vom Wissensstand einer Zeit und vom Stand der philosophischen Reflexion ab.

Jede menschliche Eigenschaft ist – zumindest in Ansätzen – auch im Tierreich zu finden: Sprache, Rationalität, Emotionalität, Kooperation, Sozialität, Kognition und sogar Meta-Kognition – all dies lässt sich schon auf früheren evolutionären Stufen erkennen (eine Ausnahme bildet womöglich nur das Verständnis von Zeit). Gleichwohl ist der Mensch eigen und sonderbar, insofern seine evolutionär gewordenen Eigenschaften ein besonderes, bislang einzigartiges Komplexitätsniveau erreicht haben. Dabei spielt das spezifisch menschliche Bewusstsein eine zentrale Rolle. Das darin stattfindende mögliche Zusammenspiel und das häufige Auseinanderfallen von Rationalität und Emotionalität zeigt dies exemplarisch besonders deutlich an. So ist bislang kein Weg in Sicht, die aus menschlicher Rationalität und Emotionalität entstehende komplexe Kreativität, die Vielfältigkeit und Variabilität der menschlichen Lebensformen vollständig zu erklären, zu verstehen oder gar zu simulieren. Somit bleibt der Mensch – zumindest bis auf weiteres – sonderbar und unverständlich.

Je spezifischer man also über den Menschen redet, desto eher ist die „Natur des Menschen" als ein Abbild der jeweils zeitgemäßen Bestimmung wesentlicher Merkmale von Menschen zu verstehen. Dass sich aber bei einem historischen Vergleich der Antwortversuche Kontinuitäten und Variabilitäten erkennen lassen, ist eine Kernerkenntnis einer jeden Anthropologie, die sich als begriffliche Selbstauslegung versteht. Insofern sind „Anthropologie" und „Menschenbild" streng voneinander zu unterscheiden. Anthropologie als Disziplin heißt: Das Fragen nach dem Menschen zu koordinieren, zu systematisieren und über die Beantwortungsweisen Rechenschaft ablegen zu können. Ein Menschenbild hingegen ist eine bestimmte, kulturell relative Vorstellung von dem, was der Mensch ist und sein soll. Das Vermögen, sich als Mensch seiner selbst kulturell rückzuversichern, ist auf die regulative Idee einer „Natur des Menschen" angewiesen.

Der Mensch ist das menschenbilderbedürftige Wesen. Der Begriff „Mensch" dient dem Wesen, das sich selbst so bezeichnet, als Verortung seiner selbst und zur Selbstvergewisserung in Abgrenzung von anderen Entitäten.[1] Der Mensch spricht sich selbst bestimmte Attribute zu, um sich unterscheidbar zu machen. Er ist damit auf die wandelbaren Menschenbilder angewiesen. Allerdings gibt es auch hier Konstanten:

---

1   Heilinger, Jan-Christoph/Müller, Oliver (2007): Der Cyborg und die Frage nach dem Menschen. Kritische Überlegungen zum *„homo arte emendatus et correctus"*. In: *Jahrbuch für Wissenschaft und Ethik* (12), 21–44.

Der Mensch versucht sich immer sowohl gegenüber „absoluten" Wesen
– wie einem Gott –, als auch mit Blick auf das (scheinbar) „Defiziente"
– im Verhältnis zu Tieren und dem Tierischen – zu definieren. Alle
wesentlichen traditionellen Definitionen des Menschseins bewegen sich
zwischen diesen beiden Polen. In neuerer Zeit spielen auch technische
Entitäten, wie Computer, Roboter und Cyborgs eine wichtige Rolle,
um die Bestimmung des genuin Menschlichen zu gewährleisten. In der
Abgrenzung zu diesen Gegenbegriffen sucht der Mensch Selbstvergewisserung – und kann sie auch finden.

B. Selbstverortung: Natur und Kultur

2. Der Mensch ist ein Lebewesen. Die Evolutionstheorie ist von großer
Bedeutung für die Erklärung dessen, was der Mensch ist. Sie ist diejenige Disziplin, die im Fächerkanon der Naturwissenschaften hinsichtlich der Bestimmung des Menschen den Status einer Leitwissenschaft
innehat. Erklärungen darüber, was der Mensch ist, müssen immer berücksichtigen, wie der Mensch geworden ist und was der Mensch noch
werden kann. Gleichwohl ist mit der evolutionären Perspektive allein
das letzte Wort noch nicht gesprochen, doch der Hinweis auf die
prinzipielle Variabilität des lebendigen Wesens Mensch ist damit un-
verrückbar festgestellt. Bei der Betonung der Relevanz der Evolutionstheorie darf diese allerdings nicht zur Matrix für die *kulturellen*
Selbsterklärungsprozesse des Menschen werden. Selbst wenn der
Mensch ein Lebewesen wie andere Lebewesen ist, ist sein Verhalten und
Handeln durch die Evolutionstheorie nicht vollständig erklärbar – auch
wenn manche Vertreter einer Soziobiologie das gerne so hätten.

3. Der Mensch lebt im kulturellen Wirken. Die menschliche Kultur lässt
sich über verschiedene Typen sinnhaft-kultureller Prägungen wahr-
nehmbarer und denkbarer „Fakten" beschreiben. Der Mensch führt sein
kulturelles Leben auf verschiedenen Ebenen: Sprache, Mythos, Moral,
Religion, Recht, Wissenschaft, Technik etc. Die kulturell-rationale
Prägung der menschlichen Welt und Umwelt ist eine ursprünglich a
priori zu nennende Leistung des menschlichen Bewusstseins. Die
konkreten kulturellen Formungen sind historisch-kontingent, beschreiben aber insgesamt den Raum des Menschlichen, insofern der
Mensch ist, wie er wirkt.

3.a. Die Sprache ist das Medium des Menschseins. Die Sprache erlaubt dem Menschen, mit anderen Menschen zu kommunizieren und als kommunizierendes Wesen an der Öffentlichkeit zu partizipieren. Durch die Sprache sind dem Menschen Selbstzuschreibungen möglich: Er ist auch der „Ich"-sagen-Könner. Damit kann der Mensch in der Sprache sein innerstes Erleben kartieren und sich als vielschichtig fühlendes und denkendes Wesen wahrnehmen. Gleichzeitig ist die Sprache eine Quelle der Selbsttäuschung: Ontologische Hypostasierungen etwa liegen in der Fähigkeit zur Sprache selbst als defiziente Modi angelegt.

3.b. Der Mensch ist ein Ausdruckswesen. In Literatur, Musik und Kunst kann der Mensch das Menschliche, was für ihn von Bedeutung ist, zum Thema machen und in eine Form bringen, die die menschliche Gestaltungsfähigkeit zu „Vollendungen" führen kann. Dieses Ausdrucks, dieser Artikulation seiner selbst bedarf der Mensch, um sich selbst in exemplarischer Form zu begegnen.

3.c. Der Mensch ist homo ludens. Der Mensch ist das Wesen, das einen Möglichkeitssinn hat; das im spielerischen Ausprobieren über sich und die Welt lernt und Gestaltungsformen durchspielen kann. Der Mensch ist dort ganz Mensch, wo er spielt.

3.d. Der Mensch ist homo faber. Die Technik ist eine der wesentlichen Formen menschlicher Wirklichkeitsgestaltung, die eine eigene Struktur der Rationalität aufweist. Der Mensch erkennt zentrale Aspekte seines „Geistes" in technischen Herstellungsprozessen und den entsprechenden Strukturen. Dabei ist Technik, auch wenn sie in einem Gegensatz zur Natur zu stehen scheint, immer selbst ein Ausdruck der Natur. Darin gleicht die Technik den anderen Praktiken menschlichen kulturellen Wirkens, die dem Menschen „natürlich" sind. Gleichwohl liegt in jeder Technik die Gefahr der Technisierung, der zweckrationalen Vereinfachung von Strukturen.

4. Das Menschsein ist durch Offenheit konstituiert. Der Mensch muss damit umgehen, dass er ein nicht festgestelltes Lebewesen ist, das notwendigerweise der Evolution unterworfen ist, und dass er darüber hinaus sich selbst in seiner eigenen Nicht-Festgestelltheit tatkräftig bearbeiten und

auch erweitern kann. Die biologische Natur des Menschen ist durch-
drungen von den Ergebnissen kultureller Praktiken.[2]

Insgesamt ist der Mensch ein welt-offenes Lebewesen; während
andere Tiere in eine Umwelt eingebunden sind und nur im Umwelt-
kontext agieren können, kann der Mensch die Vorstellung einer Welt
haben, in der er Verantwortung übernehmen kann. So ist der Mensch
das sich selbst gestaltende Wesen. Das betrifft seine (Selbst-)Erziehung
zu einem „freihandelnden Wesen" wie auch die Einflussnahme auf
seine biologische „Natur". Der Mensch ist damit auch ein Wesen, das
„Züchtungsfantasien" haben kann. Spannungsvoll bleibt das Wechselspiel zwischen dem, was der Mensch von Natur aus ist, und dem, was
der Mensch aus dem macht, was er von Natur aus ist.

5. Der Mensch ist ein leibliches Wesen. Eine Anthropologie muss die kognitiven, personalen, sozialen und emotionalen Aspekte des Menschseins mit der Leiblichkeit des Menschen in Verbindung bringen. Die
„Subjektivität" des Menschen ist erst und nur als eine inkorporierte
sinnvollerweise zu denken. Als leibliches Wesen kann der Mensch auf
sich selbst als seine „natürliche" Natur Bezug nehmen.

6. Der Mensch ist Person. Der Mensch kann an sich selbst personale
Eigenschaften wie Selbstbewusstsein, evaluative Selbstverhältnisse oder
eine narrative Identität erkennen und zur Grundlage seiner moralisch-
anthropologischen Selbstbeschreibung machen. Gleichzeitig kann er das
Personsein allen anderen Mitgliedern seiner Spezies zusprechen.

Der Mensch ist dazu in der Lage, sich und seinesgleichen – auch
wenn sie ihm wenig gleichen – neben dem (potentiellen) Personstatus
Würde zuzusprechen. Die unantastbare Würde des Menschen beruht
dabei auf einer grundsätzlichen Konvention, von allen kontingenten
konkreten Merkmalen eines Individuums abzusehen.

7. Der Mensch ist ein soziales Wesen. Den Kern der Sozialität trägt der
Mensch in seinem ersten Weltzugang bereits in sich. Die Möglichkeit,
neben der eigenen auch die Perspektive eines anderen einzunehmen,
liefert die Grundlage für die Möglichkeit von Moral. Die Struktur der
Vernunft ist in sich auf Öffentlichkeit angelegt. Vielleicht ist in der

---

2   Vgl. dazu Hawks et al. (2007): Recent Acceleration of Human Adaptive
    Evolution. In: *Proceedings of the National Academy of Sciences of the United States of
    America* (104:52), 20753–20758.

Möglichkeit der interpersonellen Perspektivenübernahme der Kern
dessen gefunden, was den Menschen ausmacht. Der Mensch als ein
soziales Lebewesen lebt – von extremen Ausnahmen abgesehen –
immer in einer Welt mit anderen Menschen und ist eingebunden in
persönliche und gesellschaftliche Kontexte. Das Denken, der Gebrauch
der Vernunft, die Selbstverständigung und die Verständigung mit anderen über Erlebtes und Gedachtes sind intrinsisch mit der Perspektive
des und der Anderen verbunden. So lässt sich sagen, dass Vernunft auf
Öffentlichkeit angelegt ist und – wie der Mensch, der sie hat – in
Isolation und Heimlichkeit nicht bestehen kann.

C. Selbstbegegnung: Conditio humana

8. Der Mensch ist das zum Guten wie zum Bösen fähige Wesen. Der Mensch
ist prinzipiell fähig, moralisch zu handeln, was keineswegs heißt, dass er
es immer tut. Der Mensch kann Gründe sowohl für gutes als auch für
richtiges Handeln benennen. Der Mensch kann anständiges und ge-
rechtes Handeln kulturell kodifizieren und politisch und juristisch
festschreiben. Gleichwohl kann der „Innenraum" des Handelnden darin
nicht aufgehen. D.h.: 1. Der Mensch bleibt von einem Cluster an
Motiven, Gründen, Leidenschaften usw. bestimmt, die er nicht öffentlich machen muss, die ihm auch selbst im Verborgenen bleiben
können. 2. Der Mensch ist seinem Selbstverständnis nach frei. Diese
Freiheit bedingt die Möglichkeit der moralischen, kulturellen und
technischen Selbstgestaltung. Diese Selbstgestaltung kann verantwortungsbewusst geschehen – gleichzeitig blickt der Mensch jedoch immer
auch in den Abgrund seiner Autonomie. Die „höchste" Fähigkeit des
Menschen eröffnet diesem die Möglichkeit der Pervertierung seiner
selbst. Planende Grausamkeit, sinnloses Leidschaffen und genussvolle
Vernichtung sind möglich. Nur der Mensch kann böse sein.

*9. Der Mensch ist das Wesen, das sich seiner Geburt und seines Todes bewusst
ist.* Der Mensch weiß um seine Natalität und Mortalität. Der Mensch
wird geboren, d.h. er ist als leibliches und schutzloses Wesen in die
Obhut seiner Eltern hineingeboren. Damit konstituiert sich für den
Menschen ganz existentiell „der Andere" als die Bedingung der Möglichkeit seiner Existenz. Im Bewusstsein seines Angewiesenseins auf den
Anderen und im Bewusstsein seiner „Geschichtlichkeit" als kontin-

gentes[3] In-die-Welt-geworfen-Sein muss der Mensch sein Existieren begreifen und ergreifen. Die bewusste Gestaltung eines Lebens ist nur vor dem Horizont des Todes möglich. Über den Tod kann der Mensch sein eigenes Leben als eine Aufgabe begreifen, die es „diesseitig" zu erfüllen gilt und/oder die die Antwort auf den Sinn des eigenen Lebens auf eine Zeit nach dem Tode verlegt.

10. Der Mensch bedarf als endliches Wesen des Unendlichen. Der Mensch ist sich seiner Sterblichkeit, seiner begrenzten Lebensspanne, der Grenzen seiner Möglichkeiten und seiner Fehlbarkeit bewusst. Der Blick auf das nicht-bedingte Absolute und auf die Unendlichkeit gibt dem Menschen die Möglichkeit, den Grund der Welt und seines eigenen Seins und Sinns außerhalb seiner kontingenten Handlungssphäre zu denken. Erst die Idee des Ganzen bringt den Menschen zu sich selbst. Der Mensch ist das Wesen der metaphysischen Sehnsucht. Der Mensch ist, wenn auch nicht unbedingt ein Gottfinder, so doch ein Gottsucher.

Die Thesen umreißen die Einsicht, dass der Mensch das Wesen ist, das sich selbst problematisch werden kann.

---

3   Blumenberg, Hans (1959): Artikel *Kontingenz*. In: Religion in Geschichte und Gegenwart, 3. Aufl., Band 3, Spalten 1793–1794.

Die anthropologische als normativ-ethische Frage

Julian Nida-Rümelin

Die Frage „Was ist der Mensch?" steht unter Ideologie-Verdacht. Jede Weltanschauung scheint darauf eine Antwort zu haben, dennoch gilt die philosophische Anthropologie heute nicht mehr als eine grundlegende Disziplin. Diskreditiert wurde sie vor allem dadurch, dass aus einer Vielfalt empirischer Befunde das jeweils Passende als das Charakteristische, nach Kriterien, die meist im Dunkeln blieben, herausgegriffen wurden. Eine einflussreiche Strömung des sozial- und geisteswissenschaftlichen Denkens, deren Ursprünge sowohl in der empirischen Einzeldisziplin der Ethnologie, als auch im philosophischen Relativismus zu suchen sind, bestreitet die Legitimität der Fragestellung als solche. Den Menschen gibt es nicht, es gibt eine Vielfalt von Kulturen und Gemeinschaften, die untereinander zuwenig gemeinsam haben, als dass man „essentialistisch" festlegen könnte, was das Charakteristische des Menschen sei.

Meine These lautet: Die alte anthropologische Frage lässt sich nur übersetzt in eine normativ-ethische aufrechterhalten: Wie sollte der Mensch sein? Wie sollten Menschen miteinander umgehen? Was macht ein gelungenes Leben aus? Was heißt also menschliche Bildung und Selbstbildung? Gibt es Rechte und Pflichten, die Menschen, unabhängig von ihrer Gemeinschafts- und Kulturzugehörigkeit haben? Kann es kulturelle Praktiken geben, die in der betreffenden Gemeinschaft allgemein akzeptiert, aber menschenunwürdig sind? Ist das Idealbild menschlichen Lebens von Selbstbestimmung, von Autonomie geprägt? Und wenn ja, in welchem Verhältnis steht Autonomie und Gemeinschaftszugehörigkeit?

Die Übersetzung der anthropologischen in eine ethische Frage erübrigt nicht zu klären, was zur menschlichen Natur gehört. Wohlverstandene Ethik tritt nicht von außen an die moralischen Phänomene, Überzeugungen, Einstellungen, Wertungen, Praktiken, einer Gesellschaft heran, sondern ist das Ergebnis einer Klärung, die ohne ein gewisses Maß an Teilhabe unmöglich wäre. Die lebensweltliche Moral ist weder der externe Prüfstein normativ-ethischer Theorie, noch irrelevante bloße Meinung (dóxa). Eine adäquate, nämlich lebensweltlich angebundene humanistische Ethik ist offen für die empirischen Befunde der menschlichen Spezies.

Der Mensch ist, nicht nur aber auch, Vernunftwesen. Er ist befähigt, sich von Gründen leiten zu lassen. Dies ist ein empirisch zutreffender Sachverhalt. Humanistische Ethik macht dies zu ihrer zentralen regulativen Idee: Der Mensch sollte sich von Gründen leiten lassen. Der altgriechische thymos, die mittelalterliche Standesehre, die Neigungen des Augenblicks, wirtschaftliches Konsum- und Profitstreben können die menschliche Praxis nicht zureichend begründen. Gründe müssen sich einbetten lassen in einen in sich stimmigen Komplex konativer und epistemischer Einstellungen, die dem Leben Sinn geben und es zu einem gelungenen Leben machen.

Der Mensch ist aber nicht nur Vernunft-, sondern auch Sinnen- und Sozialwesen, das hat er mit vielen nicht-menschlichen Lebewesen gemeinsam. Die ästhetischen und die sozialen Dimensionen menschlichen Lebens sind nicht autark, sondern imprägniert von Deliberation, dem Abwägen von Gründen, von Begriffen und Theorien, von Anschauungsformen. Als soziales Wesen ist der Mensch angewiesen auf Andere, er kann auf sich allein gestellt in der Regel nicht einmal physisch überleben. Aufgezwungene Isolation lässt das menschliche Individuum verarmen, in seiner Persönlichkeit verkümmern. Menschen sind fähig und willig zu kooperieren. Kooperation gehört zur conditio humana. Atomistische Theorien menschlicher Rationalität, die den Einzelnen zu einer optimierenden Monade machen, sind mit einem angemessenen, normativ überzeugenden und lebensweltlich angebundenen Menschenbild unvereinbar. Der Mensch ist Sozialwesen von Natur, eine menschliche Existenzweise ohne Kooperation ist angesichts der genetischen Ausstattung der Spezies Mensch unvorstellbar. Zugleich hat er gute Gründe in bestimmter Weise zu interagieren und speziell zu kooperieren. Eine menschliche Ordnung, die lediglich auf dem Recht des Stärkeren beruht, heißt für viele Individuen ein Leben in Abhängigkeit, permanenter Angst und Hoffnungslosigkeit zu leben. Die Fähigkeit sich von Gründen leiten zu lassen erlaubt es den eigenen Interessenstandpunkt zu transzendieren, Rücksicht zu nehmen auf Andere, einen humanen Umgang zu pflegen und auch den Schwächeren die Entfaltung eines selbstbestimmten Lebens in sozialer Gemeinschaft.

Eine unbekannte Spezies?

Alltagserfahrung und neurowissenschaftliche Erkenntnis

Michael Pauen

Die Diskussion der letzten Jahre über die Konsequenzen der neurowissenschaftlichen Forschung für unser Bild vom Menschen erweckt manchmal den Eindruck, man habe es hier mit einer bislang völlig unbekannten Spezies zu tun. Dank Hirnforschung und Psychologie erfahren wir plötzlich etwas von einem Lebewesen, über das bislang allenfalls ein paar Mythen im Umlauf waren. Und selbstverständlich sind die Wissenschaften angetreten, uns von diesen Mythen und narzistischen Selbsttäuschungen zu befreien und an deren Stelle solide empirische Erkenntnisse zu setzen. Dass dieser Prozess zum Verlust liebgewordener Illusionen führen und daher mit der einen oder anderen Kränkung verbunden sein kann, müsse dabei um der Wahrheit Willen in Kauf genommen werden.

Das gilt insbesondere für Fähigkeiten wie die Willensfreiheit und das Selbstbewusstsein. Der schon vor langer Zeit artikulierte Verdacht, dass es sich hier um bloße Illusionen handle, scheint durch experimentelle Ergebnisse neuen Auftrieb erhalten zu haben. Hieraus scheinen sich weitreichende Folgen zu ergeben, die nicht nur unser Bild von uns, sondern auch unseren Alltag und unsere Rechtspraxis tiefgreifend verändern können.

Ich möchte im Folgenden zeigen, dass diese Auffassung verfehlt ist. Dabei will ich nicht noch einmal auf die bereits vielfach diskutierten Experimente eingehen, genauso wenig scheint mir hier eine ausführliche Diskussion der zentralen Begriffe sinnvoll. Konzentrieren möchte ich mich stattdessen auf die Bedeutung unserer Alltagserfahrung für eine sinnvolle philosophische Antwort auf die Frage nach dem Menschen. Schwer zu bestreiten sein dürfte in jedem Falle, dass wir über ein überwältigendes Maß an Erfahrungen mit uns und unseresgleichen verfügen. Zweifellos nicht immer die besten Erfahrungen – doch schon das spricht gegen die Annahme, unsere Vorstellungen von uns selbst seien Ausgeburten unserer Selbstverliebtheit. Von besonderer Bedeutung ist diese Erfahrung dort, wo sie ihren Niederschlag in sozialen und staatlichen Institutionen gefunden hat. Mythen und narzisstische Illusionen über das Wesen des Menschen mögen in Groschenromanen, Seifenopern und drittklassigen Liebesliedern überleben – im Alltag werden wir uns schon deshalb davor hüten, an ihnen festzuhalten, weil sie eben nicht nur uns selbst, sondern auch die Interaktion mit unseren Mitmenschen betreffen – und da können unrealistische Annahmen über das Wesen des Menschen sehr schnell unliebsame Folgen haben.

Was also verraten unsere Institutionen und unser alltägliches Handeln über das „Wesen des Menschen"? Ein besonders gutes Beispiel liefert hier der seit langer Zeit zu beobachtende Trend zur Individualisierung, wie ihn vor allem die subjektorientierte Soziologie beschrieben hat. Der Trend führt dazu, dass unser Handeln immer weniger durch überindividuelle Determinanten wie Geschlecht, regionale Herkunft und soziale Schicht und immer stärker durch individuelle Fähigkeiten und Präferenzen geprägt wird. Diese Veränderung ist mit einer Verlagerung von Entscheidung und Verantwortung von der sozialen auf die individuelle Ebene verbunden.[1]

Die Tatsache, dass dieser Trend nicht nur anhält, sondern – wie die jüngsten Sozialreformen zeigen – sich in der Gegenwart eher verstärkt hat,[2] lässt erkennen, dass Individuen in der Regel offenbar in der Lage sind, die zusätzliche Verantwortung zu tragen, die ihnen durch diese Entwicklung zufällt – andernfalls hätten sich vermutlich andere Formen des Umgangs mit Entscheidung und Verantwortung durchgesetzt. Menschen scheinen also im Großen und Ganzen imstande zu sein, verantwortlich zu handeln, und sie müssen auch eine Vorstellung von sich selbst haben, wenn sie – wie es offenbar der Fall ist – auf die Dauer im Sinne ihrer eigenen Interessen, Ziele und Überzeugungen handeln und entscheiden können: Sie müssen also Selbstbewusstsein und damit letztlich auch ein „Ich" haben.

All dies spricht sehr stark gegen die Vorstellung, Willensfreiheit, Verantwortlichkeit oder das Ich seien bloße Illusionen. Natürlich widerlegen solche allgemeinen Beobachtungen keine konkreten Experimente. Doch sie mahnen zur Vorsicht bei der Interpretation der experimentellen Resultate. Es wäre merkwürdig, wenn Menschen, die im Alltag immer wieder ihre Verantwortlichkeit und ihr Selbstbewusstsein

1   Beck, Ulrich/Beck-Gernsheim, Elisabeth (Hg.) (1994): *Riskante Freiheiten. Individualisierung in modernen Gesellschaften.* Frankfurt am Main: Suhrkamp.
2   Voß, G. Günter/Pongratz, Hans J. (Hg.) (1997): *Subjektorientierte Soziologie. Karl Martin Bolte zum siebzigsten Geburtstag.* Opladen: Leske und Budrich.

unter Beweis stellen, diese Fähigkeiten verlieren würden, sobald sie an einem neurowissenschaftlichen oder psychologischen Experiment teilnehmen.

Tatsächlich gibt es mittlerweile eine Reihe weiterer Indizien dafür, dass aus vielen Experimenten, nicht zuletzt aus den berühmten Untersuchungen von Benjamin Libet, unzulässige Schlüsse gezogen worden sind. Darüber hinaus gibt es auch gute Argumente dafür, dass eine bestimmte Vorstellung von Freiheit und Verantwortung, aber auch eine oftmals zu findende Vorstellung von Ich und Selbstbewusstsein auf falschen begrifflichen Voraussetzungen beruhen, also auf einem falschen Verständnis davon, was es eigentlich heißt, frei und verantwortlich zu sein und über ein Bewusstsein seiner selbst zu verfügen. Das ist insofern wichtig, als derartige Vorstellungen häufig die Basis für eine fundamentale Skepsis gegenüber Selbstbewusstsein und Freiheit geliefert haben. Mag sein, dass unsere Welt, unser Gehirn oder zumindest ein Teil unserer Handlungen determiniert sind – nicht viel spricht dafür, aber es ist auch nicht auszuschließen. Doch die Bindung von Freiheit an die Aufhebung von Determination ist einfach deshalb wenig sinnvoll, weil damit allenfalls die Kontrolle des Handelnden über seine Handlung eingeschränkt würde. Eine Handlung, die überhaupt nicht determiniert ist, kann auch durch den Handelnden nicht determiniert sein. Sie wäre einfach zufällig – doch wie will man eine Person für einen Zufall zur Rechenschaft ziehen? Ähnliche Probleme treten bei vielen populären Behauptungen auf, die die Existenz „des Ich" bestreiten. Was soll es heißen, wenn jemand behauptet, „sein Ich" existiere nicht? Wenn sich dieser Satz überhaupt verstehen lässt, dann bedeutet er „ich existiere nicht", doch das kann offenbar niemand von sich selbst sagen – zumal er durch diese Aussage nicht nur seine Existenz beweist, sondern auch ein Bewusstsein seiner selbst.

Hinter der Erwartung, die Hirnforschung werde über kurz oder lang zu einer fundamentalen Revision unseres Selbstverständnisses führen, verbirgt sich aber noch ein weiteres grundlegendes Missverständnis über die Bedeutung naturwissenschaftlicher Erkenntnisse für unser Menschenbild. Die Hirnforschung liefert nämlich in der Regel gar keine eigenständigen Aussagen darüber, welche Fähigkeiten Menschen besitzen, vielmehr untersucht sie die natürliche Grundlage solcher Fähigkeiten im menschlichen Gehirn – die Existenz der entsprechenden Fähigkeit muss dazu bereits vorausgesetzt werden. Untersuchungen z. B. zu den neuronalen Grundlagen menschlicher Entscheidungsprozesse wären wenig sinnvoll, wenn man bestreiten würde, dass es solche

Entscheidungsprozesse überhaupt gibt. Natürlich kann sich immer herausstellen, dass die fraglichen Prozesse im Detail anders funktionieren, als wir dies erwartet hatten – unsere vorwissenschaftlichen *Erklärungsversuche* sind natürlich nicht vor einer Widerlegung durch wissenschaftliche Theorien gefeit. Doch die Erwartung, eine im Alltag erwiesene *Fähigkeit* könne durch die Hirnforschung widerlegt werden, erinnert an die Befürchtung, die Höchstgeschwindigkeit eines Autos könnte durch die Erkenntnis reduziert werden, dass das Auto keinen Benzin-, sondern einen Dieselmotor hat. Neurobiologische Befunde verhelfen zu einem Verständnis der physischen Mechanismen, die unseren Fähigkeiten zugrunde liegen und sie geben uns auch die Möglichkeit, die Herausbildung dieser Fähigkeiten in der Lebensgeschichte eines Individuums sowie mögliche Fehlentwicklungen besser zu verstehen und vielleicht sogar zu korrigieren.

Selbstverständlich hat sich unser Bild von uns selbst im Laufe der Jahrhunderte immer wieder verändert; es ist zu erwarten, dass dies auch in Zukunft so sein wird. Und natürlich wird die empirische Forschung ihren Anteil an diesen Veränderungen haben. Doch die Grundzüge unseres Selbstbildes als verantwortlicher, bewusster und selbstbewusster Individuen dürften von diesen Entwicklungen nicht in Frage gestellt werden. Soweit diese basalen Fähigkeiten betroffen sind, wissen wir bereits, was der Mensch ist.

Norm-Bound Animals

Robert Pippin

Jean-Jacques Rousseau's two "Discourses" in 1749 and in 1754 were one of the first attempts to mark out the limits (the limits in principle, not limits based on temporary empirical ignorance) of modern scientific understanding in contributing to human self-knowledge.

The problem pointed to by Rousseau is the status of *normative considerations*, considerations that invoke some sort of "ought" claim. Two such claims have always been more important than any other: what ought to be believed and what ought to be done. These claims are at the heart of what is called in the US "the humanities," what are elsewhere called the *Geisteswissenchaften* or *les sciences humaines* and they contribute to the traditional case that the humanities form the indispensable and irreducible core of any credible university education.

The thesis is that questions about nature and questions about norms are logically distinct and irreducibly different. Normative questions are irreducibly "first-personal" questions, and these questions are practically unavoidable and necessarily linked to the social practice of giving and demanding reasons for what we do, especially when something someone does affects, changes, or limits what another would otherwise have been able to do. By irreducibly first-personal, I mean that whenever anyone faces a normative question (which is the stance from which normative issues *are* issues) – what ought to be believed or what ought to be done – *no* third-personal fact about "why one as a matter of fact has come to prefer this or that" *can* be relevant to what I must decide, unless (for good practical reasons) I count it as a relevant *practical* reason in the justification of what I decide. Knowing something about evolutionary psychology might contribute something to understanding the revenge culture in which Orestes finds himself in Aeschylus's *Oresteia*, and so why he feels pulled both to avenge his father's murder by his mother Clytemnestra, and also feels horrified at the prospect of killing his mother in cold blood. But none of that can be, would be, at all helpful *to Orestes* or anyone in his position. Knowing something about the evolutionary benefits of altruistic behavior might give us an interesting perspective on some particular altruistic act, but for the agent, first-personally, the question I must decide is whether I ought to act altruistically and if so why. I cannot simply stand by, as it were, and "wait" to see what my highly and complexly evolved neuro-biological system will do. "It" doesn't decide anything; *I* do, and this for reasons *I* must find compelling, or at least ones that outweigh countervailing considerations. It is in this sense that the first-personal perspective is strictly unavoidable. I am not a passenger on a vessel pulled hither and yon by impulses and desires; I *have* to steer. (I might come to think that since it has been demonstrated that altruistic behavior results in an adaptive advantage, I should act altruistically, but aside from the fact that this is not a very good reason to act and betrays a great deal of confusion about the factual claim, it is altogether, root and branch, different from instantiating a law about social behavior.) Kant's famous formulation of all this was: everything in nature happens according to law; human actions happen in accord with some conception of law.

There is another fine example of all of this in Freud's famous remark about psychoanalysis, and the third-personal, explanatory stance it seems to encourage persons to adopt toward their own motivations. The remark is in effect to confirm the unavoidability of the distinction we have been discussing if one is actually to take up the position of, as we say, leading one's life: "wo Es war, soll Ich werden," "what was It (or Id) should become I (or Ego)." The subject's evaluation of herself and of what attitudes should be taken up towards herself and others is one such an "I" or ego must make. Something is going *wrong*, haywire, if these determinations are the result of the "it" or "id". Precisely what is going wrong when a subject experiences her own deeds as "not hers," as the product of such psychological forces "from outside" her intentional control, is what psychoanalysis is trying to "cure."

The point I am making is simple but it is apparently a point that needs to be made. I will close with an example "ripped from today's headlines." My example is a book published by the Harvard biologist Marc Hauser called *Moral Minds*[1]. His book is an almost perfect example of what often goes wrong with some of this purportedly interdisciplinary work. Hauser proposes that people are born with a "moral grammar" wired into their neural circuits by evolution and that this "grammar" generates "instant moral judgments which, in part because of the quick decisions that must be made in life-or-death situations, are

---

1   Hauser, Marc D. (2006): Moral Minds. How Nature Designed Our Universal Sense of Right and Wrong. New York: Ecco/Harper Collins.

inaccessible to the conscious mind." Since Hauser argues that "this moral grammar operates in much the same way as the universal grammar proposed by the linguist Noam Chomsky as the "innate neural machinery for language," he has to claim some sort of common Chomsky-like moral universals for all suitably evolved human animals. This he does with breathtaking sweep, even while conceding some local variations of "emphasis."

What really takes one's breath away, though, is Hauser's claim that we are "hard wired" with the moral universals: "do as you would be done by; care for children and the weak; don't kill; avoid adultery and incest; don't cheat, steal or lie." This banal list of modern, Christian humanist values was written by a Harvard professor in a contemporary world still plagued by children sold into slavery by parents who take themselves to be entitled to do so, by the acceptability of burning to death childless wives, by guilt-free spousal abuse, by the morally required murder of sisters and daughters who have been raped, by "morally" sanctioned ethnic cleansing undertaken by those who take themselves to be entitled to do so, and one could go on and on.

Well over twenty-five hundred years ago the Greek historian Herodotus reported with amazement about cultures where it was considered morally abhorrent to bury or burn one's dead relatives rather than eat them, and the other cultures where nothing could be imagined more abhorrent than eating one's dead relatives. If we are really talking about interdisciplinary collaboration on, say, moral universals, perhaps the first, most reasonable suggestion would be that Dr. Hauser spend a quiet Sunday with Herodotus. That is not what people usually have in mind when they encourage cooperation between contemporary science and the humanities. They usually mean something like "applying" "the exciting new discoveries" to that area of the academy that "does not seem to ever make any progress." I want to say that this attitude reveals a profound confusion about the humanities and so the human from the outset, reveals especially a lack of appreciation for the permanently unsettled and irreducibly normative nature of much of the humanities.

Schade, dass ein Buchstabe fehlt …

Wolfgang Prinz

Wirklich schade, dass ein Buchstabe fehlt. Hätte die Frage nämlich gelautet, *was der Mensch isst*, wäre es nicht schwierig gewesen, Antworten zu finden – auch solche, die wissenschaftlich begründet sind wie zum Beispiel physiologische, ökologische, ökonomische, psychologische, soziologische oder historische Antworten. Aber leider fehlt ein kleines *s*, und das macht die Sache prekär – jedenfalls für ihre Behandlung mit Mitteln empirischer Wissenschaften. Denn Wissenschaften stellen nun mal keine *Was ist?*-Fragen. Die Fragen, die sie stellen (können), sind *Wie funktioniert?*-Fragen. Sie untersuchen kausale, funktionale oder historische *Zusammenhänge* zwischen Ereignissen, und in aller Regel tun sie das, ohne sich um das *Was?* dieser Ereignisse groß zu kümmern.

Wesensfragen: Hochkonjunktur hatte die *Was ist der Mensch?*-Frage in Volkshochschulkursen der 50er und 60er Jahre des vergangenen Jahrhunderts. Dort las man Scheler, Plessner, Portmann und Gehlen, manchmal grundiert mit ein bisschen Kant. Vom Wesen des Menschen war dann die Rede, und oft fanden sich dabei Dozenten und Zuhörer vereint im Jargon der Eigentlichkeit. Danach wurde es allerdings still um die *Was ist der Mensch?*-Frage. Die Philosophie las Wittgenstein und war beeindruckt von seiner Empfehlung, sich Fragen, die man ohnehin nicht beantworten kann, lieber abzugewöhnen. Das übrige Publikum las Marx und war – umgekehrt – überwältigt von den Antworten, die er anzubieten hatte – Antworten, die keine Fragen mehr offen ließen. Egal ob Wittgenstein oder Marx – die *Was ist der Mensch?*-Frage verschwand jedenfalls von der Tagesordnung.

Inzwischen sind die Marxschen Antworten obsolet geworden, und die Wittgenstein'schen Mahnungen greifen nicht mehr so recht. Ontologien sind wieder da (jetzt auch gern im Plural), und *Was ist?*-Fragen sind wieder an der Tagesordnung. Gewiss stellen sie sich jetzt auf neue, analytisch reflektierte Art – etwa derart, dass man schon weiß, dass Fragen wie diese überhaupt nur im Rahmen expliziter oder impliziter

Sprachspiele oder Ontologien sinnvoll sind und dass auch Antworten nur im Rahmen solcher Kontexte gelten können.

Aus philosophischer Perspektive ist an der Wiederauferstehung dieses Fragemodus natürlich überhaupt nichts auszusetzen. Denn die erneut gestellte Frage knüpft ja an Überlegungen und Diskussionstraditionen an, die spätestens seit Aristoteles zum konzeptuellen Kern der Philosophie gehören. Deshalb ist es nicht verwunderlich, dass sie jetzt wieder auftaucht. Nachdem man sie sich vorübergehend versagt hatte, kann man sie jetzt mit neuem Elan in Angriff nehmen. Das ändert aber nichts daran, dass aus der Perspektive der empirischen Wissenschaften, die mit menschlichem Tun und Lassen befasst sind, die *Was ist der Mensch?*-Frage untraktierbar ist und auch bleiben wird. Gewiss beschäftigen sich diese Wissenschaften mit einer Unzahl von Fragen, die durchaus traktierbar sind, aber gegenüber dieser einen müssen sie dennoch Abstinenz üben – so verführerisch sie ihnen auch vor Augen geführt werden mag. Erzwungen wird solche Abstinenz durch mangelnde Kompetenz: Wissenschaftliche Methoden zur Beantwortung solcher Fragen gibt es nicht.

Forschungspragmatik: Dass Wissenschaften *Was ist das?*-Fragen nicht beantworten können, heißt allerdings umgekehrt nicht, dass solche Fragen für das Betreiben von Wissenschaft ohne Bedeutung sind. So kann man sich zum Beispiel fragen, ob *Wie?*-Fragen und *Was?*-Fragen wirklich so fundamental verschieden sind. Könnte man nicht etwa auf die Frage *Was ist ein X?* antworten, dass *X* ein Ding oder ein Ereignis ist, das unter bestimmten Bedingungen (*A, B, C*) zustande kommt und seinerseits Voraussetzung für das Zustandekommen von *Y* und *Z* ist? Antworten wie diese könnte man natürlich auch auf die *Was ist?*-Frage nach dem Menschen formulieren. Das Problem ist nur, dass es unendlich viele solcher Antworten gibt und dass ihre bloße Aufzählung diejenigen, die die Frage stellen, nicht befriedigen wird.

Hinzu kommt, dass die Art und Weise, in der Wissenschaften ihre Gegenstände konstituieren, fast immer auf Voraussetzungen beruhen, die als Antworten auf *Was ist?*-Fragen verstanden werden können. In der Psychologie besteht zum Beispiel ein seit alters her beliebter theoretischer Kampfsport darin, dass verfeindete theoretische Ansätze sich gegenseitig verfehlte oder verkürzte Menschenbilder vorwerfen oder unterstellen (dass Menschen nämlich für den jeweiligen Gegner *nichts als* sprachfähige Primaten, *nichts als* Assoziationssysteme oder *nichts als* Maschinen für symbolische Informationsverarbeitung sein sollen).

Richtig ist an solchen Unterstellungen, dass jeder theoretische Ansatz von einer Gegenstandskonstruktion ausgeht (und ausgehen muss), die als implizite Antwort auf die *Was ist?*-Frage verstanden werden kann. In diesem Sinne hat jede Theorie einen selektiven Blick auf ihre Gegenstände, und solch selektiver Blick ist sogar Voraussetzung dafür, dass Wissenschaft überhaupt funktionieren kann – einerseits. Andererseits lebt gerade eine Disziplin wie die Psychologie von der Koexistenz und Konkurrenz der Vielfalt der selektiven Blicke, die sie in sich vereinigt. Bisweilen kommt es zwar vor, dass Theorien für den eigenen selektiven Blick ein universales Monopol beanspruchen und gewissermaßen vergessen, dass die Ontologie, in der sie verankert sind, selbst *nichts als* ein forschungspragmatisches Instrument ist, das aus methodischen Gründen selektiv sein *muss* – und keineswegs ein umfassendes Menschenbild liefern kann und will. Aber wenn sie es dann tatsächlich ‚vergessen‘, werden sie von ihren Konkurrenten schnell zur Ordnung gerufen.

Ontologienmarkt: Wissenschaft kann demnach zwar selbst keine *Was ist…?*-Fragen beantworten, hat aber Antworten auf solche Fragen zur impliziten Voraussetzung. Das wirft natürlich die Frage auf, wie die impliziten ontologischen Voraussetzungen wissenschaftlicher Theorien explizit gemacht werden können. Die Wissenschaften selbst tun sich hier schwer; sie sind gewissermaßen befangen. Oft bieten sich Philosophen an, diesen Part zu übernehmen. Aber auch sie tun sich schwer, denn meist fehlt ihnen das Verständnis für die forschungspragmatische Funktion theoretischer Konzepte.

Aber vielleicht brauchen wir auch gar keine Theoriepolizei, die die ontologischen Voraussetzungen von Wissenschaft überwacht – weder in den Wissenschaften noch in der Philosophie. Vielleicht richtet es die Dynamik des Marktes rivalisierender Ontologien ganz von selbst, dass sich die Konkurrenz der selektiven Blicke in einem Kräftefeld entwickelt, das sich laufend verändert und sich nur temporär stabilisiert. Begriffliche Reflexion und Analyse mögen diesen Prozess von außen begleiten, aber letztlich wird gegen die inneren Kräfte, die das Marktgeschehen regieren, kein Kraut gewachsen sein: Stets wird sich die Konkurrenz rivalisierender Ontologien nach ihrer Forschungsproduktivität entscheiden, nicht nach ihrer begrifflichen Dignität. Philosophen mögen das bedauern, aber empirische Humanwissenschaften leben nun mal in erster Linie von der Forschungsproduktivität ihrer Ideen. Produktivität geht hier vor Dignität – *und das ist gut so.*

Das Tier, das aus sich selber etwas macht

Birgit Recki

Mir hat es immer am Menschen gefallen, daß er, der Louvres, ewige Pyramiden, und Peterskirchen selber verfertigt, mit Entzücken eine Bienen-Zelle oder ein Schneckenhaus betrachten kann. (Georg Christoph Lichtenberg)

„Der Mensch ist ein seltsamer Bruch." Es gibt Menschen, die kränkeln und schwächeln ihr Leben lang, schleppen sich immer von einem Wehwehchen zur nächsten Unpässlichkeit – und werden auf diese pfundsmorbide Weise bei ungebrochener Leistungsfähigkeit achtzig, neunzig Jahre alt und mehr. Andere verfügen durchweg über eine stabile und belastbare Gesundheit, sind kaum krank und werden ohne jede Vorwarnung mit einem Mal im zarten Alter von 65 oder 59 von einer heftigen Krankheit dahingerafft. „Das ist doch kein Alter", sagen dann die Hinterbliebenen und können es nicht fassen – im Rückblick auf eine Konstitution, die sich bis dahin als robust erwiesen hatte.

Die Endlichkeit des Menschen wird an solchen Fällen auf besonders kränkende Weise anschaulich. Sie als die Folie aller menschlichen Möglichkeiten vorausgesetzt, tritt für mich bei der Frage, was der Mensch ist, unweigerlich das erste der beiden Brechungsverhältnisse in den Vordergrund – der ewig Angegriffene, Kränkelnde und Schwächelnde, der sich dann doch erstaunlich gut durchhält. Er tut dies allemal, indem er aus offenbar ungünstigen Ausgangsbedingungen etwas macht, das sich zum Vorteil auswirkt. Die ständige Krise bildet das Syndrom mobilisierter Abwehrkräfte. Damit kann man leben, sein Leben gestalten und gut leben. Man denke nur an den engbrüstigen und verwachsenen kleinen Kant, von dem wir aus allen biographischen Quellen wissen, er sei „von schwächlicher Konstitution" gewesen. Er hat dieser Konstitution durch disziplinierte Lebensführung 80 Jahre und ein epochales Lebenswerk abgerungen. In diesem Bild des Menschen sind die Züge des Gattungswesens pointiert, und ein *topos* der Bestimmung des Menschen seit Platons Mythos des Protagoras ist darin schon eingeholt und aufgehoben: Der Mensch ist gerade kein Mängelwesen, insofern er die Fähigkeit hat, aus jeglicher Situation, die – nach welchem Maßstab überhaupt? – als Mangelsituation beschrieben werden könnte, mit Einsicht, Umsicht und Zuversicht, mit Widerstandskraft, Zähigkeit und bei alledem mit Erfindungsgabe etwas zu machen, das sich dann mit Blick auf die Resultate als ein Vorzug, wenn nicht gar als ein Optimum fassen lässt. Der Mensch ist ein Wesen von herausgeforderter und herausfordernder Konstitution.

Wie ist das möglich? Was braucht er dazu, um so zu sein, sich als endliches, schwächliches und fragiles Wesen so durchzuhalten, sich so zu entfalten – um nach diesem Modell der physischen Gesundheit *aus* „Krankheit" oder *aus* „Schwäche" den widerständigen Impetus zur Stärke zu entwickeln? Er braucht eine als Bewusstsein und Selbstbewusstsein fungierende Intelligenz; eine Vernunft, die sich in theoretischen, pragmatischen und praktischen Leistungen reflexiv organisiert. Der Mensch als tätiges Wesen ist ein *animal rationale*.

Der Mensch ist das einzige vernünftige Wesen, das er kennt. Die Bestimmung des Menschen durch Vernunft ist klassisch und unweigerlich. Sie ist aber nur dann aussagekräftig und unüberbietbar, wenn es gelingt, diese „Rationalität" in ihren Leistungen mit Blick auf das gesamte Medium des Sich-Durchhaltens bei herausgeforderter Konstitution zu qualifizieren. Ernst Cassirer hat dies in seiner Formel vom Menschen als einem *animal symbolicum* beansprucht, in der das Haben von Bedeutung absichtsvoll in der Schwebe gehalten wird zwischen einer pragmatischen und einer hermeneutischen Dimension: Der Mensch ist das symbol*erzeugende* und das symbol*verstehende* Wesen. Der Mensch macht etwas aus den vorgefundenen Bedingungen und aus sich selbst, indem er die Eindrücke, denen er ausgesetzt ist, im selbsttätigen Ausdruck verfügbar macht, dabei Sinnlichkeit und Sinn zu immer wieder neuen Formen der Einheit organisiert. Dieses Erzeugen und Verstehen von Bedeutung, diese Dialektik von Tradition und Innovation bedeutungsvoller Formen menschlichen Geistes ist der Prozess der Kultur als der auf selbsttätiger Gestaltung beruhenden Wirklichkeit des Menschen. Die Bedingungen, derer es dafür bedarf, sind Sinn und Verstand, Bewusstsein, Einbildungskraft, freier Wille und deren Bezug auf das leibliche und das materiale Medium der Gestaltung. Für Cassirer entspringt seinem Begriff des *animal symbolicum* gemäß – ganz ähnlich wie für Hans Jonas mit seinem Begriff des *homo pictor* – in der verobjektivierenden Leistung der Einbildungskraft, mit deren Hilfe wir uns Eindrücke im tätigen Ausdruck auf Distanz bringen und die darin immer schon auf die Begriffsbildung des Verstandes bezogen ist, Freiheit in einem elementaren Sinne. In dieser Freiheit der Einbildungskraft, in dem Verfügungsspielraum, den sie schafft, entspringt die Willensfreiheit als Freiheit des Handelns. Durch die elementare Implikation des Gestaltens wird der Begriff des Geistes, der in dieser Konstellation tätiger Vermögen gedacht ist, konkret: Der Mensch verfügt über Geist als bildendes Prinzip und Reflexivität, und damit kann er machen, was er will. Seine Freiheit organisiert sich in lauter hilfreichen – kompensatorischen wie luxurierenden – Objektivationen des Geistes.

Zu denken gibt Herders Diktum, der Mensch sei der *Invalide seiner höheren Kräfte*. Liegt doch in diesem Paradox eine Inversion der Bestimmung des Mängelwesens vor, mit der die Arbeitshypothese eines von vornherein anspruchsvollen Selbstbewusstseins artikulierbar wird. Nicht der Mangel bildet den Ausgangspunkt der Überlegung, sondern der Anspruch als ein Potential: „höhere Kräfte", deren Ausübung den Menschen offenbar in einen Zustand empfindlicher Beeinträchtigung bringt. Erst die Realisierung des Anspruchs wird als Ursache jener Beschädigung gedacht, durch die der Mensch als Mängelwesen exponiert ist. Wenn aber, wie es das Bonmot suggeriert, die Beschädigung durch die Ausübung höherer Kräfte für den Menschen konstitutiv ist, dann sind diese nicht allein gleichursprünglich mit jener gedacht, sondern es ist eigentlich erst das – mehr als bloß kompensatorische – Überflusspotential, das den Mangel zeitigt und somit den Menschen hervorbringt. Helmuth Plessner hat diesen Gedanken in den Begriff der *exzentrischen Positionalität* gefasst, in der alle kulturelle Leistung entspringt, die den Menschen als geistiges Wesen in seiner Freiheit auszeichnet. Er hat ihn in drei *anthropologischen Grundgesetzen* ausgelegt, die im Grunde Reflexionsmomente des Kulturbegriffs darstellen: (1) das Gesetz der *natürlichen Künstlichkeit*: Es entspricht der Natur des Menschen, sich seine Lebensform selbst zu schaffen; (2) das Gesetz der *vermittelten Unmittelbarkeit*: Das Bedürfnis nach Ausdruck in Mitteilung und Gestaltung realisiert sich in Beziehungen des Objektbezuges und der Sozialität, die niemand anders herstellt als der Mensch selbst in der „indirekten Direktheit des Bewußtseins"; (3) das Gesetz des *utopischen Standorts*: In der Kultivierung seiner Bedürfnisse ist der Mensch immer schon über sich selbst hinaus und damit auf Transzendenz und Zukunft verwiesen.

Kann es im Hinblick auf die damit konzedierte Komplexität für mehr als ein übermütiges Widerwort gelten, dass Plessner dem Diktum Herders vom *Invaliden seiner höheren Kräfte* das Gegenbild vom „Kriegsteilnehmer seiner niederen" entgegenhält? – „Der Mensch ist ein seltsamer Bruch."

Eine merkwürdig „alte" Antwort
auf eine noch ältere Frage

Karl-Siegbert Rehberg

I. Menschen-Formel

Die Antwort auf diese Menschheitsfrage lässt sich formelhaft so zusammenfassen: Der Mensch ist *von Natur aus künstlich* (Helmuth Plessner), ein der Deutung bedürftiges *Kulturwesen* (Arnold Gehlen) und notwendig sinnsetzendes *„animal symbolicum"* (Ernst Cassirer). Dieser *„Nein-Sagen-Könner"* (Max Scheler) ist bestimmt durch eine intersubjektiv fundierte Selbstreflexivität (einschließlich des Bewusstseins seiner Sterblichkeit), aber auch durch eine unabschließbar erscheinende „Plastizität" (Arnold Gehlen). Konstitutiv für sein Weltverhältnis ist der Entwurfscharakter seines Handelns auf der Basis kognitiver Codierungsleistungen. Das meint die sprachanalogen Verknüpfungen aller Eindrücke und Erfahrungen (Johann Gottfried Herder nannte das „Sprachmäßigkeit") und bedeutet, dass der Mensch nicht nur Sprache, Rede oder dergleichen „hat". Vielmehr ist sein „plastisches" Antriebsleben mitgeprägt durch die nervlichen und zerebralen Vernetzungen aller seiner Kontakterfahrungen mit Dingen und Lebewesen, die ihrerseits erst im praktischen Umgang erschlossen werden. Insofern ist der Mensch ein „gehirnspezialisiertes" Wesen (wie Konrad Lorenz das gegen den auf Herder zurückgehenden „Mängelwesen"-Begriff nannte), zugleich ein *tool making animal* (Karl Marx nach Benjamin Franklin) – aber dies alles eben allein durch sein Symbolisierungsvermögen: Alle Fakten sind notwendig auf Deutung angewiesen. Im Vergleich mit den Tieren ist dieses Wesen immer durch *Überschreitungen* gekennzeichnet – von der Regelkonstruktion und introspektiven Selbstbezüglichkeit bis zu den extremsten Formen aktiver Selbststeigerbarkeit – sogar im Destruktiven. Vitales Zentrum ist der Körper (in seiner Selbstgegebenheit: „Leib"), aus dessen Morphologie, Entlastungstendenz (Gehlen) und Antriebsdynamik (Aufrichtung des Menschen, Freiwerden von Hand und Auge und Höherlegen der taktilen Erfahrungen in die Seh-Wahrnehmung) sein besonderer Leistungsaufbau möglich wird.

II. Erläuterungen

1. Erläuterung zur *Philosophischen Anthropologie*

Ausgangspunkt für diese Bestimmungen können nach wie vor die Reflexionen der *Philosophischen Anthropologie* sein, deren Hauptautoren Scheler, Plessner und Gehlen (auch Paul Alsberg, Adolf Portmann, Erich Rothacker u. a.) die *Sonderstellung* des Menschen in der Natur zu bestimmen suchten. Alle diese Autoren zeigten sich – wie dies heute erneut geschieht – fasziniert und herausgefordert durch die Fortschritte der Biologie seit Charles Darwin, der daran anschließenden Paläoanthropologie, auch der Primatenforschung und Ethologie. Aber sie zogen daraus gerade *keine* naturalistischen Schlüsse. Man mag das als kompensatorisches Rettungsunternehmen für die traditionellen Deutungen des Menschen auffassen, als anachronistischen Versuch, die eigene Spezies aus der Tierreihe, aus der heraus sie entstanden ist, sozusagen wieder hinauszudefinieren. Jedoch sehe ich darin im Gegenteil einen bis heute gültigen Rahmen für die Interpretation auch der neuesten naturwissenschaftlichen Menschenforschung.

Geht man vom Mensch-Tier-Vergleich aus, so ist der Nachweis einer überraschend weitgehenden Gen-Übereinstimmung, etwa zwischen Großaffen und Menschen, höchst eindrucksvoll. Auch führten Sprachexperimente mit dessen „nächsten Verwandten" zu erstaunlichen Erkenntnissen über die kognitive Lernfähigkeit von Tieren, wenn etwa deren Höchstleistungen dem Spracherwerb dreijähriger Kinder ähnlich sind. Unbestreitbar sind heute (weit über den oft metaphorischen Universalismus einer Expressionsgrammatik à la Irenäus Eibl-Eibesfeldt oder soziobiologische Gleichsetzungen von genetischen Dispositionen und kulturellen Werten hinaus) Leistungszuschreibungen, die auch bei den Tieren eine Fähigkeit zur Empathie unterstellen, wenn etwa Affen ihrer Versuchsleiterin heruntergefallene Dinge ‚höflich' aufheben, wie mancher Lehrer das vergeblich von seinen Schülern erhoffen mag.

Gleichwohl denke ich, dass die enormen Entwicklungen der Naturwissenschaften, so erstaunlich sie auch sein mögen, *alle* Grundfragen der Sonderstellung des Menschen *unverändert* gelassen haben: Der Mensch ist auf die symbolische Verarbeitung und Verfügung der exis-

tierenden und von ihm zugleich immer konstruierten „Welt" angewiesen, die eben darum nicht eine von vornherein eingepasste „Umwelt" ist (wie vor allem Jakob von Uexküll gezeigt hat). Heute stellt sich
die Aufgabe einer neuen, adäquaten gegenseitigen Wahrnehmung von
Biologie, Neurophysiologie etc. auf der einen und geisteswissenschaftlichen Forschungen auf der anderen Seite. Dazu kann die Philosophische Anthropologie insofern beitragen, als sie Kategorien bereitstellt,
welche in der Sache wirklich vermittelnd sind, angefangen von Schelers
„Weltoffenheit" bis zu Plessners Verständnis von „exzentrischer Positionalität", durch welche auf der Basis einer Philosophie des Organischen schließlich auch unterschiedliche Kulturen füreinander vermit-
telbar werden und sich das „historistische" Relativismusproblem auflösen ließe. Schließlich bietet Gehlens empirisch gesättigte ‚Anwendung' der philosophisch-anthropologischen Konzepte besonders reiche
Anknüpfungspunkte für eine neue disziplinübergreifende Forschung.

2. Erläuterung zu *Sprachmäßigkeit*

Offensichtlich ist der Mensch nicht allein ein ‚sprechendes' Wesen.
Nicht nur, dass er auch zu schweigen vermag – vielmehr sind seine
Wahrnehmungen (schon im Mutterleib) vor allem an Körperberüh-
rungen geknüpft, sind Tasterfahrungen, Hunger und Gesättigtheit,
Wärme und Kälte, Empfindungswechsel und schließlich die Fülle der
Seheindrücke, Gerüche und Geräusche das sachbezogene und inter-
personale Kommunikations- und Erfahrungsfeld des Menschen. All das
kann mit sprachlichen Zeichen verbunden werden, ist zugleich aber
auch vor- oder metasprachlich, vieles davon in Wörtern am wenigsten
aus-drückbar, weshalb es naheliegen mag, einer Sprachfixierung der
Anthropologie zu opponieren. Was Herder und Gehlen mit „Sprachmäßigkeit" meinten, waren jedoch die durch sprachliche (aber auch
durch andere) Bezeichnungen organisierten und variabel gemachten
Codierungen auch des visuell, auditiv oder taktil Erfahrenen. Da Vi-
sualität und Rhythmik für die Umgangserfahrung des Menschen
ebenfalls fundamental sind, könnte man in dieser Hinsicht auch von
dessen ‚Bildmäßigkeit' oder ‚Tonalität' sprechen. Entscheidend ist jedoch die mentale Verknüpfung all dessen. Aus dieser „Entlastung"
werden Situationsüberschreitungen als Transzendierungen des Hier und
Jetzt möglich. Umgekehrt müssen auch alle überschüssigen Antriebs-
momente im Menschen bearbeitet und gedeutet werden.

3. Dimensionen der (Selbst-) Deutung des Menschen

Die Topoi zur Bestimmung des Menschen sind alt, in unserer Kultur von den Weltdeutungen der Antike und der jüdisch-christlichen Religionen geprägt. Im Folgenden sollen mit Verweis auf wenige, jedoch charakteristische Beispiele einige Dimensionen dieser anthropologischen Selbstauslegung in Erinnerung gerufen werden:

a) *Selbstdeutung*: Seit der vorsokratischen Aufforderung „Erkenne dich selbst", so auch in Friedrich Nietzsches Wort vom „nicht festgestellten Tier", ist die Aufgabe des Menschen, sich selbst zu deuten, durchlaufend; man denke etwa an die schöne Wendung Michel de Montaignes, dass es des Menschen „hauptsächlichstes Studium ist, sich selbst zu studieren".

b) *Sinnlichkeit und Triebhaftigkeit*: Die Unstillbarkeit des „Hungers von morgen" bei Thomas Hobbes oder die Interessendynamik bei Adam Smith, Bernard Mandeville oder den Utilitaristen werden durch die gesamte Aufklärungsphilosophie hindurch und bis zu den psychoanalytischen Antriebstheoremen als Grundlagen menschlicher Motivbildung angesehen. Dramatisch gesteigert wurde das in der Willensmetaphysik Arthur Schopenhauers und Nietzsches bis zu der daraus ableitbaren Notwendigkeit zur „Selbst-Züchtung".

c) *Vernunfts- und Verstandeswesen*: Schon in mythischen und religiösen Deutungen wird der Mensch zugleich immer auch durch das definiert, was Immanuel Kant dessen Teilhabe an einer „intelligiblen Welt" genannt hat, also durch seine Geistigkeit oder Vernunftsfähigkeit. Häufig wird dies dualistisch gegen die Körperlichkeit der biologischen Existenz und der physischen Lebensapparatur gesetzt (sei es in der religiösen Entgegensetzung von vergänglichem Leib und unsterblicher Seele, sei es in Unterscheidungen wie der des René Descartes von *res cogitans* und *res extensa*). Jedoch käme es darauf an, derlei Entgegensetzungen kategorial zu überwinden.

d) *Phantasiewesen*: Auf der Basis der grundlegenden Symbolizität menschlicher Lebensführung – er ist auch ein *homo pictor* (Hans Jonas) – wurde die menschliche Phantasie (oft jedoch als ein ‚gefährlicher Vorzug') zum Bestimmungsmerkmal des Menschen, also dessen Fähigkeit zur Imagination (von der Renaissancephilosophie bis zum romantischen Denken, zu Jean-Paul Sartre, Cornelius Castoriadis oder Gehlen), welche seinen kreativen Erfindungsreichtum (Henri Bergson) begründet.

e) *Selbsttätigkeit*: Motive der Selbsterzeugung finden sich etwa bei Jean-Jacques Rousseau oder in Herders Bestimmung des „ersten Freigelassenen der Schöpfung" bis hin zu den idealistischen und existenzialistischen Entwurfsphilosophien bei Johann Gottlieb Fichte, Georg Wilhelm Friedrich Hegel, aber auch in Sartres ethischem Imperativ des Sich-Wählen-Müssens. Diese Motivreihe zeigt sich auch im Modell des *homo faber* (Bergson, amerikanischer Pragmatismus) oder des *homo ludens* (Johan Huizinga), woraus sich dann insgesamt Handlungsbegriffe der Weltbearbeitung ergeben. In „materialistischer" Wendung ist es die gesellschaftliche „Selbsterzeugung durch Arbeit", welche die produktive Umschaffung der Natur und der daraus abgeleiteten Handlungsnotwendigkeiten begründet.

f) *Sozialität*: Von Aristoteles bis zu John Locke oder George Herbert Mead wird der Mensch als soziales und durch Intersubjektivität geprägtes Wesen aufgefasst, dessen bedeutungsgeleitete Ausdrucksfähigkeit die für seine Existenz konstitutive Kommunikation auf der Basis „signifikanter Symbole" ermöglicht. Daraus entstehen die Wechselseitigkeit von Handlung und Kommunikation eines notwendig sozial existierenden *zoon politicon* (von Aristoteles bis zu Hannah Arendt) oder „Ensembles gesellschaftlicher Verhältnisse" (Marx). Jürgen Habermas hat darauf seine verständigungsorientierte „Theorie des kommunikativen Handelns" gegründet.

g) *Mängelwesen*: Seit der Antike finden sich auch die Bedrohtheit dieser Gattung, ihre organische Unspezialisiertheit und Instinktunsicherheit hervorgehoben, so schon vom älteren Plinius, dem die Natur als „finstere Stiefmutter" erschien, denn nur „den Menschen setzt sie am Tage seiner Geburt nackt auf den nackten Boden aus und erniedrigt ihn zu Wimmern und Weinen". Die jüdisch-christliche Deutung geht von einer prinzipiellen Sündhaftigkeit und Erlösungsbedürftigkeit, die Existenzphilosophie von einer „Geworfenheit" (Martin Heidegger) oder „absoluter Negativität" (Sartre), die Philosophische Anthropologie zumindest von einer Bedrohung des Menschen aus; José Ortega y Gasset sprach vom *homo insciens*.

Die Größe des Menschen

ANNETTE SCHAVAN

„Allein der Mensch ist als moralisches, der Selbstreflexion sowie der Selbstüberschreitung auf andere und anderes hin fähiges Subjekt ‚Person‘ und damit ‚Zweck an sich selbst‘."[1] Diese Feststellung Kants ist für mich signifikant für das Verständnis vom Menschen in der Moderne. Sie ist eine Quelle für Respekt und Würde und das Fundament unveräußerlicher Rechte des Menschen, die allem politischen Handeln aufgegeben sind. Sie begründet den Anspruch der Emanzipation und Partizipation.

Der Mensch verhält sich zu sich selbst, nimmt Stellung zum eigenen Entscheiden und Handeln. Sein Wollen folgt keinem naturgegebenen Automatismus. Der Mensch ist ein Kulturwesen. Das ist die anthropologische Grundlage der Erziehung.

Die Entwicklung der Fähigkeiten zu Selbstreflexion und Selbstüberschreitung, zur Orientierung an Werten und Normen, zur Herausbildung von Identität, zur Wahrnehmung von Verantwortung und zu einem Leben in Freiheit – das sind die anspruchsvollen Erwartungen an Erziehung. Der Mensch soll seine Möglichkeiten wahrnehmen und Antwort geben können auf die Frage: „Wer will ich sein?"

Die Wege zu einem gelingenden Leben sind dem Menschen nicht durch seine Natur vorgegeben, sie sind ihm aufgegeben – ein Leben lang. Der Mensch ist erziehungsbedürftig und erziehungsfähig. Das gehört zu seiner Größe.

Vor aller Feststellung in der Moderne aber fällt mir zu der Frage nach dem Menschen der Psalm 8 ein, der auf wunderbare Weise von der Größe des Menschen handelt: „Was ist der Mensch, dass du an ihn denkst, / des Menschen Kind, dass du dich seiner annimmst? / Du hast ihn nur wenig geringer gemacht als Gott, / hast ihn mit Herrlichkeit und Ehre gekrönt. / Du hast ihn als Herrscher eingesetzt über das Werk deiner Hände, / hast ihm alles zu Füßen gelegt."

---

1   Kant, Immanuel (1785): *Grundlegung zur Methaphysik der Sitten*. Berlin/New York 1902 ff.: de Gruyter.

Tagesform, oder: Wir persönlich

Johan Schloemann

Was ist der Mensch? Wer die Stelle je gelesen und wahrhaft vernommen hat, dem wird als erste Antwort auf die Frage niemals mehr etwas anderes einfallen können: Der Mensch ist ein Tageswesen. „Ephemere" sind die Sterblichen, dichtet Pindar in der achten Pythischen Ode, *epámeroi* in seinem Dialekt.[1] Und weiter in jenem Vers, der Goethe und Hölderlin und viele andere rührte: „Was ist einer? Was ist einer nicht? Eines Schattens Traum ist der Mensch." Pindar meint hier, im Lied für einen Sieger im sportlichen Wettkampf: Man kann so schnell ab- wie aufsteigen. Der Mensch ist einer, der vom Tag abhängt, von ihm bestimmt wird, und der seinerseits nur auf den Tag hin leben kann. Der Mensch ist immer nur in Tagesform, in Tagesstimmung, das ist ein griechischer und ewiger Gedanke; das „Gefühl der sterblichen Menschen", dichtet auch Archilochos, ist eben so, „wie der Tag ist, den Zeus jeweils über sie bringt".[2] Jeden Morgen dasselbe Badezimmer, jeden Morgen ein anderes Gefühl. Aber natürlich ist das nicht alles, wie man seit den Griechen oder seit Freud weiß: Die Einsicht in Wechsel und Vergänglichkeit generiert die eifrigsten Triebe, möglichst Ewiges, Rühmliches zu schaffen, und sei es nur ein Eintrag in die Siegerlisten.

Michael Theunissen formuliert, dass der Pindar-Gedanke „den Tod ins Leben vorverlegt".[3] So kommt es mir auch manchmal vor, seit ich mit der Zeitung zu tun habe: der Zeitung, die uns als Tageswesen begleitet und einen täglichen Tod stirbt. (Am Papiermedium übrigens hängt das nicht allein; Ähnliches gilt auch für die Tagesnachricht im Internet – sie mag im diffusen Gedächtnis des großen Speichers überleben, ihren menschlichen Tagescharakter, ihre Hinfälligkeit indes sieht man auch ihr an.) Die bewusste Arbeit am Ephemeren hat gewiss

---

1   Pindar: Pythie 8, 95. Siehe Theunissen, Michael (2000): *Pindar. Menschenlos und Wende der Zeit*. München: C.H. Beck, 45 ff. und passim.
2   Archilochos: Fragment 131 West. So auch Homer: Odyssee 18, 130 ff.
3   Theunissen, Michael (2000): *Pindar. Menschenlos und Wende der Zeit*. München: C.H. Beck, 54.

Folgen für die Persönlichkeit, zumindest soweit sie sich als schreibende manifestiert.

Das eine ist die ständige Ambivalenz, die kompensierende Balance, und zwar besonders im „Kulturteil": Feuilleton ist Tagesjournalismus, der zugleich irgendwie am Bleibenden – in der Kunst, im Wissen, im Humanen – festhalten will. Das führt zu notorischen Ausgleichsbestrebungen: Der Journalist sucht dem täglichen Dahingerafftwerden seiner Autorschaft zu entgehen, indem er anfängt, Bücher zu schreiben: in der Hoffnung auf einen kleinen Anteil an der Ewigkeit im Regal der Universalbibliothek. Der Professor hingegen, der auch Teil der Kultur sein will, verlangt bisweilen geradezu verzweifelt danach, nicht in verstaubenden Journalen oder Monographien, sondern in der Zeitung zu schreiben, also endlich auch mal jenen ephemeren, verglühenden Ruhm zu verspüren, zu zeigen, dass er als Autor am Leben, diesem hinfliehenden Tagesgeschäft, teilhat.

Das zweite ist die Frage nach dem „Ich" des Autors. Mit dem ephemeren Schreiben hängt eine besondere Unsicherheit hinsichtlich der Subjektivität in der Öffentlichkeit zusammen. Was ist der Mensch als Autor im Tagesblatt? Zwei Methoden gibt es da: Die alte Schule der dritten Person oder des „Wir", die das „Ich" kategorisch vermeidet. Das ist der Versuch, auch in der „weichen" Kultur nach dem Reich der Objektivität zu trachten, das über den Tag hinaus besteht. Und es gibt umgekehrt die Hingabe ans Ephemere, die das „Ich" markiert – die Hingabe also an das Gefühl, das Zeus am jeweiligen Tag gerade über uns bringt. Die Zunahme des „Ich"-Schreibens, die im Journalismus (und im Internet) heute zu beobachten ist, wäre also vielleicht als lustvolle oder unvermeidliche Annahme des Ephemeren in der menschlichen Kultur zu deuten.

Der Gegensatz der beiden Methoden kann zu Verkrampfungen des Autors als Mensch führen. Darauf deutet jedenfalls die hübsche Wendung, die ein Zeitungskollege jüngst schrieb, als die Präferenz für etwas ausgedrückt werden sollte: „wir persönlich…", war da zu lesen. *Wir persönlich* – das ist, aus der Sicht des Tagesjournalisten, eine unfreiwillig pindarische, eine gültige Antwort auf die Frage „Was ist der Mensch?".

Wähle eine Benennung

Ingo Schulze

In Vercors LES ANIMAUX DÉNATURÉS[1] entdecken Anthropologen in Neuguinea Wesen, von denen sie nicht wissen: Sind sie noch Tiere oder schon Menschen? Ein Unternehmer sieht in den *Tropis* billigste Arbeitskräfte für die australische Textilindustrie, kauft die Rechte an jenem Landstrich, in dem die *Tropis* leben, samt Fauna und Flora und erklärt die *Tropis* zu Tieren. Das ruft die britische Textilindustrie auf den Plan. Der Held des Romans, dem die *Tropis* am Herz liegen, lässt eine weibliche *Tropi* mit seinem Samen befruchten. Sie wird von einem Wesen entbunden, das von seinem Vater, dem Journalisten Templemore, nachdem er es hat taufen und registrieren lassen, umgebracht wird. Templemore ruft selbst die Polizei, er fordert Strafverfolgung und Prozess. Hat er ein Tier getötet oder einen Menschen ermordet? Staatsanwaltschaft und Verteidigung laden wissenschaftliche Koryphäen vor. Die Geschworenen sind verzweifelt. Was macht den Menschen zum Menschen? Die Geschworenen sehen sich außerstande, ein Urteil zu fällen. Da jedem neuen Prozess das gleiche Ende droht, wird das Parlament veranlasst, eine Kommission zu beauftragen, die eine juristische Definition des Menschen erarbeitet. Die Begründung, warum die *Tropis* schließlich zu Menschen erklärt werden, ist höchst fadenscheinig – man deutet die Tatsache, dass sie Fleisch räuchern als eine Art Fetisch-Handlung. Die britische Textilwirtschaft atmet auf.

Aus dieser fabelartigen Geschichte erfährt man, wie Benennungen entstehen und wie Benennungen unser Verhältnis zum anderen definieren – und wie schwierig es sein kann, eine gemeinsame Definition zu finden.

---

1   Zu deutsch: Vercors, Ewald C. (1958): *Das Geheimnis der Tropis*. Berlin: Aufbau-Verlag.

Zwei Anläufe

Robert Spaemann

I

Im Frankfurter Städelmuseum hängt eines der vielen Selbstportraits von Rembrandt. Der Ausdruck des Gesichts ist der eines Suchenden, kritisch sein Spiegelbild Befragenden, Ausdruck der Frage: „Wer bin ich?" Aber der Spiegel spottet der Absicht. Er gibt auf die Frage keine Antwort, sondern zeigt dem Fragenden nur, dass er der ist, der diese Frage stellt.

So scheint es zu stehen mit der von Menschen gestellten Frage „Was ist der Mensch?", die Kant als Grundfrage der Philosophie bezeichnet. „Quid est homo quod memor es ei" – „Was ist der Mensch, dass du seiner gedenkst?" so hatte schon der 8. Psalm gefragt. Im 103. Psalm heißt es: „Der Mensch – wie Gras sind seine Tage. Wie die Blumen des Feldes, so blüht er, doch streicht der Wind darüber, sind sie dahin und ihre Stätte kennt sie nicht mehr." Der 8. Psalm macht das Staunen darüber geltend, dass diesem flüchtigen Wesen eine Bedeutung zukommt, die es „nur wenig unter Gott stellt". Diese Spannung kehrt noch wieder in Pascals Rede vom Menschen als dem „denkenden Schilfrohr". Aber das alles sind ja Metaphern. Die Frage ist: Was will der wissen, der fragt: „Was ist der Mensch?" Von welcher Art müsste die Antwort sein, damit sie den Frager zufrieden stellte? Wenn wir überhaupt das „uns Bekannteste" (Aristoteles) in Frage stellen, wie können wir hoffen, jemals eine befriedigende Antwort zu finden? Gewiss, man kann eine Anzahl von Eigenschaften aufzählen, die für den Menschen charakteristisch sind, biochemische, physiologische und psychologische Eigenschaften: der Mensch als nackter Zweibeiner, als Inhaber eines Gehirns von spezifischer Form, der Mensch als „extrauterine Frühgeburt", als instinktoffenes „Mängelwesen", als Sprachwesen, als Schöpfer von Kunstwerken, als Kultwesen oder als Wesen der Transzendenz. Neuerdings können wir die inzwischen entschlüsselte DNS-Sequenz präsentieren, die der des Schimpansen so extrem ähnlich ist, ähnlicher jedenfalls als der Phänotyp, der aus dieser Sequenz hervorgeht. Sind das

alles Antworten auf die Frage „Was ist der Mensch"? Oder wäre es eine
Antwort, wenn man eine hypothetische Deszendenzgeschichte des
Menschen erzählte? Hier läge allerdings die Gefahr einer zirkulären
Erklärung allzu nahe. Wir würden einige uns wichtig scheinende Prädikate als Ausgangspunkt wählen und dann die Umstände rekonstruieren, unter denen die Entwicklung dieser Eigenschaften sich als
Überlebensvorteil verstehen ließe. Aber hätten wir damit diese Eigenschaften wirklich verstanden? Aber was suchen wir eigentlich, wenn
wir Eigenschaften, die uns immer schon bekannt sind, „verstehen"
wollen? Was verstehen wir unter „Verstehen"? Der Naturwissenschaftler versteht darunter etwas anderes als der Leser, der sagt, er habe
das Buch dieses Wissenschaftlers verstanden. Haben wir verstanden, was
physischer Schmerz oder was ein Jubel im Herzen ist, wenn wir die
neuronalen Zustände kennen, die diesen Empfindungen zugrunde liegen? Haben wir Newtons Gravitationskonstante verstanden, wenn wir
den Gehirnzustande dessen kennen, der diese Formel denkt? Oder
haben wir eine Bach-Sonate verstanden, wenn wir wissen, wie das
Instrument beschaffen ist, das sie zum Klingen bringt? Was wollen wir
wissen, wenn wir fragen, was der Mensch sei? Suchen wir einen
„Wesensbegriff", der uns des Menschen Weise, sich selbst zu erleben, in
zwingendem Zusammenhang mit den „objektiven" Daten seiner äußeren Erscheinung begreifen ließe? Also den Menschen als „Ding an
sich"? Aber hier stimmt Kant mit Thomas von Aquin überein, wenn
dieser schreibt: „Essentiae rerum nobis sunt ignotae", wir kennen das
Wesen der Dinge nicht.

So bleiben wir in der Situation dessen, der sich selbst als Fragenden
darstellt. Nur der Mensch ist das Wesen, das sich selbst fragt, was es ist.
Wir wissen nicht und werden nie wissen, wie es ist, eine Fledermaus zu
sein. Wir könnten es erst wissen, wenn wir selbst Fledermäuse wären.
Aber auch das stimmt nicht. Es ist zwar irgendwie, eine Fledermaus zu
sein. Aber *wüsste* es die Fledermaus, dann wäre sie keine Fledermaus
mehr. Aber wissen denn wir, wie es ist, wir zu sein? Wir durchschauen
ja nicht den Grund, aus dem wir leben. Aber was uns von Tieren
unterscheidet, ist, dass wir den Grund kennen möchten. Wir wissen
nicht, ob wir sind, wofür wir uns halten. Wir wissen nicht, wann wir
frei sind und in welchem Maß. Aber wir verlangen danach frei zu sein
und setzen in allem menschlichen Umgang voraus, dass wir es sind.
Andernfalls würde unser Umgang miteinander als menschlicher zu-
sammenbrechen. Es gäbe nicht mehr Verdienst und Schuld, es gäbe
nichts Bewundernswertes und nichts Verabscheuungswürdiges. Es gäbe

nicht mehr Dankbarkeit und Tadel. Wir müssten leben „beyond freedom and dignity", wie es uns bereits vor Jahrzehnten der Psychologe
Skinner empfahl.

Wir sind wie alle Vorkommnisse in der Welt durchaus bedingt. Und
deshalb sehr leicht umzubringen. Aber indem wir von dieser Bedingt-
heit wissen und sie denken, sind wir über sie hinaus und bewegen uns
im Medium des Unbedingten. Die Sätze, mit denen wir unsere Be-
dingtheit feststellen und beschreiben, beanspruchen in einem unbedingten Sinn wahr zu sein. Indem wir unsere Entstehungsbedingungen
denken, haben wir uns von ihnen emanzipiert. Husserls Widerlegung
des Psychologismus in der Logik gehört zu den seltenen Fällen, in denen
eine Form des Reduktionismus endgültig ad absurdum geführt wurde.
Nur falsche Sätze können psychologisch erklärt werden.

Was ist der Mensch? Ein Wesen, dessen Streben, sich von seinen
Bedingtheiten zu emanzipieren, ständig aber nie definitiv scheitert. Es
kann dieses Streben nicht aufgeben, ohne sich als Mensch aufzugeben,
denn es *ist* dieses Streben. Menschen wollen Wahrheit im gewöhnli-
chen, nicht perspektivischen Sinn des Wortes. Sie wollen sich verstehen
dürfen als Urheber ihrer eigenen Handlungen, also als frei. Und be-
wundern dürfen die Macht des Schönen, „weil es gelassen verschmäht,
uns zu zerstören".

Die Wahrheit des Menschen ist die Wahrheit des Don Quichotte,
der die Kommentare des Sancho Pansa geduldig anhört, ohne sich durch
sie beirren zu lassen. Dass die Toten wieder zu Staub werden, haben die
Menschen immer gewusst. Aber das hat schon die Neandertaler nicht
gehindert, mit ihren Toten Dinge zu tun, die nur dann einen Sinn
haben, wenn der Zweite Hauptsatz der Thermodynamik nicht die letzte
Wahrheit über die Welt ist. Der Mensch hat sich immer ausgestreckt
nach dem Unbedingten. Das heißt aber: Er ist der durchaus bedingte
Ort der Erscheinung des Unbedingten. „Du würdest mich nicht suchen, wenn du mich nicht schon gefunden hättest", lässt Pascal Gott
sagen. Und bei Hegel heißt es, das Absolute würde der Bemühung
spotten, sich seiner denkend zu bemächtigen, „wenn es nicht an und für
sich schon bei uns wäre und sein wollte" (Einleitung zur Phänome-
nologie des Geistes).

II

Was will jemand wissen, der fragt: „Was ist der Mensch?" Man kann eine Frage dieser Art nicht verstehen, wenn man nicht weiß, warum sie gestellt wird. Aber warum könnte jemand diese Frage stellen? Würde es irgendeinen Unterschied machen, ob die Frage so oder so beantwortet wird? Eine Sache kennen heiße: „what we can do with it when we have it" schreibt Thomas Hobbes. Wollen wir also wissen, was der Mensch ist, um unseresgleichen beherrschen und manipulieren zu können? Oder können wir noch aus einem anderen Grund diese Frage stellen und deshalb etwas anderes wissen wollen? Vielleicht nähern wir uns einer Antwort, wenn wir nach dem Interesse fragen, das der Frage zugrunde liegt. Denn es gibt zwei mögliche Interessen, deren Unterschiedenheit, ja Gegensätzlichkeit das ist, was den Menschen charakterisiert. Das eine ist das Interesse an Naturbeherrschung. Der Mensch hat keine ökologische Nische, keine „Umwelt" im Sinne Uexkülls, die durch seine Instinktausstattung festgelegt ist und seiner Spezies unter normalen Umständen das Überleben garantiert. Der Mensch kann überall auf dieser Erde existieren, aber nur, indem er sich selbst eine Umwelt schafft und selbst die Mittel der Naturbeherrschung entwickelt. Wissenwollen ist für ihn nicht, wie für die „findigen Tiere" eingebettet in Praxiszusammenhänge und durch diese vorprogrammiert und begrenzt. Schon kleine Kinder, die über ein Hindernis gestolpert sind, stolpern nicht einfach solange wieder über dasselbe Hindernis, bis sie gelernt haben, das zu vermeiden. Sie sehen sich um, versuchen zu verstehen, warum sie gestolpert sind und probieren es dann noch einmal. Das theoretische Wissen der neuzeitlichen Naturwissenschaften ist von dieser Art. Um der Naturbeherrschung zu dienen, hat es sich aus der unmittelbaren Einbettung in konkrete Praxiszusammenhänge emanzipiert und revolutioniert gerade dadurch die Praxis. Der Mensch musste aus der Not eine Tugend machen und zur Kompensation der Ohnmacht Macht entwickeln. Und zwar progressiv. Jedes Lebewesen übt Macht aus, aber in den Grenzen, die ihm durch seine natürliche Nische vorgezeichnet sind. Die Naturbeherrschung des Menschen ist progressiv. Er steht nicht, wie traditionelle oder konstitutionelle Herrscher – Homers „Hirten der Völker" – an der Spitze einer natürlichen Hierarchie, sondern muss sich von Anfang an eine feindliche Natur fortschreitend unterwerfen und kennt dann kein Ende dieses Unterwerfungsprozesses, dessen Instrument seit der europäischen Neuzeit die scheinbar praxisferne Wissenschaft ist.

Aber die Ausdifferenzierung des Herrschaftsinteresses macht die Ausdifferenzierung eines gegenläufigen Interesses notwendig, des Interesses, sich in der Welt zu beheimaten und zu verstehen. Pascals Erschrecken vor dem „Schweigen der unendlichen Räume" ist das Erschrecken eines mathematischen Wissenschaftlers, der entdeckt, dass die Reduktion der Natur auf die Gegenständlichkeit eines bloßen Herrschaftsobjekts die Welt ihrer Vertrautheit radikal beraubt. Der Mensch kann sich selbst nicht mehr verstehen in den Kategorien, mit denen er die Welt versteht. Er findet sich, wie es bei Monod heißt, vor als Zigeuner, als versprengter Nomade in einer fremd gewordenen Welt. Wenn er sich selbst in diesem Rahmen verstehen will, dann kann er es nicht mehr, indem er die Natur anthropomorph betrachtet, sondern indem er sich sogar verbietet, sich selbst anthropomorph zu betrachten. Der Mensch wird sich selbst zum verbotenen Anthropomorphismus. Aber so ist ein menschliches Zusammenleben nicht möglich. Wir müssen fortfahren, einander als Menschen zu betrachten, sonst sind wir es selbst nicht mehr.

Unter dem anthropozentrischen Blickwinkel der Naturbeherrschung ist die Welt Objekt für ein Subjekt, das sich selbst diesem Objekt entgegensetzt. Heute, nachdem auch die individuellen menschlichen Subjekte sich als solche Objekte verstehen, ist das Subjekt dieser Objektivität anonymisiert und virtualisiert. Es heißt: Die Wissenschaft.

Das Interesse des Sichvertrautmachens mit der Welt beharrt darauf, dass die Dinge nicht nur unsere Objekte, sondern dass sie uns ähnlich sind. Es beharrt gegen die den Menschen entfremdende Anthropozentrik auf dem fundamentalen Anthropomorphismus, d.h. auf der Wirklichkeit der Dinge. Was wirklich ist, erfahren wir aber paradigmatisch an uns selbst. Nur von uns selbst wissen wir, was es heißt, zu sein. Nur von uns selbst, was es heißt, Durst zu haben. Aber in der uns vertrauten Welt müssen wir denken dürfen, dass auch unser Hund Durst hat, wenn er zum Wassernapf läuft, weil der Hund, wie alles Lebendige, uns auf irgendeine Weise ähnlich ist.

Diese Einstellung zur Welt ist komplementär zu der erstgenannten. Sie lässt das Andere als es selbst sein. Das beobachten wir schon bei den frühen Geräten der Menschen. Sie sind verziert, sowohl die Tongefäße als auch die metallenen Waffen und Schilde. Das heißt: Diese Geräte gehen nicht auf in ihrem Gebrauch, sondern als Gebrauchsgegenstände existieren sie als „Dinge an sich", die um ihrer selbst willen angeschaut werden. Die Arbeitsteilung kommt dieser Tendenz zugute, weil es hier nicht der Benutzer ist, der für seinen aktuellen Bedarf Gerät produziert, sondern ein anderer, der die Geräte zum Zweck des Tauschs herstellt. Der Tausch aber ist nicht jene Praxis, in der das Gerät sozusagen als es selbst verschwindet. Die künstlerische Tätigkeit ist sozusagen reine poiesis, die sich von der praxis emanzipiert.

Praktische und theoretische Intentionalität treten beim Menschen auseinander. Auch die Tiere wollen etwas, und auch die Tiere haben Meinungen über die Beschaffenheit ihrer Umwelt. Aber diese Meinungen sind nur unselbständige Bestandteile einer intentionalen Gesamtsituation, ebenso wie der Wille der Tiere sich nur im Rahmen dieser Meinungen über die Verfassung der Welt entfaltet und nie darauf geht, diese Verfassung zu ändern. Darum geht das „Selbst" des Tieres in seinen Akten auf, während der Mensch als Zentrum verschiedener Akte und Akttypen seine Identität jenseits dieser seiner Akte besitzt und in keinem derselben aufgeht. Das ist der Grund dafür, dass Menschen eine numerische Identität besitzen, die durch keinerlei qualitative Beschreibung ersetzt werden kann. Das leibnizsche Prinzip der identitas indiscernibilium gilt für den Menschen nicht. Da aber diese pure numerische Identität ein ineffabile ist, bedeutet das, dass jeder Mensch ein Geheimnis ist. Und es bedeutet, dass er für immer einen nur durch ihn definierten Platz in der Gemeinschaft von Personen einnimmt. Auf die Frage, was der Mensch sei, muss deshalb die Antwort lauten: Menschen sind Personen. Personen sind nicht einfach, was sie sind. Sie sind nicht einfach individuelle Instantiierungen ihrer Spezies. Ihre Existenz ist die eines Selbstverhältnisses. Sie können sich verhalten zu dem, was sie sind. Sie können wünschen, anders zu sein als sie sind, sie können wünschen, bestimmte Wünsche zu haben oder nicht zu haben. Harry Frankfurt spricht von „secondary volitions". Reue und Verzeihung sind deshalb exklusive Akte von Personen. Sie setzen voraus, dass der Mensch nicht definiert ist durch die Summe seiner Prädikate.

Was der Mensch ist, lässt sich nur sagen im Ausgang von normalen, erwachsenen Individuen der Spezies homo sapiens sapiens. Aber das heißt nicht, dass nur diese Personen wären. Es gehört nämlich zur Natur des Menschen, von einer Person gehabt zu werden. Wenn sie nicht, noch nicht oder nie zur spezifischen personalen Existenzweise gelangt, ist sie noch unentwickelt oder defekt, aber nicht „etwas anderes". „A person is any animal the physical make-up of whose species constitutes the species' typical members thinking, intelligent beings with reason and reflection, and typically enables them to consider themselves the same thinking things, in different times and places". (D. Wiggins, *Sameness and Substance*).

Der Mensch – ein *animal emotionale*

Achim Stephan

Traditionell spielen Emotionen, Leidenschaften, Affekte, Gefühle und Empfindungen keine Rolle, wenn es darum geht zu bestimmen, was den Menschen *wesentlich* auszeichnet. Dafür dürften mehrere Gründe verantwortlich sein. Zum einen wird die Fähigkeit, emotional auf verschiedene Ereignisse in der Welt reagieren zu können, nicht als eine *differentia specifica* des Menschen angesehen, da auch viele Tiere emotionale Reaktionen zeigen; zum anderen werden emotionale Befindlichkeiten und Reaktionen zumeist nicht zu den wertvollen Eigenschaften gerechnet, gelten sie doch eher als *Leiden*schaften, die durch die Vernunft zu zügeln sind. Emotionen kommen daher nicht in Frage, wenn es um *artbildende* Unterschiede zwischen Mensch und Tier geht. Inzwischen sind aber auch an den überlieferten Vorschlägen zur Bestimmung des Menschen starke Zweifel laut geworden: So scheinen verschiedene Beobachtungen an Tieren nahe zu legen, dass auch manche Tiere in der Lage sind, Schlüsse zu ziehen, kreativ Symbole zu gebrauchen und Kenntnisse und Gewohnheiten an jüngere Mitglieder einer sozialen Gruppe weiter zu geben. Die ehemals für fundamental gehaltenen Unterschiede zwischen Mensch und Tier sind also in Fluss geraten.

Dies bedeutet natürlich nicht, dass es in den jeweiligen Dimensionen, in denen man einen artbildenden Unterschied zu sehen glaubte, keine gewaltigen Unterschiede zwischen Menschen und anderen Lebewesen gibt: Bonobos werden auch in Zukunft kein Requiem komponieren, keine Gedichte schreiben, keinen Barrique-Wein ausbauen, keine Computerviren entwickeln und auch nicht für vermeintliche Ideale in den Krieg ziehen. Und weder sie noch andere höher entwickelte Tiere werden sich jemals fragen, wer sie sind, was sie wissen können, was sie tun sollen oder was sie hoffen dürfen. Analoges gilt aber auch für ihr emotionales Leben: Sie werden keine Hoffnung auf eine bessere Zukunft haben, sich durch andere weder beleidigt noch in ihrem Ehrgefühl verletzt fühlen, keine Wehmut empfinden wie wir, wenn wir an glücklichere Tage zurückdenken, keinen Nationalstolz erleben, wenn sie vor einer bunten Fahne stehen, und sie werden nicht

den Hass und die Verachtung spüren, die Menschen mitunter gegenüber ihresgleichen erfasst und sie zu Bestien werden lässt, wie sie im
ganzen Tierreich nicht zu finden sind. Mit anderen Worten: Auch für
Emotionen gilt, dass sie den Menschen in einer ganz besonderen Weise
auszeichnen: Der Mensch ist dasjenige Lebewesen, das emotionale
Befindlichkeiten in den feinsten Abstufungen und der größten kulturellen Vielfalt hervorgebracht hat.

Da Emotionen bei der vergeblichen Suche nach einem artbildenden
Unterschied zwischen Mensch und Tier zu keiner Zeit ein geeigneter
Kandidat waren, wurden sie nicht zu den *wesentlichen* Merkmalen des
Menschen gerechnet. Ihre zentrale Bedeutung für unser übriges men-
tales Leben blieb unbeachtet. Neurowissenschaftliche Studien, wie sie
vor allem durch Antonio Damasio populär wurden, belegen hingegen,
wie stark auch vernünftiges und zielorientiertes Handeln von emotionalen Bewertungsprozessen abhängt: Ohne emotionale Beteiligung ist
uns vieles gleichgültig, sogar unsere eigene Zukunft scheint indifferent
und belanglos. Ohne Emotionen sind wir nicht in der Lage, hand-
lungsleitende Entscheidungen zu treffen; uns fehlt die evaluative Basis
für rationale Urteile und Entschlüsse. Ohne Emotionen sind wir nicht
fähig zu einem sozialen und kulturellen Leben in enger Gemeinschaft
mit vielen anderen Menschen. Wenn man zudem bedenkt, wie allge-
genwärtig Emotionen und andere affektive Zustände (Hintergrundge-
fühle, Stimmungen sowie angenehme oder unangenehme körperliche
Empfindungen) im Wachleben normalentwickelter Personen sind und
wie sehr diese Erkennen, Denken und Handeln offen oder unter-
schwellig beeinflussen, dann zeigt dies, wie wichtig emotionale Prozesse
für unser Menschsein schlechthin sind. Im Rahmen emotionaler Epi-
soden manifestiert sich eine spezifische Form *affektiver* Intentionalität:
Fühlende Personen beziehen sich stets auf die Welt und zugleich auf
sich selbst. Wer sich vor einer Gefahr fürchtet, fühlt *sich* damit gefährdet,
also in einer spezifischen Hinsicht verletzlich oder angreifbar. Wer über
einen Verlust trauert, fühlt *sich* zugleich beraubt oder spürt einen
schmerzlichen Mangel. Die Wechselseitigkeit von Selbstbezug und
Weltbezug in emotionalen Prozessen macht wesentlich die Bedeutung
von Emotionen als spezifisch *subjektive* Bewertungen aus: Durch
Emotionen erfolgt eine *spürbare* Einschätzung von Vorgängen und Ereignissen gerade hinsichtlich derjenigen Dimensionen, die für die fühlende Person eine spezifische Bedeutung haben.

Darüber hinaus sind Emotionen eine ausgezeichnete Quelle für
Selbsterkenntnis – in ihnen manifestieren sich Bedürfnisse, Ziele und

Wertvorstellungen – mit einem Wort: unsere Persönlichkeit. Wer über seine Gefühlswelt Bescheid weiß, kennt sich selbst – wem die eigenen Gefühle fremd bleiben, wird anfällig für Selbsttäuschungen und Selbstverkennungen. Allerdings hat menschliche Affektivität auch eine Schattenseite. Und es ist diese, die häufig den Blick auf deren eigentliche Bedeutung verstellt. Emotionen können das Erleben und Erkennen nachhaltig verzerren, Irrtümer begünstigen, Fehl- und Vorurteile zementieren und schlechte Gewohnheiten verankern. Nicht nur manifest pathologische Affektstörungen, sondern auch alltäglich vorkommende emotionale Überreaktionen können negative Auswirkungen haben.

Es ist also an der Zeit, Emotionen in ihrer vollen Bedeutung für das menschliche Denken und Handeln anzuerkennen. Hiernach sind Menschen in einem *wesentlichen* Sinne emotionale Wesen. Zwar sind sie es nicht in dem Sinne, dass sie sich durch ihre Emotionalität von anderen Lebewesen grundsätzlich unterscheiden, aber in jenem, dass ohne ihre Emotionalität auch viele derjenigen Merkmale nicht zum Tragen kämen, die einmal für artbildende Unterschiede gehalten wurden – wie zum Beispiel die Fähigkeit, vernünftig zu handeln (*animal rationale*), oder die Fähigkeit, soziale Gemeinschaften aufzubauen und zu erhalten (*zoon politikon*).

Im Übrigen war bereits Protagoras die Bedeutung typisch menschlicher Emotionen bekannt. In seinem von Platon überlieferten Mythos über die Entstehung der Kultur erzählt er von der Sorge Zeus', das Menschengeschlecht könne untergehen, wenn es sich durch ständigen Streit schwäche und als zur Gemeinschaft unfähig erweise. Deshalb habe er den Hermes zu den Menschen geschickt, um ihnen

> *Scham* und *Recht* zu bringen, damit diese der Städte Ordnungen und Bande würden, der Zuneigung Vermittler. (*Plato, Protagoras, 322c.*)

Scham, Mitleid, Zuneigung, Sorge, Trauer, Freude, Hoffnung und viele andere emotionale Befindlichkeiten tragen wesentlich zu dem bei, was der Mensch seinem Selbstverständnis nach ist – ein zu vernünftigem Handeln und zur sozialen Gemeinschaft fähiges Wesen. Sie konstituieren zugleich, was er seinem Selbstverständnis nach ebenfalls sein sollte – ein *animal emotionale*.

Begabt zur Freiheit – stets auf dem Wege, sie zu erringen, ständig in Gefahr, sie zu verlieren

Günter Stock

Als Spezies und als Individuum ist der Weg des modernen Menschen gekennzeichnet durch eine kontinuierliche Befreiung aus dem „Eingemauertsein" in mythisch begründeten Ängsten, aus intransparenten und willkürlichen Machtverhältnissen (wobei uns allen bewusst ist, dass es gerade hier einen oftmals diskontinuierlichen Weg, unterbrochen durch Barbarei, gegeben hat). Dennoch: Die Freiheitsgrade des Menschen sind so groß, dass er sogar darüber reflektieren kann, ob er wirklich – bezogen auf die Beschaffenheit des neuronalen Netzwerks im Gehirn – frei sei. Schließlich könnte man durchaus die Frage stellen, welchen Sinn es denn habe, die Frage nach der Freiheit überhaupt zu stellen, wenn es sie konstitutiv, naturwissenschaftlich nachweisbar, gar nicht gibt. Der Mensch hat die Freiheit, über sich selbst hinaus zu denken, er hat die Freiheit, seinen Lebenswert unter den anderer, z. B. geliebter Menschen, zu stellen, und er hat die Freiheit, über eigene körperliche Gebrechen hinwegzusehen, sie zu überwinden und gleichwohl Großes zu leisten.

Der Mensch, in und mit seiner Freiheit, unterliegt allerdings permanent Zwängen – das kann auch heißen, dass er ständig gezwungen ist, sich immer wieder zu entscheiden, in kleinen wie in großen Dingen. Entscheidungen, die manches Mal fast automatisch gefällt werden – was letztlich eine andere Metapher für schnell ist –, so dass man auch meinen könnte, dies allein sei schon ein Beleg dafür, dass es Entscheidungsfreiheit letztlich gar nicht gäbe, das Meiste ohnehin determiniert sei.

Der Mensch ist (von allen) das einzige Lebewesen, welches sich in allen vier Elementen selbst oder mit Hilfsmitteln bewegen kann. Eine Mobilität, die prinzipiell grenzenlos ist und für sich allein genommen ein besonderes Privileg darstellt. Die Gefährdung, der der Mensch permanent ausgesetzt ist, ist diejenige, dass er über seine körperlichen Behinderungen seine Freiheit verlieren, daran verzweifeln und sogar daran zugrunde gehen kann. Er ist gefährdet, durch Krankheit, gerade durch psychische Erkrankungen, seine Freiheit zu verlieren, in

Zwangsverhalten zu erstarren – eine Gefährdung, die, als Argument genommen, uns wiederum bewusst machen soll und kann, wie kostbar Freiheit, Entscheidungsfreiheit ist.

Freiheit und Gefährdung sind allerdings auch Merkmale einer globalisierten Welt. Die vom Menschen induzierte Globalisierung ist ein Ausdruck großer Freiheit und großer Selbstverwirklichung, aber sie kann sogleich und sie droht zugleich zu einer Abnahme individueller wie auch kollektiver Freiheit zu werden, wenn wir Globalisierung nicht vorausschauend bedenken und gestalten – und wenn wir zu wenig Gebrauch machen von der Entscheidungsfreiheit, die wir haben, in vielen Fällen: noch haben, sie in unserem Sinne zu gestalten.

Der Mensch ist in besonderer Weise begabt, auf Vergangenem aufbauend Gegenwart zu gestalten und Zukunft vorzubereiten. Ergebnisoffen oder voller Vorurteile: Es ist unsere Entscheidung. Dies ist die Freiheit, die ich meine, und die Gefährdung, die ich sehe.

Selbstbewusste Endlichkeit im Raum der Gründe

Dieter Sturma

1. *Die einfache Frage.* Die einfache Frage „Was ist der Mensch?" scheint auch eine einfache Antwort nahezulegen. Doch bereits die Frage ist überaus voraussetzungsreich und tief verwurzelt in der Verfassung und den Kontexten der humanen Lebensform. Letztlich sieht sich der Mensch bei der Suche nach sich selbst mit seiner Kontingenz und einem schwer fassbaren Weltverhältnis konfrontiert. Schelling hat in unverhüllter Verzweiflung feststellen müssen, dass der Mensch als das Unbegreiflichste in der Welt die grundsätzliche Frage aufwerfe, warum überhaupt etwas und nicht nichts sei. Anthropologische Untersuchungen, die lediglich Eigenschaften und Fähigkeiten aufzählen, bleiben vor dem Hintergrund dieser Problemstellung verengend und vorbehaltlich. Heidegger bemängelt deshalb an anthropologischen Theorien eine heillose Einseitigkeit: Ursprünglicher als der Mensch sei die Endlichkeit des Daseins in ihm. Eine weitere Schwierigkeit bei der Beantwortung der einfachen Frage ergibt sich aus der unklaren semantischen Situation, denn der Begriff des Menschen verfügt über kein scharf umrissenes Bedeutungsfeld – sieht man einmal von seiner biologischen Definition als *homo sapiens sapiens* ab. Mit dem Ausdruck „Mensch" ist immer mehr gemeint, als tatsächlich gesagt wird.

2. *Die Natur des Menschen.* Wenn man über den Menschen reden will, muss man über seinen Begriff genauso reden wie über seine Natur und seine sich im Selbstbewusstsein erschließende Endlichkeit. Der Ausdruck „Mensch" bezeichnet zunächst die hominide Art *homo sapiens sapiens*. Die Lebensform des *homo sapiens sapiens* ist durch die sukzessive Transformation biologischer Naturgeschichte in Sozial- und Kulturgeschichte gekennzeichnet. Der entscheidende Einschnitt in der Entwicklung zur humanen Lebensform ist die Herausbildung der Fähigkeit, sich zu Gründen zu verhalten – das gilt gleichermaßen in gattungs- wie in individualgeschichtlicher Hinsicht. Mit ihr entwickelt sich eine „zweite Natur" der humanen Lebensform, die menschlichen Individuen die Möglichkeit eröffnet, ihr Leben als Person zu führen. Personen sind in der Lage, distanzierte Einstellungen zu sich und zur Welt einzu-

nehmen, was auch die Etablierung von Technik und Wissenschaft ermöglicht. Technik und Wissenschaft gehen in die Sozial- und Kultur-
verhältnisse der sich in ständiger Weiterentwicklung befindlichen humanen Lebensform ein, was sich gleichermaßen auf die erste wie auf die
zweite Natur des Menschen auswirkt. Er erkennt seine Abhängigkeiten
und erweitert den Spielraum seiner Handlungsmöglichkeiten, so dass er
am Ende auch fragen kann, was er denn sei. Aus kosmologischer Sicht
zeigt sich die humane Lebensform als lebendige Natur in der Gestalt
selbstbewusster Endlichkeit. Menschliche Personen sind bewusste Natur
beziehungsweise Erlebnisperspektiven im Kosmos. Das Bewusstsein von
Personen ist dabei in seinen Vollzügen auf die Zeitverhältnisse „vorher
– gleichzeitig – nachher" begrenzt und daher, trotz der Unendlichkeit
seines Reflexionsraums, in sich endlich.

3. *Personen und Gründe.* Menschen sind ihrer Natur nach werdende,
aktive oder vergehende Personen, die in der Regel Abschnitte ihres
Lebens als selbstbewusste, verstehende und zwecksetzende Akteure im
Raum der Gründe führen. Sie begründen Verhaltensweisen, erwarten
Erklärungen für Handlungen, rechtfertigen sich und haben sich zu
rechtfertigen. In Phasen ihres werdenden oder vergehenden Lebens
kann sich eine Person zwar nicht aktiv zu Gründen verhalten. Sie ist
gleichwohl immer noch personaler Adressat von Zuschreibungen und
Anerkennungen im Raum der Gründe. Das Verhältnis von Akteur und
Adressat im Raum der Gründe zeigt sich exemplarisch an der Institution
der Menschenrechte. Sie schützt der Bestimmung nach die einzelne
Person als Zweck an sich selbst, die niemals bloß als Mittel behandelt
werden darf. Menschenrechte gelten auch für diejenigen, die von ihnen
nichts wissen oder nicht in der Lage sind, sie für sich einzufordern.

4. *Was können menschliche Personen?* Personen verfügen über Selbstge-
wissheit und sind sich ihrer Endlichkeit wie ihrer Identität über die Zeit
hinweg bewusst. Sie nehmen distanzierte, zuweilen auch ironische
Einstellungen gegenüber sich und anderen Personen ein. Sie wissen von
der Endlichkeit anderer Personen und gehen mit dem Verfließen der
Zeit um, indem sie das Nacheinander von Ereignissen in Raum und
Zeit sukzessiv als Zukunft, Gegenwart und Vergangenheit erfassen.
Personen gestalten ihr Leben im Raum der Gründe. Sie begründen ihr
Verhalten und erwarten Begründungen für das Verhalten anderer Per-
sonen. Sie werden in der Regel mit der Anlage der Empfänglichkeit für
Gründe geboren und erwerben auf dem Wege von Sozialisation und

Bildung die Fähigkeit, sich zu Gründen zu verhalten. Als Akteure im Raum der Gründe stellen sie Erfahrungen an, verstehen humane beziehungsweise soziale Angelegenheiten und verhalten sich zu den eigenen Zwecksetzungen sowie zu denen anderer Personen. Sie erfahren ihre körperliche Präsenz als Ausgangspunkt ihrer Erlebnisse und Orientierungen, entwickeln Sexualität und sehen sich mit ihrem Unbewussten konfrontiert. Im Unterschied zu Individuen anderer animalischer Lebensformen erleben sie ihre Gefühle in einer Dimension sprachlicher Ausdrucksfähigkeit. Sie lieben, hassen, empfinden Reue, schämen sich, sind empört, können sich bösartig verhalten und grausame Handlungen vollziehen. Ihre Ausdrucksfähigkeit objektiviert sich schließlich in Kunst- und Kulturwelten. Personen bewegen sich in möglichen Welten und fragen sich im alltäglichen Leben genauso wie in den Bereichen der Kunst und der Wissenschaft ständig: „Was wäre, wenn…?" Sie verhalten sich zu Dimensionen, die ihr epistemisches Fassungsvermögen überschreiten, versenken sich in Weiten, in denen ihr persönlicher Standpunkt nicht belangvoll ist oder gar nicht vorkommt, und versehen sie mit Vorstellungen von Unbedingtem und Unendlichkeit. Sie nehmen das Antlitz anderer Personen wahr und verbinden mit ihm Würde und Anspruch auf Selbstachtung. In Zuständen wie Scham oder Empörung werden sie unmittelbar mit der gedanklichen Gegenwart anderer Personen konfrontiert und haben an sich selbst und andere Personen normative Erwartungen, die sich in Autonomie, Pflichten, Rechten, Tugenden, Fairness und Gerechtigkeit manifestieren. Mit dem, was Personen können, mit ihren Eigenschaften und Fähigkeiten, gestalten sie selbstbewusst und gemeinsam ihre Kontingenz im sozialen Raum, ohne sich dieser durchgängig zuzuwenden.

Der Mensch ist zu allem fähig

ERWIN TEUFEL

I. Die Frage: „Was ist der Mensch?" ist eine der Zentralfragen der Philosophie in ihrer ganzen Geschichte. Darüber sind so viele Bücher geschrieben worden, dass sie ganze Bibliotheken füllen. Auch die berühmten Fragen Immanuel Kants: „Was kann ich wissen? Was soll ich tun? Was darf ich hoffen?", münden nach seiner Auffassung in die Frage: „Was ist der Mensch?".

Ich bilde mir deshalb nicht ein, zu dieser „Frage aller Fragen" in einem kleinen Beitrag Weiterführendes sagen zu können, zumal ich kein Wissenschaftler bin. Ich lebe von den Erkenntnissen der Wissenschaft in allen Disziplinen und von meiner eigenen Erfahrung. Deshalb will ich nur wenige eigene Überzeugungen nennen, die ich der Erkenntnis anderer und meiner eigenen Lebenserfahrung verdanke.

II. Was ist der Mensch? „Homo homini lupus." Der Mensch ist dem Menschen ein Wolf, sagt Thomas Hobbes. Darwin betont den Kampf aller Lebewesen, auch des Menschen, gegeneinander ums Überleben. Man wird diese Aussage in der ganzen Geschichte der Menschheit vielfältig bestätigt finden.

Auf der anderen Seite weist der Freiburger Wissenschaftler Joachim Bauer aus neurobiologischer Sicht in überzeugender Weise nach, dass die Menschen auf soziale Resonanz und Kooperation angelegte Wesen seien. Kern aller menschlichen Motivation seien zwischenmenschliche Anerkennung, Wertschätzung, Zuneigung und Zuwendung. Augustinus sagt: „Allen Menschen ist es natürlich, dass sie einander lieben." Anne Frank sagt, noch eingesperrt in ihrer Dachkammer: „Ich glaube an das Gute im Menschen."

Wer hat Recht? Meine Erfahrung aus Geschichte und Gegenwart ist: Der Mensch ist zu allem fähig.

Der Mensch ist zum Höchsten fähig: Zu Glanzleistungen des Geistes in der Wissenschaft, in der Medizin, in der Literatur, in der Musik, in der Kunst, in einer Wirtschaft, die dem Menschen dient, in bahnbrechenden Erfindungen, zum Frieden nach Streit und Krieg. Er ist zu mitmenschlichem Verhalten motiviert, fähig zu Vertrauen und

Freundschaft, zur Hilfe in der Not, zu uneigennützigem Verhalten, zur Aufopferung des eigenen Lebens, zur Nächstenliebe, zur Anerkennung der Freiheit und der Gleichheit und Menschwürde aller Menschen, zum friedlichen Zusammenleben unter Beteiligung aller, zur Suche nach der Wahrheit, nach dem Guten, ja selbst zur Erkenntnis eines Absoluten, zur Gotteserkenntnis.

III. Der Mensch ist zu allem fähig: Zur größten Unmenschlichkeit und Barbarei, zum Verrat und Betrug, zum Menschenschinden, zur Folter, zum Terror, zum Mord, zum Völkermord, ja selbst zum Verbrechen mit gutem Gewissen.

Wenige Wochen nach der Machtergreifung der Nationalsozialisten wurden die ersten Konzentrationslager eingerichtet, in denen Bürger unseres Landes ohne jedes rechtsstaatliche Verfahren ihrer Freiheit und Menschenrechte beraubt wurden.

Wenige Monate nach der Machtergreifung wurden die ersten Mitbürgerinnen und Mitbürger aus psychiatrischen Landeskrankenhäusern abgeholt und ermordet, als so genanntes lebensunwertes Leben vernichtet.

Im September 1939 hat das nationalsozialistische Deutschland den Zweiten Weltkrieg begonnen, in dessen Folge über 50 Millionen einzelne Menschen einen gewaltsamen, vorzeitigen Tod gestorben sind.

Wenig Tage nach Einmarsch der deutschen Truppen in Polen „rückten Einsatzgruppen der SS nach, die massenweise Juden und Angehörige der polnischen Intelligenz, Pfarrer, Lehrer, Rechtsanwälte, Ärzte und Gutsbesitzer exekutierten" (Heinrich August Winkler). Was dort begann, setzte sich in den Vernichtungslagern von Dachau und Auschwitz fort.

Stalin und Mao stehen als Namen für die Verbrechen, für Gulags, für Mord und Völkermord der Kommunisten weltweit.

Alexander Solschenizyn berichtet in einer Rede nach seinem Gang ins Exil, dass ihm eine russische Bäuerin nach der Oktoberrevolution und ihren Folgen in Russland 1917 gesagt habe: „Die Menschen haben Gott vergessen, daher kommt dies alles." Er fuhr fort, dass er Jahrzehnte seines Lebens über die kommunistische Revolution geforscht und viele Bände geschrieben habe. Wenn er alles zusammenfassen müsste, käme er auf den Satz dieser russischen Bäuerin zurück.

Spätestens die Erfahrungen der totalitären Ideologien und Diktaturen des 20. Jahrhunderts haben uns gezeigt, dass alles möglich ist.

Kulturelle Werte, Zivilisationen reichen nicht aus als Sicherungsmaßnahmen.

Religionen, die seit Jahrhunderten Völker prägten, reichen nicht aus, um Menschen von Kriegen und Religionskriegen, von Terror und Gewalt abzuhalten.

IV. Welche Folgerungen ziehen wir aus diesen Erfahrungen?

Wir müssen Dämme errichten gegen Unmenschlichkeit und Barbarei, gegen Ideologie und Totalitarismus. Wir müssen es tun – trotz der Erfahrung, dass Dämme überflutet, umgangen und unterspült werden können.

Wir müssen Dämme errichten gegen die Unmenschlichkeit in uns und gegen die Unmenschlichkeit in unserer Gesellschaft und weltweit.

„Der Mensch ist nicht gut und der Mensch ist nicht böse, sondern jeder Mensch ist gut und böse" (Alfred Dannenmann). Jeder erfährt das in seinem Leben und jeder Mensch hat ein Leben lang zu tun, die guten Eigenschaften in sich zu fördern und die schlechten zurück zu dämmen.

Wir brauchen als Menschen Orientierung. Orientierungswissen ist so wichtig wie Sachwissen. Orientierungswissen vermitteln seit ihrem Beginn in der Antike die Philosophie und die Ethik.

Es geht in unserer arbeitsteiligen Gesellschaft nicht ohne Spezialisierung. Durch Wissen, die Anwendung von Wissen, durch Arbeitsteilung und Spezialisierung hat der Mensch Höchstleistungen zustande gebracht. Aber die Spezialisierung muss ergänzt werden durch ein Verstehen des Ganzen.

„Wir brauchen ein Gewissen für das Ganze" (Edmund Spranger). Es geht nicht ohne Kompetenz. Aber es geht auch nicht ohne Charakter. Bildung ist mehr als Wissen, Erziehung und Menschenbildung ist so wichtig wie Ausbildung und Weiterbildung. Wir müssen uns Ziele setzen, uns dann auf den Weg machen und dürfen nicht glauben, der Weg sei das Ziel. Wir brauchen Hochleistungen in der Naturwissenschaft und in der Forschung und Entwicklung, aber auch Hochleistungen in den Geisteswissenschaften. Das Gute im Menschen muss sich orientieren können an der Wahrheit und an dem, was für die Menschen gut ist.

V. Die größte kulturelle Errungenschaft ist der Rechtsstaat. Er ermöglicht und schützt die Freiheit und die Rechte des Menschen. Er ermöglicht den Menschen Partizipation bei der Gestaltung der öffentlichen Dinge und der Gemeinschaft und erlaubt ihnen die „Einmi-

schung in ihre eigenen Angelegenheiten" (Max Frisch). Er setzt die
Rahmen für die Freiheit der Wissenschaft, der Kunst, der Kultur und
der Presse. Er setzt nicht nur den Rahmen für staatliches, sondern auch
für wirtschaftliches Handeln. Er bringt horizontale und vertikale Tei-
lung und Kontrolle der Macht. Der Rechtsstaat zwingt alle Träger öf-
fentlicher Macht zur unbedingten Anerkennung des Rechts und zur
Anerkennung von Menschenwürde und Menschenrechten, die dem
Staat vorgegeben sind und nicht von seiner Gunst abhängen. Der
Rechtsstaat schützt Minderheiten. Wir brauchen die Anerkennung der
Prinzipien des Rechtsstaats auf der Basis der Menschenrechtscharta der
Vereinten Nationen weltweit.

VI. Die Freiheit ist das höchste Gut des Menschen. Freiheit als Ge-
wissensfreiheit, Geistesfreiheit und Handlungsfreiheit. Als Religionsfreiheit und politische Freiheit, als Redefreiheit und Versammlungs-
freiheit, als Gestaltungsfreiheit und Berufsfreiheit, als Freiheit der Kunst
und Wissenschaft.

Es gibt aber Freiheit nicht ohne Bindung an das Recht und an das
Sittengesetz und die Rechte der Mitmenschen. Es gibt Freiheit nicht
ohne Verantwortung. „In Verantwortung vor Gott und den Menschen"
sagt das Grundgesetz. So sehe ich auch Freiheit und Verantwortung.

Wem der Glaube an Gott geschenkt ist, sieht sich in einer letzten
Bindung und Verantwortung. Da die Religionsfreiheit der rechtsstaat-
lichen Verfassung nicht nur eine Freiheit zur Religion, sondern auch
eine Freiheit von der Religion beinhaltet, brauchen wir in einer plu-
ralistischen Gesellschaft wenige allgemeinverbindliche Werte, die von
allen anerkannt werden, damit Menschen menschenwürdig zusammenleben können. Dazu gehören vor allem die genannten Grund- und
Menschrechte, aber auch Friedensliebe und mitmenschliches Verhalten,
der Schutz des Lebens, Hilfe für die Armen und Schwachen im eigenen
Land und weltweit, der Einsatz der eigenen Begabungen und Talente
für die Gemeinschaft und für das Gemeinwohl. Mensch sein heißt
Mitmensch sein.

VII. Was ist der Mensch? Ein offenes Wesen, das sich selbst in Freiheit
gegeben und aufgegeben ist. Ein geschichtliches und geistiges Wesen,
das an der Antwort auf diese Frage so lange arbeitet, wie es Menschen
gibt.

Was ist der Mensch(enaffe)?

Michael Tomasello

Being a primate means being social. Being a human means being ultra-social, that is, cultural. Nonhuman primates, including our nearest relatives the great apes, live in social groups that cooperate in a general way; but most of their social life is dominated by competition for food and other resources. Great apes and other nonhuman primates communicate regularly with one another; but it is mostly manipulative, not altruistically informative. Apes and other primates engage in various forms of social learning, but not intentional teaching. If an ape individual does something anti-social, no one punishes him or thinks badly of him or gossips about him to give him a bad reputation or attempts to exclude him from the group.

In contrast, humans live in cultures comprised of social practices, norms, and institutions whose very fabric is cooperation and division of labour toward a common goal. Humans communicate with one another altruistically, simply to share information freely. Humans not only learn from others, but in addition they feel the need to teach others to make sure that they learn. If a human individual does something anti-social, others invoke supra-individual social or moral norms that justify punishment or even exclusion from the group. Overall, human beings simply engage with one another in a much more deeply interpersonal, intersubjective way than do other great apes, and this manifests itself in every aspect of their lives.

Finally, although apes' social life is important for their survival and reproduction, it is not absolutely necessary for their normal cognitive development. In contrast, normal human cognitive development relies on children being born with skills of cultural learning in the midst of human cultural practices, symbols, and artefacts. A human child born outside of human culture would not invent for herself normal human cognitive skills involving language, symbolic mathematics, complex artefacts, and on and on. Cultural life is thus necessary for normal human cognitive development in a way that it simply is not for other primates.

To be a human is to be a participating member of a culture.

Der Mensch ist nur Mensch durch Sprache

Jürgen Trabant

„Der Mensch ist nur Mensch durch Sprache", sagt Wilhelm von Humboldt in seiner ersten Rede vor der Berliner Akademie, am 20. Juni 1820. Damit ist die Frage nach dem Menschen in einem einzigen Satz beantwortet. Und die Antwort ist nach wie vor gültig: Der Mensch ist nur Mensch durch Sprache.

Indem Humboldt die alte Bestimmung des Menschen als *zoon logon echon* in der vorliegenden Formulierung – vor allem mit ihrem „nur" – erheblich pointiert, gewinnt sein einfacher Spruch offensichtlich ein gewisses Irritationspotential. Er macht ja das Menschsein exklusiv vom Besitz der Sprache abhängig: Schließt er damit nicht Menschen aus der Menschheit aus, die mehr oder minder große Defizite bei der Sprache haben? Nimmt er nicht kleine Kinder, „Wolfskinder", Taubstumme, Anderssprachige, Schlechtsprechende, Aphasiker, Demente und aus anderen Gründen Sprachlose vom Menschsein aus? Nun, Humboldt sagt nicht, dass der Mensch schon von Geburt an eine voll ausgearbeitete Sprache haben muss, dass seine Sprache eine Lautsprache sein muss, dass er eine bestimmte Sprache sprechen muss, dass er diese bestimmte Sprache auch noch richtig und schön sprechen muss und dass er zu jedem Moment seines Lebens fähig sein muss, sie zu sprechen, um Mensch zu sein. Er sagt nur: „Der Mensch ist nur Mensch durch Sprache".

Wir müssen also fragen, was mit „Sprache" gemeint ist, durch die der Mensch Mensch sein soll? Gemeint ist nicht eine bestimmte Sprache oder die voll entfaltete Sprachlichkeit, sondern, wie Humboldt sich ausdrückt, ihr „Typus". Und das ist die „Verstandeshandlung, welche zum Begreifen eines einzigen Wortes erfordert wird", nämlich die Verbindung der Reflexion mit der Artikulation: „Der Mensch besitzt die Kraft, diese Gebiete [das Denkbare und das Lautliche] zu theilen, geistig durch Reflexion, körperlich durch Articulation, und ihre Theile wieder zu verbinden, geistig durch die Synthesis des Verstandes, körperlich durch den Accent, welcher die Silben zum Wort, und die Worte zur Rede vereint." In anderen Worten gesagt ist der „Typus" Sprache die synthetische Verbindung von „Bedeutung" mit artikulierten Lauten, in der der Mensch sein Denken produziert, oder, in einer anderen berühmten Wendung Humboldts, „die sich ewig wiederholende Arbeit des Geistes, den articulirten Laut zum Ausdruck des Gedanken fähig zu machen". Hinzukommt, dass diese „Kraft" „dieselbe Durchdringung im Hörenden bewirkt", so dass die Arbeit des Geistes sich in der Gemeinsamkeit von Ich und Du vollendet.

Man braucht dieser Beschreibung des „Typus" der Sprache nicht zuzustimmen, man kann etwas anderes als „Typus" annehmen, zum Beispiel wie Chomsky eine Universalgrammatik. (Ich stimme ihr allerdings zu: Gliederung, Artikulation, Arbeit des Geistes ist das Wesen der Sprache, die „das bildende Organ des Gedanken" ist.) Bezüglich der Frage nach dem Menschen aber kommt es auf die systematische Position von „Sprache" an, durch die nach Humboldt der Mensch Mensch sein soll: Humboldt beschreibt die Keimzelle universeller Sprachproduktion. Und diese haben alle Menschen als angeborene Disposition, sie muss „als unmittelbar in den Menschen gelegt angesehen werden". Humboldt streicht in der Druckfassung seines Vortrags die Worte „von Gott", die im Manuskript vor „unmittelbar" standen. Das erlaubt es uns, modern umzuformulieren: „Sprache" bezeichnet eine genetisch gegebene Fähigkeit der Produktion des Denkens, über die nur der Mensch verfügt und durch die der Mensch daher Mensch ist.

Humboldts Satz steht in einer Passage, in der es um den Ursprung der Sprache geht und in der Humboldt eine allmähliche – „umzechige" – Evolution der Sprache ablehnt, wie sie die meisten Sprachursprungstheorien des 18. Jahrhunderts (z.B. Condillac) angenommen haben: „Es hilft nicht, zu ihrer Erfindung Jahrtausende und abermals Jahrtausende einzuräumen." Humboldt nimmt stattdessen gleichsam einen qualitativen Sprung an, es gibt für Humboldt kein mehr oder weniger, entweder man hat den „Typus" der Sprache oder nicht: „Die Sprache ließe sich nicht erfinden, wenn nicht ihr Typus schon in dem menschlichen Verstande vorhanden wäre." In dieser Hinsicht sind sich Chomsky und Humboldt völlig einig: Der Mensch ist nur Mensch durch Sprache.

Gerade durch die Annahme dieses angeborenen „Typus" sind nun aber auch die genannten scheinbar sprachdefizitären Menschen natürlich Menschen: Säuglinge sind ja nur auf den ersten Blick *infantes*, „Nicht-Sprechende", wie der lateinische Ausdruck zu verstehen gibt. In Wirklichkeit ist in sie wie in jedes menschliche Wesen genetisch die Fähigkeit zur Sprache gelegt, die sich nach einem gegebenen Biopro-

gramm im sozialen Verkehr mit anderen Menschen entwickelt und zu
voller Sprachlichkeit entfaltet, in Tausenden verschiedenen Sprache, die
den ganzen Reichtum jener „Arbeit des Geistes" ausmachen. Der
Ausdruck *infantes* ist auch insofern unzutreffend, als ja schon das neugeborene – ja auch das ungeborene – Menschenwesen „Sprache" in
einem weiteren Sinn des Wortes hat: Es kommuniziert von Anfang an
mit allem, was es umgibt. Das meinte Herder mit dem berühmten ersten
Satz seiner Sprachursprungs-Abhandlung: „Schon als Thier hat der
Mensch Sprache." Aber gerade damit macht Herder deutlich, dass diese
„Tiersprache" nicht jene Sprache ist, die den Menschen zum Menschen
macht. Auch Humboldt meint nicht „Kommunikation", wenn er
„Sprache" sagt, sondern das skizzierte „kognitive" Verfahren, die
Gliederung des Denkbaren in „Portionen des Denkens" und des Lauts
in unterscheidbare Segmente. Es ist allerdings ein Denken, das sich
immer in der Dimension des Anderen generiert: Es ist „Mitdenken",
wie der junge Humboldt es einmal mit einem genialen Ausdruck
nannte.

Nicht nur Kleinkinder, auch „Wolfskinder" haben wie alle Menschen die genetische Ausrüstung zur Sprache, wie die *infantes*. Aber sie
haben das Zeitfenster verpasst, das ihnen die volle Entfaltung dieser
genetischen Ausstattung ermöglicht hätte, unwiederbringlich. Menschen, die „Sprache" haben, sind sie trotzdem. Den Taubstummen
spricht Humboldt ausdrücklich Sprache zu (eine damals überhaupt noch
nicht allgemein akzeptierte Auffassung), auch wenn deren Zeichen
anders sind als diejenigen der lautsprachlichen Mehrheit, geistig und
körperlich „gegliedert" ist sie aber durchaus. Des weiteren ist es in der
Tat eine nicht seltene Gemeinheit vieler Völker, nicht nur Kinder
„Nichtsprechende" zu nennen, sondern auch anderen Völkern, die sie
nicht verstehen, die Sprache überhaupt abzusprechen: Die Griechen
nannten die anderen Völker *barbaroi*, das sind diejenigen, die *brbr* machen, also tierische Laute ausstoßen. Die Slaven nennen die Deutschen
„die Stummen", also solche, die nicht sprechen. Solche Bezeichnungen
negieren tatsächlich das Menschsein von Anderssprachigen. Aber natürlich gibt es nach Humboldt gerade keine *brbr*-Sager und keine
„Stummen". Denn die Sprache ist ja unmittelbar in den Menschen
gelegt. Auch die Schlechtsprechenden, die wir oft aus unseren Gemeinschaften ausschließen (durch schlechte Zeugnisse, Lächerlichma-
chen, Verweigerung von Arbeitsplätzen etc.), sind natürlich deswegen
keine Un-Menschen. Schließlich: Wenn wir es mit Aphasikern, De-
menten und Überwältigten zu tun haben, so hört der Mensch nicht auf,

Mensch zu sein, wenn er nicht mehr sprechen kann. Die Sprache ist nach wie vor „in ihn gelegt", auch wenn er sie nicht mehr hervorbringen kann. Es ist wie mit dem aufrechten Gang, der ja ebenfalls ein ziemlich exklusives menschliches Merkmal (und eine der vielfältigen Vorbedingungen für Sprache) ist: Es ist in den Menschen gelegt, dass er aufrecht geht, er richtet sich nach einem biologischen Wachstumsprogramm auf und ist dann dieses aufrechte Wesen. Wenn ein Mensch durch Krankheit und Alter nicht mehr laufen kann, hört er ja nicht auf, ein Mensch zu sein, ebenso wie er auf der anderen Seite des Lebens auch schon ein Mensch war, als er noch nicht laufen konnte.

Der Mensch ist nur Mensch durch Sprache. Auch in einer weiteren Hinsicht irritiert Humboldts Spruch, nämlich hinsichtlich seines vermeintlichen linguistischen Imperialismus oder Glottozentrismus: Ist es wirklich nur die Sprache im bisher gemeinten Sinne, also die artikulierte Sprache, die den Menschen zum Menschen macht? Oder sind nicht Zeichen, Symbole, Bilder und andere semiotische Größen das, was den Menschen charakterisiert? Hat der Mensch nicht eher eine − wie Saussure annahm − *facultas signatrix*, die viel weiter ist als die Fähigkeit zur Lautsprache, die ihrerseits nur ein Spezialfall von „Zeichen" wäre? Ist er nicht viel eher, wie Cassirer sagt, ein *animal symbolicum* als ein *zoon logon echon*? Sicher ist der Mensch ein *animal symbolicum* und das Ensemble seiner Symbole macht seine Kultur aus. Insofern ist der Mensch auch Mensch durch seine Symbole. Aber niemals hätte er die Symbole − also seine gesamte Kultur − auf die historisch gegebene Weise entfalten können, wenn in deren Zentrum nicht die Sprache stünde, jenes bildende Organ des Gedankens.

„Der Mensch ist nur Mensch durch Sprache", sagt Wilhelm von Humboldt am 20. Juni 1820 in seiner ersten Rede vor der Berliner Akademie. Damit ist die Frage nach dem Menschen in einem einzigen Satz beantwortet. Und die Antwort ist nach wie vor gültig: Der Mensch ist nur Mensch durch Sprache.

Meine Antwort

Hans-Jochen Vogel

Meine Antwort auf diese Frage ist keine naturwissenschaftliche, philosophische oder theologische Untersuchung, sondern die Darstellung dessen, was ich ganz persönlich mit dem Begriff ‚Mensch' verbinde. Für mich ist der Mensch ein Wesen mit einer körperlichen und einer seelischen Dimension. Er ist vernunftbegabt und zugleich Individuum und Teil einer sozialen Gemeinschaft. Fähig zum Guten und zum Bösen, bedarf er deshalb der Orientierung an verbindlichen Rechten und Pflichten und darüber hinaus am Gebot der Nächstenliebe. Die ihm innewohnende Würde verbietet es, ihn zu instrumentalisieren oder auf andere Art seinen Eigenwert anzutasten. Seine Würde leite ich aus der christlichen Lehre seiner Gottesebenbildlichkeit ab, die für mich auch ein wie auch immer geartetes Fortleben nach dem Tode einschließt.

Was für eine Frage!

ECKART VOLAND

Was für eine Frage! Als ob es einen Mangel an klugen Antworten darauf gäbe. „Pfuscherei von tausend Müttern" lautet ein Angebot aus Ernst Barlachs „Der Findling", und „Durch die Zensur gerutschter Affe" heißt es nicht weniger misanthrop bei Gabriel Laub. Niemand überschaut die Fülle der je versuchten Einlassungen auf die Frage aller Fragen der abendländischen Philosophie, und auch die überaus beeindruckende Menge von 1111 mehr oder weniger sinnreichen Zitaten bei Mäckler und Schäfers[1] dürften letztlich kaum mehr als eine blinde Zufallsauswahl aus dem einschlägigen Angebot der Bibliotheken dieser Welt repräsentieren. Und dennoch – oder deswegen: Einigkeit scheint mit zunehmender Ausdifferenzierung der Philosophie weiter entfernt denn je. Hoffnungslos dem Dilemma der Subjekt/Objekt-Identität ausgesetzt, scheint jeder Versuch einer um philosophischen Konsens bemühten anthropologischen Selbsterkenntnis von Vornherein zum Scheitern verurteilt. Stattdessen überkreuzen sich in den Antworten sehr persönliche Interessen und Perspektiven, Leidenschaften und Absichten, Mentalitäten und Überzeugungen mit dem Ergebnis eines geradezu desorientierenden Überangebots an Vorschlägen.

Die ganze Angelegenheit braucht also Ordnung, braucht zu allererst eine Antwort auf die Frage „Wie wollen wir die Beantwortung der Frage angehen?" Wollen wir beispielsweise das theoretische und empirische Wissen der modernen evolutionären Anthropologie, der hier zuständigen naturwissenschaftlichen Disziplin, nutzen, oder kommen wir allein philosophisch reflexiv weiter? Diese Entscheidung ist höchst bedeutsam, denn sie orientiert die Blickrichtung. Die philosophische Bestimmung des Menschen hatte von Anbeginn an das im Blick, was man heute „Alleinstellungsmerkmale" nennt, und man bekommt den Eindruck, als ob beim Versuch der anthropologischen Deutung diejenigen Entwürfe intellektuelle Pluspunkte sammeln konnten, die eine möglichst lupenreine Einzigartigkeit des Menschen zu präsentieren

---

1 Mäckler, Andreas/Schäfers, Christiane (Hg.) (1989): *Was ist der Mensch? 1111 Zitate geben 1111 Antworten.* Köln: DuMont.

vermochten. Wenngleich die behauptete Sonderstellung je nach Zeit-
geist, Kontext und psychischer Grundstimmung der Autoren zwischen
„Ebenbild Gottes" und „tierischer als jedes Tier" schwankt, so ändert
dies doch nichts an der Tatsache, dass die Suche nach der Antwort auf
die Frage „Was ist der Mensch?" von der Idee des besonders Besonderen dominiert war. Komparative und Superlative bestimmten die
Rhetorik.

Der heuristische Wechsel von der philosophischen Betrachtung zur
wissenschaftlichen Analyse legt hingegen eine Antwort nahe, die alles
andere als spektakulär ist – ja sie ist geradezu trivial, weil sie auf die
Feststellung von Sondermerkmalen verzichtet. Vielleicht liegt gerade in
dieser Trivialität das Spektakuläre, denn das, was die Wissenschaft,
speziell die Evolutionsbiologie, als Antwort anbietet, ist weder in der
persönlichen Selbstwahrnehmung noch in der philosophischen Reflexion leicht verdaulich. Vor allem der Biophilosoph Ernst Mayr hat
immer wieder unterstrichen, dass die moderne Evolutionstheorie allem
teleologischen Denken eine klare Absage erteilt. Die Darwinische
Evolution ist kein finalistisches Prinzip, kennt kein Ziel und folglich
keinen Fortschritt und keine Höherentwicklung, bestenfalls Komple-
xitätszunahme. Der Mensch mag komplexer organisiert sein als andere
Primaten oder andere Säugetiere – höher entwickelt ist er deshalb nicht,
nicht einmal höher entwickelt als die einfachsten Wirbellosen – auch
wenn unsere eitle Homozentrik immer wieder Gegenteiliges suggeriert.
Wer Evolution ernst nimmt, wird deshalb aus dem Katalog der zig-
tausend Antworten getrost all jene beiseite legen, die die im philosophischen Denken traditionell so tief verwurzelte Teleologie-Annahme
pflegen. Der Mensch ist weder „Krone der Schöpfung" noch ihr de-
pressives Gegenstück, nämlich Irrläufer der Evolution (Arthur Köstler),
und auch nicht ihr Sitzenbleiber (Odo Marquard). Dies braucht niemanden daran zu hindern, dem Menschen eine Sonderstellung zuzu-
weisen, denn jede Art ist einzigartig (sonst wäre sie keine). Falsch wäre
hingegen die Überzeugung, dass der Mensch auf eine einzigartige, weil
vom Evolutionsprozess emanzipierte Art und Weise einzigartig sei.
Dafür gibt es weder empirische Hinweise, noch eine gesicherte, theo-
logie- und teleologiefreie Theorie, die diesen angeblichen Sonderweg
erklären könnte. Nach allem, was wir heute wissen, sind auch Menschen reines Produkt des evolutionären Geschehens und deshalb trotz
ihrer phänomenologischen Einzigartigkeit genau dasselbe, was biologisch betrachtet alle anderen phänomenologisch einzigartigen Kreaturen

neben ihnen auch sind: Exekutoren biologischer Programme. Diese Programme sind so alt wie das Leben. Sie wurden von ihren Anfängen an evolutionär getestet und verändert und sind deshalb unter dem gestalterischen Einfluss der Darwinischen Prinzipien komplexer geworden. Sie verarbeiten als menschliche Gene mehr Information, als bei anderen Arten und konstruieren ein Gehirn, das seinerseits eine nicht zu überblickende Vielzahl von Programmen bereithält, was wiederum die Konstruktion symbolischer Welten ermöglicht. Die biologischen Programme erfordern den Input spezifischer lokaler Information, damit etwa Sprache und Moral entstehen können, und sie regeln die Entwicklung eines Verstandes, der sich anschickt, die Bedingungen seiner eigenen Existenz zu studieren – das alles ändert aber nichts an der Tatsache des Programmgesteuertseins aller biologischen Prozesse, einschließlich des Denkens, Empfindens und Handelns. Metaphorisch gesprochen, verfolgen diese Programme nur einen einzigen Zweck, nämlich ihren eigenen Erhalt. Die Programme des Menschen bilden hier keine Ausnahme. Dies ergibt sich unentrinnbar aus der Wirkweise der natürlichen Selektion. Kein Programm, das sich aus welchen Gründen auch immer selektiv nicht bewährt hat, also seine eigene erfolgreiche Replikation nicht bewerkstelligen konnte, steckt in unserem Genom. In keinem von uns.

Diese Feststellung mag man als banal und deshalb uninteressant abtun. Sie ist es aber dann nicht, wenn man bedenkt, dass der Mensch, gerade weil er kein Sonderfall, sondern ein „darwinisch korrekter Normalfall" ist, wie alle anderen Arten neben ihm zwangsläufig mit den Implikationen des biologischen Evolutionsprozesses behaftet ist. Die Banalität der Antwort ist ihre Herausforderung, denn sie besagt, dass der Mensch konsequent dem biologischen Imperativ ausgesetzt ist. Folglich finden wir „gen-egoistische" Strategie auch in der Moral, Zwecke auch im Unnützen, Determination auch im Kontingenten, Wettbewerb auch durch Kooperation, Diesseitigkeit auch in religiöser Transzendenz, Unbelehrbarkeit trotz Lernfähigkeit – kurz: wir finden biologisch funktionale Angepasstheiten dort, wo wir die Freiheit vermuten.

Was diese Einsicht philosophisch im Schlepptau führt, ist noch nicht in letzter Konsequenz verstanden. Zumindest eine philosophische Perspektive scheint unmittelbar geboten: Die ineffiziente Natur/Kultur-Antinomie, die Kultur zu denken nur zulässt, wo Natur nicht ist und umgekehrt, diese Antinomie, die zu so vielen inzwischen als nicht haltbar erkannten Dualismen geführt hat, wie beispielsweise Anlage versus Umwelt oder Rationalität versus Emotion, sollte dringend

überwunden werden zugunsten der Einsicht, dass sich in den Lebens-
vollzügen des Menschen, einschließlich seiner Traditionen und Kulturen die ihm ureigene Natur zeigt. Jede Anthropologie, jede Erkennt-
nistheorie, jede Ethik, jede Ästhetik und überhaupt jedes philosophische
Unternehmen, das seiner evolutionären Erdung ausweicht, bleibt lückenhaft – geradezu fahrlässig lückenhaft, könnte man sagen, denn
wichtiges Wissen über die Natur des Menschen und die naturgeschichtlichen Bedingungen und Regelhaftigkeiten ihres Funktionierens
liegt vor, zumindest in Ansätzen. Und dieses Wissen lässt mehr als nur
einige der 1111 Antworten auf die Frage, was der Mensch sei, als eher
unwahrscheinlich erscheinen – nämlich jene, die meinen, die Evolutionsgeschichte des Menschen nicht weiter beachten zu müssen.

Zum Menschenbild im Buddhismus

Michael von Brück

„Jeder Mensch ist potentiell Buddha – nutze jede Stunde, denn das menschliche Leben ist einmalig und kostbar." Dies ist die Quintessenz des buddhistischen Menschenbildes. Der Mensch ist weder gut noch böse, er ist entwicklungsfähig. Diese Fähigkeit zu unterstützen, ist die Aufgabe der Gemeinschaft der Menschen. Hier ist der spirituelle Freund (*kalyānamitra*) ein hohes Ideal, das der Buddhist individuell und in der Gruppe (*saṃgha*) zu verwirklichen trachtet. Es geht um Praxis: Lebenspraxis, die individuell auf Grund von Einsicht zu gestalten ist.

Das buddhistische Menschenbild setzt einerseits im Rahmen des Glaubens an die Wiedergeburt auf Kontinuität und eine lange Dauer der Vervollkommnung der jetzt noch unvollkommenen (und darum leidenden) Lebewesen; der Buddhismus legt angesichts der Komplexität des Kreislauf der Geburten größten Wert auf die Feststellung, dass die Wiedergeburt als Mensch selten und darum kostbar ist. Denn nur der Mensch hat unter allen anderen Lebewesen den Intellekt und die Freiheit, sich für die Praxis der geistigen Vervollkommnung zu entscheiden und den betreffenden Übungsweg zu gehen. Diese Vervollkommnung ist notwendig, weil der Mensch unter einer grundlegenden Verblendung leidet, die alles Leiden (*duḥkha*) verursacht, obwohl jedes Lebewesen nach Glück strebt und Leiden zu vermeiden trachtet. Dabei ist Leiden nicht das Gegenteil von Vergnügen, sondern auch das (zeitweilige) Vergnügen ist leidvoll, weil es nie erfüllt wird und vergeht. *Duḥkha* – der Begriff ist wohl besser mit Frustration zu übersetzen – ist vielmehr der Zustand des Bewusstseins, in dem der Mensch in dem Wahn befangen ist, ein unabhängiges Ich zu sein, das sich durch Gier ständig bestätigen und stabilisieren möchte, wobei die Gier nach materiellen Gütern, nach geistigen Impressionen, nach sinnlichen Erfahrungen usw. in gleicher Weise gemeint ist. Frustration deshalb, weil diese Gier nie befriedigt werden kann, da alles impermanent (*anitya*) ist und jeder Zustand vergeht. Auch das scheinbar Vergnügliche ist demzufolge *duḥkha*, und die Befreiung aus diesem Wahn ist nur durch eine grundlegende Einsicht möglich, die durch Analyse und Meditation möglich werden soll.

Der Mensch ist mithin ein Wesen, das von allen anderen fühlenden Wesen nicht grundsätzlich getrennt ist, er ist ein Aspekt der Entfaltungsgeschichte des Universums. Das Besondere an der menschlichen Existenz ist allerdings, dass hier Freiheit möglich wird, die Gesetzmäßigkeiten der Welt einzusehen und damit frei zu werden von leidverursachenden Bindungen.

Der Buddhismus ist anspruchsvoll. Er beschreibt den Menschen als in Entwicklung begriffen, weiß aber auch, dass nur wenige den Weg bewusst gehen. Doch die Zeiterfahrung ist relativ, und in den ungeheuren Zeiträumen der Geschichte der Welt kommt irgendwann jedes Lebewesen zu selbstbewusster Freiheit. Bis dahin ist die Lebenssituation leidvoll, sie kann durch liebende Güte (*maitrī*) und heilende Hinwendung zu allen Lebewesen (*karuṇā*) allerdings so gestaltet werden, dass sie nicht nur erträglich ist, sondern jede Situation zur Übung des Weges wird. Grundsätzlich also ist das ein optimistisches Menschenbild, ganz im Gegensatz zu Schopenhauers Lesart des Buddhismus und vieler seiner Adepten, die den Buddhismus als nihilistisch (miss)verstanden – und ihn deswegen priesen oder verdammten, je nach eigener Projektionslage.

Der Mensch gestaltet sich durch eigene Gestaltung, und seine Gestaltungen wiederum prägen sich aus als temporärer Charakter, der freilich ständig in Veränderung begriffen ist. Das ist das Gesetz des *karman*, die Einsicht in reziproke Kausalität, die auch im moralischen Bereich gilt. Den *dharma* zu erkennen und zu praktizieren, das ist das Ziel des Menschen, und der *dharma* ist nichts anderes als die grundlegende Struktur und die komplexe Realität der Wirkungsmuster des Universums, die im makro-, meso- und mikrokosmischen Bereich in je spezifischer Weise gelten.

Das buddhistische Menschenbild ist also von zwei Grundvoraussetzungen geprägt: Einerseits ist der Mensch Teil der Evolution und in wechselseitiger Abhängigkeit mit allen anderen Erscheinungen des Universums verbunden. Andererseits ist der Mensch einmalig und das menschliche Leben von besonderem Gewicht.

Der Buddhismus nimmt keine erste Ursache der Welt an, sondern spricht von einem Kontinuum, in dem alles in gegenseitiger Abhängigkeit entsteht und vergeht. In Bezug auf das Lebenskontinuum des

Menschen gilt: Das geistig-körperliche Kontinuum wird 1. von der Unwissenheit (*avidyā*) bestimmt, die ein autonomes Subjektzentrum bzw. Ich wahrzunehmen glaubt. Dies führt 2. zu karmischen Bildungen (*saṃskārakarma*), weil jeder geistige Impuls (völlig unabhängig davon, ob er fehlerhaft ist), Wirkungen hat und „Einprägungen" schafft, das heißt es entstehen Motivationen für Handlungen, die 3. einen spezifischen Bewusstseinszustand (*vijñāna*) erzeugen.

Aus diesen drei Aspekten ergeben sich die Existenzbedingungen für die materielle Manifestation derselben, das heisst für die Geburt als Mensch im Lebenskreislauf, so dass sich 4. ein Zusammenwirken der *skandhas* (*nāmarūpa*) ereignet. Der Embryo entwickelt 5. die sechs Sinneskräfte (*ṣaḍāyatana*: Sehen, Hören, Riechen, Schmecken, Tasten, Denken). Wenn diese Sinneskräfte unter dem Antrieb von Bewußtseinsenergie mit Objekten zusammentreffen, ergibt sich 6. eine Berührung (*sparśa*), die als angenehm, unangenehm oder neutral empfunden werden kann. Diese bewertende Qualität schlägt sich 7. als entsprechendes Gefühl (*vedanā*) nieder. 8. Darauf reagiert der Mensch mit Anhaften (*tṛṣṇā*), das angenehmen Gefühlen Dauer verleihen und unangenehme Empfindungen abschütteln möchte. Dieses Anhaften steigert sich 9. zum begehrenden Ergreifen (*upādāna*), das sich auf vierfache Weise auswirkt:

a) als das unstillbare Verlangen nach Lustgewinn durch angenehme Formen, Klänge, Düfte, Geschmäcker und berührbare Objekte;
b) als das Sich-Ausrichten auf (irrtümliche) Vorstellungen, die dem Ich unabhängige Existenz und Macht vorspiegeln;
c) als das Verlangen nach Haltungen und Verhaltensweisen, die dem eingebildeten Existenz- und Machtanspruch des Ich Ausdruck verleihen und diesen Anspruch stärken;
d) als das Verlangen nach „Ich" und „Mein", das nun vollständig alle Bewusstseinsimpulse begleitet und bestimmt.

10. Werden (*bhava*) ist Resultat des zweiten Gliedes (*saṃskārakarma*) und aller seiner Konsequenzen, die in den Gliedern drei bis neun benannt sind. 11. Geburt (*jāti*) sowie 12. Altern und Tod (*jarāmaraṇa*) schließen den Kreislauf, der nun wieder von vorn beginnt.

Diese Kette beschreibt ein wechselseitiges Sich-Bedingen: Jede Erscheinung ist Bedingung der anderen, und alle Erscheinungen der Wirklichkeit sind wechselseitig voneinander abhängig. Einsicht in diese Struktur ist Voraussetzung für die Befreiung aus dem Gefangensein in ihr. Denn im Bewusstsein entstehen die karmischen Bildekräfte, die sich auf dem Weg zur Befreiung entweder förderlich oder hinderlich auswirken können. Freilich ist der Zusammenhang der einzelnen „Glieder" unterschiedlich gedeutet worden, und auch die Reihenfolge der einzelnen Aspekte ist in der Pāli-Literatur nicht einheitlich.

Der Buddha erklärt, dass das *nirvāṇa* das Ende aller bedingten Bewusstseinszustände ist und damit das Ende von *duḥkha*. Das *nirvāṇa* ist folglich nicht-bedingt (*asaṃskṛta*), es ist höchstes Glück (*paramasukha*), insofern es frei von Geburt, Krankheit, Alter und Tod ist.[1] In ihm gibt es keine unterscheidenden Empfindungen. Demzufolge kann es nicht versprachlicht werden, weil Sprache an unterscheidende Abgrenzungen und somit bedingte Begriffskonstruktionen gebunden ist. Man kann darum nur sagen, was das *nirvāṇa* nicht ist, nicht aber beschreiben, *was es ist*, und wer das *nirvāṇa* erreicht hat, denkt nicht darüber nach, denn er ist allen Dualitäten entzogen.[2] *Dass* es ist, ist gleichwohl die Voraussetzung für den ganzen analytischen Ansatz des Buddhismus. Dieser Sachverhalt ist gemeint mit den berühmten Sätzen aus Udāna und Itivuttaka, wo *nirvāṇa* als *āyatana* (Grundlage, Bereich, heilige Stätte) bezeichnet wird, womit nicht eine räumlich vorgestellte Größe, sondern eher ein Bewusstseinszustand bzw. -bereich gemeint ist:[3]

> Es gibt ein Nicht-Geborenes, Nicht-Entstandenes, Nicht-Geschaffenes, Nicht-Bedingtes. Gäbe es kein Nicht-Geborenes, so gäbe es keine Befreiung für das, was geboren, entstanden, geschaffen, bedingt ist.

Das bisher Gesagte wird im Lebensrad (*bhavacakra*) bildlich dargestellt, wie wir es von zahlreichen tibetischen Thangka-Malereien kennen. Dieses Lebensrad soll im Eingangsbereich eines jeden buddhistischen Klosters angebracht werden:

In der Nabe des Rades drehen sich Hahn, Schlange und Schwein, ineinander verknotet, als die Symbole für Begierde, Hass und Unwissenheit, die das Rad des *saṃsāra* am Laufen halten. Um dieses Zentrum befindet sich ein Ring mit einer aufstrebenden und abstrebenden Bewegung: der Weg in die besseren Wiedergeburten führt über das mönchische Dasein; der Weg in die drei üblen Bereiche (Tierwelt, Hungergeister, Höllen) ist die Folge eines Lebens, das dem *dharma* nicht

---

1   Māgandiya Sutta MN 75, 19 (I, 508).
2   Mūlapariyāya Sutta MN 1, 27–194 (I, 4–6).
3   Udāna 8, 1–4, vgl. Itivuttaka 37 u. a.

entspricht. Sodann werden in sechs Segmenten (*gati*) in drastischen Bildern diese drei guten (*sugati*) und die drei üblen (*durgati*) Wiedergeburtsbereiche des *kāmaloka*, also der unteren Welt im System der drei buddhistischen Welten (*kāmaloka, rūpaloka, arūpaloka*), dargestellt, nämlich:

1. der Bereich der Götter (*deva*), die in sinnlicher Freude leben, aber zeitlich begrenzt und darum leidvoll ihr entsprechendes *karman* ausleben,
2. der Bereich der Dämonen (*asura*), die aus lauter Gier eifersüchtig sind und kämpfend den *devas* ihr Glück streitig machen wollen,
3. der Bereich der Menschen (*manuṣya*), in dem die Entscheidungsfreiheit zur Praxis des *dharma* herrscht,
4. der Bereich der Tiere (*tiryañc*), der beklagenswert ist, weil die Tiere unter großer Knechtschaft leiden,
5. der Bereich der Hungergeister (*preta*), die an einem extrem kleinen Schlund und einem übermäßig großen Bauch leiden, so dass ihre Gier nie gestillt wird,
6. der Bereich der Höllenwesen (*naraka*), die unter schrecklichen Qualen ihr *karman* ausleben müssen, bis es ausgeglichen ist und sie in besseren Bereichen wiedergeboren werden.

Bezeichnenderweise befindet sich in jedem Bereich ein predigender Buddha. Damit wird sinnfällig dargestellt, dass der *dharma* überall wirkt und die Wesen nirgends völlig verloren sind.

Der Radkranz des *bhavacakra* besteht aus zwölf Feldern, die symbolisch die *nidāna*-Kette, also die wechselseitige Abhängigkeit der Erscheinungen darstellen, und zwar so, dass die Bilder vorwärts und rückwärts gelesen werden können, weil es sich um hochkomplexe reziproke Kausalitätsverhältnisse handelt: Die Unwissenheit (*avidyā*) wird durch eine blinde Frau symbolisiert; die karmischen Bildekräfte (*saṃskāras*) sind ein Töpfer, der ein Gefäß aus Ton formt; das Bewusstsein (*vijñāna*), das Denken (*manas*) und Sinnesbewusstseine umfasst, wird als umherspringender Affe versinnbildlicht; Name und Form (*nāmarūpa*) erscheinen als Boot, das einen Fluß überquert; die sechs Sinne (*ṣaḍāyatana*) sind ein Haus mit Fenstern; die Berührung (*sparśa*) erscheint als Umarmung eines Liebespaares; die Empfindung (*vedanā*) ist ein Pfeil, der in das Auge eindringt; die Begierde (*tṛṣṇā*) erscheint als ein Mensch, der den Durst zu stillen versucht; das Ergreifen (*upādāna*) ist das Pflücken einer Frucht vom Baum; das Werden (*bhava*) wird durch eine

Schwangere symbolisiert; Geburt (*jāti*) wird mit einer Gebärenden versinnbildlicht; Alter und Tod (*jarāmaraṇa*) schließlich sind ein Alter am Krückstock und/oder ein Leichnam.

Das Rad wird vom Herrn der Vergänglichkeit (*anityatā*), von *Mahākāla*, dem Inbegriff der Zeit und des Vergehens-Entstehens umklammert. Oben rechts und links befinden sich ein predigender Bodhisattva und ein meditierender Buddha, die den Weg zum *nirvāṇa* zeigen, ergänzt durch die entsprechende Sonnen- und Mondsymbolik.

Nur in der Geburt als Mensch besitzen die Lebewesen Freiheit, um die Strukturen des Kreislaufs, seine Bedingungen und die Möglichkeit zur Überwindung zu erkennen. Der Buddha hat den Wirkungsmechanismus der drei grundlegenden leidhaften Bewusstseinsverunreinigungen (*kleśa*) – nämlich Unwissenheit (*moha* bzw. *avidyā*), Gier (*rāga* bzw. *lobha*) und Hass (*dveṣa*) – analysiert und den Weg zur Vollkommenheit gezeigt, aber jeder Mensch muss in Eigenverantwortung sein Bewusstsein selbst reinigen. Dem Buddha geht es einzig und allein darum, den Weg zur Überwindung des Leidens zu lehren. Nur zu diesem Zweck fragt er auch nach der Ursache des Leidens, nicht aber um eine metaphysische Antwort zu geben. Das Leiden ist demnach verursacht durch die Einbildung eines in sich existierenden Ich. Weil dieses Ich eine Illusion (*avidyā* bzw. *moha*) ist, die nur durch ständige Selbst-Stabilisierung aufrechterhalten werden kann, entsteht ein unablässiges Begehren (*tṛṣṇā* bzw. *rāga*) und Anhaften, das diese Illusion eines stabilen Ich kurzzeitig aufrecht erhält. Das Ich schafft sich also gleichsam selbst eine (Schein)Existenz, indem es Dinge und Vorstellungen begehrend auf sich bezieht und daran anhaftet. Weil aber alle Dinge in Veränderung begriffen sind (*anitya*), gelingt diese Stabilisierung nicht wirklich. Dadurch wird das (eingebildete) Ich bedroht und reagiert wegen des frustrierten Begehrens mit Hass (*dveṣa*) gegenüber den Dingen oder Personen, die es nicht besitzen kann. Die Dinge und Personen werden demzufolge nicht als das wahrgenommen, was sie sind, sondern unter der egozentrischen Projektion des Begehrens bzw. des Hasses. Überwindung des Leidens bedeutet deshalb, diese falsche Wahrnehmung des Ich zu überwinden. Die Überwindung des Leidens muss jetzt, in der Gegenwart, beginnen, weshalb die spekulativen Fragen nach seinem Ursprung und nach zukünftigen Existenzen müßig sind. Man kann zwar die Ursache des gegenwärtigen Leidens im früheren *karman* finden, das heißt in den Handlungen, die in einem vergangenen Leben begangen wurden. Aber letztlich erklärt auch *karman* den ersten Ursprung des Leidens nicht, denn woher würde das erste karmische Anhaften kommen? *Karman* und *saṃsāra* selbst *sind* Leiden. Aus diesem Grund vermeidet der Buddha einen *regressus ad infinitum* bei der Frage nach der letzten Ursache und sagt einfach: Weil es Begehren gibt, gibt es Leiden. Beide entstehen in gegenseitiger Abhängigkeit gleichzeitig. Die Einzelheiten vergangener Ursachen sind weniger von Belang, und die Tatsache, dass alle Wesen leiden, genügt zur Diagnose.

Wenn das Bewusstsein völlig gereinigt ist von den genannten leidverursachenden Emotionen, ist das ich-hafte Begehren überwunden, die vollkommene Freiheit von Projektion und damit das *nirvāṇa* erreicht. Das ist das Ziel des menschlichen Lebens, und zwar hier und jetzt. Dabei spielt die Gemeinschaft derer, die sich dieser Praxis unterziehen (*saṃgha*), eine wichtige Rolle. Dass ein Mensch für sich selbst das Heilsziel erreichen kann, ist die Ausnahme. Es bedarf vielmehr der Überlieferung der Texte, der Lehrtradition, der unablässigen Meditation und auch der Kunst sowie eines förderlichen politischen Gemeinwesens, kurz der Kultur, um die Selbstvervollkommnung des Menschen zu ermöglichen.

Von der Ambivalenz des Naturphänomens Bewusstsein als Möglichkeit und Gefängnis

GÜNTER WAHLEFELD

Der Mensch ist eine erdgeschichtlich neuartige Erscheinung, in seinen Auswirkungen mit nichts vergleichbar, was vor ihm in das Tageslicht einer zeitweiligen planetaren Existenz gestellt war. Niemals hat etwas, das aus der Natur heraus durch einen blinden und richtungslosen, permanenten Prozess von Angebot und Auswahl entstand, je auf das Ganze dieser Natur in einer Weise rückgewirkt, dass damit der Prozess selbst zum Gegenstand einer Manipulation hätte werden können. Anders als alle Lebewesen vor ihm vermag es der Mensch, seine Erfahrungen zu kumulieren und sie in dem komprimierten Format mehr oder weniger allgemeiner, mehr oder weniger konsistenter Theorien zu erfassen, aus denen er das im Anwendungsfall benötigte Wissen jederzeit ableitet. Er gibt dieses angesammelte Wissen mitsamt dem Wissen, es anzuwenden von Generation zu Generation weiter. Der Einzelne mag kaum etwas verstehen, kaum etwas vermögen, kaum etwas beitragen, die Menschheit als Ganze aber erscheint viel wissend, viel vermögend und rasend in ihrer Entwicklung. Sie wird die Bedingungen der Natur weitestgehend aufheben – auch die, denen der Mensch als Gattung seine eigene Existenz verdankt. Hinter den Schablonen seiner eigenen Weltentwürfe entfernt sich die Natur Zug um Zug und verwahrt sich nur noch als letzte Deckung seiner Existenz und seines Wissens. Doch die Regeln ihres Spiels bleiben gültig, ungeachtet seiner Kenntnis oder Unkenntnis.

Die Gabe, die ihm diesen Sonderstatus verlieh, ist das, was er selbst „Bewusstsein" nennt. In jedem einzelnen Menschen verdoppelt sich die ihn umgebende Welt und entwirft sich in ihm in die nähere und fernere Zukunft. Die Einzigartigkeit seiner Zukunftsbeziehung zwingt ihn zum konsistenten Umgang mit den Einzelheiten seiner Wahrnehmung und eröffnet ihm so das Spielfeld der Objektivität, mit welcher er sich die wahrgenommene Welt anverwandelt. Doch so, wie sie ihm dieses Fenster zur Welt hin öffnet, ihm Verstehen verheißt, verschließt sie ihm gleichzeitig eine Kenntnis des Bewusstseins selbst. Er ist ein Gefangener seines Bewusstseins, dem von der Weise seines Gefangenseins nicht das Gefangensein sondern die Freiheit suggeriert wird. Schon ist er im Begriff, den Blick aus der Zelle, aus der heraus er die Welt betrachtet, auf das Innere der Zelle selbst zu richten und es ist nicht absehbar, welche weiteren Veränderungen dadurch ermöglicht oder gar erzwungen werden. Einstweilen ist der Mensch das Wesen mit der ständig tätigen, inneren Vorstellungs- und Probebühne, auf der er den allernächsten Lebensmoment ebenso wie das Drama seiner ganzen Lebensspanne simulieren kann. Dort ordnen sich seine Lebensentwürfe bis auf ihren, durch die Wirklichkeit erzwungenen Widerruf. So bleibt er seinem kalkulierenden Zweckdenken ein Leben lang unterworfen. Einzig der Einfluss des stets anwesenden und unentrinnbar kommenden Todes dispensiert ihn mit den Jahren durch seine wachsende Nähe zunehmend von den ehrgeizigeren seiner Bemühungen.

Die Probebühne befreit den Menschen bereichsweise von den naturwüchsigen Bedingungen seiner Existenz, aber sie entfremdet ihn auch von ihnen. Vielfältig sind die Ambivalenzen und Gefahren, die sich daraus ergeben. Er kann sich frei auf dem Spielfeld der Phantasie bewegen, das ihm Tagträume und schmeichelnde Illusionen, aber auch Schöpfungen jeglicher Art ermöglicht. Die Bühne ist eines jeden Menschen eigener Besitz, sie kann sein Fluchtpunkt sein, sein Refugium, dessen Zutritt nur ihm allein gehört. Aber dort nutzt er auch die Kenntnis der Natur, um deren Regularitäten und Gesetze für seine eigenen Zwecke dienlich zu machen. In dieser Ablösung von der Natur vergisst er, dass es Natur ist, die ihn macht und die sich zumindest als Bedürftigkeit in sein eigenes Tun eingeschrieben hat. In seiner Naturvergessenheit lauert die Gefahr, die eigenen Möglichkeiten als nur durch die äußere Natur begrenzt wahrzunehmen und eben nicht auch dadurch, dass er selbst Natur ist. Er ahnt die bodenlose Tiefe, auf der alles gründet, ahnt die Weiten, die sein Bewusstsein nicht fassen kann. In allen Kulturen hat er Methoden entwickelt – institutionalisiert oder wild – das Geschirr seines Bewusstseins zeitweise abzuschütteln, dessen vorgegebenen Verstehenshorizont zu überschreiten und gegen dessen Gehäuse anzurennen. Drogen, Religion und Denken kommen aus der intuitiven Überzeugung einer unechten Endlichkeit. Rausch und Ekstase, Hingabe und Versenkung konterkarieren seine endlichen Welt- und Lebensentwürfe, die zwar ebenfalls seinem Drang nach der Überwindung des Gegebenen geschuldet sind, die ihn aber immer wieder erneut einsperren in ein System an Vorgaben. Seine rationale Attitüde wird durch die irrationalen Verbindlichkeiten seiner Bedürftigkeit

präformiert, gebahnt oder unterlaufen. Er kennt sich selbst nicht und er
weiß, dass er die Welt ebenso wenig verstanden hat.

Doch da das Bewusstsein die einzige ihm gegebene Möglichkeit ist,
ist das Einzige, was dem Menschen vor der Unergründlichkeit seiner
selbst und der Welt Halt geben, ihn zügeln und seine Gefährlichkeit
bändigen kann, wiederum er selbst. Er rechnet es zu den größten
Leistungen der Kultur, in der er jeweils lebt, ein System der Selbst-
kontrolle entworfen zu haben, das ihn zwingt, den Umgang mit der
Gabe des Bewusstseins einzuüben. Doch diese Lehre ist mühsam,
langwierig, voller Umwege und voller Enttäuschungen. Ehe er ein Maß
an Willensstärke und Charakterfestigkeit, Verstand und Vernunft,
Vorsicht und Vorbedacht, sozialer Kompetenz und Altruismus erreicht
hat, mit welchem er seinem persönlichen Leben eine nachhaltige
Struktur zu stiften in der Lage ist, überschreitet er fast den Zenit seines
produktiven Lebens. Und bei allen von ihm geforderten Überwin-
dungen bleiben irrationale Reste, die ihn immer wieder in paradoxe
Stellungen hineintreiben. So mag er glauben, dass es überall und immer
mit rechten Dingen zugehe – ob er sie Natur oder Gott heiße – und
dennoch empfänglich bleiben für den Egoismus von Horoskopen. Er
mag an die Dauerhaftigkeit seines Lebensentwurfs glauben und sieht
sich doch vor die unerträgliche Langeweile seiner angenommenen
Befindlichkeiten gestellt. Er mag an sich die Möglichkeit zur Selbstbestimmung durch Freiheit der eigenen Willensentscheidung empfinden, aber sein Weltbild bleibt den Paradigmen von kreisenden Planeten
verhaftet, deren Bahn vorbestimmt ist. Er betrachtet die Welt permanent aus unterschiedlichen Blickwinkeln, nimmt permanent neue Perspektiven ein, ohne dass ihm deren Relativität dadurch bereits augenfällig würde. Er lebt in dem naturhaften Zwang zur Konsistenz seines
Denkens und er sucht nach dem zwanglosen Zwang des besseren Ar-
gumentes, um sich dennoch ständig in Widersprüchen verstrickt zu
finden. Er verachtet vielleicht den Zwang der Gemeinschaft, um sich
ihr im nächsten Augenblick vollkommen hinzugeben.

Tatsächlich ist sein Wissen schwach und die Möglichkeiten seines
Wachstums bei jedem einzelnen gehemmt. All sein Wissen ist sozial
vermittelt und beruht zum allergrößten Teil auf einem Vertrauen auf
das innerhalb seines Kulturkreises kursierende Weltbild. Überall um ihn
her und in ihm ist immer schon Gemeinschaft, auch bei denen, die die
Gesellschaft zu meiden meinen. Der Mensch ist ein geselliges und ge-
schwätziges Wesen, ein Wesen, dessen Befindlichkeit ihm von der
Übereinstimmung mit der Gruppe vermittelt wird. Die Gruppe – sei es

ein Verein, eine Partei, eine Nation oder eine Religion – kann die Verübung größter Grausamkeiten von ihm verlangen: Sofern sie ihm diese auch nur implizit gutheißt, ist er erlöst. Seine Willfährigkeit lindert seine Einsamkeit, die grauenhafter und angsterfüllter ist als alle mögliche Gewissensqual. Das soziale Gefüge ist seine eigentliche, seine nahezu ausschließliche Umwelt. Sie hat die äußere Natur abgelöst und sie versorgt ihn, ebenso wie sie ihn bedroht. Er hat bereits seit frühester Kindheit ihre Regeln zu den seinen gemacht, Regeln die einen Gehorsam verlangen, der ihm so selbstverständlich erscheint als wäre er von der Natur selbst verfügt. Akribisch kommt er ihnen, deren Gültigkeit sich bis in die feinsten Verästelungen seiner täglichen Pflichten erstrecken, nach. Auch seine Vorlieben sind Abbild seines Gehorsams. Die Art der Kleidung, der Speisen, der Weise zu wohnen, Umgangsformen, Sprache, Humor – alles gehorcht der Forderung nach bestmöglicher Einordnung in die Gesellschaft. Ein entfremdetes Spiel um feine Unterschiede in einem möglichen Zusammenhang permanenter Verblendung.

Seit je rechnen es seine Kulturen zu ihren Hauptleistungen, die Regelung des Lebens in der sozialen Sphäre in eine allumfassende Welterklärung eingebunden zu haben. Aber ungezählt die Verträge der Vorzeit, ihre Vernunft und ihr Unsinn, ungezählt die Kurskorrekturen, Neugründungen oder Wiedervereinigungen – der Engel der Geschichte überblickt die Relikte nicht mehr, findet aber in allen Vertragsrunden sich ähnelnde Strukturen der Kompensation, des Dispenses und des Einverstandenseins. Die Frage, was der Mensch sei, lässt sich nicht beantworten, da sie das Potential seiner Veränderungsfähigkeit unterschlägt – nur die Unerträglichkeit seiner höchsten Gabe scheint ihm gewiss. Religionen lassen sich nicht ausdenken. Sie kommen aus mystischen Erfahrungen, die den Weg an das Licht des endlichen Bewusstseins finden, das immer ein Produkt seiner Umstände, seiner Zeit ist. Jetzt wächst die Menschheit zusammen – wird dieser Prozess, so klug, so diplomatisch, so vernünftig er auch vollzogen werde, eine neue Beziehung zum Unnennbaren erzwingen? „Our problems are manmade" – auch diejenigen, möchte man ergänzen, die nicht genannt werden können, diejenigen von denen noch niemand weiß.

Es bleibt dabei: In jedem Bruchteil einer Sekunde bleibt er hineingetaucht in das blinde aber produktive Spiel von Angebot und Auswahl, wonach alles, was existiert, die Bedingungen erfüllt, die ihm das Ganze stellt, das Ganze, dessen Teil er ist. Diesem Spiel bleibt er in intimster Weise verhaftet, vom chemischen Verhalten der Moleküle seines eigenen Stoffwechsels bis zu den Sätzen der Mathematik, von seinen derbsten leiblichen Bedürfnissen bis zu den feinsten ästhetischen Vorlieben, in seinem Magen wie in seinem Gehirn. Er bleibt in einem Höchstmaß ephemer und gefährdet, ganz und gar unmöglich als bloßer Zufall und doch auf nichts als Zufall gegründet. Seine Biologie ist ein Balanceakt auf einem schwindelnden Grat ins Extrem getriebener, aufeinander verweisender, ungezählter sich überschichtender Formbildungen, ständig der Gefahr des Sich-nicht-Findens und des Absturzes, der Gefahr der Auflösung, des Verrauschens ausgesetzt, mit keiner sicheren Aussicht außer der des eigenen Todes.

Doch vorderhand bedrohen ihn vor allem die Naturkatastrophen seiner eigenen Gesellschaft. In dem Versuch, Krieg, Verarmung und Unsitte zu bannen, treibt er sich und treibt er die Welt an, treibt er sich in die von ihm entworfene Welt und treibt sich über sie hinaus in Bereiche, die ihm kaum je Heimat, und gar keine Gewissheit verheißen können. Angst wäre verständlich, doch er vertraut. Dieses Vertrauen kennzeichnet den Menschen mehr als alles Bedürfnis nach Sicherheit. Es schirmt seine Bewegungen, es bleibt sein Geheimnis.

Es bleibt bei dem Fragezeichen

Kristiane Weber-Hassemer

Ich kann die Frage positiv nicht beantworten. Für mich bleibt es vorerst bei dem Fragezeichen. Zur Frage, was ist der Mensch, könnte jedenfalls gehören: Wer ist der Mensch? Ich beschränke mich auf das Gebiet der Biowissenschaften. Mir geht es hier um den Begriff der *Identität* und seine Verwendung.

Er ist ein schillerndes Konstrukt und kann deshalb als Blaupause je nach Kontext ergebnisoffen als Problemaspekt einem schwierigen Abwägungsprozess unterlegt werden, er markiert aber auch strategisch eine Grenzlinie, um eine ethische Position abzusichern.

Die Diskussion zu neuromedizinischen Eingriffen, aber auch zum Neuroenhancement, verweist auf die erstere Variante der Begriffsverwendung (hierzu unter 1.), im Streit um den Status des Embryo in der Stammzellforschung (unter 2.) und um die Verbindlichkeit von Patientenverfügungen (unter 3.) fungiert der Begriff dagegen als Grenzmarkierung.

1. Neuromedizin und Neuroenhancement

Bei der Tiefenstimulation des Gehirns und bei dem Einsatz von Implantaten in das Gehirn eines Patienten kann es zu Persönlichkeitsveränderungen kommen, die objektiv erkennbar und/oder subjektiv als gravierend erlebt werden. Mit der Einnahme von nicht medizinisch indizierten Neuropharmaka können emotionale und intellektuelle Erfahrungen gewonnen werden, die ein verändertes Ich-Bewusstsein provozieren. In all diesen Konstellationen geht es um die Frage nach der Gefährdung von Identität, ohne dass damit eine Klärung des Begriffes einhergeht. Sowohl in der medizinischen und bioethischen als auch der gesellschaftlichen Debatte werden in einem offenen Diskurs Chancen und Risiken gegeneinander abgewogen in dem Bewusstsein, dass eindeutige Grenzen a priori nicht auszumachen sind. Es geht vielmehr um medizinische und ethische Lernprozesse bzw. um Auswirkungen im gesellschaftlichen Zusammenhalt.

2. Der Status des Embryos in der Stammzellforschung

Früher war es nach dem Sprachgebrauch und in der unbefangenen Anschauung doch recht einfach, den Menschen zu identifizieren: Es war der geborene Mensch. Vor der Geburt gab es die Leibesfrucht oder medizinisch ausgedrückt den Fötus oder Embryo. In den Beratungen zum Grundgesetz wurden zwar Aspekte des Lebensschutzes des Embryos diskutiert, dann aber offengelassen; ob der Embryo als Mensch zu betrachten sei und deshalb am Schutzbereich der Menschenwürde teilhabe, wurde überhaupt nicht in den Blick genommen. Das war aber auch kein drängendes Problem: Die Würde des geborenen Menschen musste nach den Erfahrungen der vorangegangen Jahre geschützt werden, die Leibesfrucht hatte durch das Strafrecht hinreichenden Schutz.

Im Zuge der umwälzenden biomedizinischen Erkenntnisse und Eingriffsmöglichkeiten genügten diese einfachen Unterscheidungen nicht mehr. Künstliche Befruchtung, die Gewinnung von Stammzellen aus Embryonen, die Reprogrammierung von adulten Zellen zu weiblichen Eizellen, die Erzeugung von Klonen oder von humanoiden Hybriden usw. lassen – auch wenn vieles bisher hypothetisch ist – die Fragen nach der Identität des Menschen in einem neuen Licht erscheinen. Auf der Suche nach einem Kanon des ethisch Zulässigen in diesem Forschungsfeld hat man durch die Trias von Kontinuitäts-, Identitäts- und Potentialitätsargument versucht, das Menschsein auf die frühesten Formen des artspezifischen menschlichen Lebens zurückzuführen. Speziell das Identitätsargument stellt darauf ab, dass der Mensch mit seinem frühesten genetischen Programm nach der sogenannten Verschmelzung von Ei- und Samenzelle identisch und deshalb der Rückbezug zwingend ist. Es ist unschwer zu erkennen, dass hier der Begriff der Identität eine völlig andere Funktion erfüllt; obwohl er biologisch abgeleitet ist, soll er als Teil der Trias eine ethische Grenze markieren: Die Gewinnung von Stammzellen aus dem frühesten menschlichen Leben ist die Zerstörung eines Menschen.

3. Patientenverfügung

Eine ganz andere Konnotation von Identität verwenden manche, die sich für das Identitätsargument in der Stammzellforschung stark machen, für Kranke am Lebensende. Hat ein Mensch in entscheidungsfähigem Zustand in einer Patientenverfügung festgelegt, dass er bei Verlust der geistigen Fähigkeiten etwa bei Demenz oder im Wachkoma nicht mehr medizinisch behandelt werden möchte, so soll ein solcher Wunsch nicht als Ausfluss des Selbstbestimmungsrechts maßgebend sein, denn der Kranke sei nicht mit dem Menschen identisch, der seinerzeit seinen Willen verfügt habe, er sei ein Aliud. In der verständlichen Sorge, der Kranke könne – weil äußerungsunfähig – seinen aktuellen Willen nicht mehr kundtun, wird mit einer nur scheinbar empirischen Kategorie wieder eine Grenze gesetzt, um das ethisch Zulässige gegen Abwägungen bestandsicher zu machen.

Der Begriff der menschlichen Identität scheint danach also keine geeignete Kategorie zu sein, um Orientierung bei der Frage nach dem Menschen bereitzustellen. In einer Welt der atemberaubend schnellen Veränderung des Wissens über menschliches Leben lohnt vielleicht doch die Suche nach anthropologischen Konstanten in der Wahrnehmung der Menschen über die menschliche Natur über die Jahrtausende hinweg in allen Kulturen. Eine unmittelbare Hilfe findet man dadurch nicht, aber vielleicht Anregungen für ein Kontinuum ethischer Orientierung in dem ständigen Wandel der wissenschaftlichen Erkenntnisse, aber auch da habe ich meine Zweifel.

Frischzellentherapie

WOLFGANG WELSCH

1. Früher war, wie man weiß, alles besser. Beispielsweise wusste man sehr genau, was den Menschen ausmacht: Der Mensch ist das *animal rationale*, d. h. er allein verfügt über Vernunft, Sprache, Kultur. Heute ist diese Auffassung hinfällig. Die vermeintlichen Humanspezifika von einst haben sich im Licht neuerer Forschungen als unhaltbar erwiesen. Nicht nur Nobeldispositionen wie Rationalität oder Kultur, auch Negativdispositionen wie Täuschungsverhalten oder Mordlust sind keineswegs humanspezifisch, sondern finden sich längst vor dem Menschen, auch im sonstigen Tierreich.

2. Dennoch weist die Generalfrage dieses Bandes wie nebenher den Weg zu einer noch immer möglichen Antwort: Der Mensch ist just das Wesen, das dergleichen Fragen wie „Was ist der Mensch?" stellt. Kein anderes Lebewesen schwingt sich in die Höhe derartiger Fragestellungen auf (oder verfängt sich in den Fallstricken solch nutzloser Fragerei). Der Mensch ist konstitutiv das fragende Lebewesen, das nach sich und allem anderen fragende Wesen – darin liegt seine Besonderheit.

3. Schön und gut. Aber was ist mit dieser Antwort gewonnen? Sie spricht uns eine emphatische Auszeichnung zu – und krankt doch an ihrer anthropozentrischen Malaise. Lichtenberg schrieb in den *Sudelbüchern*: „Der vollkommenste Affe kann keinen Affen zeichnen, auch das kann nur der Mensch, aber auch nur der Mensch hält dieses zu können für einen Vorzug." Genau so ist auch die Abundanz des Fragens nur in den Augen notorischer Frager ein Vorzug, an sich jedoch bloß die Marotte einer bestimmten Spezies. Freilich kann diese Marotte noch immer zur Kennzeichnung – nur nicht zur Auszeichnung – dieser Spezies taugen.

4. Wie aber lässt sich erklären, dass allein der Mensch zu einem Frage-Notoriker – freundlicher formuliert: zu einem Reflexions-Experten – geworden ist? Ich denke, dass *alle* Fragen (ob ontologischer, epistemischer oder anthropologischer Art) letztlich einer genetischen Antwort

bedürfen. Dass also auch die *conditio humana* – die Verfassung des Menschen als des Reflexionswesens par excellence – erst dann zureichend begriffen ist, wenn man weiß, *wie sie evolutionär zustande gekommen ist.*

5. Die Geschichte war, in ultrakurzem Abriss, die folgende: Nach der Trennung der Schimpansenlinie und der später zum Menschen führenden Linie vor ca. 7 Millionen Jahren tat sich anfänglich (über 4 Millionen Jahre lang) nicht viel. Erst vor gut 2,5 Millionen Jahren setzte eine Entwicklung ein, wo biologische Veränderungen einerseits und erste kulturelle Tätigkeiten andererseits begannen, einander wechselseitig hochzuschaukeln. Im Verlauf dieser protokulturellen Entwicklung entstand das, was man die menschliche ‚Natur' nennt. Beispielsweise bildete sich damals die relative Haarlosigkeit des menschlichen Körpers und in der Folgezeit auch die humanspezifische Gehirnkonfiguration heraus. Beim Menschen überwiegen bekanntlich die Bahnen interner Kommunikation gegenüber denen externer Kommunikation im gigantischen Verhältnis von $10^7 : 1$ – das menschliche Gehirn ist ein Apparat vorwiegend zur Binnenkommunikation, zur Selbstreferenz, zur Reflexion geworden.

Im Verlauf der protokulturellen Periode wurden die kulturellen Anteile immer wichtiger, weil sie – und zunehmend nur noch sie – evolutionäre Vorteile boten. Infolgedessen beschleunigte sich die protokulturelle Dynamik immer mehr, bis es schließlich an ihrem Ende, vor ca. 40000 Jahren, zum Take-off der kulturellen Evolution kam. Der Pfeil der Kultur löste sich von der Sehne der Protokultur.

Fortan war es mit der zuvor, in der protokulturellen Phase, charakteristischen Rückkopplung zwischen kulturellen und genetischen Veränderungen vorbei. Es kennzeichnet die Eigenart der kulturellen Evolution, dass sie sich vom Mechanismus genetischer Evolution abgekoppelt und stattdessen ihre eigenen, spezifisch kulturellen Tradierungsmodi ausgebildet hat (Lernen im weitesten Sinne, kulturelles Gedächtnis etc.).

Die genannten Verhältnisse machen einerseits verständlich, dass die biologische Natur des Menschen heute noch weithin dieselbe ist wie vor 40000 Jahren (sie ist eben mit dem Take-off der kulturellen Evolution auf dem damals erreichten Stand eingefroren worden), wie andererseits so auch deutlich wird, dass das im Verlauf der protokulturellen Periode entstandene Setup des Menschen offenbar gut genug war, um die gesamte nachfolgende kulturelle Evolution tragen zu können. Ins-

besondere die protokulturell erfolgte Gehirnoptimierung hatte die
Menschen für alle Leistungen, derer sie auf dem nachfolgenden Weg der
Kultur bedurften, vorab fit gemacht. (Einstein hat die Relativitäts-
theorie mit einem Steinzeit-Gehirn ersonnen.)

6. Der weitere Weg ist bekannt: Seit dem Beginn der kulturellen
Evolution vor ca. 40000 Jahren wurden Erfindungen nicht mehr peu à
peu gemacht, sondern folgten nun im Eiltempo aufeinander[1]; vor gut
10000 Jahren kam es zur Erfindung von Ackerbau und Viehzucht sowie
zu den ersten Stadtgründungen („neolithische Revolution"); und vor
etwa 6000 Jahren begann schließlich die Entwicklung der Hochkultu-
ren, die bis in unsere Gegenwart reicht.

7. Die Gattung Mensch hat sich also protokulturell herausgebildet. Und
die Art *Homo sapiens* hat von da aus den Weg zur kulturellen Evolution
gefunden. Für die Seinsweise des Menschen, wie wir ihn heute kennen,
waren also insgesamt drei Etappen bzw. zwei Übergänge ausschlagge-
bend. Am Anfang stand das schon in der prähumanen (animalischen)
Evolution akkumulierte und unseren Vorfahren überkommene Start-
kapital, zu dem beispielsweise grundlegende Emotionen sowie beacht-
liche kognitive Leistungen gehörten.[2] Als nächstes bildete sich in der
protokulturellen Periode (grosso modo auf dem Weg von *Homo habilis*
über *Homo erectus* zu *Homo sapiens*) das gattungstypische genetische Setup
heraus, für das insbesondere ein extrem reflexiv organisiertes Gehirn
wichtig ist. Schließlich kam es infolge der zunehmenden Beschleuni-
gung der protokulturellen Entwicklung zum Übergang zur kulturellen
Evolution, die – als dritte Etappe – einen sich selbst tragenden Prozess
darstellt, in dessen Verlauf die Menschen nun (wesentlich auf die Lern-,
Innovations- und Extensionsleistungen ihres Gehirns gestützt) genuin
kulturell geprägte Lebensformen entwickeln.

---

1 Man spricht angesichts der damaligen Explosion der Kreativität von der
   „jungpaläolithischen Revolution"; sie hat zu den ersten Musikinstrumenten
   und Kunstwerken sowie zu einer neuartigen Raffinesse in Werkzeugerfindung
   und Werkzeuggebrauch geführt.
2 Vgl. zum ersteren Charles Darwins wegweisendes Werk *The Expression of the
   Emotions in Man and Animals* von 1872 und zum letzteren Tomasellos Feststellung, „dass das kindliche Verständnis der physischen Welt auf der sicheren
   Grundlage der Primatenkognition beruht." Tomasello, Michael (2002): *Die
   kulturelle Entwicklung des menschlichen Denkens. Zur Evolution der Kognition.*
   Frankfurt am Main: Suhrkamp, 220.

8. Kommen wir auf die Ausgangsdiagnose zurück. Wie sind die klassischen Bestimmungen des Menschen – Rationalität, Sprache, Kultur – im Licht der neueren Forschung zu revidieren? Pauschal gesagt: nicht dem Inhalt, sondern ihrer Form nach. Die klassischen Bestimmungen geben weder, wie man früher gemeint hatte, schlechthin *exklusive* noch eigentlich *essentialistische* Eigenschaften des Menschen an. Vielmehr finden sich jeweils Parallelen bzw. Vorformen im extrahumanen Tierreich; und sie bestimmten auch nicht von Anfang an die Natur von *Homo*, sondern sind zu dessen Charakteristika erst *geworden*, und zwar durch eine in der Geschichte von *Homo* selbst erfolgte, ja von *Homo* betriebene Entwicklung; nämlich erstens durch die protokulturelle Entwicklung, welche die Natur des Menschen heraufgeführt hat, und zweitens, darauf aufbauend, durch den schließlich von *Homo sapiens* vollzogenen Übergang zur kulturellen Evolution und durch deren Auswirkungen auf die Lebensweise der Menschen.

So ist der heutige Mensch ohne Zweifel ein Wesen der Rationalität und Reflexion. Nur ist er nicht das einzige mit dergleichen begabte Lebewesen; und das besondere Ausmaß, in dem sich Rationalität und Reflexion bei uns finden, ist nicht einfach eine Naturgabe, sondern Ergebnis einer Entwicklung: in der protokulturellen Periode sind die neuronalen Grundlagen dafür entstanden, und in der Phase der kulturellen Evolution wurden die damit gegebenen Potenzen immer mehr ausagiert. Ähnliches gilt für die Sprachfähigkeit und die kulturelle Existenzweise: Auch dergleichen findet sich in dieser oder jener Weise schon im Tierreich und ist beim Menschen nur in besonderer Weise weiterentwickelt worden.

9. Eine Anthropologie auf dem Stand des zeitgenössischen Wissens muss die alten Bestimmungen des Menschen also nicht verwerfen, sie muss sie jedoch neu deklinieren. Sie lässt den Exklusivismus und Essentialismus, der ehedem mit den menschlichen Nobelprädikaten verbunden war, hinter sich und vermag erstmals ein genetisches – und damit realistisches – Bild dessen zu zeichnen, wie wir Menschen zu den Wesen geworden sind bzw. uns gemacht haben, die wir sind. Ein solch evolutives Verständnis der *conditio humana* kann zugleich zu einer veränderten Praxis des ‚Humanen' führen.

Der Mensch ist mehr als die Summe seiner Gene

ERNST-LUDWIG WINNACKER

Wahrscheinlich könnte es bei der Antwort auf die Frage „Was ist der Mensch?" bei Goethes Antwort auf diese Frage bleiben, die Eckermann überliefert hat:

> Übrigens ist der Mensch ein dunkles Wesen, er weiß nicht, woher er kommt, noch wohin er geht. Er weiß wenig von der Welt und am wenigsten von sich selber. Ich kenne mich auch nicht, und Gott soll mich auch davor behüten.

Dennoch möchte es die Berlin-Brandenburgische Akademie der Wissenschaften wissen. Meine Antwort ist einfach. Unser Menschsein ist durch zwei Faktoren bestimmt, unser biologisches Erbe und unser kulturelles Erbe, wobei mit Letzterem alle diejenigen Erfahrungen gemeint sind, die im Lauf eines Lebens auf uns einwirken. Man sieht, von reinem biologischen Determinismus halte ich nichts. Für mich ist der Mensch mehr als die Summe seiner Gene.

Das Wissen um unser biologisches Erbe, ohne das es Kultur nicht geben kann, wächst derzeit geradezu explosiv. Im Jahre 2001 wurde nach bald zwei Jahrzehnten der Vorbereitung das Humangenomprojekt abgeschlossen, zu einem Preis von ca. drei Milliarden Dollar, also einem Dollar pro Baustein. Im Mai 2007 teilte die Firma *454 Life Sciences* mit, dass sie das Genom von James Watson, dem Mitentdecker der DNA-Struktur, zu einem Preis von knapp unter einer Million Dollar, also um drei Größenordnungen billiger als noch sechs Jahre zuvor, sequenziert habe. Gleichzeitig schrieb die *X-Price-Foundation* einen Preis von 10 Millionen Dollar für denjenigen aus, der als erster 100 Genome in zehn Tagen sequenziert. Eine Arbeitsgruppe der Harvard Medical School kündigte daraufhin an, noch in diesem Jahr die Sequenz von 100000 Genomen vorzulegen, zu einem Preis von nur noch 3000 Dollar pro Genom, also noch einmal um drei Größenordnungen billiger als Mitte 2007. Mit diesem Preis wird das Genom für fast jedermann erschwinglich, zumindest sind 3000 Dollar kaum mehr, als derzeit für eine PET-CT Untersuchung zu berappen ist.

Das Genom von und für jedermann bedeutet ein ähnliche Revolution wie die Einführung der Internetbrowser im Jahre 1993, als in einem einzigen Jahr Millionen von Internetseiten entstanden. Die Folgen des Internets und seiner Ausbreitung sind bekannt, sie werden im Umfeld der Genome nicht weniger weitreichend sein.

Denn gleichzeitig mit diesen Entwicklungen hat gerade das Jahr 2007 eine sprunghafte Erweiterung unseres Wissens um die genetischen Hintergründe wichtiger menschlicher Erkrankungen gebracht. Es geht nun nicht mehr um die seltenen Erbkrankheiten, an denen vielleicht 0,1% der Bevölkerung erkranken, sondern um Volkskrankheiten, wie Krebs, die Zuckerkrankheit, Krankheiten des Nervensystems, rheumatoide Arthritis, Bluthochdruck, koronare Herzerkrankrungen und viele andere mehr[1]. Damit steht die personalisierte oder besser gesagt individualisierte Medizin vor der Tür. In Ansätzen gibt es sie heute schon, wenn beispielsweise bei Brustkrebserkrankungen auf Grund genetischer Tests Gruppen von Patientinnen unterschieden werden, deren chemotherapeutische Behandlung Erfolgsaussichten hat, oder eben nicht.

Die Frage, die lange eine akademische war, ob man dies alles wissen will und wer dies noch alles wissen soll, Staat, Arbeitgeber oder etwa auch Versicherungen, diese Frage stellt sich plötzlich in aller Dringlichkeit. James Watson (Jahrgang 1928), mit der Frage konfrontiert, seine Sequenzdaten auch zu publizieren, hat dies durchaus positiv entschieden (siehe www.454.com), mit Ausnahme der Gene, die für neurologische Erkrankungen veranlagen, wie etwa die Alzheimersche Krankheit. Craig Venter, einer der Pioniere der Sequenzierungstechnik, hat kürzlich die Sequenz seines Genoms ebenfalls publizieren lassen und die Existenz von diversen Veranlagungen für schwere Krankheiten wie Hautkrebs zur Kenntnis nehmen müssen[2]. Natürlich ist auch für ihn das Wissen um sein Genom sicherlich mit einigem Nachdenken verbunden. Dennoch ist davon auszugehen, dass für einen Menschen wie ihn das Rampenlicht der Öffentlichkeit und der damit verbundene Glanz überwiegen und ihn allfällige Bedenken hintanstellen lassen.

---

1   The Wellcome Trust Case Control Consortium (2007): Genome-wide Association Study of 14,000 Cases of Seven Common Diseases and 3,000 Shared Controls. In: *Nature* (447), 661–678.

2   Levy, Samuel et al. (2007): The Diploid Genome Sequence of an Individual Human. In: *PloS Biol.* 5 (10), E254. (Siehe auch http://www.jcvi.org/research/huref/).

Was den Staat als Interessent für solche Daten angeht, so sagt uns das Bauchgefühl eher nein. Was geht ihn das an? Es geht ihn etwas an, wenn man etwa feststellt, dass die Chancen, eine Krebserkrankung fünf Jahre oder länger zu überleben, in den USA bald 20% über europäischen Vergleichszahlen liegt. Für Deutschland gibt es keine hieb- und stichfesten Zahlen, weil bei uns ein zentrales nationales Krebsregister fehlt. Die wenigen Zahlen, die es gibt, basieren auf Angaben aus dem saarländischen Krebsregister, das aber lediglich ein Prozent der Bevölkerung abdeckt. Damit sind wir europäisches Schlusslicht, noch weit hinter den osteuropäischen Ländern[3]. Vielleicht liegt es auch und gerade an diesem Versagen, dass wir so lange brauchten, um Rauchverbote auszusprechen. So datenschützen wir uns im wahrsten Sinne des Wortes zu Tode.

Eine zentrale Frage, die auch mit unserem Menschsein zu tun hat, ist die, wann diese Erkenntnisse denn in Therapie umgesetzt werden. In einigen Fällen ist dies längst geschehen, wie beim Dickdarmkrebs, bei bestimmten Blutkrebsformen, die dank geeigneter Medikamente inzwischen zu chronischen Krankheiten geworden sind. Vieles ist in Arbeit. In der Mehrzahl der Fälle werden wir allerdings noch lange warten. Trotz der sprunghaften und ungeahnten Fortschritte gerade des Jahres 2007 müssen Voraussagen extrem gewagt bleiben. Die molekulare Medizin steht erst am Anfang.

Noch schwieriger scheinen Prognosen, wenn es um das Verständnis des ganzen Menschen geht, also nicht nur seines genetischen Erbes. Das menschliche Gehirn ist ein komplexes System. Es stellt mehr dar als die Summe seiner Nervenzellen, d. h. es lässt sich aus der Funktion einzelner Nervenzellen nicht erklären. Zusammensetzung und Funktion einzelner Gehirnzellen sind heute in großem Detail bekannt. Sie lassen jedoch *a priori* nicht darauf schließen, dass hundert Milliarden von ihnen ein Bewusstsein oder die Fähigkeit zur Sprache entwickeln. Eines der wichtigsten Phänomene in diesem Umfeld ist die Neuroplastizität, also die Fähigkeit des Gehirns, immer wieder neue Netzwerke zwischen Neuronen aufzubauen. Neuroplastizität spielt eine große Rolle bei der Funktion unseres Gedächtnisses oder bei der Regeneration diverser kognitiver Fähigkeiten nach Verletzungen des Gehirns. Aus der Musikmedizin wissen wir, wie bei Klavier- oder Trompetenspielern Fehler

---

3   „Bescheidene Bilanz auf beklagenswertem Fundament – Die neueste Krebsstatistik sieht Europa abgeschlagen hinter den Vereinigten Staaten". FAZ, 29. August 2007, Nr. 200, N2.

in der Finger- oder Mundführung, die man sich durch zu vieles Üben angeeignet hat, wieder korrigiert werden können. Auch die Folgen einer Gehirnwäsche sind uns gut bekannt. Die biochemischen Hintergründe dieser Vorgänge sind längst keine Geheimnisse mehr, die Rückkopplungsphänomene, die sie im Gehirn auslösen, sehr wohl. Ob ihre Kenntnisse uns dereinst einer Analyse der Grenzen zwischen biologischem und kulturellem Erbe näher bringen, wird man sehen.

Werden wir sie je erkennen und erklären können? So wenig ich hierauf eine Antwort weiß, so wenig halte ich das „Ignoramus-et-Ignorabimus" des Emil Du Bois-Reymond (1818–1896) für eine Perspektive. In einer Rede aus dem Jahre 1872 vor der Gesellschaft der Naturforscher und Ärzte in Leipzig hatte er erklärt, dass gerade das Verhältnis von Bewusstseinszuständen zu ihren materiellen Voraussetzungen unerklärbar sei. Bescheidenheit vor der Komplexität der Natur ist zentrale Voraussetzung für die Arbeit des Naturwissenschaftlers. Andererseits habe ich in den vergangenen 40 Jahren zuviel Unerwartetes gesehen, als dass ich glauben möchte, es könnte damit schon bald zu Ende sein.

Eine diskriminierende Frage –
mit der logischen Folge der Integration

Nicole Wloka

Lassen wir, gegen Ende eines Bandes, der sich umfänglich der Frage *Was ist der Mensch?* widmet, dahingestellt, welche Antworten möglich sind. Es genügt zu wissen, dass sie vielfältig sind und das Kunststück vollbringen müssen, das Ganze einer Gattung auf das Individuum zuzuspitzen. Denn es ist theoretisch nicht anders als praktisch: Wenn es in der Ethik darauf ankommt, die „Menschheit in meiner Person" wirksam werden zu lassen, dann hat die Anthropologie zu zeigen, wie die Menschheit in einem Individuum zum Ausdruck kommt. Damit ist das Wesentliche der Frage kenntlich gemacht, und man versteht, warum sie nicht geringe methodologische Probleme aufwirft.

Dass uns aber selbst die größten methodologischen Schwierigkeiten nicht hindern dürfen, der Frage nach uns selbst nachzugehen, wird daran deutlich, dass wir sie uns nicht nur tatsächlich stellen, sondern im täglichen Leben und Handeln fortlaufend Antworten exekutieren. Jeder Umgang mit einem Tier, ganz gleich ob wir den Hund an der Leine führen, die Katze in der Wohnung halten oder das Mückenspray parat haben, schließt den Zweifel ein, wer wir denn sind, dass wir solches tun – vom Schlachten oder Fleischverzehr ganz zu schweigen. Und jedes Entsetzen über eine Straftat, die am Menschen verübt wird, setzt zumindest eine ahnende Antwort auf die Frage voraus. Das Gleiche gilt für den Zweifel an uns selbst.

Die Frage nach dem Menschen ist eine Frage des Menschen nach sich selbst. Sich selbst aber versteht man immer nur in Abgrenzung zu Anderen. Die Antwort auf die Frage „Was ist der Mensch?" kann somit zur Absonderung nicht nur von Tier und Pflanze, sondern auch von Mitmenschen führen.

Die Frage trennt, ja sie kann diskriminieren. Wer die Vernunft zum einzigen Kriterium erhebt, schließt die Unvernünftigen aus. Wer dergleichen nicht will, wer den Ausschluss von Menschen allein durch die Definition des Menschen vermeiden will, braucht eine alle Menschen integrierende Antwort. Sie ist, so scheint mir, theoretisch und praktisch im Menschenrecht enthalten. Denn das Menschenrecht geht nur von der Tatsache des individuellen Lebens aus und setzt alles darein, dessen Freiheit und Gleichheit zu schützen. Es gesteht dem Menschen unbedingte Rechte kraft seines Menschseins zu und sucht so die unveräußerliche Würde des Einzelnen zu sichern.

Die politische Bestimmung des Menschen durch das Menschenrecht setzt ein Verständnis des Menschen voraus, soll ihn aber gerade in seiner Vielfalt und in seinen Unterschieden bewahren. Die Variabilität der Lebensformen und die Pluralität der Lebensweisen werden ebenso in Rechnung gestellt wie die Offenheit gegenüber der Zukunft. Doch dabei wird niemand ausgegrenzt, solange er nicht die Ausgrenzung Anderer betreibt. Die in den Menschenrechten wirksame Antwort auf die Frage nach dem Menschen legt ihn nicht fest und lässt alles zu, was sich in Freiheit entwickelt – sofern er sich nicht prinzipiell über seinesgleichen erhebt.

Also finden wir in den Menschenrechten eine Bestimmung dessen, was der Mensch ist. Sie steht aber nicht unter dem Anspruch einer abschließenden Definition. Sie bleibt offen – auch, wie die jüngere Debatte zeigt, gegenüber dem Tier. Diese Offenheit gehört zur Eigenart des menschlichen Lebens, ist aber längst zu einem Gebot für die Politik geworden: Angesichts weltweiter Konflikte kommen wir gar nicht umhin, immer wieder neue Antworten auf die Frage nach dem Menschen zu geben. Und bei allen Zweifeln, allen Fragwürdigkeiten und selbst bei weit voneinander abweichenden Antworten können wir dabei etwas Entscheidendes von den Menschenrechten lernen: Wir haben die Tatsache des menschlichen Daseins, das bloße Menschsein in den Vordergrund zu stellen. Denn trotz aller Definitions- und Festlegungsprobleme des Menschen, verfliegt der Zweifel, was und wer er denn sei, sobald ein Mensch vor mir steht und ich mir die Zeit nehme, mit ihm zu sprechen. Wenn ich mich dann mit ihm zusammensetze und darüber nachdenke, was in der uns beide berührenden Lage gemeinsam getan werden kann, kommen beide auch ohne ausdrückliche Antwort auf die Frage nach dem Menschen aus.

Der Mensch kann

Christiane Woopen

Kann man die Frage „Was ist der Mensch?" von der Frage „Wer bin ich?" trennen? Ist die erste Frage die umfassendere oder die zweite? Haben sie Überschneidungen oder gehen sie ineinander auf? Gibt es ein anderes Wesen, das sich die Frage nach sich selbst stellen kann? Wenn dies nur der Mensch selbst können sollte, ist die Frage dieses Buches wohl mehr als jede andere Frage, die der Mensch überhaupt aufwerfen kann, mit der Ich-Perspektive verbunden, um gleichzeitig über diese hinauszuweisen. Lassen wir die Klärung dieses Verhältnisses einmal offen, so erlaubt der offensichtliche Zusammenhang zwischen den beiden Frage-Horizonten es jedoch zumindest, eine subjektive Sicht zu wählen, um sich dem zu nähern, was man sich unter dem Menschen vorstellen kann. Und so möchte ich für meinen Beitrag die persönliche Perspektive wählen.

Es soll darin um das gehen, was der Mensch kann – nicht um das, was er muss, soll oder darf. Ein Satz wie „Der Mensch ist das Lebewesen, das handelt und handeln muss" würde letztlich – vom ethischen Standpunkt aus betrachtet – schon eine ganz treffende Näherung sein, scheint aber etwas blutleer. So habe ich dem nachgespürt, was ich als spezifisch menschliches Handeln und damit als das ansehe, was (vermutlich nur) der Mensch kann. Hier meine Gedanken:

Der Mensch kann
die Suche suchen
im Moment das Ewige spüren
den Moment verlieren
Wahrheit in Kunst ausdrücken
und in Gedankengebäuden verstecken
in einem Blick geborgen sein
das Wesentliche versäumen
das Versäumen bedauern
den Dingen eine Bedeutung geben
Traurigkeit tragen
weinen vor Glück
lachen, manchmal gar über sich selbst
sich in sich selber suchen und doch nie finden
sich selber im anderen entdecken
erkennen, dass er Fragen mit anderen teilt
bestaunen, dass ihre Antwort im Stellen der Fragen liegt
sich klein machen aber nicht groß
aus Hass zerstören
Liebe schenken
einfach sein – und darum wissen.

Der Mensch im Blick des anderen Menschen

Dae-Jong Yang

In einem kurzen Moment des Innehaltens – nachdem die Jakobssöhne ihren Halbbruder Joseph verprügelt und gefesselt haben –, da nun ihre Wut und Mordlust infolge körperlicher Erschöpfung der Erkenntnis eigener Sünde vor Gott und ihrem Vater gewichen war, kommen sie auf jenen eigenartigen Gedanken, der jeden Sünder nach dem erregenden Moment der Tat und nach der Erfüllung seiner Begierde in Anspruch nimmt. Wir hören diesen Gedanken ausgesprochen in den Worten von Thomas Mann: „Am Halben waren sie schuldig. Am Ganzen mussten sie es nicht sein."[1] Bei der halben Tat sind sie Sünder. Aber in dem Moment der Vollkommenheit des Verbrechens kann die Situation eine andere werden. Lassen wir die Sünde im Dunklen versinken, indem wir den Träumer ermorden und somit das schon begangene Zuviel in ein vollkommenes Verbrechen verwandeln!

Der Mensch ist einerseits ein denkendes, andererseits ein sich seiner selbst nicht gewisses Wesen, das mit dem Vehikel der Sprache und Vernunft die Ewigkeit und den Abgrund der Verzweiflung überquert. Diese existenzielle Grenze ändert sich auch in der kriminellen Situation nicht und bestimmt den Menschen. Der Mensch, der die erlaubte moralische Grenze überschritten und so eine unwiderrufliche Situation herbeigeführt hat, ist nicht frei von den Werturteilen, welche in der menschlichen Gesellschaft geformt wurden und durch Sitte und Tradition auch zu einem Teil von ihm selber geworden sind. Diese einmal in sich selbst aufgenommenen Werturteile zwingen und binden den Verbrecher, sein Sünder-Sein vor Anderen und sich selbst anzuerkennen.

Der abendländische Gedanke war in früherer Zeit sowohl auf den göttlichen wie auf den menschlichen Blick gerichtet. Spätestens seit Nietzsche aber ist das Denken zumeist auf den Menschen fokussiert. Der geänderte Blickwinkel hat für manche Abendländer das herbeigeführt, was Normalzustand für fernasiatische Intellektuelle darstellt,

---

1   Mann, Thomas (2004): *Joseph und seine Brüder*. Der zweite Roman: Der junge Joseph. Frankfurt am Main: Fischer, 172.

nämlich sich vor dem eigenen und dem Blick der anderen zu bewegen. Dass der Bewusstseinshorizont sich bei jedem wichtigen Augenblick des Lebens erweitert, blieb allerdings unverändert.

Nach dem Verbrechen richtet sich ein Pol des menschlichen Bewusstseins auf die Ewigkeit in Gestalt Gottes oder des Selbst, obwohl oder weil alle menschliche Weisheit nur ein Bruchstück und als Bruchstück belanglos, lediglich ein dunkler Fleck und Dunst vor dem Antlitz der Ewigkeit ist. Die Ewigkeit ändert sich nicht. Nur die Einstellung des Menschen, der sie sieht und wahrnimmt, ist veränderbar. Jedes Handeln, das vor dem Horizont der Ewigkeit gesehen wird, bleibt unerschütterlich, konstant. Durch Bejahung, Akkumulation kompensierender Tätigkeiten, Resignation, absichtliche Verdrängung oder Vernachlässigung anerkennt der der Ewigkeit gewahr werdende Mensch die unabänderliche Tat. Was zu ändern ist, ist nur der Horizont des Anderen, worauf sich der andere Pol des menschlichen Bewusstseins richtet.

Mit dem Zaudern auf Grund steigender Vernunft und mit dem Gedanken an die mögliche Ganzheit des zur Hälfte begangenen Frevels werden sich die Halbbrüder von Joseph nun des Blickes ihres Vaters Jakob bewusst, der hier den Horizont des Anderen repräsentiert. Sie denken an die Möglichkeit der Verheimlichung der begangenen Handlung vor dem Blick des Vaters durch Vervollkommnung des Frevels als Brudermord.

Kann das menschliche Handeln aber, das für einen kurzen Moment über den Abgrund der Ewigkeit auf dem nach drinnen und draußen geteilten Horizont durchgeführt wird, vollkommen werden? Der Mythos gibt die dramatische Wiederbegegnung der Familie im geglückten Exil Josephs und die Versöhnung von Geschädigtem und Missetätern wieder und lässt so die Möglichkeit der Überwindung der Vergangenheit offen. Wenn der Frevel aber, im Unterschied zum überlieferten Mythos, durch Eskalation hin zu Mord an Joseph vollkommen geworden wäre, wäre dies wirklich eine in sich geschlossene Handlung, die die Täter zur Freiheit und Erlösung führte?

Über das Verhalten der Joseph-Brüder ist außer der Wiederbegegnung im Familienkreis nach der siebenjährigen Dürre in Ägypten nichts bekannt. Aber das Geschehnis des Brudermords wäre überall im Alltag des Jakobschen Familienverbands als ein unheilbarer Tumor präsent gewesen. Es hätte fungiert als negativer Unterdrückungsmechanismus nicht nur bei gemeinsamem Mahl und Fest, es hätte auch jederzeit ihr Handeln und Bewusstsein bestimmt, wenn sie im Alltag

sich ihrer selbst bewusst würden, wie z.B. in den einsamen langen
Stunden auf den Weiden und beim plötzlichen Erwachen in der Nacht.

Der an den Menschen gerichtete Blick der Ewigkeit, oder vielmehr
der an die Ewigkeit gerichtete menschliche Blick, lässt die aus der Sicht
von Vater Jakob als dem Anderen als unabänderlich vollzogen regis-
trierte Tat zumindest für den Täter, der sich im ewigen Horizont befindet, im Licht der unvollzogenen Gegenwart erscheinen, das nicht in
die Vergangenheit und Vergessenheit abzuweisen ist, und von welchem
man sich mit bestem Willen nicht abzuwenden vermag.

Dieser omnipräsente menschliche Blick ist als regulierendes Prinzip
in der asiatischen Kultur bereits im Begriff des Menschen selbst verankert. Das chinesische Wort für Mensch, das in den meisten asiatischen
Völkern beibehalten wurde, besteht aus zwei Zeichen: 人間. Das erste
Zeichen 人 sagt, dass der Mensch nicht allein stehen kann. Er kann nur
stehen, indem er sich auf den Anderen stützt. Das zweite Zeichen 間
stellt einen Tag innerhalb des (Burg-)Tors dar und bedeutet: *zwischen*.
Der Mensch ist erst im zwischenmenschlichen Lebensfeld – angewiesen
auf andere, auf Mitmenschen –, im vollen Sinne Mensch. Wir können,
mit Aristoteles gesagt, unsere τέχνη und unser Wesen nur in der Polis, in
der menschlichen Gesellschaft zur vollen Blüte entwickeln. Die ganze
menschliche Bemühung um die sieben Gemütsbewegungen von
Freude, Zorn, Kummer, Lust, Liebe, Hass und Begierde ergibt sich
ständig aus der Spiegelung des Wechselverhältnisses zwischen dem eigenen und dem anderen menschlichen Blick.

Ich gebe zwei Beispiele für die präsenten Blicke der Anderen, was
angesichts der nun hochmodernen asiatischen Gesellschaft seltsam an-
mutet. Die Asiaten fassen die Probleme der menschlichen Gesellschaft
immer noch in der Reihenfolge von Kleidung, Nahrung und Wohnung
auf. In einer Ackerbaugesellschaft ist es nicht selbstverständlich, dass das
Nahrungsproblem als das elementare Faktum nicht als das erste aufge-
zählt ist, sondern dass die Bekleidungsfrage die Vorherrschaft über-
nimmt. Jeder Erwachsene im armen Dorf besaß eine aufwendige traditionelle Tracht, die man nur einige Male im Jahr nutzt. Das Gesicht
sollte gewahrt werden. Der Mensch denkt zuerst an den Blick des
Anderen! In früherer Zeit, in der noch nicht die für sich abgekapselte
moderne Wohnung eingeführt war, vermied der relativ Wohlhabende
auch, für sich selbst Kraftbrühe zu kochen, wenn die Anderen auf
Grund von Dürre hungern mussten. Er dachte an die Anderen.

Was haben die Menschen vor diesem menschlichen Blick getan?
Was tun wir? Der Mensch ist ein denkendes und somit ein schaffendes

Wesen. Wir schaffen im Rahmen unserer Kultur auch unsere eigenen Daseinsbedingungen. Mittlerweile verfügen wir über unsere eigene Zukunft. Der Mensch sucht nach dem Sinn seiner Handlung und fragend schafft er es, in den zwischenmenschlichen Sinnzusammenhang zu treten. Das tun wir aber immer vor dem Blick des Anderen, *sub specie aliorum*.[2]

---

2   Diese modernisierte lateinische Spinoza-Formel habe ich mit ihrer ganzen Tragweite der möglichen Stellungnahme des vorgestellten Anderen als seinesgleichen von Volker Gerhardt übernommen. Vgl. Gerhardt, Volker (1999): *Selbstbestimmung. Das Prinzip der Individualität.* Stuttgart: Reclam, 203–205.

A Free and Goodness-Oriented Living Being

Xiaoping Zeng

This seems to be one of the most challenging and difficult questions. Different people in different countries and in different times may have their different answers. There have been four most influential perspectives or traditions of solving the question among contemporary Chinese: Confucianism, Taoism, Buddhism, and Marxism.

Confucians consider man as one of three co-creators of the universe, and claim that Heaven and Earth and man form a trinity in the creation. From a humanistic standpoint, they think, man is essentially a moral being, and his nature is benevolence or humanity. The meaning and worth of his existence lie in the realization of his benevolence or humanity through the extension of his moral agency from himself to others and ultimately to the world: cultivating himself, regulating his family, governing the state into order, and making the world peaceful and happy.

Taoists, contrasted with Confucians, put emphasis not on human moral agency, but on human natural non-knowledge and non-activity. They regard man and all other kinds of beings in the universe as equal, and as the products of Tao. Tao is the sole creator of the universe, and all men and things are produced individuals. Man should comprehend Tao and live his life in conformity with Tao. An increase of knowledge about sensible things and activity in social life hinders him from comprehension of and approach to Tao, so man should keep himself at distance from others and things, restrict his knowledge and activity to what is necessary and what is natural, lead himself back to the authentic natural state of existence and act without artificiality and voluntariness, and eventually arrive at the identification of himself with Tao, in which he removes from his mind all the distinctions between self and others and between men and things, and keeps himself in an enlightened state of indifference and tranquility.

Buddhists believe that man is one kind of sentient beings that are within the cycles of six existences, and that he is the combination of an immortal soul or mind with a mortal human body. As such a sentient being, man is subject to a continual chain of moral causation within the cycles of six existences, and all his thoughts, words and deeds are causes and have their effects when they meet certain conditions on some occasions. The whole course of his life is full of sufferings, and the sufferings arise from his non-enlightenment, or his ignorance of the nature of things in the universe that are the manifestations of his soul or mind and are illusory, impermanent and unworthy of his endeavor. The only way for him to escape these sufferings is to replace the ignorance with the enlightenment called Bodhi and Nirvana by the right eight-fold path, and the ultimate goal of his life is to make his soul or mind avoid being reborn within the cycles of six existences and emancipate it from the Wheel of Birth and Death.

Marxists reject all idealistic and religious conceptions of man from a standpoint of atheism and materialism. They regard man as a real living being whose mind and consciousness are derived from matter, and whose activity is dependent on material conditions in his practice. However, man is not a mere natural being, but essentially a social being; and his essence is in its reality the ensemble of the social relations that are connected in his productive and communicative activities. Man is a subject of practice in a certain mode of production, and a maker of the history of human society; his ideal of life is to leap from the kingdom of natural necessity into the kingdom of freedom by acquiring knowledge of the laws of material world and human society and putting it into practice.

The above four perspectives or traditions prevail in contemporary Chinese thoughts of what man is, and are part of the background and source of my understanding of the question. Another part of the background and source of mine is modern Western philosophy, especially Kant. Here my understanding of man can be briefly stated as follows.

Firstly, man is the unity of human soul and body. The soul is immortal, and the body is mortal; as the immortal soul is infused into an embryo human body, a man comes into being. For man, the soul is active and dominant, and the body is the house and means of the soul; they interact with each other in their operations. When the body has run its course, the unity of the soul and the body is ended, the soul leaves from the body, and man dies. As for what human soul is, where it was in its past existence, and where it will be in its future existence, these are mysteries beyond the boundary of our sciences and philosophy, and belong to the field of faith.

Secondly, man is a free being in this world. Reason in the human soul makes man a free living being distinct from all other beings in the world. Because of reason, man can produce knowledge and determine action, can be conscious of his freedom and the freedom of others, and can exercise his freedom and regulate the relationship between his freedom and the freedom of others.

Thirdly, man is a goodness-oriented living being in the present life. Man lives his life according to his rational plan of life in terms of knowledge, thought and volition. His plan of life is modelled after his idea of a good life. The goodness of life is mainly concerned with the self-protection and perfection of his soul and body, with the peace, progress and prosperity of his community and species, and with the order and harmony of all things in the world. In the course of pursuing a good life, man participates in the creation of the world, realizes the meaning of his existence as a rational free being, and thereby creates language, art, science, philosophy and all other kinds of culture and civilization.

Nachdenken über Menschen

Jan-Christoph Heilinger

Die Titelfrage „Was ist der Mensch?" hat als Impuls gewirkt. In diesem Band finden sich zwei einleitende Essays und fast achtzig unterschiedliche, kurze Reaktionen, die sich mit der Frage nach dem Menschen auseinandersetzen. Die Vielzahl und die Vielfalt der Texte mag manche Leser misstrauisch stimmen: Gibt es denn nicht eine Antwort, gibt es denn nicht etwas Gemeinsames, was sich als *„take home message"* nach diesem ganzen Aufwand bewährt hat? Nein, auch zum Abschluss des Bandes soll nicht versucht werden, die Vielfalt der Stimmen zu einer einzigen, am besten auch noch *richtigen* Antwort zusammenzuführen. Lediglich einige der in unserer Textsammlung immer wiederkehrenden Topoi werden hier abschließend genannt. Das letzte Wort zum Thema ist auch mit diesem Band noch nicht gesprochen.

1. Unbehagen mit der Frage

Die Frage „Was ist der Mensch?" löst bei einigen der hier versammelten Autorinnen und Autoren Unbehagen aus: Ist denn nicht die Suche nach dem „Wesen" oder der „Natur" des Menschen längst als völlig unwissenschaftlich in den Bereich der Weltanschauungen übertragen worden? Ist es nicht sogar gefährlich, den Menschen festschreiben zu wollen, weil man damit Menschen ihrer Freiheiten und ihrer Individualität beraubt? Man halte sich doch besser an die einzelnen Wissenschaften, die sich lediglich spezifischen Aspekten des Menschseins zuwenden: Die Lebenswissenschaften etwa untersuchen, was man *wissenschaftlich* über den Menschen wissen kann. Besonders aufschlussreich sind momentan die Evolutionsbiologie und die Primatenforschung. Sie helfen, besser zu verstehen, wie sich die Gattung *homo sapiens* entwickelt hat. Versuche zur Erklärung des menschlichen Bewusstseins liefern die Neurobiologie und die noch junge Disziplin der Kognitionswissenschaften. Darüber hinausgehende Erkenntnisansprüche müssen sich, um wissenschaftlich haltbar zu sein, in Form konkreter Fragen fassen lassen. Allenfalls der Begriff der „Person" bietet sich an, um weltanschaulich möglichst neutral über die Struktur des menschlichen Bewusstseins zu reden. „Der Mensch" als generischer Singular ist jedoch zunächst einmal – nichts.

Trotz des immer wieder geäußerten Unbehagens gegenüber der alten Grundfrage der Anthropologie hat sie bei allen hier versammelten Autorinnen als Impuls gewirkt und *Reaktionen* provoziert – um nicht gleich von *Antworten* zu sprechen. Daran lässt sich erkennen, dass die Frage als Stimulus aufgenommen und (individuell unterschiedlich) verstanden werden kann. Die Frage, was der Mensch sei, führt die Autoren der zahlreichen Beiträge in verschiedene Richtungen. Was aber dabei nicht außer Acht gelassen werden kann, ist die Tatsache, dass man *selbst* ein Teil dessen ist, worüber man nachdenkt, wenn man der Frage „Was ist der Mensch?" nachgeht. Die Beitragenden schreiben also nicht über ein Objekt, das ihnen – als erkennende Subjekte – gegenübersteht. Die anthropologische Grundfrage zielt auf eine Klärung des menschlichen *Selbst*verständnisses.

Die Formulierung „menschliches Selbstverständnis" ist vielleicht der direkten, realistischen „Was ist"-Frage überlegen, denn das Verb *verstehen* bringt die triadische Struktur, um die es geht, gut zum Ausdruck: Jemand (ein Mensch) *versteht* etwas (sich selbst) als etwas (als Mensch). Damit wird auch die Rede von einem „Menschenbild" problematisiert, denn es geht nicht darum, dass Menschen ein feststehendes Bild von sich entwerfen oder betrachten. Von Bedeutung sind vielmehr die immer wieder neu zu leistenden Prozesse aktiver Selbstverständigung. Durch den Ausdruck „menschliches Selbstverständnis" lässt sich das mögliche Unbehagen, das von der „Was ist"-Frage oder der Rede von einem „Menschenbild" hervorgerufen werden kann, vielleicht mindern oder auflösen.

Doch trotz der in manchen Beiträgen angesprochenen irritierenden Direktheit der „Was ist"-Frage werden auch substanzielle Antwortversuche in Angriff genommen. Der in der Frage liegende Impuls wird aufgegriffen und von einigen Autorinnen und Autoren in diesem Band in prägnante Antworten überführt, die ihrerseits weiter wirken können. Denn es ist klar, dass keine einfache Antwort auf die gestellte Frage lange unwidersprochen bleiben kann. Damit erweist sich die Frage selbst, wie viele der darauf gegebenen Antworten, als eine Provokation, die zu weiterem Nachdenken anregt.

2. Die Naturwissenschaften und der Naturalismus

Viele Reaktionen der Beiträger dieses Bandes zeigen, dass bei der Bestimmung des menschlichen Selbstverständnisses die Naturwissenschaften und das naturwissenschaftliche Idiom eine wichtige Rolle spielen. Schließlich sind Menschen Lebewesen im Zusammenhang der Natur und damit auch naturwissenschaftlicher Betrachtung zugänglich. Der beeindruckende Fortschritt der Wissenschaften, insbesondere der Lebenswissenschaften, liefert neue und zunehmend präzisere Erklärungen für die Entwicklung des *homo sapiens*, für die Unterschiede zwischen Menschen und anderen Lebewesen, das Funktionieren von Vererbung und die im Gehirn ablaufenden Prozesse – um nur einige Bereiche anzusprechen. In der Folge dieser Entwicklungen lassen sich die untersuchten Prozesse jedoch nicht nur besser erklären, das erworbene Wissen erlaubt auch die Entwicklung neuer Eingriffsmöglichkeiten: Veränderungen auf genetischer Ebene, neue medizinische Interventionen oder präzise Steuerungen des bewussten Erlebens werden zunehmend möglich.

Wenn sich all dies naturwissenschaftlich fundieren lässt, erhalten „naturalistische" Feststellungen über Menschen neues und großes Gewicht. Naturalistisch nenne ich solche Aussagen, die sich des naturwissenschaftlichen Idioms bedienen und dabei auch das intentionale Vokabular (also Aussagen über das Fühlen, Wollen und Inhalte des Bewusstseins) in das naturwissenschaftliche Vokabular zu überführen versuchen. Menschen können in dieser Sprechweise versuchen, sich selbst zu objektivieren, indem sie über sich wie über „bloße Objekte" reden. Die neueren Debatten über die Willensfreiheit und das menschliche Bewusstsein sind vor diesem Hintergrund u. a. als kritische Diskussionen über die Legitimität dieser Versuche zu verstehen, eine Sprachebene durch eine andere zu ersetzen. Es wird geprüft, ob sich das menschliche Selbstverständnis naturalisieren lässt, oder ob es irreduzible semantische Gehalte des intentionalen Idioms gibt.[1]

Zahlreiche Beiträge im vorliegenden Band widmen sich ausgehend von der Frage „Was ist der Mensch?" diesem Problemkomplex: Welche naturwissenschaftlichen Einsichten sind relevant zur Bestimmung des Menschen? Wie weit reichen diese Erklärungen bei der umfassen-

---

1   Vgl. dazu auch die ersten beiden Bände der Reihe *Humanprojekt*, die sich mit der *Naturgeschichte der Freiheit* (2007) und den *Funktionen des Bewusstseins* (2008) auseinandersetzen.

den Beschreibung unserer selbst? Und: In welcher Sprache verständigen wir uns überhaupt über die aufgeworfene Frage? Ist eine Beschränkung auf ein einziges Idiom sinnvoll oder sind hier verschiedene Sprechweisen zugelassen, gar notwendig? Lassen sich die unterschiedlichen Antwortversuche mit ihren verschiedenen sprachlichen Ebenen gar miteinander verbinden? Eine Herausforderung gegenwärtiger anthropologischer Untersuchungen liegt darin, eine nicht-reduktionistische aber auch nicht-dualistische Anthropologie zu entwickeln. Diese würde Erklärungen aus den Wissenschaften in Beschreibungen, die aus der „Innenperspektive" einer Person gewonnen werden, integrieren.

3. Schillernde Vielfalt und Vielstimmigkeit

Die Reaktionen und Antwortversuche auf die Frage „Was ist der Mensch?" sind ebenso vielfältig und schillernd wie die zahlreichen Formen menschlichen Lebens selbst. Verschiedene Religionen, kulturelle Traditionen und gesellschaftliche Formen menschlichen Zusammenlebens zeigen die mögliche Unterschiedlichkeit zwischen Menschen an und machen dabei auch die Andersartigkeit „der Anderen" klar erkennbar. In Zeiten der Globalisierung – und verstärkt durch Tendenzen zunehmender Medialisierung der menschlichen Lebenswelt – wird diese Andersartigkeit nah an die Individuen herangetragen und die Pluralität kann zur Provokation werden. Dann soll in der Vielfalt das Eigene behauptet werden; es werden Anstrengungen aufgeboten, das Eigene zu erklären und sich den Mit-Menschen verständlich zu machen. Der eigene Blick auf die Anderen ist dabei ebenso interessant wie die Kenntnis des Blicks der Anderen. In den Beiträgen wird trotz der beschränkten Auswahl von Reaktionen diese Vielfalt erkennbar und offenbart Einsichten vom „Normalzustand des fernöstlichen Intellektuellen", von einem metaphorisch verstandenen menschlichen „Nomadentum im Zweistromland" über naturwissenschaftliche Klassifikationen und Definitionen, religiös motivierte Beschreibungen, künstlerische Versuche, den Menschen zu fassen, bis hin zu dem Blick auf den Menschen – aus einer Tüte Kartoffelchips. Und diese Vielfalt ist, historisch betrachtet, nur ein Ausschnitt aus einer Momentaufnahme zu Beginn des 21. Jahrhunderts.

4. Eine differentia specifica?
Die Bedeutung der Bestimmung seiner selbst

Doch gerade angesichts der Vielfalt wird die Frage, was der Mensch *qua Mensch*, *eigentlich* sei, als Frage nach dem Einheitlichen, dem Gemeinsamen und dem alle Menschen Verbindenden verstanden. Als mögliche Antwortversuche dieser Art wird auch in diesem Band eine Reihe „klassischer Kandidaten" diskutiert, darunter die Vernunft, die Sprache, die Fähigkeit gesellschaftlicher Organisation, aber auch das Lachen, die Moralfähigkeit und die Gottesebenbildlichkeit. Bei näherem Hinsehen erkennen viele Autorinnen allerdings, dass die vorgeschlagenen differentiae specificae nicht ausschließlich beim Menschen vorkommen, sondern – zumindest graduell, in Vorformen – auch bei anderen Lebewesen zu finden sind. Und nicht einmal bei jedem menschlichen Individuum lässt sich die jeweilige differentia specifica feststellen, so dass man wohl statt von wesentlichen allenfalls von typischen Merkmalen sprechen könnte. Daraus folgern manche im Umkehrschluss, die menschliche differentia specifica liege gerade im Fehlen feststehender Merkmale.

Einige Autorinnen und Autoren dagegen meinen, doch einen qualitativen Unterschied zwischen dem Menschen und allen anderen Lebewesen erkennen zu können. Schließlich könne etwa kein Menschenaffe auch nur *ein bisschen* sprechen. Spätestens hier wird aber auch die Frage bedeutsam, welche Rolle die „Art der Realisiertheit" einer (spezifischen, menschlichen) Eigenschaft spielt: Wenn bspw. eines Tages auch Computern Rationalität zugeschrieben werden kann, wären dann die Menschen die „Tiere unter den rationalen Wesen"?

Bedenkenswert ist in diesem Zusammenhang die These, dass der Mensch sich selbst definiert. Er wird das, was er ist, erst dadurch, dass er bestimmte Selbstbeschreibungen für sich als gültige akzeptiert. Wenn sich diese Selbstbeschreibungen ändern, ändert sich damit auch in einem realen Sinn, was der Mensch ist. Vor diesem Hintergrund gewinnt die Frage „Was ist der Mensch?" existenzielle Relevanz, denn die Antworten in Form unterschiedlicher Selbstbeschreibungen werden ein Teil der Wirklichkeit, nach der Menschen sich richten und an der sie sich in ihrem Handeln und Denken orientieren. Die Art und Weise, in der Menschen über sich denken, und die Sprache, in der sie sich beschreiben, zeigt diese Wirklichkeit an.

5. Selbstbestimmung – Humanismus – Sinn

Das Nachdenken über Menschen ist – im Anschluss an das soeben Gesagte – nicht frei von einer normativen Dimension. Die Selbstbestimmung des Menschen findet nicht zuletzt vor dem Hintergrund der Ethik statt. So wird in den verschiedenen Beiträgen dieses Bandes oft die ganze Breite menschlicher Handlungen angesprochen, die im Guten und im Bösen ins Extreme reichen können. Gerade mit Blick auf die Grausamkeiten wird die Frage, was der Mensch sei, gestellt: Einerseits werden nur Menschen „unmenschlich" genannt (womit „menschlich" als ein normativer Standard verstanden wird), doch andererseits wird gefragt, ob es überhaupt „unmenschliche" Handlungen geben kann. „Mais l'inhumain, excusez-moi, cela n'existe pas. Il n'y a que de l'humain et encore de l'humain." (Jonathan Littell: *Les Bienveillantes*, 842) Welches Verständnis von Mensch und Menschlichkeit, welches menschliche Selbstverständnis wird hier vorausgesetzt?

Die Frage nach dem Menschen gewinnt darüber hinaus normative Relevanz, wenn durch die biotechnologischen Interventionsmöglichkeiten – durch Gentechnik, durch gezielte Psychopharmakologie bei gesunden Menschen und durch mögliche technische Ergänzungen – Veränderungen des menschlichen Organismus, also seiner körperlichen und geistigen Leistungsfähigkeit, möglich werden. Die Evolution hat kontingenterweise den Menschen in seiner jetzigen Form hervorgebracht. Wenn das Wissen und die neuen Anwendungsmöglichkeiten weiter wachsen, stellt sich die Frage, ob die Menschen sich in ihrer jetzigen Form bewahren wollen, oder ob bestimmte Veränderungen (Verbesserungen?) am Menschen vorgenommen werden sollen. Diese *Möglichkeit* macht es nötig, nicht nur darüber nachzudenken, was der Mensch ist, sondern auch darüber „was er, als freihandelndes Wesen, aus sich selber macht, oder machen kann und soll." (Kant: *Anthropologie*, AA VII, 119)

Die Frage nach dem Menschen provoziert somit auch vielfältiges Nachdenken über den *Sinn* und die wünschenswerte Form menschlichen Lebens. Sinn kann außerhalb der Welt gesucht und auch in der Welt angestrebt werden. Menschen plädieren oft dafür, selbst Verantwortung für bessere, gerechtere Bedingungen für menschliches Leben zu übernehmen, und verfolgen dabei viele Strategien: Ethik, Politik und Recht, die sich aus unterschiedlichen gesellschaftlichen, kulturellen und religiösen Traditionen speisen können, sowie das Zusprechen von unverfügbaren menschlichen Rechten und einer unbedingten Würde werden daher auch in den hier versammelten Beiträgen diskutiert. Das Nachdenken über den Menschen ist eng mit dem Nachdenken darüber verbunden, wie Menschen zusammenleben sollen, wollen und können – als Mit-Menschen unter menschen- und lebensfreundlichen Bedingungen. *Humanismus* in Verbindung mit gelebter individueller *Selbstbestimmung*, wie sie zu Beginn des Bandes thematisiert werden, können dabei als erreichbare Ideale eine orientierende Funktion übernehmen. Mit all dem zeigt sich, dass die Auseinandersetzung mit der Frage „Was ist der Mensch?" keine abgehobene, realitätsferne Reflexion im Elfenbeinturm ist. Auch wenn es keine abschließende Antwort gibt, ist sie für das wirkliche menschliche Leben, das menschliche Denken und Handeln, von Bedeutung.

Die Autorinnen und Autoren

Dr. CHRISTOPH ANTWEILER ist Professor für Ethnologie an der Universität Trier und Leiter der Abteilung für Südostasienwissenschaft am Institut für Orient- und Asienwissenschaften der Universität Bonn. / Dr. JOACHIM BAUER ist Professor für Psychosomatische Medizin am Universitätsklinikum Freiburg. / Dr. MANFRED BIERWISCH ist Professor emeritus für Linguistik an der Humboldt-Universität zu Berlin. / Dr. FURIO CERUTTI ist Professor für Philosophie an der Universität Florenz. / Dr. RAJENDRA DENGLE ist Professor für Sprache, Literatur und Kulturwissenschaften an der Jawaharlal Nehru University in Neu Delhi. / Dr. DAN DINER ist Professor für Europäische Zeitgeschichte an der Hebräischen Universität Jerusalem und Direktor des Simon-Dubnow-Instituts für Jüdische Geschichte und Kultur an der Universität Leipzig. / Dr. MERLIN DONALD ist Professor emeritus of Psychology and Education der Queen's University, Kingston, Ontario. / Dr. ULRIKE DRAESNER ist eine deutsche Dichterin, Prosaautorin und Essayistin. / Dr. JOHN DUPRÉ ist Professor für Philosophie und Wissenschaftstheorie an der University of Exeter und Direktor des Center for Genomics in Society. / Dr. JENS EDER ist Junior-Professor für Medienwissenschaften am Institut für Medien und Kommunikation an der Universität Hamburg. / Dr. ANDREAS ELEPFANDT ist Professor für Biologie und Leiter der Abteilung für Sinnesbiologie an der Humboldt-Universität zu Berlin. / PD Dr. EVA-MARIA ENGELEN ist Mitarbeiterin in der AG *Funktionen des Bewusstseins* und Mitglied der AG *Humanprojekt* der Berlin-Brandenburgischen Akademie der Wissenschaften (BBAW). / Dr. Dr. RAINER ERLINGER ist Arzt, Jurist, Kolumnist und Autor. / Dr. WILHELM K. ESSLER ist Professor emeritus für Logik und Wissenschaftstheorie am Institut für Philosophie der Universität Frankfurt/Main. / Dr. JULIA FISCHER ist Professorin für Kognitive Ethologie in Göttingen. Sie ist Mitglied der AG *Humanprojekt* der BBAW. / PD Dr. CAROLIN FISCHER ist Privatdozentin für Romanistik an der Universität Potsdam. / Dr. MICHAEL FISCHER ist Professor für Philosophie sowie Soziologie von Recht und Politik an der Universität Salzburg. / Dr. ALEXANDRA FREUND ist Professorin für Angewandte Psychologie an der Universität Zürich und Mitglied der AG *Humanprojekt* der BBAW. / Dr. ANGELA D. FRIEDERICI ist Professorin und Direktorin des Zentrums für Kognitionswissenschaft an der Universität Leipzig. / Dr. MARKUS GABRIEL ist Akademischer Rat auf Zeit am Philosophischen Seminar der Universität Heidelberg sowie Fellow am Wissenschaftskolleg zu Berlin. / Dr. C. GIOVANNI GALIZIA ist Professor für Zoologie und Neurobiologie an der Universität Konstanz und Mitglied der AG *Humanprojekt* der BBAW. / Prof. Dr. DETLEV GANTEN ist Vorstandsvorsitzender der Charité – Universitätsmedizin Berlin. Er ist einer der Leiter der AG *Humanprojekt* der BBAW. / Dr. VOLKER GERHARDT ist Professor für Philosophie an der Humboldt-Universität zu Berlin. Er ist einer der Leiter der AG *Humanprojekt* der BBAW. / Dr. ALFRED GIERER ist Professor emeritus am Max-

Planck-Institut für Entwicklungsbiologie in Tübingen und Mitglied der AG *Humanprojekt* der BBAW. / MONIKA GRÜTTERS ist Honorarprofessorin am Institut für Kultur- und Medienmanagement an der Freien Universität Berlin und Mitglied des Deutschen Bundestages. / Dr. HANS ULRICH GUMBRECHT ist Professor für Komparatistik an der Universität Stanford. / JAN-CHRISTOPH HEILINGER ist wissenschaftlicher Koordinator der Arbeitsgruppen *Humanprojekt* und *Funktionen des Bewusstseins* der BBAW. / Prof. Dr. ANDREAS HEINZ Direktor der Klinik für Psychiatrie und Psychotherapie an der Charité Berlin. / Dr. Dr. OTFRIED HÖFFE ist Professor für Philosophie an der Universität Tübingen. / Dr. WOLFRAM HOGREBE ist Professor für Philosophie an der Universität Bonn. / Prof. Dr. WOLFGANG HUBER ist Bischof der Evangelischen Kirche Berlin-Brandenburg und Vorsitzender des Rates der Evangelischen Kirche in Deutschland. / Dr. FERDINAND HUCHO ist Professor emeritus für Biochemie an der Freien Universität Berlin und Mitglied der AG *Humanprojekt* der BBAW. / SHRUTI JAIN ist eine indische Germanistin. Sie promoviert an der Jawaharlal Nehru University in Neu Delhi und forscht als DAAD-Stipendiatin am Institut für Philosophie der Humboldt-Universität zu Berlin. / Dr. PETER JANICH ist Professor emeritus für Philosophie an der Philips-Universität Marburg. / Dr. URSULA PIA JAUCH ist Titularprofessorin für Philosophie an der Universität Zürich. / Apl. Prof. Dr. MATTHIAS JUNG ist Fellow am Internationalen Kolleg für Geisteswissenschaftliche Forschung „Dynamics in the history of religion between Asia & Europe" der Ruhr-Uni Bochum und Mitglied der AG *Humanprojekt* der BBAW. / Dr. EBERHARD JÜNGEL ist Professor für Systematische Theologie und Religionsphilosophie an der Evangelisch-theologischen Fakultät der Universität Tübingen. / Dr. GEERT KEIL ist Professor für Philosophie an der RWTH Aachen und Mitglied der AG *Humanprojekt* der BBAW. / Dr. CHONGKI KIM ist ein koreanischer Philosoph. Er lebt und forscht in Berlin. / Dr. Dr. Kristian Köchy ist Professor für Philosophie an der Universität Kassel und Mitglied der AG *Humanprojekt* der BBAW. / Prof. Dr. SALOMON KORN ist Vorsitzender der Jüdischen Gemeinde Frankfurt/Main sowie Vizepräsident des Zentralrats der Juden in Deutschland. / Dr. MARTIN KORTE ist Professor für Tierphysiologie am Institut für Zoologie der Technischen Universität Braunschweig. / Dr. GUDRUN KRÄMER ist Professorin für Islamwissenschaften am Institut für Geschichts- und Kulturwissenschaften der Freien Universität Berlin. / Prof. Dr. Dr. KARL KARDINAL LEHMANN ist Bischof von Mainz und war bis 2008 Vorsitzender der Deutschen Bischofskonferenz. / Dr. KONRAD PAUL LIESSMANN ist Professor für Philosophie an der Universität Wien. / Dr. HUBERT MARKL ist Professor emeritus für Biologie an der Universität Konstanz. / Dr. JÜRGEN MITTELSTRASS ist Professor emeritus für Philosophie an der Universität Konstanz und Präsident der Academia Europaea. Er ist Mitglied der AG *Humanprojekt* der BBAW. / Dr. WALTER MIXA ist Bischof von Augsburg und deutscher katholischer Militärbischof. / HAMIDEH MOHAGHEGHI ist eine iranische Juristin und Theologin. Sie ist Vorsitzende der Muslimischen Akademie in Deutschland. / Dr. OLIVER MÜLLER ist Philosoph und Leiter der BMBF-Nachwuchsgruppe *Zur Relevanz der Natur des Menschen als Orientierungsnorm für Anwendungsfragen der biomedizinischen Ethik* an der Universität Freiburg. / Dr. JULIAN NIDA-RÜMELIN, Kulturstaatsminister a.D., ist Professor für Politische Theorie und Philosophie am Geschwister-Scholl-Institut der Ludwig Maximilian Universität München und einer der Leiter der AG *Humanprojekt* der BBAW. / Dr. MICHAEL PAUEN ist Professor für Philosophie des Geistes an der Humboldt-Universität zu Berlin und Mitglied der AG *Humanprojekt* der BBAW. / Dr. ROBERT PIPPIN ist Professor in the Committee on Social Thought und Professor für Philosophie an der University of Chicago. / Prof. Dr. WOLFGANG PRINZ ist Direktor am Max-Planck-Insitut für Kognitions- und Neurowissenschaften in Leipzig. / Dr. BIRGIT RECKI ist Professorin für Philosophie an der Universität Hamburg. / Dr. KARL-SIEGBERT REHBERG ist Professor für Soziologie an der Technischen Universität Dresden. / Dr. ANNETTE SCHAVAN ist deutsche Bundesministerin für Bildung und Forschung. / JOHANN SCHLOEMANN ist Redakteur bei der Süddeutschen Zeitung. / INGO SCHULZE ist Schriftsteller. Er lebt und arbeitet in Berlin. / Dr. ROBERT SPAEMANN ist Professor emeritus für Philosophie der Universität München. / Dr. ACHIM STEPHAN ist Professor für Philosophie am Institut für Kognitionswissenschaft an der Universität Osnabrück. / Prof. Dr. GÜNTER STOCK ist Präsident der BBAW. / Dr. DIETER STURMA ist Professor für Philosophie an der Universität Bonn, außerdem Direktor des Instituts für Wissenschaft und Ethik sowie des Deutschen Referenzzentrums für Ethik in den Biowissenschaften der Universität Bonn und Mitglied der AG *Humanprojekt* der BBAW. / Dr. h. c. mult. ERWIN TEUFEL ist ein deutscher Politiker und war u. a. Ministerpräsident des Landes Baden-Württemberg. / Prof. Dr. MICHAEL TOMASELLO ist Direktor am Max-Planck-Institut für evolutionäre Anthropologie sowie am Wolfgang-Köhler-Primaten-Forschungszentrum in Leipzig. / Dr. JÜRGEN TRABANT ist Professor für romanische Sprachwissenschaft an der Freien Universität Berlin. / Dr. HANS-JOCHEN VOGEL ist ein deutscher Politiker und war u. a. Bundesminister der Justiz und Regierender Bürgermeister von Berlin. / Dr. ECKART VOLAND ist Professor für Philosophie der Biowissenschaften an der Universität Gießen. / Dr. MICHAEL VON BRÜCK ist Professor für Religionswissenschaft an der Universität München. / Dr. GÜNTER WAHLEFELD ist Paläontologe und stellvertretender Museumsleiter im Naturkundemuseums Reutlingen. / KRISTIANE WEBER-HASSEMER ist Richterin am Oberlandesgericht Frankfurt/Main und Mitglied des Deutschen Ethikrats. / Dr. WOLFGANG WELSCH ist Professor für Philosophie an der Universität Jena. / Prof. Dr. ERNST-LUDWIG WINNACKER ist Generalsekretär des Europäischen Forschungsrats. / NICOLE WLOKA studiert Geschichte, Philosophie und Teilgebiete des Rechts, ist Mitarbeiterin eines Bundestagsabgeordneten und studentische Hilfskraft der AG *Humanprojekt* der BBAW. / PD Dr. med. CHRISTIANE WOOPEN lehrt Medizinethik an der Universität zu Köln und ist Mitglied des Deutschen Ethikrats. / Dr. DAE-JONG YANG ist ein koreanischer Philosoph. Er lebt und forscht in Berlin. / Dr. XIAOPING ZENG ist Professor für Philosophie an der Universität Wuhan, China.